懸吐註解
金剛般若波羅密經

兩足山人 滿春 沈祥鉉 編著

머리글

　선(禪)과 교(敎)에 대한 일반적인 견해를 보면, 선을 교의 우위(優位)에 두는 경향이 있다. '선시불심 교시불어(禪是佛心 敎是佛語)'라는 말씀이 그렇고, 격을 갖춘 사찰에서 주인의 위치인 동편에 선당(禪堂)을, 객(客)의 위치인 서편에 승당(僧堂)을 배치하는 것도 그렇다. 또, 수행의 단계에 있어서도 교를 표월지지(標月之指)라 하여 사교입선(捨敎入禪)을 당연시하다보니 이런 생각이 보편화 된지 이미 오래다.

　그러나 자신이 본 달을 어떻게 표현해야 할지는 달을 보고 난 뒤의 일이기로, 굳이 따진다면 교가 선보다 한 차원 높은 위치에 있다 하겠다. 언어도단(言語道斷)이고 심행처멸(心行處滅)인 그 경지를 언설로 표현하여 상대의 마음이 긍정적으로 움직일 수 있도록 하는 일이기 때문이다. 후일 남종선(南宗禪)의 시조가 되실 노행자(盧行者)의 마음을 움직인 것도 『금강경』의 한 구절이 아니었던가?![1]

　그렇다고 새삼 어느 쪽이 우위인지를 논하자는 것이 아니라 그간 교가 선에 비해 다소 과소평가 되어온 점에 대해 반성할 필요를 느껴서 해본 말이다. 정작 중요한 것은 자신의 위치를 확인하는 일일 것이다. 사장(師匠)의 입장인지, 학인(學人) 입장인지 아니면 수자(修者)의 입장인지를 정확히 인식해야 한다. 그리고 사장의 입장이라면 교를 손가락으로 써야 할 것이요, 학인의 입장이라면 손가락이 가리키는 방향을 보아야 할 것이며, 수자의 입장이라면 목적지를 향해 움직임에 지남(指南)으로 삼아야 할 것이다. 즉, 부처님의 일대시교(一代時敎)는 때와 사람에 따라 그 역할이 다르다.

　하지만 미망(迷妄)에 찌든 입장이고 보니 어느 하나 제대로 하기가 어려움이 실정이다. 그래서 방법을 조금 바꾸어 보기로 했다. 반야부 계통의 경전은 마음 가운데 상념(想念)을 비우도록 일깨우고 있지만, 자칫 상념을 비워야 한다는 망념이 오히려 하나 더 붙기가 십상이다. 궁여지책으로 '계영배(戒盈杯)'[2]에서 지혜를 빌리기로 했다. 비우는 것이 어렵다면 차라리 채워보자는 것이다. 이른바 '이언견언(以言遣言)' 작전이다.

　그러나 채우는 것 또한 만만한 일이 아니다. 걱정으로 세월만 보내다 몇 해전 한문(漢文)과 인연이 먼 현대인들에게 도움이 될까해서 엮었던 『현토주해 초발심자경문(懸吐註解 初發心自警文)』이 나름 성과가 있다고 판단하여 같은 형식을 답습하기로 했다. 그런데 대부분의 경전은 지식의 전달이 목적이 아니고 지혜의 계발(啓發)이 목적인 까닭에 선조사 스님들의 글처럼 난자도 많지 않고 글도 비교적 평이하다. 그래서 다른 방법을 모색하려 했으나 인연 있는 독자와 이미 친숙해진 점을 감안하여 형식은 그대로 빌

---

1) 『金剛經』莊嚴淨土分 第十(大正藏 卷8 p. 749c) / 應無所住而生其心
2) 과음을 경계하기 위해 만든 잔으로, 절주배(節酒杯)라고도 한다. 술잔의 이름은 '넘침을 경계하는 잔'이라는 뜻이며, 잔의 70% 이상 술을 채우면 모두 밑으로 흘러내려 인간의 끝없는 욕심을 경계해야 한다는 상징적인 의미도 지닌다.

리기로 했다. 대신 내용에 있어서는 예화(例話)를 많이 소개해 보기로 했다. 변죽을 쳐서 복판을 울리자는 의도다. 소개된 예화는 『금강경』이라는 잔(盞)이 차면 언젠가 모두 비워질 것들이지만 필자가 평소 마음에 새겨두고 때때로 살펴보는 금과옥조(金科玉條)다.

　장황한 서론과 달리 본문을 펼치며 비어있는 공백이 적지 않음에 다소 실망하실 것이다. 그것이 곧 필자의 한계임을 먼저 고백하지 않을 수 없다. 따라서 강호제현(江湖諸賢)과 함께 그 빈 공간을 마저 채우고 궁극에는 함께 비워 장차 성불의 인연을 짓고자 한다. 감히 견줄 바는 못되지만 『금강경』의 인로왕보살이신 수보리 존자께서 『대지도론(大智度論)』에서 하신 다음과 같은 말씀에 힘입어 부끄러움을 무릅쓰기로 했음도 밝히는 바이다.

佛有大悲心　樂說法度衆生　我以佛恩故得道　我亦助佛說法度衆生　是爲報恩[3]
불유대비심　요설법도중생　아이불은고득도　아역조불설법도중생　시위보은

부처님께서는 대비심으로 즐겨 법을 설하여 중생을 제도하셨다. 나는 부처님의 은혜로 도를 얻었으니 나 역시 부처님을 도와 법을 설하여 중생을 제도하리라. 이것이 은혜를 갚는 것이다.

　또, 500마리의 원숭이 무리가 성자(聖者)들의 흉내를 내고 성불의 인연을 마련하였다는 고사(故事)도 있다.[4] 자식은 어버이를 닮는 법! 비록 재주 없지만 이미 그분의 자식임을 자임하고 있는 터이기로 흉내라도 내보고 싶은 심정에서 다음과 같은 몇 가지 원칙을 세우고 집필에 임하였다.

- 一. 글자마다 훈과 음을 달고, 새김의 순서를 표시하여 한자(漢字)와 한문의 새김이 원전 이해에 더 이상 걸림돌이 되지 않게 하자.
- 一. 원전(原典)을 대함으로써 되새김[反芻]의 효과를 갖도록 하자.
- 一. 불교 전문용어 및 난해한 숙어 등에 대한 사전적 해석에 소요되는 시간을 가급적 절약토록 하자.
- 一. 판서(板書)나 필기에 소요되는 노고와 시간을 절약토록 하자.
- 一. 인용문의 전거(典據)나 인접교리(引接敎理) 등을 소개하여 불교에 대한 폭넓은 안목을 지니게 하자.
- 一. 육조구결(六祖口訣)[5]과 예화(例話) 및 설화(說話)를 소개하여 신심(信心)과 더불어 이해의 폭을 넓히도록 하자.
- 一. 공부할수록 머리가 좋아지는 책이 되도록 하자.
- 一. 집필자에 의해 유도되기 쉬운 결론을 독자의 몫으로 돌려 스스로 깨달음의 길을 열어 나가게 하자.

---

3) 『大正藏』 卷25 p. 445a
4) 『釋門儀範』 卷上 p. 41 / 月磨銀漢轉成圓 素面舒光照大千 猿臂山山空捉影 孤輪本不落靑天
5) 구결(口訣) ; 사장(師匠)이 제자에게 입으로 전해주는 비결, 곧 요의(要義)를 말함.

이상과 같은 계획으로 꾸며 보았으나 얼마만큼의 효과가 있을지는 미지수가 아닐 수 없다. 강호제현의 끊임없는 지도와 편달을 기대하며, 잘못된 부분과 부족한 점은 기회가 허용하는 대로 고치고 보완해 나갈 것을 약속드린다. 시공을 초월하여 석가세존과 수보리 존자께서 주인공으로 계시는 법석에 참예(參詣)하시는 이 지중한 인연이 모쪼록 성불의 계기가 되시기를 <전법게(傳法偈)>를 되뇌며 간절히 기원드리는 바이다.

假使頂戴經塵劫 가사정대경진겁	이머리로 부처님을 무량한겁 모시옵고
身爲牀座徧三千 신위상좌변삼천	이몸으로 자리삼아 시방제불 다모셔도
若不傳法度衆生 약불전법도중생	금구소설 전하여서 중생제도 못할진대
畢竟無能報恩者 필경무능보은자	마침내는 크신은혜 다갚았다 못하리라.

끝으로, 공도리(空道理)를 말하던 마음의 끝자락에 중생심이 남아 집필의 공덕을 생각하며 평소 올리지 못한 감사의 말씀을 올리고 공덕이 있다면 함께 나누어 드리고 싶은 분들이 계십니다. 법사스님이신 덕암당 홍덕(德菴堂 興德) 대화상, 범패중흥 제2조이시자 은사스님이신 벽해당 정희(碧海堂 正熙) 대화상, 당대의 어장이셨으며 계사스님이신 덕산당 덕인(德山堂 德仁) 대화상, 이 글을 일러주신 대강백(大講伯) 보광 서병재(普光 徐炳宰) 대화상, 속가의 인연으로 모친이시자 사숙(師叔)이신 재신(載信)스님이십니다. 평생 도반(道伴)으로 지내며 힘든 가운데도 뒷바라지를 마다 않는 관음화(觀音華) 보살께도 감사 드립니다.

또 여러분 계십니다. '금강경 변상도(變相圖)'와 '동진보살상(童眞菩薩像)'을 제작, 본 책자에 모실 수 있도록 도와주신 도림(道林) 스님과 백련화(白蓮華) 보살, 불편하신 몸을 돌보지 않고 교정을 보아주시며 산파의 역할을 맡아주신 수정화(修淨華) 보살, 집필의 계기와 새로이 강석(講席)을 마련해주신 동산반야대학 관계자 여러분, 출판을 맡아주신 불교서원 문선우 원장님께 감사 드립니다.

집필의 공덕이 조금이라도 있다면 인연 깊으신 여러분은 물론, 늘 자신을 중심으로 생각하고, 이류중생들은 천시하고, 성현을 대할 때면 의기소침하고, 모든 것을 운명으로 치부했던 인연 때문에 사바세계를 주소지로 하고있는 과거·현재·미래의 모든 중생에게 회향하여 성불에 일조하게 되기를 축원하는 바입니다.

나무석가모니불

불기 2555(신묘)년 11월 5일　　著者 合掌

일러두기

㉠ 해석기호 ; 좌측의 기호를 확인한 후, 하단에서 같은 기호를 찾으면 해당부분의 해석을 볼 수 있음.
㉡ 후행(後行)의 내용 ; 다음 쪽의 본문을 옮겨 놓은 것.
　※ '〈전〉'으로 표시된 것은 앞쪽의 본문을 옮겨 놓은 것.
㉢ 행의 일련번호 ; 일러주고 찾아보기에 편리를 도모키 위한 가로[橫] 행의 일련 번호.
㉣ 뜻 새김(訓) ; 본문 내용에 알맞은 뜻 새김[訓]을 취택하였음.
　　　　　　　두 가지가 병기된 경우는 위쪽은 대표 훈(訓), 아래쪽은 본문의 새김에 알맞은 훈이다.
㉤ 본문의 음(音) ; 원문 음독(音讀)에 있어 전통적인 음을 따랐음.
　　　　　　　단, 일반 대표음과 다를 때는 대표음을 훈의 난에 ' '로 표시하여 표기하였음.
㉥ 본문[한자] ; 원문의 내용을 옮긴 것이며, 옮긴 내용을 원문과 구별키 위하여 본문이라 부르기로 함.
㉦ 본문의 해석[새김]순서 ; 본문의 해석을 돕기 위한 순서를 아라비아 숫자로 표시하였고,
　　　　　　　　　　　　단어나 숙어 등은 묶어서 표시하였음.
㉧ 토(吐조사) ; 글 새김을 돕기 위한 조사.
㉨ 본문의 쪽수 ; 본문 쪽 수의 일련번호.
㉩ 원문의 쪽수 ; 본문에 해당하는 원문의 쪽수.
㉪ 원문의 행(行)수 ; 본문에 해당하는 원문의 쪽의 행수.
㉫ 주(註) ; 본문 중 중요하거나 난해한 부분에 대한 설명.
　　예) ⊙ ; 중요 단어·숙어·어조사 등 주로 사전적(辭典的)인 해석.
　　　　※ ; 인접교리·본문내용의 전거·유사문구·설화 및 게송 등의 소개 및 설명.
　　　　◆ ; 남종선의 초조 육조 혜능스님의 '구결(口訣)'을 옮기고,
　　　　　　독자의 편의를 위해 내용을 나누고 '①, ②' 등으로 표시하고
　　　　　　본문 해당부분의 시작 첫 행을 음영으로 처리하였음.

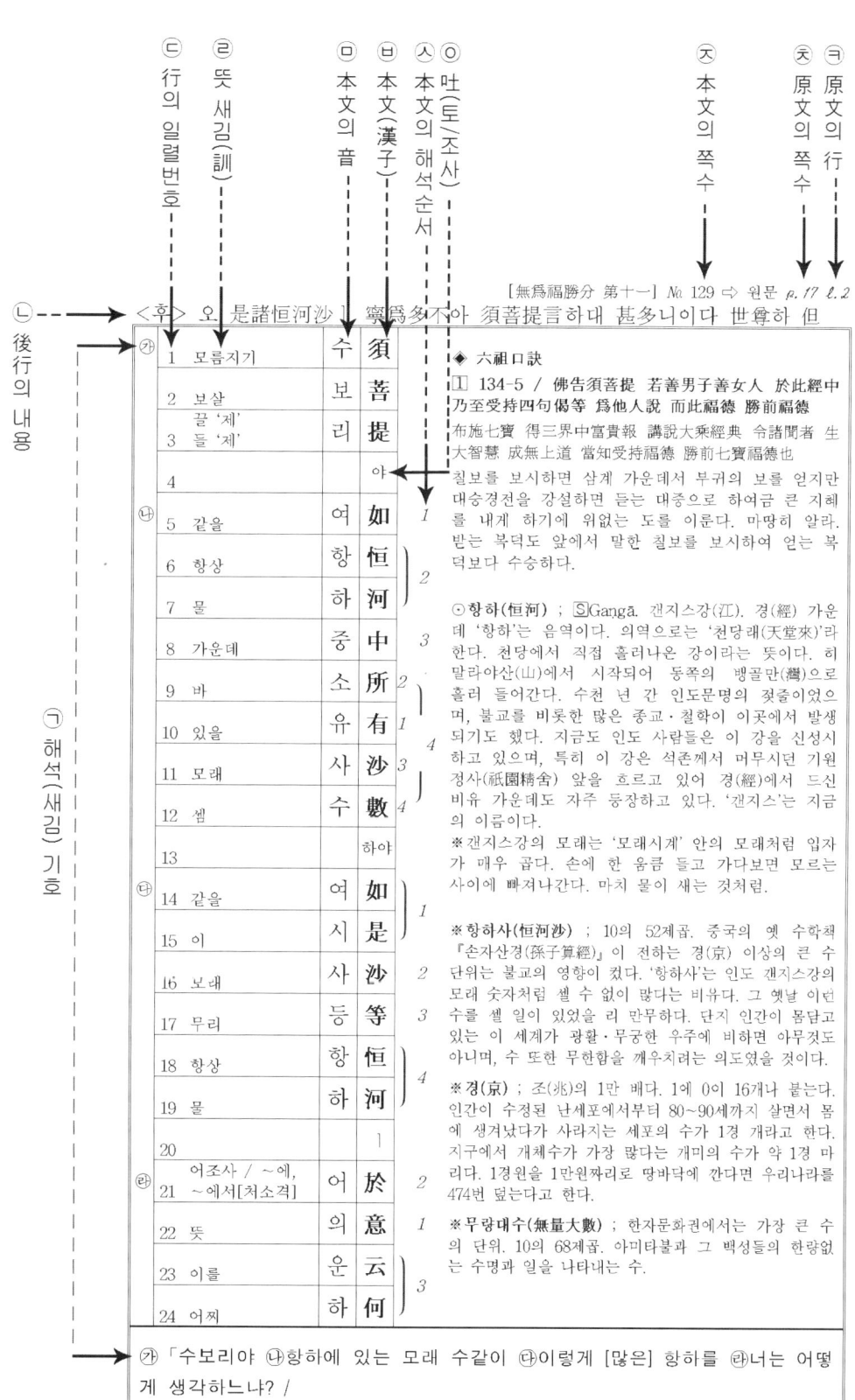

차 례

머 리 글

일러두기

본 문

제1장 서설
1. 반야계 경전 성립 -- 13
2. 반야계 경전 개설 -- 14
　⑴대품반야경·14 / ⑵소품반야경·16 / ⑶대반야경·17

제2장 금강경
1. 해제 --- 21
2. 내용의 개요 -- 25

제3장 본문
법회인유분 제일(法會因由分 第一) --- 29
선현기청분 제이(善現起請分 第二) --- 36
대승정종분 제삼(大乘正宗分 第三) --- 47
묘행무주분 제사(妙行無住分 第四) --- 56
여리실견분 제오(如理實見分 第五) --- 67
정신희유분 제륙(正信希有分 第六) --- 72
무득무설분 제칠(無得無說分 第七) --- 85
의법출생분 제팔(依法出生分 第八) --- 91
일상무상분 제구(一相無相分 第九) --- 99
장엄정토분 제십(莊嚴淨土分 第十) --- 118
무위복승분 제십일(無爲福勝分 第十一) ----------------------------------- 128
존중정교분 제십이(尊重正敎分 第十二) ----------------------------------- 136

여법수지분 제십삼(如法受持分 第十三) ---------- 141
이상적멸분 제십사(離相寂滅分 第十四) ---------- 156
지경공덕분 제십오(持經功德分 第十五) ---------- 189
능정업장분 제십륙(能淨業障分 第十六) ---------- 204
구경무아분 제십칠(究竟無我分 第十七) ---------- 216
일체동관분 제십팔(一體同觀分 第十八) ---------- 245
법계통화분 제십구(法界通化分 第十九) ---------- 259
이색이상분 제이십(離色離相分 第二十) ---------- 264
비설소설분 제이십일(非說所說分 第二十一) ---------- 271
무법가득분 제이십이(無法可得分 第二十二) ---------- 279
정심행선분 제이십삼(淨心行善分 第二十三) ---------- 284
복지무비분 제이십사(福智無比分 第二十四) ---------- 289
화무소화분 제이십오(化無所化分 第二十五) ---------- 294
법신비상분 제이십륙(法身非相分 第二十六) ---------- 300
무단무멸분 제이십칠(無斷無滅分 第二十七) ---------- 307
불수불탐분 제이십팔(不受不貪分 第二十八) ---------- 303
위의적정분 제이십구(威儀寂靜分 第二十九) ---------- 319
일합이상분 제삼십 (一合理相分 第三十) ---------- 323
지견불생분 제삼십일(知見不生分 第三十一) ---------- 332
응화비진분 제삼십이(應化非眞分 第三十二) ---------- 340

부 록

1. 교리약술(敎理略述)

  (1) 유위(有爲)와 무위(無爲) ---------- 350
  (2) 유루(有漏)와 무루(無漏) ---------- 350
  (3) 승의제(勝義諦)와 세속제(世俗諦) ---------- 351

2. 『금강경』과 인연 깊으신 어른
　(1) 무착보살(無着菩薩. Asaṅga. 4~5c경) --------------------------------- 352
　(2) 세친보살(世親菩薩. 天親菩薩. Vasubandhu. 4~5c경) ------------------ 352
　(3) 소명태자(昭明太子. 499~529) --------------------------------------- 352
　(4) 구마라집(鳩摩羅什 Kumārajīva. 343~413) --------------------------- 353

3. 『금강경』과 미륵·무착·세친 삼보살의 인연
　(1) 무착보살의 미륵보살 친견 -- 353
　(2) 소승(小乘)에 귀의한 세친보살 -------------------------------------- 354
　(3) 『구사론(俱舍論)』의 탄생 -- 354
　(4) 대승(大乘)에 귀의한 세친보살(世親菩薩) --------------------------- 355
　(5) 『금강경』으로 맺어진 미륵·무착·세친 등 3보살과 소명태자의 인연
　　　--- 355

4. 금강반야바라밀경찬(金剛般若波羅蜜經纂) -------------------------- 355

색　　인 -- 358

원　　문 --- 뒤쪽 1~40

금강반야바라밀경

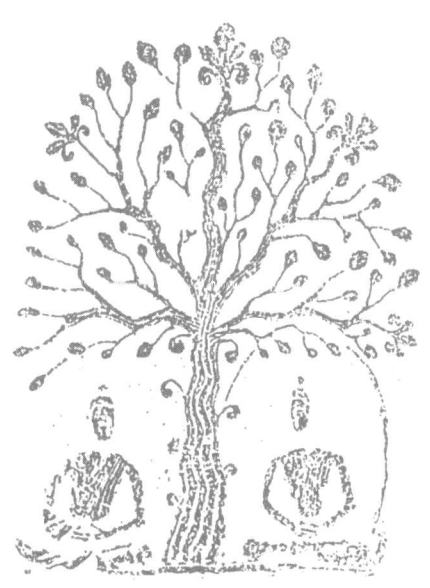

제1장 서설

1. 반야계 경전의 성립

 반야계 경전(이하 반야경)이라 함은 공사상(空思想)을 근저로 하여 무집착(無執着)의 지혜를 천명하는 동일 계통의 경전을 총칭한 것으로 대승경전 중에서도 매우 중요한 부분을 차지하고 있다.
 반야경은 법화계, 화엄계, 유마계, 정토계, 보적계 등의 경전과 함께 불멸 후 500년경(B.C. 1c) 인도 전역에 걸쳐 일어난 이른바 불교의 르네상스라 불리는 대승불교운동의 결과 대승보살들에 의해 성립된 대승불교의 초기경전이며, 그 중에서도 가장 먼저 성립된 경전이다. 뿐만 아니라 천태지의(天台智顗. 538~597) 스님은 석존의 일대시교(一代時教)를 오시(五時)로 교판(教判)하여 '아함십이방등팔 이십일재담반야 종담법화우팔년 아함설시화엄시(阿含十二方等八 二十一載談般若 終談法華又八年 阿含說始華嚴時)'라 정리하면서 반야경을 석존의 일대시교 가운데 중추를 이루는 부분으로 보았고, 고려대장경의 경우 『대반야바라밀다경(大般若波羅蜜多經)』이 제일 처음에 자리하고 있다. 신수대장경에서는 제5·6·7·8권이 반야부에 해당하는데 이는 대승경전 3분의 1에 해당하는 양이다. 즉, 위치나 양의 방대함 등에서 그 중요성을 알 수 있다.
 한편 반야경이라 하면 의외로 많은 사람이 『반야심경』 내지 『금강경』만을 생각하는 것 같다. 그만큼 두 경전이 많이 독송되고 있기 때문이기는 하지만 사실 반야경은 긴 세월에 걸쳐 성립되었으며 그런 만큼 종류도 다양하다. 이에 대한 이해를 돕기 위해 대승경전의 성립에 있어서 공통점과 반야계 경전을 성립 순으로 분류하면 다음과 같다.

   1) 대승경전 성립에 있어서의 공통점
      ① 경의 핵심이 생기고
      ② 원초형이 성립되고
      ③ 전승되면 발전(증광 및 축소)되어
      ④ 현재형이 완성된다.

   2) 성립 순으로 본 반야계의 중요경전

　　　　　① 소품계(小品系) 혹은 도행계(道行系) ; 『도행반야경(道行般若經)』, 『소품반야경(小品般若經)』, 『팔천송반야(八千頌般若)』6) 등.
　　　　　② 대품계(大品系) 혹은 방광계(放光系) ; 『광찬반야경(光讚般若經)』, 『방광반야경(放光般若經)』, 『대품반야경(大品般若經)』, 『이만오천송반야경(二萬五千頌般若經)』 등.
　　　　　③ 『십만송반야경(十萬頌般若經)』
　　　　　④ 『금강반야경(金剛般若經)』
　　　　　⑤ 『반야심경(般若心經)』
　　　　　⑥ 『이취반야경(理趣般若經)』
　　　　　⑦ 『대반야경(大般若經)』 (제11회～제16회) 등

　이상에서 살펴본 바를 참고로 하여 학계에서 말하는 반야경의 성립을 소개해 보면, 반야경은 『팔천송(八千頌)』(『小品』)→『이만오천송(二萬五千頌)』(『大品』)→『십만송(十萬頌)』으로 증광(增廣)되었다고 하며, 이 가운데 『팔천송』으로부터 『이만오천송』까지의 발전이 초기대승의 범위에 들어간다고 한다. 즉 이로써 반야경의 교리는 일단 완성되었다고 보아도 좋다.
　그 뒤 『팔천송』과 『이만오천송』 사이에 『일만팔천송』, 『일만송』이 만들어졌다고 추정하고 있는데 이러한 유기적 현상을 Edward Conze(1904～1979)7)는 그의 저서 『불교연구삼십년(佛敎硏究三十年, Thirty years of Buddihist studies, Oxford)』에서 '올챙이와 개구리' 혹은 '번데기와 나비'의 관계로 보고 있다. 즉 이들 반야경은 각각 그 성립시기와 경명(經名)을 달리하고 있을 뿐 동일사상을 주장키 위한 변신에 불과하다는 것이다.
　이상에 소개된 관점들은 모두가 유력한 학설로서 학계에서 인정되고 있는 터이지만 아직도 연구되어야 할 분야가 많이 남겨져 있음을 밝혀두며, 반야경 가운데 몇 가지 중요한 경을 개설적(開設的)으로 살펴보고자 한다.

2. 반야계 경전 개설

(1) 대품반야경(大品般若經)
1) 개요
　이 경은 대승불교 초기의 반야공관(般若空觀)을 설한 기초적인 경전이다. 이 경의 범어 제목은 Pañcaviṁśatisāhasrikā-prajñāpāramitā이며 직역하면 『이만오천송반야』가 된다. 그러나 구마라집이 이 경을 한역하며 경명을 『마하반야바라밀경(摩訶般若波羅蜜經)』이라 하였기 때문에 지금도 그 이름으로 통용되고 있다.
　또한 구마라집(鳩摩羅什)은 Aṣṭasāhasrikā-prajñāpāramitā 즉 『팔천송반야』 도 한역하여 이 역시 『마하반야바라밀경』이라 하고 있어서 양자간에 혼돈이 있기 쉽다. 때문에 전자가 27권, 후자가 10권으로 번역되어 있음에 착안하여 전자를 『대품반야경(大品般若經)』이라 하고 후자를 『소품반야경(小品般若經)』이라 하여 양자를 구별하여 왔다.

---

6) 반야경은 대부분 산문으로 이루어져 있음에도 불구하고 송수(頌數)로 말하는데, 범어 32음절을 1송(頌)으로 하여 경전이 길이를 나타낸다.
7) 독일 출생으로 영국에 건너가 일생을 불교 연구에 보낸 학자.

2) 전역(傳譯)과 이역(異譯)

이 경은 404년 구마라집에 의해 한역되었으며 2종의 이역이 있다. 즉 축법호(竺法護)가 286년에 번역한 『광찬반야바라밀경(光讚般若波羅蜜經)』 10권27품과 무차라(無叉羅)가 291년에 번역한 『방광반야바라밀경(放光般若波羅蜜經)』 20권 90품이 그것이다. 또 현장(玄奘)이 한역한 『대반야경(大般若經)』 제2회가 이 경에 해당한다.

이 경은 티벳역본도 있으며, 범어 원전은 1934년 N. Dutt에 의해서 『The Pañcaviṁ=śatisāhasrikā prajñāpāramitā』(Calcutta Oriental Series No.28)로 출판되었으나 이것은 전체의 일부분에 지나지 않는다.

3) 내용과 사상

이 경은 전(全) 27권 90품으로 구성되어 있다. 편의상 다섯 부분으로 나누어 그 내용을 살펴보면 다음과 같다.

① 제1「서품(序品)」~제6「설상품(舌相品)」 ; 석존이 지혜제일(智慧第一)인 사리불(舍利弗)에게 보살이 만약 일체법에 있어서 일체상(一切相)을 등각(等覺)하려고 한다면 항상 반야를 배워야 할 것이라고 반야공관(般若空觀)의 이치를 해설한다.

② 제7「삼가품(三假品)」~제26「무생품(無生品)」 ; 석존이 수보리(須菩提)로 하여금 여러 보살들에게 공(空)을 설하게 하여 해공제일(解空第一)의 수보리가 석존을 대신하여 대설법을 펼친다.

③ 제27「문주품(問住品)」~제38「법시품(法施品)」 ; 반야바라밀의 서사(書寫)·수지(受持)·독송(讀誦)·교계(敎誡)·청문(聽聞) 등을 고조(高調)하고 또 그에 관련하여 보리수·보탑·불사리(佛舍利) 등의 공양을 설한다.

④ 제39「수희품(隨喜品)」~제66「누교품(累敎品)」 ; 전단(前段)의 계속이지만 여기서는 미륵이 등장하여 수보리와 문답한다.

⑤ 제67「무진품(無盡品)」~제90「촉루품(囑累品)」 ; 수보리가 계속 주역을 맡아 공관(空觀)에 대해서 반복적으로 해설한다.

이상에서 알 수 있듯이 이 경의 주 내용은 반야공관에 대한 것이지만 이 외에도 삼승(三乘)·십지(十地)·수기(授記)·화신(化身)·불사리(佛舍利)·탑파(塔婆)·경권(經卷)에 대한 공양(供養)·타방국토(他方國土) 등의 사상이 언급되어 있다.

4) 주석서

주석서로는 우선 용수(龍樹)의 『대지도론(大智度論)』 100권을 들 수 있다. 이 또한 402~405년에 구마라집에 의해 한역되었으며 이에 대한 주소류(註疏類)가 적지 않게 저술되었다. 다음으로는 미륵의 『현관장엄송(現觀莊嚴頌. Abhisamayālaṁkāra-kārikā)』이 있는데 한역되지는 않았고 범본이 Th. Stcherbatsky와 E. Obermiller에 의해서 Bibliotheca Buddhica XXIII에, 그리고 G. Tucci에 의해서 Gaekwad's Orientsl Saries No. L XII로 출판되어 있다.

중국에서는 길장(吉藏)의 『대품경의소(大品經義疏)』 10권과 『대품경유의(大品經遊意)』 1권이 있으나 이 경이 대부(大部)이고, 또 『소품반야경(小品般若經)』과의 비교연구라는 번거로움이 있어 주석서가 많지 않다.

(2) 소품반야경(小品般若經)
1) 개요

이 경 또한 대승불교 초기의 반야공관을 설한 기초적인 경전의 하나이다. 이 경의 범어 원제는 Aṣṭasāhasrikā-prajñāpāramitā이며 직역하면 『팔천송반야』가 된다. 그러나 『대품반야경』의 개요에서도 언급한 바와 같이 구마라집은 이 경을 한역한 뒤 경명을 대품과 똑같이 『마하반야바라밀경』이라 하였다. 그러므로 이 양자를 구별하기 위해 이 경을 『소품반야경』 혹은 『소품반야』, 『소품경』으로 부르게 되었다.

2) 전역(傳譯)과 이역(異譯)

『대품반야경』의 한역보다 4년 뒤인 408년 구마라집에 의해 한역되었다. 이 경의 이역(異譯)으로는,

① 179년에 지루가참(支婁迦讖)이 번역한 『도행반야바라밀경(道行般若波羅蜜經)』 10권 30품,

② 222년에 지겸(支謙)이 번역한 『대명도경(大明度經)』 6권 30품,

③ 660년에서 663년에 걸쳐 현장(玄奘)이 번역한 『대반야경(大般若經)』의 제4회 18권 29품 및 제5회 10권 24품,

④ 982년경에 시호(施護)가 번역한 『불모출생삼법장반야바라밀다경(佛母出生三法藏般若波羅蜜多經)』 25권 32품 등이 있고, 또한 티벳역본도 있다.

이 경의 범본(梵本)은 네팔 전승본(傳承本)이 일찍이 발견되어 『Aṣṭasāhasrikā-praj=ñāpāramitā』라는 제목으로 1884년 Rājendralāla Mitra에 의해 인도의 캘커타에서 출판된 바가 있다 또 1914년에는 Max Walleser가 범본 중 11품을 독역(獨譯)하여 반야경에 관한 역사적·비판적 해제와 함께 『Prajñāpāramitā』라고 제목하여 유럽학계에 소개한바 있다.

3) 내용과 사상

『대품반야경』과 『소품반야경』은 내용상 별다른 차이가 없다. 때문에 혹자는 『소품반야경』을 『대품반야경』의 초출(抄出)이라고 하고 혹자는 반대로 『소품반야경』의 증광(增廣)이 『대품반야경』이라고도 하여 의견의 차이를 보이고 있다

일치하는 내용이란 두 경에서 모두 발심한 선남녀(善男女)가 신발의보살(新發意菩薩)이 되고, 나아가 구행보살(久行菩薩)이 되며, 급기야 불퇴전보살(不退轉菩薩)로서 무상정등각(無上正等覺)을 알리기 위해 반야(般若)를 설하는 것을 내용을 하고 있다는 점이다. 이러한 내용 전개는 『마하바스투(大事)』에서 설하고 있는 석존의 본생담(本生譚)과 유사하다 그러나 『마하바스투』에서의 보살이 석존에 국한되고 있는데 비해 두 경에서의 보살은 그 주인공이 선남녀로서 보살의 개념이 일반화되는 등 대승의 특징을 보여주고 있다.

사상적으로 보면, 두 경은 주관적으로는 반야를, 객관적으로는 공(空)을 그 근본적인 입장으로 삼고 있어 다른 반야경전과 함께 대승불교의 근본적인 사조(思潮) 위에 서 있다고 하겠다.

그러나 두 경의 차이를 말한다면 『대품반야경』이 주석적이고 설법의 대상을 강하게 의식하고 있는 반면, 『소품반야경』은 대품에서 지적한 두 가지 측면이 배제된, 즉 순수성이 돋보인다고 하겠다.

4) 주석서

이 경만을 연구하여 저술된 주석서는 거의 찾아볼 수가 없다. 『출삼장기집(出三藏記集)』에 의해 도안(道安, 312~385)이 『도행집이주(道行集異注)』를, 지도림(支道林, 314~366)이 『대소품대비요초(大小品對比要抄)』를 이 경의 주석서로 저술하였음을 알 수 있을 뿐 전하여지지 않고 있다.

(3) 대반야경(大般若經)

1) 개요

이 경은 단일경전이 아니라 반야부 계통의 경전을 집대성한 총서이다. 범어 Mahāpr=ajñāpāramitā-stūra를 한역하여 『대반야바라밀다경(大般若波羅蜜多經)』이라 하는데 줄여서 『대반야경(大般若經)』이라고도 한다.

반야부에 속하는 경전은 전체 경장(經藏)의 3분의 1에 해당하는데, 그 중 약 4분의 3이 『대반야경』이다. 그러나 이 경전 전체를 현장(玄奘)이 번역한 것은 아니고 현장 때(602~664)까지 번역된 반야부 경들과 현장이 번역한 경들을 총체적으로 수록한 것이다.

2) 성립시기와 전역

반야부 계통의 경전이 대승경전 중 가장 초기에 성립된 것으로 알려져 있지만 『대반야경(大般若經)』은 반야부 경전 중에서는 후대에 성립되었다.

『대당서역기(大唐西域記)』의 저자이며 삼장법사로 잘 알려진 현장은 인도에서 이 경의 범본을 소지하고 돌아와 한역하였는데 이 경에 수록되어 있는 많은 반야경은 이미 3세기부터 한역된 바가 있었다. 그러나 한편으로 현장이 처음 번역한 부분도 있어서, 반야부 경전이 600권으로 집대성된 것은 7세기의 현장 때로부터 가장 가까운 시기라고 할 수 있다.

3) 구성

현장의 번역에 의해 16회의 『대반야경』이 구성됨으로 해서 반야부의 경전은 완결을 보게 된 셈이다.

이 경의 구성을 살펴보면 600권 4처 16회로 구분되는데, 4처란 이 경전이 설해진 네 장소를 말하며 16회란 16번에 걸쳐 경의 내용이 설해졌음을 말한다. 네 장소는 취봉산(鷲峰山), 기원정사(祇園精舍), 죽림정사(竹林精舍), 타화자재천(他化自在天)이며, 16회란 이 경의 제1회에서 제16회까지를 의미한다. 그러나 회별(會別)로 그 구성을 보면 장단의 차이가 많아서, 제1회는 600권 중 400권이나 되고, 제8회·제9회 등은 단 1권으로 되어 있기도 하다. 또한 내용과 형식에도 회별로 차이가 많다.

이제 제반야경 전16회의 구성과 명칭·권수·별역본 등을 살펴보면 다음 표와 같다.

그리고 '표'에서 살펴본 바와 같이 본 경의 여러 가지 단역본(單譯本)들은 현장이 이 경을 번역하기 약 400년 전부터 번역되기 시작하여 별행(別行)되고 있었다 그러나 제1회와 제11회~제16회의 7회는 현장 이전에 그와 유사한 내용의 이본(異本)이 전역된 일이 없는 새로운 것이다.

회(會)	권(卷)	번역명 또는 원명	번역자 및 번역연대
제1회	1~400	『십만송반야』 Śatasāhasrikā, pp	
제2회	401~478	『이만오천송반야』 Pañcaviṁśatisāhasrikā, pp 『방광반야경』 20권 『광찬경』 10권 『마하반야바라밀경』 27권(大品)	무라차(無羅叉), 291 축법호(竺法護), 286 구마라집(鳩摩羅什), 404
제3회	479~537	『일만팔천송반야』 Aṣṭadaśasāhasrikā, pp	
제4·5회	538~565	『팔천송반야』 Aṣṭasāhasrikā, pp 『도행반야경』 10권 『대명도무주경』 6권 『마하반야초경』 5권 『마하반야바라밀경』 10권(소품(小品)) 『불모출생삼법장반야바라밀다경』 25권	지루가참(支婁迦讖), 　　　　222~228 지겸(支謙), 222 담마비(曇摩蜱) 축불념(竺佛念) 공역, 265 구마라집(鳩摩羅什), 408 시호(施護), 982
제6회	566~573	『승천왕반야바라밀경』 7권	월파수나, 538~539
제7회	574~575	『칠백송반야』 Saptaśatikā, pp 『문수사리소설마하반야바라밀경』 2권 『문수사리소설반야바라밀경』 1권	만타라선(曼陀羅仙), 503 승가바라(僧伽婆羅), 　　　　460~524
제8회	576	『유수보살무상청정분위경』 2권	상공(翔空), 420~479
제9회	577	『금강반야경』 Vajracchedikā, pps 『금강반야바라밀경』 1권 『금강반야바라밀경』 1권 『금강반야바라밀경』 1권 『금강능단반야바라밀경』 1권 『능단금강반야바라밀경』 1권	구마라집(鳩摩羅什), 402 보리유지(菩提流支), 509 진제(眞諦), 562 급다(笈多), 590 의정(義淨), 703
제10회	578	『반야이취경』 Adhyardhaśatikā, pps 『실상반야이취경』 1권 『금강정유가이취반야경』 1권 『대락금강불공진실삼마야경』 1권 『변조반야바라밀경』 1권 『최상근본대승불공삼매대교왕경』 7권	보리유지(菩提流支) 금강지(金剛智) 불공(不空) 시호(施護), 590 법현(法賢), ?~1001

제11회	579~583	『보시바라밀다분』	
제12회	584~588	『정계바라밀다분』	
제13회	589	『안인바라밀다분』	
제14회	590	『정진바라밀다분』	
제15회	591~592	『정려바라밀다분』	
제16회	593~600	『반야바라밀다분』	

*pp는 Prajñā-pāramitā
*pps는 Prajñā-pāramitā-Sūtra의 약자

4) 사상과 내용

이 경도 다른 반야부 경전과 같이 공사상(空思想)을 천명하고 있으며 육바라밀(六波羅蜜) 중 특히 반야바라밀을 강조하고 있다 반야[智慧]는 불모(佛母)이며 육바라밀의 원천(源泉)이어서 일체의 불법이 반야로부터 유출되었기 때문에 반야바라밀을 성취함으로써 육바라밀을 성취할 수 있으며, 육바라밀을 성취함으로써 일체지(一切智)도 성취할 수 있다는 것이다.

이 경은 그 양이 너무 방대하여 많이 읽히거나 연구되지는 않았으나 이 경의 제398권에 '송지(誦持)하는자, 전독(轉讀)하는 자, 사유(思惟)하는 자, 여설(如說)히 행하는 자는 모든 악취(惡趣)에 떨어지지 않는 법을 얻을 것이다.'라 하였고, 이러한 점은 신앙적인 면에서 볼 때 개인적으로는 제재초복(除災招福)의 경으로, 또 국가적으로는 진호국가(鎭護國家)의 경으로 받아들여졌다.

때문에 고려 고종 때 몽고군에 의해 누란(累卵)의 위기에 처한 고려는 혼신의 힘을 다해 적을 막는 한편, 신앙적인 차원에서는 온 국민이 혼연일치하여 고려대장경을 조성하였고, 그 첫머리에 『대반야경』을 배열하였던 것이다.

5) 위상

성립부분에서도 언급한 바와 같이 반야부 경전은 석존의 일대시교(一代時敎) 즉, 전체 경전 중에서도 중추를 이루고 있는 부분이며, 사상적인 면에서 보면 공사상을 근저로 무집착의 지혜를 천명하고, 대승에로의 첫발을 내딛게 하는 일대전환기적인 성격을 띠고 있다. 이러한 사실은 반야부 경전이 대장경 가운데서 차지하고 있는 양이나 이 경전의 사상을 좀더 살펴봄으로써 분명해질 것이다.

대장경의 본래 의미는 인도에서 찬술된 경·율·론 삼장(三藏)을 가리킨다. 일본의 신수대장경(新修大藏經) 편찬자들은 이 대장경의 내용을 세분하여 아함·본연·반야·법화·열반····등 16부로 하였고, 오늘날 대장경의 분류는 여기에 의존하는 경우가 많다. 그 내용을 살피면 밀교부(密敎部)까지가 경장(經藏)이고, 율부(律部)가 율장(律藏) 그리고 석경론부(釋經論部) 등의 5부가 논장(論藏)이다. 경장 가운데서는 반야부(般若部)부터가 대승경전인데 반야부는 초기 대승경전에 속하며 양으로는 대승경전 전체의 약 3분의 1에 해당한다. 이로써 반야부 경전의 위치는 증명된 셈이지만, 여기에 다시 대장경이 지니고 있는 역사성을 생각한다면 그 중요성을 짐작하기에 충분하다 하겠다.

또 대승이라는 말은 당시까지의 불교, 즉 부파불교(部派佛敎)에 대한 반성과 자각 위에서 생기게 되며, 소·대승의 분기점은 사상적 기반과 교단 구성의 차이에서 찾아볼 수 있

는데 여기서는 사상적인 면을 중심으로 살피기로 한다. 우선 사상적인 면을 생각함에 있어서 중요한 것은 대승불교의 사상이 무엇인지를 정하는 일이다. 그리고 이것이 이전의 어떤 사상과 연관지어져 있는가를 생각해볼 필요가 있다.

대승불교의 교리 가운데 가장 중요한 것은 육바라밀이며, 반야부 경전은 이 육바라밀 가운데서도 특히 반야바라밀(般若波羅蜜)을 중시할 것을 설하고 있다 그렇다면 육바라밀의 원류는 어디서 찾아야 할 것인가. 우선 그 사상적 근거에는 공의 지혜가 있다고 보아야 할 것이다. 왜냐하면 반야란 지혜를 말하며, 여기서의 지혜란 반야부 경전에서 누누이 설하여지고 있듯이 공지(空智), 즉 무집착(無執着)의 지혜이다. 그러나 이 지혜란 대비(大悲)를 동반하는 것으로서 결코 허무에 떨어지는 것을 용납지 않을 뿐 아니라 자각각타(自覺覺他), 즉 자신의 성불과 중생의 구제라는 수행(修行) 상의 교리적 기반이 되어 대승으로서의 특색을 띠게 되는 것이다.

그런데 육바라밀의 사상은 불전문학(佛典文學)과 밀접한 관계가 있다. 불전문학에는 육바라밀의 교리나 인행시(因行時)의 석존 그리고 십지(十地)의 교리 등이 설해지고 있다. 따라서 불전문학이 대승의 교리발생에 유력한 기연이 되었음을 어렵지 않게 짐작할 수 있다. 뿐만 아니라 좀더 거슬러 올라가면 불전문학은 본생경(本生經)에 이어지고 있는데, 본생경이나 불전문학은 부파불교도들의 손에 의해 발달된 것이다. 이러한 점에서 반야부 경전과 부파불교와의 연관성은 매우 강하다고 하겠다. 그러나 불전문학의 보살은 인행시의 석존을 가리키고 있는데 반해 반야부 경전에서의 보살은 인행시의 석가보살(釋迦菩薩)을 본받아 스스로 보리심을 일으켜 성불의 행을 실천하려는 사람이라는 점이 소·대승을 구별짓는 분기점이 되는 것이다.

이외에도 소·대승의 분기점으로 등장하는 사상으로는, 불타에 대한 끊임없는 귀의 신앙과 이로부터 발전한 삼신설(三身說), 사신설(四身說) 등의 불신론과 『소품반야경』에서의 제법무수삼매(諸法無受三昧), 『대품반야경』에서의 수능엄삼매(首楞嚴三昧), 백팔삼매(百八三昧), 반주삼매(般舟三昧) 등 삼매의 수업을 들 수 있다. 더욱이 불탑신앙(佛塔信仰)이 소개되고 있는 것은 대승불교경전의 큰 특징이며 당시 계율 및 경제 등 교단의 운영사정을 살핌에 있어서도 시사하는 바가 많다.

이상에서 살펴본 바와 같이 초기 반야부 경전은 대승불교의 기수로서 등장하였고 그 사상은 모든 대승경전의 기반이 되었다고 하겠다.

제2장 금강경

1. 해제

(1) 개요

반야부 계통의 경전 중 『반야심경』과 함께 많이 독송되는 경이 『금강경』이다. 이 경은 앞에서 소개한 반야부 계통의 경전과 같이 양에 있어서 방대하지도 않고, 『반야심경』과 같이 간략하지도 않다. 한편 반야부 계통의 경전에서 설하고자 하는 공사상(空思想)을 공(空)이란 글자를 전혀 사용하지 않으면서도 공의 이치를 유감 없이 드러내 보이고 있는 불가사의한 경전이다.

또, 이 점은 이 경의 성립시기에 대해 학자간에 이견을 낳게 하는 부분이기도 하다. 즉 공이란 말이 보이지 않고, 교리적 표현이나 경의 형식이 소박한 점을 들어 이 경의 성립시기를 원시대승(原始大乘. 대승의 최초기)시대라 하는 견해가 있고, 한편 이 경의 한역으로는 구마라집의 역이 초출(初出)이며 한역된 경전의 경우 그 경의 성립시기를 한역된 100년 전으로 보는 것이 통례이다. 따라서 기원 전후로부터 용수(龍樹. Nāgārjuna)까지가 초기대승, 용수로부터 무착(無着. Asaṅga)·세친(世親 혹은 天親. Vasubandhu)까지가 중기대승, 무착·세친 이후를 후기대승시대로 분류한다. 그러나 용수의 저작에도 이 경의 내용이 소개되고 있지 않으며, 경의 내용 중 '후5백세'라는 문구가 보이고 있는 점 등을 들어 이 경의 성립을 대승불교 중기로 보는 견해도 있다.

어쨌거나 이경은 인도로부터 매우 중요시되어 무착, 세친 등의 저술이 있고, 중국에는 승조(僧肇)를 위시한 수많은 주석가가 있으며 중국 선종에서는 제5조 홍인(弘忍) 이래 매우 중요시하고 있다.

우리나라에서도 신라의 원효(元曉)에 의해 『금강경소(金剛經疏)』가 저술되는 등 많은 주석서가 있고, 한국의 승려 교육기관인 강원(講院)의 교과내용 가운데 사교(四敎 ; 楞嚴·般若·起信·圓覺)의 하나로 채택되어 오고 있으며, 오늘날에도 많은 종파에서 소의경전(所衣經典)으로 삼고 있어 어느 경전보다도 이 경이 한국불교에서 차지하는 비중이 크다.

(2) 경명

이 경의 범어 원제(原題)는 Vajracchedikā-Prajñāpāramitā-Sūtra로, 이 경을 처음으로

한역한 구마라집은 이를 『금강반야바라밀경(金剛般若波羅蜜經)』이라 하였다. 흔히 이를 약하여 『금강경』 혹은 『금강반야경』이라고도 한다. 이 경명의 뜻은 금강석(金剛石)과 같이 견고하고 예리하며 어둠에서도 빛을 내는 지혜(智慧)의 배를 타고 미(迷)의 세계인 생사의 이 언덕에서 깨달음의 세계인 열반의 저 언덕에 도달한다고 보는 것이 일반적인 견해이다.

그러나 현장은 이 경명을 번역하여 『능단금강반야바라밀다경(能斷金剛般若波羅蜜多經)』이라 하였다. 이러한 경우에는 그 해석을 구마라집의 경우와는 달리해야 하는데, 이 때의 금강(金剛)은 반야의 형용사가 아닌 번뇌(煩惱)의 비유가 되는 것이다. 현장은 이 점에 대해 자신의 견해를 다음과 같이 밝히고 있다.

> 보살은 분별(分別)로써 번뇌를 삼는다. 그런데 분별이라는 번뇌의 견고함은 금강에 비유되므로 이 경에서 설하는 무분별혜(無分別慧)는 능히 금강과 같이 견고한 번뇌를 제단(除斷)함을 밝히고자 하기 때문에 『능단금강반야바라밀다경』이라 하는 것이다.

여기서 분명한 것은 반야란 번뇌를 끊는 것이라는 점이다. 즉 반야를 지혜라고 해석하는데, 혜(慧)는 지(智)의 인(因)으로 진리를 깨달아 아는 것이고, 지(智)는 혜의 과(果)로 모든 것의 실상(實相)을 바르게 보고 판단하는 것이다. 그러나 반야의 뜻은 이보다 더 함축적이고 뛰어나기 때문에 그 뜻을 살리기 위하여 원음(原音)을 그대로 놓아둔 것이라 한다. 또 『대지도론』에서는 바라밀(波羅蜜)을 도피안(到彼岸)이라 번역하였는데, 이는 육도만행(六度萬行)을 닦아 번뇌로운 이 언덕을 떠나 생사의 고해를 건너 열반의 저 언덕에 이르러 감을 의미하는 것이다.

경(經)은 범어 수트라(sūtra)의 역어로서 그 의미는 관선섭지(貫線攝持)이다. 즉 부처님의 말씀을 패엽(貝葉)에 써서 끈으로 엮었음을 뜻하는 것이다. 혹은 계경(契經)이라고도 하는데 이는 불경의 가르침이 중생의 근기와 마음에 계합(契合=일치)됨을 강조한 것이다.

또 『금강경』은 그 내용이 약 3백송(頌) 정도의 분량이기 때문에 『삼백송반야(三百頌般若)』라고도 부르며, 이 경의 반야사상은 대승에의 입문(入門)이며 성불에의 시초라 하여 대승시교(大乘始敎)에 속한다고 보고 있다.

(3) 구성

『금강경』을 교판상(敎判上)에서 보면 600부 반야경 4처 16회 가운데 제9회(능단금강분)인 제577권에 해당하고, 교리상(敎理上)으로 보면 진공무아(眞空無我)의 공사상에 해당한다.

이 경은 상·하 양권으로 구분되어 있다. 그러나 이 두 권의 『금강경』은 표현과 내용이 거의 비슷하므로 승조(僧肇)는 『금강경소』에서 전반은 중생공(衆生空) 후반은 법공(法空)을 설했다고 했고, 지의(智顗)와 길장(吉藏)은 중설중설(重說重說)이라고 하여 전반은 전회중(前會衆), 후반은 후회중(後會衆), 또 전반은 이근(利根) 후반은 둔근(鈍根)을 위하여 설한 것이며, 또 전반은 연(緣)을 다하고 후반은 관(觀)을 다한 것이며, 혹은 전반은 관행(觀行)을 밝힌 것으로 그리고 후반은 관주(觀主)를 제멸(除滅)한 것으로 보았다.

그런데 불멸 후 약 900년경 무착은 이 경을 해석하려 하였으나 용이치 않아 일광정(日光定)에 들어 도솔천(兜率天)에 올라가 미륵보살에게 그 뜻을 물으니 미륵보살은 이에 대해 80수의 게송으로 답하여 주었다고 한다.

무착은 이를 토대로 『무착론(無着論)』 2권을 지었는데, 여기에는 『금강경』을 총 18주위(住位)로 과판(科判)하였고, 그의 친동생인 세친(世親)은 이 『무착론』을 보고 다시 27단의(段疑)로 과판하여 『천친론(天親論)』을 지었다.

그런데 중국에 와서는 양무제(梁武帝)의 아들인 소명태자(昭明太子)가 다시 32분절(分節)로 구분하였으니 『금강경』의 분과(分科)로 많이 채용되고 있다.

한편 경의 구성은 동진(東晉)의 도안(道安) 이래 전통적으로 서분(序分), 정종분(正宗分), 유통분(流通分)으로 구분하고 있는데, 이를 소명태자의 32분절과 대비시켜 보면 법회인유분 제일(法會因由分 第一)이 서분에 해당되고, 선현기청분 제이(善現起請分 第二)부터 응화비진분 제삼십이(應化非眞分 第三十二)의 사구게(四句偈)까지가 정종분에 해당하며, 사구게 다음인 불설시경이(佛說是經已)로부터 이 경의 마지막 부분까지 44자가 유통분에 해당한다.

(4) 내용

이 경의 전편에 흐르는 사상은 다른 반야부 계통의 경전과 같이 공사상이다. 철저한 공사상에 의해 번뇌와 분별심을 끊음으로써 반야지혜를 얻어 대각(大覺)을 증득할 수 있다는 것이다. 특히 이 경에서 주인공으로 등장하는 사람이 다름 아닌 부처님의 십대제자 가운데 해공제일(解空第一)인 수보리(須菩提) 존자인 점에서 이 경의 내용을 대변하고 있다 하겠다. 즉 수보리는 부처님께,

「세존이시여, 최고의 진리를 배우고 닦으려는 마음을 낸 선남선녀는 마음자세가 어떠해야 하며 (어떻게 수행해야 하며), 뜻대로 되지 않을 때는 어떻게 마음을 다스려야 합니까」라고 질문하였고, 부처님께서는 이에 답하여 주시니 이 경의 주요내용은 수보리의 질문에 대한 답으로 엮어지게 되는 것이다.

한편 이 경전의 내용 가운데에는 수 차례에 걸쳐 사구게의 중요성이 강조되고 있는데, 그 이유는 사구게야말로 이 경전 전체의 내용을 함축적으로 나타내고 있기 때문이다.

이 경에는 4수(首)의 사구게가 있는데 이 가운데 처음으로 등장하는 것이 여리실견분 제오(如理實見分 第五)의 '온갖 모양이 있는 것은 모두 다 허망하나니, 만일 모양 있는 모든 것이 모양이 아닌 줄 알면 곧 여래를 보리라(凡所有相 皆是虛妄 若見諸相非相 卽見如來)'는 것이다.

이 사구게를 수보리의 질문 내용과 비교해보면 첫째와 둘째 구절은 모든 허망(虛妄)을 일깨우신 것으로 현실을 바로 보게 하신 것이니, 곧 수보리의 첫 번째 질문인 '마음자세'에 해당하는 부분이다.

다음 셋째와 넷째 구절은 허망한 가운데 허망하지 않은 존재[如來]를 말씀하심으로써 참된 수행방법과 목표의식을 뚜렷이 설파하여 마음을 다스리도록 하신 것이니, 두 번째 질문인 '어떻게 마음을 다스려야 합니까'에 해당하는 부분이다.

이 밖에 3수의 사구게는 본문에서 다루기로 하겠으나, 예로부터 이 경의 안목으로 보아 온 구절이 있으니 '마땅히 머무는 바 없이 그 마음을 일으킬지니라(應無所住而生其心)라는 게송이 그것이다. 이 구절은 중국 선종의 제6조이며 남종선(南宗禪)의 시조(始祖)인 혜능(慧能)으로 하여금 발심케 한 대목으로 『금강경』의 핵심적인 문구이며, 선가에서도 매우 중요하게 여기는 어구이기도 하다.

이와 같이 이 경에서는 무집착을 강조하기 때문에 그 설하는 바는 평등의 이치가 차별의 상이 되어 활약하고, 또 차별의 상은 평등의 이치에 귀입(歸入)하여 평등 즉 차별, 차별 즉 평등이라는 중도(中道)의 진리가 선명하게 설하여지고 있는 것이다.

(5) 전역

이 경은 반야부 계통의 경전 가운데서도 세계 각지에서 널리 애독되고 있으며 범어 원본 외에 한문과 티벳 번역은 물론 중앙아시아어로도 번역되었고, 19세기에는 영·불·독의 3개국어로도 번역되었다.

① 『금강반야바라밀경』 1권 구마라집 역(402)
② 『금강반야바라밀경』 1권 보리유지 역(509)
③ 『금강반야바라밀경』 1권 진제 역(562)
④ 『금강능단반야바라밀경』 1권 달마급다 역(590)
⑤ 『능단금강반야바라밀다경』 1권 현장 역(648)
⑥ 『능단금강반야바라밀다경』 1권 의정 역(703)

그런데 이 경이 우리나라에 전래된 연대는 문헌상에 보이지 않고 있어 정확히는 알 수 없으나 『삼국사기』의 「신라본기」권4에 보면 신라 진흥왕 26년(565)에 진나라의 사신 유사(劉思)와 승(僧) 명관이 불교의 경전과 논장 등을 1,700여 권 가져온 사실이 기록되어 있고, 그 후 진흥왕 37년(576)에 안홍법사가 구법차 중국에 갔다가 돌아올 때 『능가경』 『승만경』을 가져왔다는 사실이 『삼국사기』의 「신라본기」권4에 기록되어 있는 점으로 미루어 이 때를 전후하여 『금강경』이 들어온 것으로 추정할 수 있다. 또 원효스님의 『금강반야경소』3권이 있는 점 등은 이러한 사실을 뒷받침해주고 있다.

그러나 한글로 시도된 번역은 조선조 세종 때 시작하여 성종 때에 완성된 『금강경삼가해(金剛經三家解)』라는 번역본이 있고 세조(世祖)의 명으로 한계희(韓繼禧) 노사신(盧思愼) 등이 번역한 『금강반야바라밀경(金剛般若波羅密經)언해』와 『금강경육조언해(金剛經六祖諺解)』 등이 있다.

(6) 주석서

이 경에는 예로부터 8백여 가지의 주석서가 있다고 한다. 단일경전에 대한 주석서로는 그 수에 있어 단연 으뜸이며, 또 그 주석가를 보면 교가 선가는 물론 유가(儒家)·도가(道家)도 있어서 그 학구 범위의 방대함은 실로 경탄치 않을 수 없다.

이 경의 주석서는 앞에서도 잠깐 언급한 바가 있듯이 이미 인도에서의 찬술이 있음을 알 수 있고, 중국·한국은 물론 일본에서도 7세기경부터 이 경에 대한 주소류가 저술되기 시작하여 오늘날까지 이어지고 있다.

우선 인도에서 찬술된 것으로 한역된 것을 살펴보면 다음과 같다.

① 무착의 『금강반야바라밀경론』 2권 달마급다 역
② 무착의 『능단금강반야바라밀경론송』 1권 의정 역
③ 세친의 『능단금강반야바라밀경론석』 3권 의정 역
④ 세친의 『금강반야바라밀경론』 3권 보리유지 역
⑤ 공덕시의 『금강반야바라밀경파취착불괴가명론(金剛般若波羅密經破取着不壞假名論)』 2권 지바하(地婆訶) 등 역.

중국에서 저술된 것으로는 라집의 제자인 승조(僧肇. 374~414)에 의해 『금강반야경주(金剛般若經注)』 1권이 저술된 것을 위시하여 수(隨) 지의(智顗)의 『금강반야바라밀경의소』 4권 혹은 6권 등이 있고, 그 이후 당·송·원·명을 거쳐 청조(淸朝)에 이르기까지 삼론(三論)·천태(天台)·

화엄·선 등 제종의 학승들에 의해 많은 주석서가 나왔다.

우리나라의 경우는 원효 이래 다음과 같은 주석서가 있다.

① 원효(元曉) 저 『금강반야경소』 3권
② 경흥(憬興) 저 『금강반야경료간(金剛般若經料簡)』 3권
③ 태현(太賢) 저 『금강반야경고적기(金剛般若經古迹記)』 1권
④ 함허(涵虛) 저 『금강경설의(金剛經說誼)』 1권 및 『금강반야참문(金剛般若懺文)』 2권
⑤ 혜정(慧定) 저 『금강경소찬요조현록(金剛經疏纂要助顯錄)』 1권
⑥ 연담(蓮潭) 저 『금강경사기(金剛經私記)』 1권
⑦ 인악(仁嶽) 저 『금강경사기(金剛經私記)』 2권
⑧ 긍선(亘璇) 저 『금강경팔해경(金剛經八解鏡)』 1권 및 『금강경팔강요기(金剛經八綱要記)』 1권

2. 내용의 개요

『금강경』은 상하 2권으로 구분되어 있는데 경의 내용은 앞에서 살펴본 바와 같이 18주 27단 32분 등 선현(先賢. 무착, 세친, 소명태자)들의 배려에 의해 분과(分科)되고 이에 따라 이해되어 왔다. 특히 이 가운데 소명태자의 32분에 의한 분과는 『금강경』을 수지독송(受持讀誦)하는 이 땅의 불자들에게 친숙하게 여겨질 만큼 많이 채용되어 왔다.[8]

이러한 점을 고려하여 여기서는 소명태자의 32분과에 준하여 각 분(分)이 나타내고자 하는 내용의 개요와 내용의 이해에 필요한 주요 문구 및 술어의 뜻을 주(註)의 형식으로 다음 '본문'에서 살펴나가고자 한다.

---

[8] 경전의 삼과 분류방법에 의하면 32분 가운데 「법회인유분 제1」은 서분, 「선현기청분 제2」에서 「응화비진분 제32」의 사구게(四句偈)까지 정종분, 「응화비진분 제32」의 사구게 이후부터 마지막 부분까지를 유통분으로 삼는다.

金剛般若波羅蜜經

[法會因由分 第一] No. 29 ⇨ 원문 p.7 ℓ.4

<후> 如是我聞하사오니 一時에 佛이 在舍衛國祇樹給孤獨園하사 與大比

	1		
	2		
	3		
㉮	4		◎
	5 법	법	法 ⎫ 1
	6 모일	회	會 ⎭
	7 인할	인	因 ⎫ 2
	8 말미암을	유	由 ⎭
	9 나눌	분	分 ⎫ 3
	10		
	11 차례	제	第
	12 한	일	一
	13		
	14		
	15		
	16		
	17		
	18		
	19		
	20		
	21		
	22		
	23		
	24		

제1분, 석존께서 『금강경』을
　　　　　　　설하시게 된 연유.

⊙법회(法會) ; 설법하는 모임.

⊙인유(因由) ; 원인이 비롯됨. 또는 그 유래.

⊙분(分) ; 전체를 몇으로 나눈 가운데 한 부분.

≪개요≫
　세존께서 『금강경』을 설하시게 된 연유를 밝힌 부분으로 전통적으로는 '서분(序分)'이라 하며, 경 전체의 서론에 해당하는 부분이다.
　이 부분은 경의 내용이 부처님의 친설(親說)임을 강조하여 듣는 사람으로 하여금 신심을 갖게 하는 '증신서(證信序=通序)'와, 경을 설하시게 된 동기와 인연을 서술한 '발기서(發起序=別序)'를 내용으로 하고 있다.

★소명태자(昭明太子)의 '32분(分)'
1.法會因由分 2.善現起請分 3.大乘正宗分 4.妙行無住分 5.如理實見分 6.正信希有分 7.無得無說分 8.依法出生分 9.一相無相分 10.莊嚴淨土分 11.無爲福勝分 12.尊重正教分 13.如法受持分 14.離相寂滅分 15.持經功德分 16.能淨業障分 17.究竟無我分 18.一體同觀分 19.法界通化分 20.離色離相分 21.非說所說分 22.無法可得分 23.淨心行善分 24.福智無比分 25.化無所化分 26.法身非相分 27.無斷無滅分 28.不受不貪分 29.威儀寂滅分 30.一合理相分 31.知見不生分 32.應化非眞分

No. 30 ⇨ 원문 p.7 ℓ.5 [法會因由分 第一]

<전> 法會因由分 第一

① ㉮	1	같을	여	如
	2	옳을 이	시	是
	3	나	아	我
	4	들을	문	聞
	5		하사오니	
㉯	6	한	일	一
	7	때	시	時
	8		에	
㉰	9	부처	불	佛
	10		이	
㉱	11	있을	재	在
	12	집	사	舍 ⎫
	13	지킬	위	衛 ⎬ 1
	14	나라	국	國 ⎭
	15	토지신	기	祇 ⎫
	16	나무	수	樹 ⎬ 2
	17	넉넉할 보낼	급	給 ⎫
	18	외로울	고	孤 ⎬ 3
	19	홀로	독	獨
	20	동산	원	園 ⎭
	21		하사	
㉲	22	더불	여	與
	23	큰	대	大 ⎫
	24	견줄	비	比 ⎬ 1

2 ※육성취(六成就) ; 증신서(證信序)의 조건. 증신서는 신(信)·문(聞)·시(時)·주(住)·처(處)·중(衆) 등 육성취로 구성되어 있다. 육성취는 육하원칙(六何原則)에 해당한다.

3 ⊙여시아문(如是我聞) ; 다문제일 아난존자(多聞第一阿難尊者)는 결집시(結集時), 경(經)의 송출(誦出)을 담당했다. 송출할 때 자신의 소견이 아니고 석존으로부터 들은 내용임을 경의 머리 부분에 명시함으로 해서 믿음을 갖도록 한 것이다. 이런 부분을 증신서(證信序) 또는 통서(通序)라 한다.

1 ⊙일시(一時) ; 스승과 제자가 한 자리에 모인 때. 일시를 분명히 하지 않음은 여러 지방의 시각이 일정치 않기 때문이다. 또 이적(理的)인 면에서 말한다면 마음[망념]과 경계가 다 잦아들어 이지(理智)가 융합하고 범성(凡聖)이 함께 모인 때를 말한다.

⊙불(佛) ; ⒮buddha. ⒣불타(佛陀)·부타(浮陀)·부도(浮圖)·부두(浮頭)·발타(勃馱)·몰타(沒馱). ⒠각자(覺者).
 우주 인생의 실체에 대한 진리를 깨달으신 분. 여기서는 역사적인 실존 인물이며 사바세계의 교주이신 석존을 지칭한 것이다.

⊙사위국(舍衛國) ; ⒮Śrāvasti. ⒣실라벌(室羅筏). 고대인도 중부에 있었던 코살라(憍薩羅. Kosala)국의 서울. 남쪽에 또 하나의 코살라국이 있었으므로 수도의 이름을 국명(國名)으로 하여 구분함을 상례로 한다.

⊙기수급고독원(祇樹給孤獨園 ⒮Jetavana-anāehapi=ṇḍasyārāma) ; 중인도 사위성에서 남쪽으로 1마일 떨어진 곳에 자리한 사원의 이름. 급고독(級孤獨)은 '고독한 사람에게 먹을 것을 주는 사람'이란 뜻으로 수닷타(須達多. Sudatta)장자의 이명(異名)이다. 이 수닷타장자가 부처님께 받칠 정사(精舍)의 터를 구하다 기타(祇陀. Jeta)태자의 숲을 적지(適地)로 생각하였다. 태자는 땅을 팔지 않을 속셈으로 동산에 황금을 깔아야 판다고 했다. 장자는 약속대로 황금을 깔았으나 동산의 나무는 계약에 들어 있지 않았었다. 장자는 곤궁에 처하게 되었지만 장자의 신심에 감동한 태자가 나무를 시주하기로 하였다. 두 사람의 시주로 이루어진 정사(精舍)이기에 이를 기념하여 '기수·급고독원'이라 부르게 되었고, 줄여서 '기원정사(祇園精舍)'라고 한다.

⊙대비구(大比丘) ; 학덕이 높고 점잖은 비구라는 뜻.

㉮이와 같이 내가 들었다. 어느 때 ㉰부처님께서 ㉱사위국의 기수 급고독원에서 ㉲큰 비구 천 이백 오십인과 함께 계셨다. /

[法會因由分 第一] № 31 ⇨ 원문 p.7 ℓ.6

<후> 하시고 入舍衛大城하사 乞食하실새 於其城中에 次第乞已하시고 還至本處

1	언덕	구	丘	⎫
2	무리	중	衆	⎭
3	일천	천	千	⎫
4	두	이	二	⎪
5	일백	백	百	⎪ 2
6	다섯	오	五	⎪
7	열	십	十	⎭
8	사람	인	人	
9				으로
10	함께	구	俱	
11				러시다
㉮ 12	너 그	이	爾	
13	때	시	時	
14				에
㉯ 15	대(代) 세상	세	世	
16	높을	존	尊	
17				이
㉰ 18	밥	식	食	
19	때	시	時	
20				에
㉱ 21	붙을 입을	착	着	⎫ 1
22	옷	의	衣	⎭
23	가질	지	持	⎫ 2
24	바리때	발	鉢	⎭

⊙대비구중천이백오십인(大比丘衆千二百五十人) ; 『과거현재인과경』4에, 「야사(耶舍)장자 아들의 붕당(朋黨) 50인, 우루빈나가섭(優樓頻螺迦葉)의 사도(師徒) 500인, 나제가섭(那提迦葉)의 사도 250인, 가야가섭(伽耶迦葉)의 사도 250인, 사리불(舍利弗)의 사도 100인, 대목건련의 사도 100인을 말한다. 이 1250인은 먼저 외도(外道)를 섬겼으나 뒤에 부처님의 교화를 받아 증과(證果) 했다. 이들은 부처님의 은혜를 감사히 여겨 법회 때마다 항상 따라다니며 떠나지 않았으므로 모든 경의 첫머리에 대중을 열거하는데 흔히 말하기를 1250인이 나온다.」고 하였다.

⊙비구(比丘) : Ⓢbhikṣu. 음필추(苾芻)・픽추(弼) 의걸사(乞士)・포마(怖魔).

比丘 此云乞士 內乞法 以資慧命 外乞食 以資色身
비구 차운걸사 내걸법 이자혜명 외걸식 이자색신

又有二義故 存梵不譯
우유이의고 존범불역

3 비구는 '걸사'이니 안으로는 법을 빌어 혜명(慧命)을 돕고, 밖으로는 음식을 빌어 색신(色身)을 돕는 것이다. 이렇듯 두 가지 뜻이 있기 때문에 범어를 그대로 쓰며 번역하지 않는다.

⊙이시(爾時) ; 석존과 대중이 한 자리에 모인 때.

※이시(爾時) 이전을 증신서(證信序=通序)라 함에 대하여 이 부분부터를 별서(別序)라 한다.

⊙세존(世尊) ; Ⓢbhagavat. 여래십호(如來十號)의 하나로 부처님의 존칭. 세계 가운데서 가장 높은 분, 또는 세간에 존중되는 어른이란 뜻.

⊙식시(食時) ; 부처님께서는 항상 사시(巳時. 09-11시)에 공양을 드시는데 ㄱ 공양은 손수 탁발(托鉢)하셨다. 하루 가운데서 탁발하기에 가장 좋은 시간은 진시(辰時. 07-09)로서 이 때야말로 주는 사람이나 받는 사람에게 불편하지 않은 시간이다. 따라서 공양 때란 사시를 가리키며, 공양 때가 되어라 함은 사시가 가까워 옴을 의미한다.

⊙착의지발(着衣持鉢) ; 수행자가 지녀야 할 물건의 대표적인 것이 '삼의일발(三衣一鉢)'이다. 즉 세 벌의 가사(袈裟)와 한 벌의 발우(鉢盂)를 말한다. 가사의 종류로는 하의(下衣)・내의(內衣)의 뜻을 지닌 '안타회(安陀會)'와 중의(中衣)・법의(法衣)의 뜻을 지닌 '울다라승(鬱多羅僧)' 그리고 상의(上衣)・대의(大衣)의 뜻을 지니고 있으며 설법이나 외출 시에 입는 '승가

㉮그 때 ㉯세존께서 ㉰공양 때가 됨에 ㉱가사를 수(受)하시고 발우를 드시고 /

No. 32 ⇨ 원문 p.7 l.7 [法會因由分 第一]

<전> 丘衆千二百五十人으로 俱러시다 爾時에 世尊이 食時에 着衣持鉢

	1			하시고
㉮	2	들	입	入
	3	집	사	舍
	4	지킬	위	衛
	5	큰	대	大
	6	성 나라	성	城
	7			하사
	8	빌	걸	乞
	9	밥	식	食
	10			하실새
㉯	11	어조사	어	於
	12	그	기	其
	13	성 나라	성	城
	14	가운데	중	中
	15			에
㉰	16	버금 다음	차	次
	17	차례	제	第
	18	빌	걸	乞
	19	이미 그칠	이	已
	20			하시고
㉱	21	돌아올	환	還
	22	이를	지	至
	23	밑 근본	본	本
	24	살 곳	처	處

1 리(僧伽梨)'가 있다. 발우는 우리나라에서 보는 사합발우(四盒鉢盂)와는 달리 하나로 와발(瓦鉢)이나 철발(鐵鉢)을 사용하였다. 따라서 옷을 입으셨다 함은 '승가리'를 입으시고 외출 준비를 하셨음을 말하고, 발우를 드셨다 함은 탁발 준비를 하셨음을 말하는 것이다.

※오종불번(五種不飜)
① 다라니(陀羅尼)와 같이 비밀한 뜻이 있는 것.
② 바가범(婆伽梵)과 같이 많은 의미 -自在·熾盛·端嚴·名稱·吉祥·尊貴- 를 포함하는 것.
③ 염부수(閻浮樹)와 같이 타국에는 존재하지 않는 것.
④ 아뇩다라삼먁삼보리(阿多羅三三菩提)와 같이 이전 역자의 음역이 일반화되어 그 의미가 두루 알려져 있는 것.
⑤ 반야(般若)와 같이 지혜라고 번역하면 경박하기 때문에 존중한 의미를 잃을 경우.

3 ⊙걸식(乞食) ; 12두타행(頭陀行)의 하나로 비구가 자신의 육신을 돕기 위해 일정한 행의작법(行儀作法)에 준하여 음식을 비는 일. 중국과 한국 등에서는 이를 탁발(托鉢)이라는 명칭으로 행하여 왔다.

4 ⊙어(於) ; ~에, ~에서 [처소격]

※십이두타행(十二頭陀行) ; [頭陀. dhūta] 번뇌의 티끌을 제거하고, 의식주를 간편히 하여 수도정진에 도움이 되게 하는 12조의 행법. (1)재아란야(在阿蘭若處) ; 인가를 떠나 깊은 산 숲이나 넓은 광야 등 한적한 곳에 머무는 것 (2)상행걸식(常行乞食) ; 스스로 음식을 만들지 않고 걸식에 의존하는 것. (3)차제걸식(次第乞食) ; 시주의 경제적인 면을 고려하지 않고 평등하게 일곱 집에서 시주를 받는 것. (4)수일식법(受一食法) ; 한 자리에서 공양하고 거듭 먹지 않는 것. (5)절양식(節量食) ; 발우 안의 음식으로만 만족하는 것. (6)오후불식(午後不食) ; 정오가 지나면 과일즙이나 꿀물 등을 먹지 않는 것. (7)착폐납의(着幣衲衣) ; 떨어진 옷만을 입는 것. (8)단삼의(但三衣) ; 옷은 세 벌만 갖는 것. (9)총간주(塚間住) ; 무덤 사이에 머무는 것. (10)수하지(樹下止) ; 주처에 대한 애착을 여의기 위하여 나무 밑에 앉는 것. (11)노지좌(露地坐) ; 나무 아래에는 습기독충 등의 해가 있으므로 노지에 앉는 것. (12)단좌불와(但坐不臥) ; 잠을 잘 때도 눕지 않고 앉아있는 것.

⊙차제걸이(次第乞已) ; 12두타행의 세 번째 행으로 '칠가식(七家食)'을 말한다.

※칠가식(七家食) ; 어느 지점에서 시작하든지 시작한 곳에서부터 차례대로 일곱 집에서 음식을 비는 것이다. 가섭존자는 조그만 복이라도 짓게 하느라고 가난한 집만을 찾아다녔다. 반면 수보리존자는 가난

㉮사위성으로 들어가시어 ㉯그 성안에서 공양을 비심에 ㉰차례로 빌기를 마치시고 ㉱계시던 곳으로 돌아오시어 /

[法會因由分 第一] №. 33 ⇨ 원문 p.7 ℓ.8

<후> 善現起請分 第二

㉮	1	밥	飯 반	하사
	2	밥 먹을	食 사	2
	3	밥 '식'	訖 흘	1
	4	이를 마칠		3
	5			하시고
㉯	6	거둘	收 수	2
	7	옷	衣 의	
	8	바리때	鉢 발	1
	9			하시고
㉰	10	씻을	洗 세	2
	11	발	足 족	1
	12	이미 그칠	已 이	3
	13			하시고
㉱	14	펼	敷 부	2
	15	자리	座 좌	1
	16	말 이을	而 이	3
	17	앉을	坐 좌	4
	18			하시다
	19			
	20			
	21			
	22			
	23			
	24			

한 신도들에게 폐를 끼치지 않으려고 부잣집만을 찾아 다녔다. 이를 본 유마거사는 두 존자의 의도는 좋지만 가난하다 부자다 하는 분별심을 내는 것은 평등하지 못한 처사라고 경계하셨다. 부처님께서도 선별하는 마음을 버리라는 뜻에서 차례대로 일곱 집에서 걸식하셨다. 마음에 상(相)이 없으면 차별이 없으며, 차별이 없으면 여법(如法)하다 할 것이다. 상(相)을 떠난 반야 지혜의 안목에는 차별이 있을 수 없음을 보여준다.

⊙수의발(收衣鉢) ; 공양을 드신 후, 발우를 거두어 주위를 정돈하시고 평상복인 울다라승(鬱多羅僧)으로 갈아입으심을 뜻한다. 그러나 곧 법이 설하여짐을 감안한다면, 옷을 갈아입으신 것이 아니라 옷매무새를 단정히 하심으로 해서, 제자들을 위한 설법을 하실 의향이 있으심을 간접적으로 시사하신 것이라 하겠다.

⊙세족이(洗足已) ; '수의발(收衣鉢)'과 더불어 공양(供養)이라는 일차적 행위의 완료를 의미한다.

⊙부좌이좌(敷座而坐) ; 자리를 마련하고 앉으셨다 함은, 길상초(吉祥草) 위에 앉으시어 삼매(三昧)에 드셨다는 말이니, 이는 부처님의 일상생활의 한 부분인 동시에 이 경이 생길 근원이기도 하다. 즉 이 경은 반야지(般若智)를 개발하는 것이 목적인데, 이미 법도에 따라 행한 걸식은 계(戒)이며, 지금 자리에 앉으심은 정(定)이다. 계와 정이 구족하면 곧 지혜가 생기게 마련인 바, 자리에 앉으심을 이경이 생길 근원이라 한 것이다.

『반야경』에서 드신 삼매는 등지왕삼매(等持王三昧)이거니와, 외에도 모든 경을 설하심에 즈음해서는 반드시 삼매에 드셨으니『화엄경』을 설하실 때는 해인삼매(海印三昧),『법화경』을 설하실 때는 무량의처삼매(無量義處三昧),『열반경』을 설하실 때는 부동삼매(不動三昧)에 그리고『무량수경』을 설하실 때는 대적정미타삼매(大寂靜彌陀三昧)에 드셨다.

㉮공양을 드셨다. ㉯가사와 발우를 거두시고 ㉰발을 씻으신 뒤 ㉱자리를 펴고 앉으셨다. /

No. 34 [法會因由分 第一]

◆ 六祖口訣

1 30-1 / 如是我聞 一時 佛在舍衛國祇樹給孤獨園 與大比丘衆千二百五十人俱

①如者 指義 是者 定詞 阿難自稱如是之法 我從佛聞 明不自說也 故言如是我聞 ②又我者 性也 性卽我也 內外動作 皆由於性 一切盡聞 故稱我聞也 ③言一時者 師資會遇齊集之時 佛者 是說法之主 ④在者 欲明處所 舍衛國者 波斯匿王所居之國 祇者 太子名也 樹是祇陀太子所施 故言祇樹 給孤獨者 須達長者之異名 園本屬須達 故言給孤獨園 ⑤佛者梵語 唐言覺也 覺義有二 一者外覺 觀諸法空 二者內覺 知心空寂 不被六塵所染 外不見人之過惡 內不被邪迷所惑 故名曰覺 覺卽佛也 ⑥與者 佛與比丘 同住金剛般若無相道場 故言與也 ⑦大比丘者 是大阿羅漢故 比丘者 梵語 唐言 能破六賊 故名比丘 ⑧衆 多也 千二百五十人者 其數也 俱者 同處平等法會

①'여(如)'는 가리킴을 뜻하고, '시(是)'는 확정되었다는 말이다. 아난 존자가 스스로 '이와 같은 법을 내가 부처님으로부터 들었다'고 칭한 것은, 자신이 설한 것이 아님을 밝힌 것이다. 때문에 '여시아문(如是我聞)'이라 하였다. ②또 '아(我)'는 성품이요 '성품'은 곧 나이니, 안팎의 동작이 모두 성품으로 말미암은 것이니 일체를 다 듣기도 한다. 고로 '내가 들었다(我聞)'고 한 것이다. ③'일시(一時)'라 함은, 스승과 제자가 한 곳에 함께 모였을 때이다. '불(佛)'이라 함은 법문을 말씀하시는 주인공이다. ④'재(在)'라 함은 부처님께서 계신 곳을 밝힘이고, '사위국'은 바사익왕이 있는 나라며, '기(祇)'는 태자의 이름이고, '수(樹)'는 이 태자가 보시한 것임을 뜻하여 기수(祇樹)라 하였다. '급고독(給孤獨)'은 수달장자의 별명이다. '원(園)'은 수달장자의 소유임을 가리키는 뜻이므로 급고독원(給孤獨園)이라 한 것이다. ⑤'불(佛)'은 범어이며 당언(唐言)으로는 '각(覺)'이다. '각'에는 두 가지 뜻이 있다. 첫째는 밖으로 깨닫는 것이니, 모든 법이 공(空)함을 관함이고, 둘째는 안으로 깨닫는 것이니, 마음이 공적(空寂)함을 알아서 육진(六塵)에 물들지 않는 것이며, 밖으로는 남의 허물을 보지 않고 안으로는 사된 것에 미혹되지 않으므로 깨달음(覺)이라 했다. 깨달으면 곧 부처다. ⑥'여(與)'라 함은 부처님과 비구들이 금강반야의 상(相) 없는 도량에 함께 머무셨기에 더불어(與)라고 한 것이다. ⑦'대비구'라 함은 '대아라한'이란 뜻이다. 비구는 범어인데 당언으로는 여섯 가지 도적을 능히 깨뜨리므로 비구라 한 것이다. ⑧'중(衆)'은 많다는 뜻이다. 일천 이백 오십 인은 그 수이며, '함께(俱)'라 함은 평등한 법회에 함께 있다는 뜻이다.

2 31-12 / 爾時世尊 食時 着衣持鉢 入舍衛大城 乞食於其城中 次第乞已 還至本處 飯食訖 收衣鉢 洗足已 敷座而坐

①爾時者 當此之時 是今辰時 齋時欲至也 著衣持鉢者 爲顯敎示跡故也 ②入者 自城外而入也 舍衛大城者 名舍衛國豊德城也 卽波斯匿王所居之城 故言舍衛大城也 ③言乞食者 表如來能下心於一切衆生也 次第者 不擇貧富 平等以化也 ④乞已者 如多乞不過七家 七家數滿 更不至餘家也 ⑤還至本處者 佛意制諸比丘 除請召外 不得輒向白衣舍故云爾 ⑥洗足者 如來示現 順同凡夫 故言洗足 又大乘法 不獨以洗手足爲淨 蓋洗淨手足 不若淨心 一念心淨 卽罪垢悉除矣 ⑦如來欲說法時 常儀 敷施檀座 故言敷座而坐也

①'이시(爾時)'라 함은, 바로 이때이니, 지금으로 말하면 진시(辰時. 오전 7~9시)로서 밥 때(巳時. 오전 9~11시)에 이르려고 하는 때이다. '옷을 입고 발우를 지니셨다' 함은 가르침을 보이기 위한 자취를 나타내신 것이다. ②'입(入)'이라 함은 성밖에서 성안으로 들어가심을 뜻하고, '사위대성'은 사위국 풍덕성(豊德城)의 이름이니 곧 바사익왕의 성(城)이기로 사위대성이라 한 것이다. ③'걸식(乞食)'이라 함은, 부처님께서 일체중생에게 마음을 지극히 낮추심을 표한 것이며, '차제(次第)'라 함은 빈부를 가리지 않고 평등하게 교화하심을 뜻한다. ④'빌기를 마치셨다(乞已)' 함은 많이 빈다해도 일곱 집을 지나치지 않으셨으니 일곱 집의 수가 채워지면 다시 다른 집에 가지 않으셨음을 뜻한다. ⑤'본래 처소에 돌아오셨다(還至本處)' 함은 부처님의 뜻으로 모든 비구들로 하여금 특별히 초대하는 경우를 제외하고는 속가에 가지 못하도록 제정하셨기에 그렇게 이른 것이다. ⑥'발을 씻으셨다(洗足)'함은 여래께서 범부와 같음[공감대]을 보이심이니 때문에 발을 씻으셨다 한 것이다. 또, 대승법은 오직 손이나 발을 닦는 것만으로 깨끗함을 삼지 않는다. 손발을 닦는 것이 그 마음을 깨끗이 하는 것만 같지 못하니, 한 생각 마음이 깨끗하면 곧 죄의 때가 다 없어진다. ⑦여래께서 설법을 하시려 할 때는 항상 하시는 위의(威

儀)로서 단좌(檀座)를 펼쳐 까시었으므로 '자리를 펴고 앉으시었다(敷座而坐)'고 하였다.
* 단좌(檀座) ; 제석천왕이 보시한 좌복인데 부처님께서 앉으실 때는 항상 그것을 자리에 깔고 앉으셨으므로 단좌를 하나의 의식으로 이해하게 된 것이다.

No. 36 ⇨ 원문 p.7 ℓ.10 [善現起請分 第二]

<전> 하사 飯食訖하시고 收衣鉢하시고 洗足已하시고 敷座而坐하시다

	1		
	2		
	3		
	4		◎
㉮	5	착할	선 善 ⎫
	6	나타날	현 現 ⎬ 1
	7	일어날 일으킬	기 起 ⎭ 3
	8	청할 물을	청 請 2
	9	나눌	분 分 4
	10		
	11	차례	제 第
	12	두	이 二
	13		
	14		
	15		
	16		
	17		
	18		
	19		
	20		
	21		
	22		
	23		
	24		

제2분, 수보리존자가 발심한 사람의 마음자세에 대해 질문함

⊙선현(善現); Ⓢsubūhti. 한수보리(須菩提). 부처님의 십대제자 가운데 한 분으로 공생(空生)·선길(善吉)의 뜻을 가진 이름이다. 태어날 때 창고가 텅 비어 있는 꿈을 꾸어 공생(空生)이라 하고, 다시 이레 뒤에는 창고가 가득 차 있는 꿈을 꾸어 선현(善現)이라 하였으며, 그의 장래를 점성가에게 물으니 '오직 길하다'하여 선길(善吉)이라 하였다 한다. 사위국 바라문의 가문에서 태어났고 천성이 총명하였다. 그러나 성격이 급하고 늘 화를 냄이 지나쳐 모든 사람에게 불안을 주었으므로 쫓겨나다시피 집을 나오게 되었다. 결국 사방으로 떠돌게 되었으나 다행히 기원정사(祇園精舍)에 이르러 부처님을 뵙게 되고 수행케 되었다. 뒤에 공의 도리를 깨달아 화를 내지 않게 되었을 뿐 아니라 공도리(空道理)를 가장 잘 이해하고 다투지 않게 되었다. 그래서 해공제일(解空第一)·무쟁제일(無諍第一)의 칭호를 듣게 되었다.

≪개요≫
해공제일(解空第一) 수보리존자는 부처님께서 대중을 위해 장차 '공도리(空道理)'를 설하시고자 함을 알았다. 존자는 대중을 대신하여 아뇩다라삼막삼보리심을 발(發)한 보살이 지녀야할 마음자세와 또, 어리석은 마음이 일어날 때 이를 어떻게 다스려야할 것인가에 대해 부처님께 여쭈었다. 이로써 존자는 부처님께서 『금강반야바라밀경』을 설하실 단서를 마련하였고, 부처님께서는 이에 응하셨으니, 「선현기청분」은 바야흐로 본 경(經)이 탄생하는 역사적인 순간을 보이는 부분이다.

★소명태자(昭明太子)의 '32분(分)'
1.法會因由分 2.善現起請分 3.大乘正宗分 4.妙行無住分 5.如理實見分 6.正信希有分 7.無得無說分 8.依法出生分 9.一相無相分 10.莊嚴淨土分 11.無爲福勝分 12.尊重正敎分 13.如法受持分 14.離相寂滅分 15.持經功德分 16.能淨業障分 17.究竟無我分 18.一體同觀分 19.法界通化分 20.離色離相分 21.非說所說分 22.無法可得分 23.淨心行善分 24.福智無比分 25.化無所化分 26.法身非相分 27.無斷無滅分 28.不受不貪分 29.威儀寂靜分 30.一合理相分 31.知見不生分 32.應化非眞分

[善現起請分 第二] No. 37 ⇨ 원문 p.8 ℓ.1

<후> 膝着地하고 合掌恭敬하야 而白佛言하되 稀有世尊하 如來ㅣ善護

1					
㉮	1 때	시	時	1	
	2		에		
	3 길	장	長	2	⊙장노(長老) ; ⓢāyuṣmat. 상좌(上座)·상수(上首)·수좌(首座)·기숙(耆宿)·노숙(老宿)의 뜻이 있다. 학덕이 높고 불문에 들어 온지 오래되어 대중의 존경을 받는 이를 일컫는 말.
	4 늙은	로	老		
	5 모름지기	수	須	3	※인로왕보살(引路王菩薩) ; '인로왕'은 특정인을 지칭한 고유명사가 아니라 불교 의식상(儀式上)에 있어서 인례(引禮)라는 직책을 나타내는 보통명사이며, 인로왕보살은 그 책임자이다.
	6 보살	보	菩		
	7 끝'제' 들'제'	리	提		
	8		ㅣ		우타나(優陀那. udāna. 無問自說)나 가타(伽陀. gāthā. 孤起頌) 등을 제외한 대부분의 경전은 제자의 질문을 받으신 세존께서 답하시는 형태로 되어있다. 이 때의 질문은 무질서하게 이루어지는 것이 아니라 질문할 내용에 있어서 그 분야의 일인자가 대중을 대표하여 나서는 것이 상례다. 즉 내용적으로 볼 때 청법 대중들은 질문하는 보살에 의해 진리의 세계로 인도되는 바 질문의 주인공인 보살이 곧 인로왕보살이 되는 것이다.
	9 있을	재	在	6	
	10 큰	대	大	4	
	11 무리	중	衆		
	12 가운데	중	中	5	수보리 존자는 '공(空)'의 이해에 있어 일인자인바, 대중을 공의 세계로 안내하는 인로왕보살이다.
	13 ·		이라가		
㉯	14 곧	즉	卽	1	⊙즉종좌기(卽從座起) ; 몸과 입과 뜻을 정돈하여 상대방을 공경하는 자세를 보임.
	15 좇을	종	從	3	
	16 자리	좌	座	2	
	17 일어날	기	起	4	
	18		하야		
㉰	19 치우칠	편	偏	2	⊙편단우견(偏袒右肩) ; 가사(袈裟) 착용법의 하나로 상대방에 경의를 표하는 예법.
	20 웃통 벗을	단	袒		
	21 오른쪽	우	右	1	⊙편단(偏袒) ; 한쪽 소매를 벗음. 편단하다 ; 한쪽 소매를 벗다.
	22 어깨	견	肩		
	23		하고		⊙우슬착지(右膝着地) ; 인도의 예법으로 오른쪽 무릎을 땅에 대고 왼쪽 무릎을 세우는 것으로 상대에게 경의를 나타내는 표시의 하나.
㉱	24 오른쪽	우	右	1	

㉮이때 장로인 수보리가 대중 가운데 있다가 ㉯(부처님의 의중을 헤아리고) 곧 자리에서 일어나 ㉰오른쪽 가사를 걷어 어깨에 메고 ㉱오른쪽 무릎을 땅에 대고는 /

No. 38 ⇨ 원문 p.8 ℓ.2 [善現起請分 第二]

<전> 時에 長老須菩提ㅣ 在大衆中이라가 卽從座起하야 偏袒右肩하고 右

	1	무릎	슬	膝	
	2	붙을	착	着	2
	3	땅	지	地	
	4			하고	
㉮	5	합할	합	合	1
	6	손바닥	장	掌	
	7	공손할	공	恭	2
	8	공경할	경	敬	
	9			하야	
	10	말이을	이	而	3
	11	흰 고할	백	白	5
	12	부처	불	佛	4
	13	말씀	언	言	6
	14			하되	
㉯	15	바랄 드물	희	希	1
	16	있을	유	有	
	17	때	세	世	2
	18	높을	존	尊	
	19			하	
㉰	20	같을	여	如	1
	21	올	래	來	
	22			ㅣ	
㉱	23	착할	선	善	2
	24	보호할	호	護	3

⊙합장(合掌) ; 좌우의 손바닥을 합하여 몸과 마음을 한결같이 하여 상대에게 성심을 보이는 인도의 예법 중 하나.

⊙희유(希有) ; 희유(稀有). 흔하지 아니함, 드물게 있음. 즉, 백천만겁에 만나 뵙기 어려운 부처님을 뵙게되고 또 그 가르침을 받들게 됨을 찬탄한 것.

※앞서 「법회인유분 제일」의 내용 중 '부좌이좌(敷座而坐)'에서 언급하였듯 『반야경』에서 드신 삼매는 등지왕삼매(等持王三昧)며, 수보리존자는 세존의 의중을 짐작하고 찬탄한 것이다.

※선타객(禪陀客) ; 지혜가 총명한 사람을 말함. 선타바(仙陀婆. saindhava)의 밀어(密語)를 아는 이라는 뜻. '선타바'는 소금·그릇·물·말[馬]이란 뜻이다. 영리한 신하가 선타바의 뜻을 잘 알아서 임금이 낯을 씻으려고 선타바를 찾으면 물을 바치고, 식사할 때 찾으면 소금을 바치고, 식사를 마치고 물을 마시려 할 적에 찾으면 그릇을 바치고, 출입하려할 때 찾으면 말을 가져왔다 한다. 『열반경』 9권에서, 어느 왕이 선타바에 대해 물었지만 다른 군신은 그 의미를 알지 못했고, 한 사람의 대신만이 잘 판단해 그르치지 않았다는 이야기가 있다. 뛰어나게 슬기롭고 총명한 사람을 말함.

㉮합장하여 공경히 부처님께 여쭈었다. ㉯「희유하십니다. 세존이시여! ㉰여래께오서는 ㉱모든 보살들을 잘 염려하여 보호해 주시고 /

[善現起請分 第二] No. 39 ⇨ 원문 p.8 ℓ.3

<후> 耨多羅三藐三菩提心하야는 應云何住며 云何降伏其心이리잇고 佛言

㉮	1	생각	념	念	1
	2	모든	제	諸	
	3	보살	보	菩	
	4	보살	살	薩	
	5		하시며		
	6	착할	선	善	2
	7	줄	부	付	3
	8	부탁할	촉	囑	
	9	모든	제	諸	1
	10	보리	보	菩	
	11	보살	살	薩	
	12		하시나이다		
㉯	13	때	세	世	
	14	높을	존	尊	
	15		하		
㉰	16	착할	선	善	1
	17	사내	남	男	
	18	아들	자	子	
	19	착할	선	善	2
	20	계집 '여'	녀	女	
	21	사람	인	人	
	22		이		
㉱	23	필	발	發	3
	24	언덕	아	阿	1

※선호념제보살(善護念諸菩薩) ; 여기서 호(護)는 밖으로부터 악(惡)이 침해하지 못하게 하는 것이고, 념(念)은 안으로 선(善)을 내게 하는 것이다. 즉 부처님께서는 모든 보살로 하여금 악을 멈추고 선을 행하게 하여 주신다는 의미다.

⊙부촉(付囑) ; 咐囑. 부탁하여 맡김.
   咐 분부할 '부'

※선부촉제보살(善付囑諸菩薩) ; 부처님께서는 법을 설하신 후 청중 가운데서 근기(根機)가 성숙한 보살을 가려 그 법의 유통과 중생제도를 부탁하시어 대비심이 끊어지지 않게 하신다는 의미다.

※근기(根機) ; 교법(敎法)을 받아들일 수 있는 중생의 능력.

※여래십호(如來十號) ; (1)여래(如來) ; Ⓢtathagāta. ①tatha(진실, 진리)+āgata(오다, 來)=진리에 도달한 분. ②tathā(같이, 如是)+gata(가다, 逝)=선서, 도피안(지금까지의 여러 부처님들과 같은 길을 걸어서 열반에 이른 분.) ③tathā(같이, 如是)+āgata(오다, 來)=다른 부처님과 같이 중생을 구제키 위해 이 세상에 오신 분. (2)응공(應供) ; Ⓢarhat. 온갖 번뇌를 끊어 인천(人天)으로부터 공양을 받을 만한 덕을 갖춘 분. (3)정변지(正遍知) ; Ⓢsamyaksaṁbuddha. 등정각(等正覺)·정각(正覺)·등각(等覺). 일체 지혜를 갖추어 우주간의 물심현상에 대하여 모르는 것이 없는 분. (4)명행족(明行足) ; Ⓢvidyācaraṇa-saṁpanna. '明'은 무상정편지(無上正編智), '行足'은 각족(脚足)이니 계·정·혜(戒定慧) 삼학을 가리킴. 부처님은 삼학의 각족에 의하여 무상정변지를 얻었으므로 이렇게 부름. (5)선서(善逝) ; Ⓢsugata. 묘왕(妙往)·묘거(妙去). 생사의 바다에 다시 빠지지 않음. (6)세간해(世間解) ; Ⓢlokavid. 세간의 일을 모두 아심. (7)무상사(無上士) ; Ⓢanuttara. 일체 중생 가운데 가장 높은 분. 大士. (8)조어장부(調御丈夫) ; Ⓢpuruṣa-damya-sār=ath. 大慈·大悲·大智로써 중생의 번뇌를 조복제어하여 정도(正道)를 잃지 않게 하는 분. (9)천인사(天人師) ; Ⓢśāstā-devamanusyānām. 人天의 스승 (10)불세존(佛世尊) ; Ⓢbuddha-lokanātha. 불타는 지자(智者). 세존은 세상에서 가장 존귀하다는 뜻.

⊙선남자선여인(善男子善女人) ; 훌륭한 남자, 훌륭한 여자라는 의미. 여기서는 재가·출가를 막론하고 불법을 믿고 행하며 찬탄하는 사람을 통칭한 것.

㉮모든 보살들에게 잘 당부하여 위촉해 주시나이다. ㉯세존이시여, ㉱선남자나 선여인이 ㉰아뇩다라삼먁삼보리의 마음을 내고는 /

No. 40 ⇨ 원문 p.8 ℓ.4 [善現起請分 第二]

<전> 念諸菩薩하시며 善付囑諸菩薩하시나이다 世尊하 善男子善女人이 發阿

	1 김맬 '누'	녹	耨	
	2 많을	다	多	
	3 새그믈	라	羅	
	4 석	삼	三	1
	5 아득할 '막'	먁	藐	
	6 석	삼	三	
	7 보리	보	菩	
	8 끌 '제'	리	提	
	9 마음	심	心	2
	10		하야는	
㉮	11 응할	응	應	1
	12 이를	운	云	2
	13 어찌	하	何	
	14 살	주	住	3
	15		며	
㉯	16 이를	운	云	1
	17 어찌	하	何	
	18 항복할	항	降	4
	19 엎드릴	복	伏	
	20 그	기	其	2
	21 마음	심	心	3
	22		이리잇고	
③㉰	23 부처	불	佛	1
	24 말씀	언	言	2

⊙발아뇩다라삼먁삼보리심(發阿耨多羅三藐三菩提心) ; 최고의 깨달음으로 향하는 마음을 냄. 아뇩다라삼먁삼보리는 범어 anuttarasamyak-sambodhi의 음역으로 무상정변지(無上正遍智)·무상정등각(無上正等覺) 등으로 번역한다. 발아뇩다라삼먁삼보리심을 줄여서 발보리심(發菩提心) 혹은 발심(發心)이라 한다.

※발심(發心) ; 기구정진도 명위발심(期求正眞道 名爲發心) 즉, 바르고 참된 진리를 구하는 것을 말한다.
- 『維摩經慧遠疏』-

⊙운하(云何) ; 여하(如何). 어찌하여. 어떠한가. 어찌할꼬. 그 형편이나 정도가 어떠한가의 뜻을 나타내는 말.

※응운하주 운하항복기심(應云何住 云何降伏其心) ; 보살이 아뇩다라삼먁삼보리를 얻기 위해서는 마음을 한 곳에 머물러 수행해야 하고, 망념이 일어나면 이를 제어해야 하는데 그 방법을 세존께 여쭌 것.

⊙항복(降伏) ; 적이나 상대편의 힘에 눌리어 굴복함.

㉮마땅히 어떻게 머물러야 하며 ㉯어떻게 그 마음을 항복시키오리까?」 ㉰부처님께서 말씀하셨다. /

[善現起請分 第二] No. 41 ⇨ 원문 p.8 ℓ.5

<후> 하시며 善付囑諸菩薩하시나니 汝今諦聽하라 當爲汝說하리라 善男子善女人

				하사대	
㉮	1				
	2	착할	선	善	1
	3	어조사	재	哉	
	4	착할	선	善	2
	5	어조사	재	哉	
	6			라	
	7	모름지기	수	須	3
	8	보살	보	菩	
	9	끝'제' 들'제'	리	提	
	10			야	
㉯	11	같을	여	如	3
	12	너	여	汝	1
	13	바	소	所	2
	14	말씀	설	說	
	15			하야	
㉰	16	같을	여	如	
	17	올	래	來	
	18			ㅣ	
㉱	19	착할	선	善	2
	20	보호할	호	護	3
	21	생각	념	念	
	22	모든	제	諸	1
	23	보살	보	菩	
	24	보살	살	薩	

⊙선재(善哉) ; ⓢsādhu. 音사도(娑度). 意호선(好善)・선성(善成). 내 뜻에 들어맞는 것을 칭찬하는 말. 또 계율의 작법 때에 쓰는 인사 말. '좋구나' '그렇다'의 뜻.

※무착보살(無着菩薩. Asaṅga. 4~5c경)
북인도 건다라국 보노하보랍성健馱邏國 普魯夏普拉(梵 Puruṣa-pura, 布路沙布邏)의 바라문 출신 승려. 아버지는 교시가(Kauśika)로 '국사바라문(國師婆羅門)'으로 삼형제를 두었으며 모두 이름이 '바수반두(婆藪槃豆. Vasubandhu)'였다. 처음에는 소승 살바다부(薩婆多部=說一切有部)로 출가하였으나 공(空)의 이치에서 막힘에 자살까지 생각했다. 다행히 빈두라(賓頭羅. Piṇḍola)를 만나 소승공관(小乘空觀)을 배워 깨달은바 있었다. 그러나 역시 마음에 부족함이 있었다. 그러다 신통력으로 도솔천(兜率天)에 올라 미륵보살(彌勒菩薩)로부터 대승공관(大乘空觀)을 들었다. 돌아와 열심히 생각했고 드디어 대승공관에 통달하게 되었다. 그 뒤에도 수 차례 도솔천에 올라 『유가사지론(瑜伽師地論)』 등 대승의 깊은 뜻을 듣고, 대중을 모아 설하였다. 이로 인해 대승유가의 법이 사방에 전하여졌다. 또, 논(論)과 소(疏)를 짓고, 대승경전을 번역하였다. 아우인 세친(世親)이 소승에 있음을 안타깝게 여기고 대승을 권하여 전향하게 하였다. 저서에 『금강반야론(金剛般若論)』・『순중론(順中論)』・『섭대승론(攝大乘論)』・『대승아비달마잡집론(大乘阿毘達磨雜集論)』・『현양성교론송(顯揚聖敎論頌)』・『육문교수습정론송(六門敎授習定論頌)』 등이 있다.

※세친보살(世親菩薩)의 '27단의(段疑)'와
　　　　　소명태자(昭明太子)의 '32분절(分節)'
불멸후 9백년 경 무착보살(無着菩薩)이 『금강경』을 해석하려하였으나 너무 어려운 부분이 많았다. 일광정(日光定)에 들어 도솔천(兜率天)에 올라가 미륵보살(彌勒菩薩)께 여쭈니 미륵보살께서 게송을 지어 『금강경』의 대의를 일러주셨다. 무착보살은 이에 의하여 『무착론(無着論)』 2권을 지으면서 전문을 18개 부분으로 분과(分科)하였고, 그 아우인 세친보살(世親菩薩=天親菩薩)은 『천친론(天親論)』 3권을 지으면서 27개 부분으로 분과하였다. 그 후, 양무제(梁武帝)의 장자인 소명태자(昭明太子)는 이를 32개 부분으로 분과하였다.

㉮「좋은 말이다. 참으로 좋은 말이다. 수보리야! ㉯네 말과 같이 ㉰여래는 ㉱모든 보살들을 잘 염려하여 보호하고 /

No. 42 ⇨ 원문 p.8 ℓ.6 [善現起請分 第二]

<전> 하사대 善哉善哉라 須菩提야 如汝所說하야 如來ㅣ 善護念諸菩薩

	1		하며	
㉮	2	착할	선	善
	3	줄	부	付
	4	부탁할	촉	囑
	5	모든	제	諸
	6	보살	보	菩
	7	보살	살	薩
	8			하나니
㉯	9	너	여	汝
	10	이제	금	今
	11	살필	체	諦
	12	들을	청	聽
	13			하라
㉰	14	당할	당	當
	15	할	위	爲
	16	너	여	汝
	17	말씀	설	說
	18			하리라
㉱	19	착할	선	善
	20	사내	남	男
	21	아들	자	子
	22	착할	선	善
	23	계집 '여'	녀	女
	24	사람	인	人

※소명태자(昭明太子. 499~529)
남조 양무제 소연의 장자이며, 이름은 '통(統)'이고, 자는 덕시(德施)다. 나면서부터 총명하여, 3세에 효경(孝經)과 논어(論語)를 배웠고, 5세에 오경(五經)을 두루 읽었다. 천감(天監) 원년(502)에 황태자가 되었다. 무제가 크게 불교를 일으킴에 태자 역시 깊이 신봉하여 보살계를 받아 받들어 지녔으며 많은 경전을 두루 보고 교지(敎旨)를 깊이 연구하였다. 궁(宮) 안에 별도로 '혜의전(慧義殿)'을 세우고 고승을 초청하여 '이제의(二諦義)'를 짓고 해석하여 진속(眞俗)과 미오(迷悟)의 경계를 논하였다. 또, 문학하는 선비들을 자주 불러 전적에 대해 토론하였다. 동궁에 장서가 삼만권, 실로 진송(晉宋)이래로 장한 일이었다. 대통(大通) 3년 3월에 병을 얻더니, 4월에 향년 31세로 죽었다. 시호는 '소명(昭明)'. 저서로 문집이 20권, 정서(正序) 10권, 영화집(英華集) 20권, 문선(文選) 30권 등이 있다.

世親菩薩의 二十七段疑	昭明太子의 三十二分
1. 이 경이 생긴 동기	법회인유분 第一
2. 선현이 수행하는 법을 묻다	선현기청분 第二
3. 부처님께서 마음 머무는 법을 보여주심	대승정종분 第三
4. 부처님께서 마음 닦는 법을 보이심	묘행무주분 第四
5. [27단계의 의문] ①부처가 되기 위해 보시하는 것도 상(相)에 걸리는 것 아닌가	여리실견분 第五
②그토록 깊은 법을 누가 믿으랴	정신희유분 第六
③상(相)이 없다면 어떻게 설법했나	무득무설분 第七
	의법출생분 第八
④성문이 지위를 얻는 것은 붙잡음이 아닌가?	일상무상분 第九
⑤석존께서도 연등불로부터 설법을 듣지 않았는가	장엄정토분 第十
⑥보살들이 불국토를 장엄하는 것은 얽음이 아닌가.	
⑦보신(報身)을 이루신 것도 얽음이 아닌가.	무위복승분 第十一
	존중정교분 第十二
⑧이 경을 지녀도 괴로운 과보는 면치 못하는 것 아닌가.	여법수지분 第十三
⑨말은 허무한 것, 그것으로 어찌 진여를 깨달으랴.	이상적멸분 第十四
⑩진여가 두루했다면 어째서 얻은 이와 그렇지 못한 이가 있는가	지경공덕분 第十五
	능정업장분 第十六
⑪머무르고 닦고 항복시킴도 '나'가 아닌가	구경무아분 第十七

㉮모든 보살들에게 잘 당부하여 위촉하나니, ㉯너는 자세히 들어라. ㉰마땅히 너를 위해 말해주리라. ㉱선남자 선여인이 /

[善現起請分 第二] No. 43 ⇨ 원문 p.8 ℓ.7

<후> 이니라 唯然世尊 願樂欲聞하나이다

㉮	1			이		⑫부처님의 인행(因行)도 보살이 아니었나	구경무아분 第十七
	2	필	발	發	3	⑬원인이 없다면 부처도 법도 없지 않겠는가	
	3	언덕	아	阿		⑭그렇다면 중생을 제도하거나 국토를 장엄하지 못할 것 아닌가	
	4	김맬 '누'	뇩	耨		⑮그렇다면 부처님들께서도 법을 보지 못했을 것 아닌가	일체동관분 第十八
	5	많을	다	多		⑯복덕이 뒤바뀌면 마음도 뒤바뀜이 아니겠는가	법계통화분 第十九
	6	새그물	라	羅		⑰무위(無爲)의 법이라면 어떻게 상호가 있을까	이색이상분 第二十
	7	석	삼	三	1	⑱몸이 없으면 어떻게 설법하나	비설소설분 第二十一
	8	아득할 '먁'	먁	藐		⑲법이 없으면 어떻게 닦고 증득하는가	무법가득분 第二十二 정심행선분 第二十三
	9	석	삼	三		⑳말씀하신 바가 무기(無記)이거늘 어떻게 성불의 원인이 되겠는가	복지무비분 第二十四
	10	보리	보	菩		㉑평등하면 어떻게 중생을 제도하나	화무소화분 第二十五
	11	끌	리	提		㉒모양만으로는 참 부처님을 짐작해 알지 못할까	법신비상분 第二十六
	12	마음	심	心	2	㉓그렇다면 부처의 과위는 복덕과 아무런 관계도 없지 않을까	무단무멸분 第二十七 불수불탐분 第二十八
	13			하야는		㉔화신(化身)이 나타나서 복을 받는 것 아닐까	위의적정분 第二十九
㉯	14	응할	응	應	1	㉕법신과 화신은 같은가 다른가	일합이상분 第三十 지견불생분 第三十一
	15	같을	여	如	2	㉖화신의 설법은 복이 없지 않을까	응화비진분 第三十二
	16	이	시	是		㉗적멸에 들면 어떻게 설법하나	
	17	살	주	住	3		
	18			머			
㉰	19	같을	여	如	1		
	20	이	시	是			
	21	항복할	항	降	3		
	22	엎드릴	복	伏			
	23	그	기	其	2		
	24	마음	심	心			

㉮아뇩다라삼먁삼보리의 마음을 내고는 ㉯이렇게 머물러야 하며 ㉰이렇게 그 마음을 항복시켜야 하느니라.」 /

No. 44 ⇨ 원문 p.8 ℓ.8 [善現起請分 第二]

<전> 이 發阿耨多羅三藐三菩提心하야는 應如是住며 如是降伏其心

㉮	1			이니라	
	2	오직 대답	유	唯	1
	3	그럴 동의할	연	然	2
	4	세상	세	世	3
	5	높을	존	尊	
	6			하	
㉯	7	원할	원	願	1
	8	즐길 '락' 좋아할	요	樂	2
	9	하고자 할	욕	欲	3
	10	들을	문	聞	
	11			하나이다	
	12				
	13				
	14				
	15				
	16				
	17				
	18				
	19				
	20				
	21				
	22				
	23				
	24				

⊙유연(唯然) ; 예, 공손하게 대답하는 말.

※양무제(梁武帝 464~549) ; 중국 남조(南朝) 양(梁)나라의 초대 황제(재위 502~549). 이름은 소연(蕭衍). 난릉(蘭陵) 출신. 아버지는 남제왕조(南齊王朝)의 건국자 소도성(蕭道成)의 동생이다. 소연은 박학하고 문무에 재질이 있어, 남제(南齊)의 경릉(竟陵) 왕자량(王子良)의 집에서 심약(沈約)과 범운(范雲) 등 문인 귀족과 교유하여 팔우(八友)의 이름을 얻었다. 남제(南齊) 말기에 옹주자사(雍州刺史)로 낭양(襄陽)에 있었으나 형이 폭군 동혼후(東昏侯)에게 피살당한 것을 계기로 그 도읍인 건강(建康: 南京)을 함락시켜 남제를 멸망시키고 제위에 올라 양(梁)나라를 세웠다. 그는 관제를 개혁하고 퇴폐한 남조의 귀족제 개혁에 힘써, 비교적 안정된 시대를 이룩했다. 저술을 많이 한 지식인이기도 하며 남조불교의 황금시대를 가져오게 했는데, 말년에 불교에 심취하여 정치를 돌보지 않게 되자 북조(北朝)의 반신 후경(侯景)에게 유폐 당해 죽었다. 묘호(廟號)는 고조(高祖), 시호(諡號)는 무제(武帝).

※십대제자(十大弟子) ; 석존(釋尊)의 제자 가운데 가장 뛰어난 특징을 지니신 열분.
(1)지혜제일 사리불(智慧第一 舍利弗)
(2)신통제일 목건련(神通第一 目犍連)
(3)두타제밀 대가섭(頭陀第一 大迦葉)
(4)천안제일 아나율(天眼第一 阿那律)
(5)해공제일 수보리(解空第一 須菩提)
(6)설법제일 부루나(說法第一 富樓那)
(7)논의제일 가전연(論義第一 迦旃延)
(8)지계제일 우파리(持戒第一 優婆離)
(9)밀행제일 라후라(密行第一 羅睺羅)
(10)다문제일 아난타(多聞第一 阿難陀)

㉮「예, 그러하겠나이다 세존이시여! ㉯바라옵건대 기꺼이 듣고자 하옵니다.」/

[善現起請分 第二]

◆ 六祖口訣

① 37-1 / 時 長老須菩提 在大衆中 卽從座起 偏袒右肩 右膝着地 合掌恭敬 而白佛言 稀有 世尊 如來 善護念諸菩薩 善付囑諸菩薩

①何名長老 德尊年高 故名長老 須菩提是梵語 唐言解空 ②隨衆所坐 故云卽從座起 ③弟子請益 先行五種儀 一者從座而起 二者端整衣服 三者偏袒右肩 右膝著地 四者合掌瞻仰尊顔 目不暫捨 五者一心恭敬 以申問辭 ④希有略說三義 第一希有 能捨金輪王位 第二希有 身長丈六 紫磨金容 三十二相 八十種好 三界無比 第三希有 性能含吐八萬四千法 三身具圓備 以具上三義 故云希有也 世尊者 智慧超過三界 無有能及者 德高更無有上 一切咸恭敬 故曰世尊 ⑤護念者 如來以般若波羅蜜法 護念諸菩薩 咐囑者 如來以般若波羅蜜法 付囑須菩提諸菩薩 言善護念者 令諸學人 以般若智 護念自身心 不令妄起憎愛 染外六塵 墮生死苦海 於自心中 念念常正 不令邪起 自性如來 自善護念 ⑥言善付囑者 前念淸淨 付囑後念淸淨 無有間斷 究竟解脫 如來委曲 誨示衆生 及在會之衆 當常行此 故云善咐囑也 ⑦菩薩是梵語 唐言道心衆生 亦云覺有情 道心者 常行恭敬 乃至蠢動含靈 普敬愛之 無輕慢心 故名菩薩

①무엇을 이름하여 장로(長老)라 하는가. 덕이 높고 연령이 많음으로 장로라 한다. 수보리는 범어이니 당언(唐言)으로는 '해공(解空)'이다. ②대중을 따라 앉아있었으므로 자리로부터 일어났다(卽從座起)고 한 것이다. ③제자가 부처님께 법문을 청하는데는 먼저 다섯 가지 위의(威儀)를 행하게 되어 있다. 첫째는 자리로부터 일어나는 것이고, 둘째는 의복을 단정히 하는 것이며, 셋째는 오른쪽 어깨를 드러내는 것이며, 넷째는 합장하고 거룩한 부처님 얼굴을 우러러 잠시도 한 눈을 팔지 않는 것이고, 다섯째는 한마음으로 지극히 공경하여 여쭙는 것이다. ④희유(希有)에 대해 간략히 세 가지로 말하리라. 첫째 희유는 금륜왕의 자리를 능히 버리신 것이고, 두 번째 희유는 열 여섯 자의 자마금빛 나는 몸과 삼십이상 팔십종호가 삼계에 비할 데 없으신 것이고, 세 번째 희유는 성품이 능히 팔만사천의 법을 머금어서 삼신(三身)을 원만히 갖추신 것이니 이상의 세 가지 뜻을 갖추었으므로 희유라 한 것이다. '세존(世尊)'이라 함은 지혜가 삼계(三界)를 뛰어넘어 능히 미칠 자가 없고, 덕은 높아 다시 더 높은 이가 없어 모두가 다 공경하므로 세존이라 한 것이다. ⑤'호념(護念)'이란 여래께서 반야바라밀법으로 모든 보살을 보살피시는 것이고, '부촉(付囑)'이란 여래께서 반야바라밀법으로 수보리와 제대보살에게 당부하심이다. 그러므로 '호념(護念)하신다' 함은 배우는 이들로 하여금 반야지혜로써 자신의 마음을 보호하여 망령되이 미워하는 마음을 일으켜 밖의 육진에 물들어 생사고해에 떨어지지 않게 함이니, 자기 마음 가운데 모든 생각이 항상 바르고 사된 마음이 일어나지 않게 하여, 자성의 여래를 스스로 잘 보살피는 것이다. ⑥'잘 부촉신다(善付囑)' 함은 앞생각이 청정함에 뒷생각이 청정하도록 당부하여 잠시도 사이가 끊어짐이 없이하며 마침내는 해탈을 성취하게 되는 것을 뜻한다. 여래께서 중생과 법회대중에게 자세히 가르쳐 보이시어 마땅히 항상 이렇게 행하게 하셨으므로 잘 부촉하신다(善付囑)고 한 것이다. ⑦'보살(菩薩)'은 범어이니 당언(唐言)으로는 도심(道心)을 지닌 중생이며, 또한 깨달은 중생(覺有情)인데 도심이란 움직이는 모든 중생을 항상 공경하여 두루 공경하고 사랑하여 업신여기거나 오만한 마음을 내는 일이 없으므로 이름하여 보살이라 한다.

② 39-13 / 世尊 善男子善女人 發阿耨多羅三藐三菩提心 應云何住 云何降伏其心

①善男子者 平坦心也 亦是正定心也 能成就一切功德 所往無碍也 善女人者 是正慧心也 由正慧心 能出生一切有爲無爲功德也 ②須菩提問 一切發菩提心人 應云何住 云何降伏其心 須菩提見一切衆生躁擾不停 猶如隙塵 搖動之心 起如飄風 念念相續 無有間歇 問若欲修行 如何降伏其心

①선남자(善男子)는 평탄심(平坦心)이며 또한 바른 선정(禪定)의 마음이니 능히 일체의 공덕을 성취해서 어디를 가든 걸림이 없다. 선여인(善女人)은 바른 지혜의 마음이며 바른 지혜의 마음으로 말미암아 능히 일체의 유위·무위(有爲無爲)의 공덕을 내느니라. ②수보리 존자께서 '보리심을 일으킨 모든 사람은 어떻게 마음을 머물러 가지며, 어떻게 마음을 항복 받아야 하나이까?'하고 여쭈었다. 수보리 존자는 일체중생의 마음이 소란하기 그지없어서 마치 틈[으로 들어오는 햇빛에 보이는] 티끌처럼 요동하는 마음이 회오리바람 일 듯 하며 생각 생각이 상속됨에 쉴 틈이 없음을 보시고, 수행코자 할진대 어떻게 그 마음을 항복 받아야 하는지를 여쭌 것이다.

No. 46 [善現起請分 第二]

③ 40-23 / 佛言 善哉善哉 須菩提 如汝所說 如來 善護念諸菩薩 善付囑諸菩薩 汝今諦聽 當爲汝說 善男子善女人 發阿耨多羅三藐三菩提心 應如是住 如是降伏其心 唯然世尊 願樂欲聞
①是佛讚嘆須菩提 善得我心 善知我意也 佛欲說法 常先戒勅 令諸聽者 一心靜默 吾當爲說 ②阿之言無 耨多羅之言上 三之言正 藐之言徧 菩提之言知 無者 無諸垢染 上者 三界無能比 正者 正見也 徧者 一切智也 知者 知一切有情 皆有佛性 但能修行 盡得成佛 佛者 即是無上淸淨般若波羅蜜也 是以一切善男子善女人 若欲修行 應知無上菩提道 應知無上淸淨般若波羅蜜多法 以此降伏其心也 ③唯然者 應諾之辭 願樂者 願佛廣說 令中下根機 盡得開悟 樂者 樂聞深法 欲聞者 渴仰慈誨也

①[善哉善哉라 하심] 이는 부처님께서 수보리 존자가 내[=여래] 마음을 잘 알고, 의도하는 바도 잘 알고 있음을 칭찬하신 것이다. [자세히 들어라(諦聽) 하심은] 부처님께서 설법하실 적에는 먼저 청법(請法)하는 대중들에게 마음을 고요하게 가라앉히도록 환기시키고 '내가 마땅히 법을 설하리라' 하셨다. ②['아뇩다라삼먁삼보리'에서] '아(阿)'는 없다(無)는 뜻이고, '뇩다라(耨多羅)'의 뜻은 위(上)라는 뜻이며, '삼(三)'은 바르다는 뜻이고, '먁(藐)'은 두루하다(徧)는 뜻이며, '보리(菩提)'는 안다 깨달았다(知覺)는 뜻이다. '없다(無)' 함은 모든 때와 물듦이 없다는 뜻이고, '위(上)'라 함은 이 삼계 우주에는 비할 것이 없다는 뜻이며, '바르다(正)' 함은 바른 지견(知見)을 뜻하고, '두루하다(徧)' 함은 온갖 것을 다 아는 지혜(一切智)를 뜻하며, '깨달았다(智)' 함은 일체 중생이 다 불성이 있어서 다만 수행만 잘 하면 모두 부처가 될 수 있다는 성품을 잘 안다는 뜻이니 '불(佛)'은 곧 위없이 청정한 반야바라밀을 뜻한다. 그러므로 모든 선남자 선여인이 수행하고자 하면 마땅히 위없는 보리의 도를 알아야 하고 마땅히 위없이 청정한 반야바라밀법을 알아서 이것으로써 그 마음을 항복 받으라고 하신 말씀이다. ③'그러하옵니다(唯然)'라 하심은 응낙하는 말이고, '바라옵건대 기뻐하옵니다(願樂)' 함은 부처님께서 널리 말씀하시어 중·하근기(中下根基) 중생들로 하여금 다 깨달음이 열려지기를 바라는(願) 것이고, '즐거워한다(樂)'라 함은 깊은 법문(法門) 듣기를 즐거워한다는 뜻이다. '들으려 한다(願聞)' 함은 자비하신 부처님의 자애(慈愛)로운 가르침을 갈앙(渴仰)한다는 뜻이다.

[大乘正宗分 第三] No. 47 ⇨ 원문 p.9 ℓ.10

<후> 佛告須菩提하사대 諸菩薩摩訶薩은 應如是降伏其心이니 所有一

1			
2			
3			
4		◎	
5	큰	대	大
6	탈	승	乘
7	바를	정	正
8	마루	종	宗
9	나눌	분	分
10			
11	차례	제	第
12	석	삼	三
13			
14			
15			
16			
17			
18			
19			
20			
21			
22			
23			
24			

1, 2, 3

제3분, 대승의 종요(宗要)를 피력하심.

※종요(宗要) ; 종지(宗旨)의 요간한 뜻.
　종지(宗旨) ; 주장이 되는 요지나 근본이 되는 중요한 뜻.

⊙대승(大乘) ; Ⓢmahāyāna. 마하연나(摩訶衍那). 마하연(摩訶衍). 상연(上衍). 상승(上乘). 승(乘)은 타는 것이란 뜻이며, 미혹(迷惑)의 차안(此岸)으로부터 깨달음의 피안(彼岸)에 이르는 교법(敎法)을 가리킨다. ↔소승(小乘 hīnayāna).

⊙정종(正宗) ; ①석존으로부터 제조사가 면면이 전해 온 바른 종지(宗旨). ②올바른 가르침.

※정종분(正宗分) ; 경(經)을 서분(序分)・정종분(正宗分)・유통분(流通分) 등 세 부분으로 나누는 가운데 본론(本論)에 해당하는 종요(宗要)를 일컬음. 정설분(正說分)이라고도 한다.

≪개요≫
　수보리존자의 질문에 대해 어리석은 마음이 일어날 때 그 마음을 대비심(大悲心)으로 다스릴 것을 가르치신다. 모든 중생을 남김없이 제도할 것과, 제도하되 제도시켰다는 관념이 없을 것을 강조하셨으며, 그 이유로 아상(我相) 등 사상(四相)이 있으면 보살이라 할 수 없기 때문이라 하셨다. 즉 대승의 바른 이치를 가르치신 부분이다.

★소명태자(昭明太子)의 '32분(分)'
1.法會因由分　2.善現起請分　3.大乘正宗分　4.妙行無住分　5.如理實見分　6.正信希有分　7.無得無說分　8.依法出生分　9.一相無相分　10.莊嚴淨土分　11.無爲福勝分　12.尊重正敎分　13.如法受持分　14.離相寂滅分　15.持經功德分　16.能淨業障分　17.究竟無我分　18.一體同觀分　19.法界通化分　20.離色離相分　21.非說所說分　22.無法可得分　23.淨心行善分　24.福智無比分　25.化無所化分　26.法身非相分　27.無斷無滅分　28.不受不貪分　29.威儀寂滅分　30.一合理相分　31.知見不生分　32.應化非眞分

- 47 -

No. 48 ⇨ 원문 p.9 ℓ.1 [大乘正宗分 第三]

<전> 大乘正宗分 第三

1				
㉮	1	부처	불	佛	1
	2	알릴	고	告	3
	3	모름지기	수	須	2
	4	보살	보	菩	
	5	끌 '제' / 들 '제'	리	提	
	6			하사대	
㉯	7	모든	제	諸	1
	8	보살	보	菩	2
	9	보살	살	薩	
	10	갈 만질	마	摩	
	11	꾸짖을 '가'	하	訶	3
	12	보살	살	薩	
	13			은	
	14	응할	응	應	4
	15	같을	여	如	5
	16	옳을 이	시	是	
	17	내릴 '강' 항복할	항	降	7
	18	엎드릴	복	伏	
	19	그	기	其	6
	20	마음	심	心	
	21			이니	
② ㉰	22	바	소	所	1
	23	있을	유	有	
	24	한	칠	一	2

⊙보살(菩薩) ; ⑤bodhi-sattva. ⓔ보리살타(菩提薩埵)의 준말. 부살(扶薩). 살타(薩埵). ⓔ각유정(覺有情)·개사(開士)·대사(大士)·시사(始士)·고사(高士). (1)위로 보리를 구하고 아래로 중생을 제도하는 대승불교의 이상적 수행자상. (2)석존께서 전생에 수행하던 시절, 수기를 받으신 이후의 몸. (3)조정에서 덕이 높은 스님에게 주는 칭호.

⊙마하살(摩訶薩) ; ⑤mahāsattva. 마하살타(摩訶薩埵)의 약칭. 구역(舊譯)에서는 대심(大心)·대중생(大衆生)이라 하고, 신역에서는 대유정(大有情)이라 함. 보살의 미칭(美稱). 보살은 자리이타(自利利他)의 대원(大願)과 대행(大行)이 있으므로 마하살이라 하며, 부처님을 빼고는 중생 가운데서 맨 윗자리에 있으므로 대(大)자를 더하여 대사(大士) 또는 대유정(大有情)이라 칭한다.

※사심(四心) ; 천친보살(天親菩薩)이 『금강반야바라밀경론(金剛般若波羅蜜經論)』 권상㉓25-781c에서 밝힌, 발심(發心)한 보살이 중생을 제도교화 함에 당하여 일으키는 광대심(廣大心)·제일심(第一心)·상심(常心)·부전도심(不顚倒心) 등 네 가지 마음.
①광대심(廣大心. 謂一切衆生 普皆攝化濟度而盡衆生界之心). 모든 중생을 남김없이 교화·제도하여 중생계 자체가 없도록 하려는 마음.
②제일심(第一心. 謂度脫衆生悉皆令入無餘涅槃之心). 중생을 제도하여 무여열반(無餘涅槃)에 들게 하려는 마음.
③상심(常心. 了知衆生之性本來空寂而實無滅度 然仍常懷滅度無量無邊衆生之心). 중생의 바탕이 본래 공적(空寂)하여 멸도할 것이 없다. [그럼에도 스스로 미혹하여 있음에] 그래서 항상 무량무변한 중생을 멸도케 하려는 마음.
④부전도심(不顚倒心. 謂不起衆生相·人相·壽者相之心). 아·인·중생·수자(我人衆生壽者) 등 사상(四相)을 일으키지 않는 마음 등이다.

㉮부처님께서 수보리에게 일러 말씀하셨다. ㉯「여러 보살마하살은 마땅히 이렇게 그 마음을 항복시켜야 하느니라. ㉰있는바 모든 중생의 종류인 /

[大乘正宗分 第三] No. 49 ⇨ 원문 p.9 ℓ.2

<후> 色 若有想若無想若非有想非無想을 我皆令入無餘涅

	1	끊을 '절' 온통	체	切	} 3
	2	무리	중	衆	
	3	날	생	生	
	4	갈	지	之	
	5	무리	류	類	
	6			ㅣ	
㉮	7	같을	약	若	} 1
	8	알	난	卵	
	9	날	생	生	
	10	같을	약	若	} 2
	11	아이 밸	태	胎	
	12	날	생	生	
	13	같을	약	若	} 3
	14	축축할	습	濕	
	15	날	생	生	
	16	같을	약	若	} 4
	17		화	化	
	18	날	생	生	
	19				
㉯	20	같을	약	若	} 1
	21	있을	유	有	
	22	빛 형상	색	色	
	23	같을	약	若	} 2
	24	없을	무	無	

⊙중생(衆生) ; ⓢsattva. ①많은 생류(生類)와 함께 산다. ②많은 법(法)이 가화합(假和合)되어 살아간다. ③많은 생사(生死)를 거듭하는 존재. 신역에서는 유정(有情)이라 함.

※『대불정수릉엄경(大佛頂首楞嚴經)』 권7㊉19-138b 에는 '是有世界卵生胎生濕生化生 有色無色有想無想 若非有色若非無色 若非有想若非無想' 등 모두 12류(類)의 중생을 언급하고 있으나 본 『금강경』에서는 '비유색'과 '비무색'을 제외한 10류(類)만 언급하였다. 그러나 이는 제도해야 할 중생 전체를 말한 것으로 '비유색'과 '비무색'도 포함된 것으로 간주해야 한다.

⊙난생(卵生) ; 알[卵]에서 태어나는 것. 조류(鳥類)·어류(魚類)·거북(龜)·뱀(蛇) 등.
※從殼而生. 謂此類有情 因虛妄顚倒之惑, 起飛沉亂想之業, 惑業和合故 感此生之報. 即魚鳥龜蛇之類.

⊙태생(胎生) ; 포유류(哺乳類) 즉, 태로 태어나며 젖을 먹는 것. 인간·축생(畜生)·용(龍)·신선 등.
※從胞胎而出生. 謂此類有情 因愛欲雜染之惑, 起橫豎亂想之業, 惑業相滋故 感此生之報. 即人畜龍仙之類.

⊙습생(濕生) ; 습기가 많아 축축한 곳에서 태어나는 것. 벌레 등.
※從濕處而受生. 謂此類有情 因顚倒執著之惑, 起翻覆亂想之業, 惑業和合故 感此生之報. 即含蠢蠕動之類.

⊙화생(化生) ; 업력(業力)에 의해 부모를 의지하지 않고 스스로 태어나는 것. 극락·지옥 등.
※即從無而忽有, 又離此舊形易彼新質爲化生. 謂此類有情因顚倒變易之惑, 起捨故取新亂想之業, 惑業和合故感此生之報. 即轉蛻飛行之類, 如蠶蛻形爲蛾, 如雀化蛤等.

⊙유색(有色) ; 형상이 있는 것. 욕계(欲界)와 색계(色界)에 살며 물질적 형태를 지닌 중생.
※謂有形礙明顯之色. 謂此類有情因顚倒障礙之惑, 起精耀亂想之業, 惑業顯著故感此生之報. 即休咎精明之類, 如星辰吉者爲休, 凶者爲咎;螢火蚌珠, 皆精明之類.

⊙무색(無色) ; 형상이 없는 것. 무색계(無色界)에 살며 물질적인 형태를 지니지 않은 중생.

㉮난생·태생·습생·화생과 ㉯유색·무색·유상·무상·비유상·비무상을 /

No. 50 ⇨ 원문 p.9 ℓ.3 [大乘正宗分 第三]

<전> 切衆生之類ㅣ 若卵生若胎生若濕生若化生 若有色若無

1	빛 형상	색	色	
2				
3	같을	약	若	
4	있을	유	有	3
5	생각할	상	想	
6	같을	약	若	
7	없을	무	無	4
8	생각할	상	想	
9				
10	같을	약	若	
11	아닐	비	非	
12	있을	유	有	5
13	생각할	상	想	
14	아닐	비	非	
15	없을	무	無	6
16	생각할	상	想	
17			을	
㉮ 18	나	아	我	1
19	다	개	皆	2
20	영 하여금	영	令	3
21	들	입	入	5
22	없을	무	無	
23	남을	여	餘	4
24	개흙	열	涅	

⊙ 유상(有想) ; 생각이 있는 것. 마음의 작용을 지닌 무색계의 제2천(天)인 유상천(有想天)까지의 중생.
※指從憶想所生. 謂此類有情因顚倒罔象之惑, 起潛結亂想之業, 惑業和合故感此生之報. 卽神鬼精靈之類.

⊙ 무상(無想) ; 생각이 없는 것. 멸진정(滅盡定)에 들어 마음의 작용이 단절된 색계의 제4천인 무상천(無想天)의 중생.
※指想心昏迷·無所覺了. 謂此類有情因頑鈍愚癡之惑, 起枯槁亂想之業, 惑業和合故感此生之報. 卽精神化爲土木金石之類, 如黃頭外道化爲石.
※ 멸진정(滅盡定) ; 성자가 모든 심상(心想)을 없애고 해탈과 열반의 경지에 이르기를 바라면서 닦는 선정(禪定).

⊙ 비유상비무상(非有想非無想) ; 생각이 있는 것도 아니고 생각이 없는 것도 아닌 것. 무색계의 제4천이 비상비비상처(非想非非想處)인데 이 곳은 삼계(三界) 중에서 가장 높은 곳이므로 유정천(有頂天)이라고도 한다. 이곳 중생에게는 다른 곳에서와 같은 거친 생각이 없으므로 비상(非想) 혹은 비유상(非有想)이라 한다. 외도(外道)들은 진열반처(眞涅槃處)로 알고 있다. 그러나 미세한 생각이 아직 남아 있기 때문에 비비상(非非想) 혹은 비무상(非無想)이라고 하고 불교에서는 생사의 범위를 못 벗어난 곳으로 보고 있다. 즉 이곳을 의지처로 하고 있는 중생.

※ 非有想, 謂借他之身以成自類. 此類有情因誣罔顚倒之惑, 起回互亂想之業, 惑業和合故感非有想相成想之報. 卽蒲盧等異質相成之類.

※ 非無想, 謂雖親而成怨害. 此類有情因怨恨顚倒之惑, 起殺害妄想之業, 惑業和合故感非無想相無想之報. 卽土梟等附塊爲兒, 及破鏡鳥以毒樹果抱爲其子, 子成, 父母皆遭其食之類.

⊙ 무여열반(無餘涅槃) ; 육체 등 생존의 제약에서 완전히 벗어난 상태. 무여의열반(無餘依涅槃) 또는 무루열반(無漏涅槃)이라고도 함. 완전한 절대무(絕對無)의 경지로서 고뇌가 없이 영원한 평안만이 있는 열반. 일체의 번뇌를 단절하여 미래 생사의 원인을

㉮ '내가 모두 무여열반(無餘涅槃)에 들게 하여 /

[大乘正宗分 第三]　No. 51 ⇨ 원문 p.9 ℓ.4

<후> 이 得滅度者라할지니라 何以故오 須菩提야 若菩薩이 有我相人相衆

	1	쟁반	반	槃	
㉮	2			하야	1
	3	말이을	이	而	
	4	멸할	멸	滅	3
	5	법도	도	度	
	6	갈 이 [指示代名詞]	지	之	2
	7			하리라 하라	
③	8	같을	여	如	1
	9	옳을 이	시	是	
	10	멸할	멸	滅	3
	11	법도	도	度	
	12	없을	무	無	
	13	헤아릴	량	量	
	14	없을	무	無	
	15	셀	수	數	2
	16	없을	무	無	
	17	가	변	邊	
	18	무리	중	衆	
	19	날	생	生	
	20			호대	
	21	열매 내용	실	實	1
㉯	22	없을	무	無	5
㉰	23	무리	중	衆	4
㉱	24	날	생	生	

소멸시킨 자가 오직 신체(身體)만을 남긴 것을 <u>유여의열반(有餘依涅槃)</u>이라 하고, 그 신체마저 없게 되었을 때 무여열반이라 한다. 구체적으로 말하면 마음의 미혹(迷惑)을 끊었을 뿐 아니라 육체도 또한 공(空)으로 돌아간 깨달음의 상태를 말한다. 회신멸지(灰身滅智).

⊙멸도(滅度); 열반(涅槃)의 의역(意譯) 중 하나. 고요하고 안락한 경지를 뜻함. 구체적으로는 생사에 따르는 모든 고통으로부터 벗어남을 의미한다.

※사종열반(四種涅槃); 법상종(法相宗)에서 열반을 네 종류로 나누어서 말한 것.
①유여의열반(有餘依涅槃); 이 세상에 생존해 있는 사이에 얻는 열반. 아직 육체를 남기고 있으므로, 유여(有餘)라고 한다.
②무여의열반(無餘依涅槃); 무여열반(無餘涅槃). 육체 등의 생존의 제약에서 완전히 이탈한 상태. 마음의 혹(惑)을 떨쳐낼 뿐만 아니라, 육체 마저 무(無)로 돌아간 깨달음의 상태. *회신멸지(灰身滅智)
③무주처열반(無住處涅槃); 생사에도 열반에도 머무르지 않는 열반. 지혜가 있으므로 중생의 세간에도 머무르지 않고, 대비(大悲)가 있음으로 열반의 세계에도 머물지 않는다.
④본래자성청정열반(本來自性淸淨涅槃); 일체의 모든 사물과 현상의 본성에 본래 갖추어진 진여(眞如)의 이(理) 그 자체를 가리킴.

※본 『금강경』에서는 왜 무여열반(無餘涅槃)까지만 들도록 한다 하였는가?
무주처열반(無住處涅槃)부터는 자신의 의지로 해야 할 일이기 때문이다. 예컨대 자식에 대한 부모의 역할은 성인(成人)이 되기까지이고, 그 이후부터는 자기 자신이 알아서 해야하는 것과 같다.

㉮고통을 없애 주리라'고, ㉯이와 같이 무량·무수·무변 중생을 제도하되 ㉰실제로는 '한 중생도 제도를 받은 이가 없느니라.'고 해야하느니라. /

No. 52 ⇨ 원문 p.9 ℓ.5 [大乘正宗分 第三]

<전> 槃하야 而滅度之하리라하라 如是滅度無量無數無邊衆生호대 實無衆生

1		이	
2 얻을	득	得	3
3 멸망할	멸	滅	⎫
4 법도	도	度	⎬ 2
5 놈	자	者	⎭
6		라하라	
④㉮ 7 어찌	하	何	
8 써	이	以	
9 연고	고	故	
10		오	
㉯ 11 모름지기	수	須	
12 보살	보	菩	
13 끝 '제' 들 '제'	리	提	
14		야	
㉰ 15 만약	약	若	1
16 보살	보	菩	⎫ 2
17 보살	살	薩	⎭
18		이	
19 있을	유	有	4
20 나	아	我	⎫
21 서로 생각	상	相	⎬
22 사람	인	人	⎬ 3
23 서로 생각	상	相	⎬
24 무리	중	衆	⎭

※사상(四相) ; 지경(智境)의 4상. 사물의 본질이 공(空)임을 알지 못하고, 중생이기에 갖기 쉬운 네 가지 그릇된 견해와 집착.

①아상(我相) ; 실체로서의 자아가 있다는 생각. ↔ 부전도심(不顚倒心) ; 사상(四相)에 걸리지 않는 마음.

②인상(人相) ; 사람은 만물의 영장이며 다른 중생에 비해 뛰어나다는 인간 중심적인 생각. ↔ 광대심(廣大心) ; 온갖 중생을 다 제도하리라는 마음. [중생무변서원도(衆生無邊誓願度)]

③중생상(衆生相) ; 인상과는 달리 중생은 성현과 근본적으로 달라 오온(五蘊)이 거짓 화합하여 이루어진 것이라 집착하는 자기비하(自己卑下)적인 생각. ↔ 제일심(第一心) ; 무여열반(無餘涅槃)에까지 이끈다는 마음.

④수자상(壽者相) ; 사람의 수명(壽命)은 정해져 있다는 숙명론(宿命論) 내지는 운명론(運命論)적인 생각. ↔ 상심(常心) ; 항상 새롭게 시작하는 마음.
※이상의 4가지 생각은 도(道)를 구하려는 사람이 자칫 갖기 쉬운 그릇된 생각이다. 그래서 예로부터 선사(禪師)들은 '사상산(四相山)'이라 하여, 이 4가지 생각을 넘어야 할 산(山)에 비유하였다.

㉮무슨 까닭인가? ㉯수보리야, ㉰만일 보살이 아상·인상·중생상·수자상이 있으면 /

[大乘正宗分 第三] №. 53 ⇨ 원문 p.9 ℓ.6

<후> 妙行無住分 第四

	1	날	생	生
	2	서로 생각	상	相
	3	목숨	수	壽
	4	놈	자	者
	5	서로 생각	상	相
	6		이면	
㉮	7	곧	즉	卽
	8	아닐	비	非
	9	보살	보	菩
	10	보살	살	薩
	11		이니라	
	12			
	13			
	14			
	15			
	16			
	17			
	18			
	19			
	20			
	21			
	22			
	23			
	24			

(순서: 1·3, 2)

※삼승(三乘); Ⓢtrīṇi yānāni. 세 가지 종류의 수레. 수레는 물건을 실어 옮기는 것으로, 불법이 중생을 교화 제도하여 열반에 이르게 함을 비유한 것이다. 중생의 근기에는 둔(鈍)·중(中)·리(利)가 있다. 부처님께서는 이에 응해 성문승(聲聞乘)·연각승(緣覺乘)·보살승(菩薩乘) 등 삼종의 교법을 설하셨다.
①성문승(Ⓢśrāvaka-yāna). 부처님의 교법을 듣고 깨달음을 얻음으로 '성문'이라 한다. 현실이 '고(苦)'임을 여실히 알아 그 원인인 '집(集)'을 끊고, 무고안온의 세계인 '멸(滅)'을 원하여, 여덟 가지의 '도(道)'를 수행함을 말한다. 즉, 사성제(四聖諦)를 교법으로 삼는다.
②연각승(Ⓢpratyeka-buddha-yāna). 벽지불승(辟支佛乘)·독각승(獨覺乘)이라고도 함. 십이연기(十二緣起)를 관하여 진리를 깨닫기에 '연각'이라 한다. 무명(無明)으로부터 시작하여 노사(老死)에 이르기까지를 관(觀)하는데 이로 말미암아 생멸(生滅)이 있으니, '생'도 아니고 '멸'도 아님을 깨닫는 것이다. 십이인연(十二因緣)을 교법으로 삼는다.
③보살승(Ⓢbodhisattva-yāna). 대승(大乘)·불승(佛乘)·여래승(如來乘)이라고도 함. 무상보리(無上菩提)를 구하는 한편 일체중생의 제도를 원으로 삼고 육도만행(六度萬行)을 닦는다. 육바라밀을 교법으로 삼는다.
 먼저 두 가지 승(乘)은 자기의 이익은 있으나 남을 이익되게 함은 없기로 소승(小乘)이라 칭하고, 보살승은 자리와 이타를 구족하기로 대승(大乘)이라 부른다.
 『법화경』비유품(譬喩品)의 '화택유(火宅喩)'에서는 이들 삼승을 양거(羊車)·녹거(鹿車)·우거(牛車)라고 표현하기도 한다. ①양거(羊車)는 양이 끄는 수레로 성문을 비유한 것이다. 자신의 득도만을 생각하고 다른 사람을 돌보지 않음이 마치 양이 달아날 때 무리를 돌아보지 않는 것과 같다. ②녹거(鹿車)는 사슴이 끄는 수레로 연각을 비유한 것이다. 조금은 다른 이를 위하는 마음이 있음이 마치 사슴이 달리면서 뒤의 무리를 돌아보는 것과 같다. ③우거(牛車)는 소가 끄는 수레로 보살을 비유한 것이다. 육바라밀을 닦아 사람늘을 삼계로부터 구제하려하되 자신만이 벗어나려 하지 않음이 마치 소가 짐을 짊어지듯 안전하게 운반함과 같다. 달리 대백우거(大白牛車)가 있다고도 하니 이는 일불승(一佛乘)을 비유한 것이다.
 한편, 예로부터 삼거(三車)와 사거(四車)에 관련하여 크게 두 부류가 있어왔다. 그 하나는, 보살승(菩薩乘)에서 말하는 우거(牛車)와 대승(大乘)에서 말하는 대백우거(大白牛車)가 동일하다고 보는 것이다. 삼론종(三論宗)·법상종(法相宗) 등이 대표로 삼승가(三乘家) 혹은 **삼거가(三車家)**라 부른다. 다른 하나는, 우거 외에 달리 대백우거를 말하는데 천태종·화엄종이 그 대표로 일승가(一乘家) 혹은 **사거가(四車家)**라 부른다.

㉮곧 보살이 아니니라.」 /

- 53 -

No. 54 [大乘正宗分 第三]

◆ 六祖口訣

① 48-1 / 佛告須菩提 諸菩薩摩訶薩 應如是降伏其心
①前念淸淨 後念淸淨 名爲菩薩 念念不退 雖在塵勞 心常淸淨 名摩訶薩 又慈悲喜捨 種種方便 化導衆生 名爲菩薩 能化所化 心無取著 名摩訶薩 恭敬一切衆生 卽是降伏其心 ②處眞名不變 契如名不異 遇諸境界 心無變異 名曰眞如 亦云外不假曰眞 內不亂曰如 念念無差曰是

①앞생각이 청정하고 뒤 생각이 청정하면 보살이라 이름하며, 생각 생각 물러나지 않아서 비록 번뇌 속에 있더라도 마음이 항상 청정하면 마하살이라 이름한다. 또 자비희사(慈悲喜捨)의 가지가지 방편으로 중생을 교화 인도하는 것을 보살이라 이름하고, 교화를 하는 주체인 보살 자신이나 교화를 받는 중생에 아무런 집착도 없는 것을 마하살(摩訶薩)이라 이름하며, 일체 중생을 공경하는 것이 곧 마음을 항복 받는 것이다. ②참(眞)에 자리하면 불변이라 부르고, 같음(如)에 계합하면 다르지 않다고 한다. 모든 경계를 만남에 마음이 변하거나 다르지 않음을 이름하여 진여라 한다. 또 밖으로 거짓이 없는 것을 참(眞)이라 하고, 안으로 난잡하지 않은 것을 여(如)라 하며 생각 생각마다 어김이 없음을 이것(是)이라 한다.

② 48-22 / 所有一切衆生之類 若卵生 若胎生 若濕生 若化生 若有色 若無色 若有想 若無想 若非有想非無想
①卵生者迷性也 胎生者習性也 濕生者隨邪性也 化生者見趣性也 迷故造諸業 習故常流轉 隨邪心不定 見趣多淪墜 ②起心修心 妄見是非 內不契無相之理 名爲有色 內心守直 不行恭敬供養 但見直心是佛 不修福慧 名爲無色 不了中道 眼見耳聞 心想思惟 愛著法相 口說佛行 心不依行 名爲有想 迷人坐禪 一向除妄 不學慈悲喜捨智慧方便 猶如木石 無有作用 名爲無想 不著二法想故 名若非有想 求理心在故 名若非無想 煩惱萬差 皆是垢心 身形無數 總名衆生 ③如來大悲普化 皆令得入無餘涅槃也 而滅度之者 如來指示三界九地衆生 各有涅槃妙心 令自悟入無餘 無餘者 無習氣煩惱也 涅槃者 圓滿淸淨義 滅盡一切習氣 令永不生 方契此也 ④度者 渡生死大海也 佛心平等 普願與一切衆生 同入圓滿淸淨無餘涅槃 同渡生死大海 同諸佛所證也 有人雖悟雖修 作有所得心者 却生我相 名爲法我 除盡法我 方名滅度也

①난생(卵生)은 [正邪를 가리지 못하는] 미(迷)한 성품 탓이고, 태생(胎生)은 [舊習대로만 움직이려는] 익숙해진 성품 탓이고, 습생(濕生)은 사됨을 따르는 성품 탓이며, 화생(化生)은 견해대로만 나가려는 [고집스런] 성품 탓이다. 미(迷)했기 때문에 가지가지 업을 짓게 되고, 익힌 버릇 때문에 항상 윤회하게 되며, 사된 것을 따름으로 마음이 정(定)하지 못하게 되고, 소견이 고집스러우므로 자주 [자신이 파놓은 함정에] 떨어지게 된다. ②마음을 일으켜 마음을 닦기는 하지만 망령되이 시비(是非)를 봄으로 안으로 무상(無相)의 이치에 계합하지 못해 형태가 있는 중생(有色)이 되고, 안으로 마음에 곧은 것만 지킬 뿐 공경하고 공양하지 않으며 단지 곧은 마음이 부처인 줄만 보고 복과 혜를 함께 닦을 줄 모르면 형태 없는 중생(無色)이 된다. 중도를 요달하지 못한 채 눈으로 보고 귀로 들으며 마음으로 헤아리고 생각해 이것이 진리라고 집착하여 입으로 부처의 행을 말하지만 마음으로는 그대로 행하지 못하면 생각 있는 중생(有想)이 되며, 미(迷)한 사람이 좌선함에 한갓 망령됨만 없애려할 뿐 자비희사와 지혜방편을 배우지 않고 나무나 돌처럼 활동이 없으면 생각 없는 중생(無想)이 되며, [斷과 常] 두 가지 법에 집착하지 않으므로 생각이 있는 것도 아니라(非有想) 했고, 진리를 구하는 마음이 있으므로 생각이 없는 것도 아니라(非無想)고 한 것이다. 번뇌에 만가지 차별이 있지만 다 부정한 마음일 따름이고 몸의 형상도 수 없지만 모두 중생일 뿐이다. ③여래께서 대비로 두루 교화하시어 모두 다 무여열반에 들어가게 하여 제도한다 하심이다. '멸도'라 함은 여래께서 삼계의 아홉 가지 중생들이 각각 다 열반묘심(涅槃妙心)이 있으니 스스로 깨달아 무여열반에 들어가게 하라고 지시하신 말씀이다. '무여(無餘)'라 함은 다생(多生)에 익힌 번뇌가 다 없어졌다는 뜻이고, '열반(涅槃)'이라 함은 원만하고 청정하다는 뜻으로서 일체의 습기(習氣)가 다 없어져서 영원히 중생이 번뇌가 일어나지 않는 것이니, 바야흐로 이에 계합(契合)했음이다. ④'도(度)'라 함은 생사대해를 건너감이다. 부처님의 마음이 평등하여 널리 일체중생과 더불어 다함께 원만청정한 무여열반에 들어가 함께 생사대해를 같이 건너 함께 모든 부처님께서 증득하신 바와 같기를 원하시는 것이다. 사람들이 비록 깨닫기도 닦기도 하지만, 얻은 것이 있다는 마음을 가지면 도

리어 '나'라는 생각을 낸 것이니 이름하여 법아(法我)라 한다. 법아를 모두 없애야 바야흐로 멸도라고 이름하느니라.

③ 51-8 / 如是滅度無量無數無邊衆生 實無衆生 得滅度者
①如是者 指前法也 滅度者大解脫也 大解脫者 煩惱及習氣 一切諸業障滅盡更無有餘 是名大解脫 無量無數無邊衆生 元各自有一切煩惱貪嗔惡業 若不斷除 終不得解脫 故言如是滅度無量無數無邊衆生 ②一切迷人 悟得自性 始知佛 不見自相 不有自智 何曾度衆生 祇爲凡夫 不見自本心 不識佛意 執著諸相 不達無爲之理 我人不除 是名衆生 若離此病 實無衆生得滅度者 故言妄心無處卽菩提 生死涅槃本平等 又何滅度之有

①'여시(如是)'는 앞에서 말씀하신 법[무여열반]을 가리킴이고, '멸도(滅度)'는 대해탈이다. '대해탈(大解脫)'은 번뇌와 습기와 일체의 모든 업장이 모두 없어져 다시는 남음이 없음을 말한다. 한량없이 많은 모든 중생들이 각각 온갖 번뇌와 탐하고 성내는 악업이 있으므로 이것을 다 끊어 없애지 않으면 마침내 해탈할 수 없으니 때문에 이같이 무량무수무변의 중생을 멸도케 하라 하신 것이다. ②모든 미(迷)한 사람들도 자성을 깨달으면 비로소 부처를 알겠지만, 자기 모습을 보지 못하고 스스로에 지혜도 없으니 어떻게 중생을 제도하겠는가. 다만 범부라 하겠다. 자기 본심을 보지 못하면 부처님의 뜻을 알지 못함이며, 모든 형상에 집착하여 무위의 이치를 통달하지 못하고 아상과 인상을 없애지 못하면 중생이라 이름하는 것이다. 만일 이 병을 여의기만 한다면 실로 멸도를 얻을 중생도 없다. 그러므로 망령된 마음 없는 곳을 곧 보리라 하나니 생사와 열반은 본래 평등한 것이다. 어찌 멸도인들 있으리요.

④ 52-7 / 何以故 須菩提 若菩薩 有我相 人相 衆生相 壽者相 卽非菩薩
①衆生佛性 無無有異 緣有四相 不入無餘涅槃 有四相卽是衆生 無四相卽是佛 迷卽佛是衆生 悟卽衆生是佛 ②迷人恃有財寶學問族姓 輕慢一切人 名我相 雖行仁義禮智信 而意高自負 不行普敬 言我解行仁義禮智信 不合敬爾 名人相 好事歸已 惡事施於人 名衆生相 對境取捨分別 名壽者相 是謂凡夫四相 ③修行人亦有四相 心有能所 輕慢衆生 名我相 恃持戒 輕破戒者 名人相 厭三途苦 願生諸天 是衆生相 心愛長年 而勤修福業 諸執不忘 是壽者相 有四相卽是衆生 無四相卽是佛也

①중생과 불성이 본래 다르지 않은데 사상(四相)을 반연함에 무여열반에 들지 못한다. 사상이 있으면 곧 이것이 중생이고 사상만 없으면 곧 이것이 부처이니, 미(迷)하면 부처가 중생이고 깨달으면 중생이 부처인 것이다. ②미한 사람은 재산이나 학문과 좋은 신분이 있는 것을 믿고 모든 사람을 업신여기나니 아상(我相)이며, 비록 인의예지신(仁義禮智信)을 실천하더라도 그 뜻이 교만하여 자신만 높일 뿐 널리 공경함을 행하지 않나니 '나는 인의예지신의 도의를 잘 알고 실천힌다'고 말하지만 공경함이 맞과 같지 않나니 곧 인상(人相)이다 좋은 일은 자기에게 돌리고 나쁜 일은 남에게 주는 것이 곧 중생상(衆生相)이며 대상을 보아가며 취사 분별하는 것이 수자상(壽者相)이다. 이것이 범부들의 사상(四相)이다. ③수행인에게도 또한 사상이 있다. 마음에 능소(能所)가 있어 중생을 업신여기는 것이 아상이고, 계 지키는 것을 믿고 파계한 이를 가벼이 여기는 것이 인상이며, 삼악도(三惡道)의 고통을 싫어하여 천상에 태어나기를 바라는 것이 중생상이며, 마음에 오래 사는 것을 애착하여 복업을 부지런히 닦으면서 모든 집착을 잊지 못하는 것이 수자상이다. 사상이 있으면 곧 중생이고 사상이 없으면 곧 부처다.

No. 56 ⇨ 원문 p.9 l.8 [妙行無住分 第四]

<전> 生相壽者相이면 卽非菩薩이니라

1			
2			
3			
4			◎
5	묘할	묘	妙
6	행할	행	行
7	없을	무	無
8	머물	주	住
9	나눌	분	分
10			
11	차례	제	第
12	넉	사	四
13			
14			
15			
16			
17			
18			
19			
20			
21			
22			
23			
24			

2 제4분, 머묾 없는 마음으로 수행하라.

1 ⊙무주(無住) ; 무소주(無所住). '머무는 바'라 함은, 마음이 경계에 집착함을 말한다. 따라서 어떤 경계를 당할지라도 마음에 흔들림이 없음을 무주라 한다.

3

≪개요≫
 보살로서 일상(日常)의 마음자세가 어떠해야 하는가를 가르치시기 위하여 '보시(布施)'를 예로 들어 말씀하신 부분이다.
 즉 보시를 행하되 일체의 경계(境界)에 얽매이지 말아야 할 것과 보시를 행한 뒤 보시를 했다는 생각조차 없어야 참된 보시임을 주제로 바라밀(波羅蜜)의 요체(要諦)를 말씀하신 것이다.

★소명태자(昭明太子)의 '32분(分)'
1.法會因由分 2.善現起請分 3.大乘正宗分 4.妙行無住分 5.如理實見分 6.正信希有分 7.無得無說分 8.依法出生分 9.一相無相分 10.莊嚴淨土分 11.無爲福勝分 12.尊重正敎分 13.如法受持分 14.離相寂滅分 15.持經功德分 16.能淨業障分 17.究竟無我分 18.一體同觀分 19.法界通化分 20.離色離相分 21.非說所說分 22.無法可得分 23.淨心行善分 24.福智無比分 25.化無所化分 26.法身非相分 27.無斷無滅分 28.不受不貪分 29.威儀寂滅分 30.一合理相分 31.知見不生分 32.應化非眞分

[妙行無住分 第四]　No. 57 ⇨ 원문 p.9 ℓ.9

<후> 不住色布施며 不住聲香味觸法布施니라 須菩提야 菩薩은 應

		한글	음	한자		주석
㉮	1	돌아올 '복' 다시	부	復	1	⊙부차(復次) ; 거듭 또. 재차(再次).
	2	버금	차	次		
	3	모름지기	수	須	2	
	4	보살	보	菩		
	5	끝 '제' 들 '제'	리	提		
	6			야		
㉯	7	보리	보	菩	1	
	8	보살	살	薩		
	9			은		
	10	어조사	어	於	2	⊙법(法) ; 인식의 대상이 되는 모든 것. ※임지자성 궤생물해(任持自性 軌生物解) ; 임의로 자성(自性)을 지녀 삼자로 하여금 공통된 인식을 지니게 하는 것.
	11	법	법	法		
	12			에		
	13	응할	응	應	3	⊙응(應) ; 응당 ~하여야 하다.
	14	없을	무	無	6	
	15	바	소	所	5	
	16	머물	주	住	4	
	17			하야		
	18	행할	행	行	9	
	19	어조사	어	於	7	
	20	베, 펼 '포' 보시	보	布	8	⊙보시(布施) ; ⓢⓅdāna. ㉮단나(檀那). 재시(財施) ; 부족한 사람에게 재물을 베푸는 것. 법시(法施) ; 진리를 설하여 인도해 주는 것. 무외시(無畏施) ; 온갖 공포에서 벗어나게 해 주는 것.
	21	베풀	시	施		
	22			니		
①㉰	23	바소	소	所	1	
	24	이를	위	謂		

㉮「또, 수보리야! ㉯보살은 온갖 경계(境界)에 대하여 끄달리는 마음이 없이 베풀어야만 하느니라. ㉰말하자면 모양에 끄달리지 않고 베풀어야 하며 /

No. 58 ⇨ 원문 p.9 ℓ.10 [妙行無住分 第四]

<전> 復次須菩提야 菩薩은 於法에 應無所住하야 行於布施니 所謂

	1	아닐	부	不	4
	2	머물	주	住	3
	3	빛	색	色	2
	4	베, 펼 '포' 보시	보	布	5
	5	베풀	시	施	
	6			며	
㉮	7	아닐	부	不	3
	8	머물	주	住	2
	9	소리	성	聲	
	10	향기	향	香	
	11	맛	미	味	1
	12	닿을	촉	觸	
	13	법	법	法	
	14	베, 펼 '포' 보시	보	布	4
	15	베풀	시	施	
	16			니라	
② ㉯	17	모름지기	수	須	
	18	보살	보	菩	
	19	끌 '제' 들 '제'	리	提	
	20			야	
㉰	21	보살	보	菩	1
	22	보살	살	薩	
	23			은	
	24	응할	응	應	2

⊙색성향미촉법(色聲香味觸法); 육경(六境). 육근인 안이비설신의(眼耳鼻舌身意)의 상대가 되는 경계를 말함. 인식작용의 대상이 되는 모든 것.

그리고, 육경(六境) 가운데 '법(法)'은 좁은 의미의 법(法)으로서 후념(後念)의 경계가 되는 전념(前念)을 말한다.

※근경상대 식생기중(根境相對 識生其中)

육근(六根)	육경(六境)	육식(六識)	
안근(眼根)	색(色)	안식(眼識)	┐
이근(耳根)	성(聲)	이식(耳識)	│
비근(鼻根)	향(香)	비식(鼻識)	├전오식(前五識)
설근(舌根)	미(味)	설식(舌識)	│
신근(身根)	촉(觸)	신식(身識)	┘
의근(意根)	법(法)	의식(意識)	─제육식(第六識)

[전념(前念)이 후념(後念)의 경계(境界)가 된다.]
[법(法) 〃 의근(意根) 〃]

※何法名爲苦   어떤 것이 괴로움인가
  하법명위고
  所謂貧窮是 이른바 빈궁이다.
  소위빈궁시
  何苦最爲重 어떤 괴로움이 가장 중한가
  하고최위중
  所謂貧窮苦 이른바 빈궁고이다.
  소위빈궁고
  死苦與貧苦 죽는 고통과 가난한 고통은
  사고여빈고
  二苦等無異 같은 것으로 차이가 없지만
  이고등무이
  寧當受死苦 차라리 사고를 받을지언정
  영당수사고
  不用貧窮生 빈궁한 삶은 원치 않는다.
  불용빈궁생

– 『금색왕경(金色王經)』 – �3-389

㉮소리·냄새·맛·감촉·기존의 생각 등에 끄달리지 않고 베풀어야 하느니라.
㉯수보리야, ㉰보살은 이렇게 베풀되 /

- 58 -

[妙行無住分 第四] No. 59 ⇨ 원문 p.10 ℓ.1

<후> 其福德이 不可思量이니라 須菩提야 於意云何오 東方虛空을 可

		한글	한자	
	1	같을	여 如	⎫ 3
	2	치	시 是	⎭
	3	베, 펼 '포' 보시	보 布	⎫ 4
	4	베풀	시 施	⎭
	5		하야	
㉮	6	아닐	부 不	⎫ 4
	7	머물	주 住	⎬ 3
	8	어조사	어 於	1
	9	서로 모양, 생각	상 相	2
	10		이니	
③ ㉯	11	어찌	하 何	
	12	써	이 以	
	13	연고	고 故	
	14		오	
㉰	15	만약	약 若	1
	16	보살	보 菩	⎫ 2
	17	보살	살 薩	⎭
	18		이	
	19	아닐	부 不	⎫
	20	머물	주 住	⎬ 3
	21	서로 모양	상 相	⎭
	22	베, 펼 '포' 보시	보 布	⎫ 4
	23	베풀	시 施	⎭
	24		하면	

※팔종보시(八種布施)
①수지시(隨至施) ; 집요한 요구로 바치는 보시.
②포외시(怖畏施) ; 신상의 불이익을 염려해 바치는 보시.
③보은시(報恩施) ; 옛날에 덕본 것을 갚기 위해 바치는 보시.
④구보시(求報施) ; 대가를 기대하며 바치는 보시.
⑤습선시(習先施) ; 관례라든지 혹은 남이 하므로 따라서 바치는 보시.
⑥희천시(希天施) ; 천상에 태어나기 위해 바치는 보시.
⑦요명시(要名施) ; 자신의 명성을 과시코자 바치는 보시.
⑧위장엄심등시(爲莊嚴心等施) ; 마음을 장엄하여 아끼는 마음을 없애고, 정(定)을 얻어서·열반의 즐거움을 얻기 위해 보시하는 것.
『구사론(俱舍論)』 대29-96b.c

⊙상(相) ; 자신이나 자신이 한 일을 어떤 형태로든 드러내 대가를 바라는 생각. 보상심리(報償心理).

※배고픈이 밥을주어 아사구제(餓死救濟)하였는가
헐벗은이 옷을주어 구난공덕(求難功德)하였는가
좋은곳에 집을지어 행인공덕(行人功德)하였는가
깊은물에 다리놓아 월천공덕(越川功德)하였는가
목마른이 물을주어 급수공덕(汲水功德)하였는가
병든사람 약을주어 활인공덕(活人功德)하였는가
높은산에 불당지어 중생공덕(衆生功德)하였는가
좋은밭에 원두심어 행인해갈(行人解渴)하였는가
부처님께 공양올려 염불공덕(念佛功德)하였는가
-『석문의범』 별회심곡(別回心曲)-

㉮경계에 끄달리지 않아야 하느니라. ㉯왜냐하면, ㉰보살이 경계에 끄달리지 않고 보시하면 /

No. 60 ⇨ 원문 p.10 ℓ.2 [妙行無住分 第四]

<전> 如是布施하야 不住於相이니 何以故 若菩薩이 不住相布施하면

			한글	한자	
㉮	1	그	기	其	1
	2	복	복	福	2
	3	덕	덕	德	
	4			이	
	5	아닐	불	不	5
	6	옳을 가히(=능히)	가	可	3
	7	생각	사	思	4
	8	헤아릴	량	量	
	9			이니라	
㉯	10	모름지기	수	須	
	11	보살	보	菩	
	12	끝 '제' 들 '제'	리	提	
	13			야	
㉰	14	어조사 / ~에, ~에서[처소격]	어	於	2
	15	뜻	의	意	1
	16	이를	운	云	3
	17	어찌	하	何	
	18			오	
㉱	19	동녘	동	東	1
	20	모 방위	방	方	
	21	빌	허	虛	2
	22	빌	공	空	
	23			을	
	24	옳을 가히(=능히)	가	可	3

⊙복덕(福德) ; 선행의 과보로 받는 복리(福利).
 복(福) ; 편안하고 만족한 상태와 그에 따른 기쁨.
 덕(德) ; 밝고, 옳고, 착하고, 빛나고, 크고, 아름답고, 따스하고, 부드러운 마음씨나 행실.

⊙사량(思量) ; 깊이 생각하여 헤아림.

※ 其二는 自財를 不悋하고 他物을 莫求어다
三途苦上에 貪業이 在初요 六度門中에 行檀이 居首니라 慳貪은 能防善道요 慈施는 必禦惡徑이니라 如有貧人이 來求乞이어든 雖在窮乏이라도 無悋惜하라 來無一物來오 去亦空手去라 自財도 無戀志어던 他物에 有何心이리요 萬般將不去요 唯有業隨身이라 三日修心은 千載寶요 百年貪物은 一朝塵이니라
頌曰
三途苦本因何起오 只是多生貪愛情이로다
我佛衣盂生理足커늘 汝何蓄積長無明고

그 둘째, 자기 재물을 아끼지 말고 남의 재물을 구하지 말라.
삼도(三途)의 고통 위에는 탐업(貪業)이 처음에 있고, 육도(六道)의 문 가운데는 보시를 행함이 첫머리에 놓이느니라 / 아끼고 탐하는 것은 좋은 길을 막음이요, 자비로 베풂은 반드시 악한 길을 막느니라 / 만일 가난한 사람이 와서 구걸하거든, 비록 궁핍하더라도 아끼지 말지니라 / 옴에 한 물건도 없이 왔고, 감에 또한 빈손으로 가느니라 / 자신의 재물에도 생각이 없어야 하겠거든, 남의 재물에 어찌 마음이 있으리요? / 만 가지를 [하나도] 가져가지 못하고, 오직 업(業)이 있어 몸을 따를 뿐이니라. / 사흘 동안 닦은 마음은 천년의 보배이나, 백년 동안 탐한 재물을 하루아침에 티끌이로다.

 게송으로 말하노라.
 삼도(三途) 고통의 근본은 무엇을 인하여 일어났는가? / 다만 이것은 오랜 세월 탐하고 사랑한 정 때문이로다.
 우리 부처님의 가사(袈裟)와 발우(鉢盂)면 살아감에 족하거니, / 그대는 어찌하여 끊임없이 무명(無明)만 축적하는고.

– 「자경문(自警文)」 –

㉮그 복덕은 헤아릴 수 없기 때문이니라. ㉯수보리야, ㉰네 생각에 어떠하냐? ㉱동쪽에 있는 허공을 가히 생각하여 헤아릴 수 있겠는가?」 /

- 60 -

[妙行無住分 第四] No. 61 ⇨ 원문 p.10 ℓ3.

<후> 을 可思量不아 不也니이다 世尊하 須菩提야 菩薩의 無住相布施

		한글	한자	
	1	생각	사	思	4
	2	헤아릴	량	量	
	3	아닐	부	不	
	4			아	
㉮	5	아닐	불	不	1
	6	이끼 어조사	야	也	
	7			니이다	
	8	대(代) 세상	세	世	2
	9	높을	존	尊	
	10			하	
㉯	11	모름지기	수	須	
	12	보살	보	菩	
	13	끝 '제' 들 '제'	리	提	
	14			야	
㉰	15	남녘	남	南	1
	16	서녘	서	西	
	17	북녘	북	北	
	18	모 방위	방	方	
	19	넉	사	四	2
	20	바	유	維	
	21	위	상	上	3
	22	아래	하	下	
	23	빌	허	虛	4
	24	빌	공	空	

5 ⊙부(不) ; [=否] 의문부사로서 구말(句末)에 쓰이며, 긍정과 부정이 서로 교차함을 나타낸다. '~인가 아닌가?'

애인(愛人) -육바라밀(六波羅蜜)-

이광수(李光洙)

임에게는 아까운 것이 없이 / 무엇이나 바치고 싶은 이 마음 / 거기서 나는 보시를 배왔노라.

임께 보이고자 애써 단장하는 이 마음 / 거기서 나는 지계를 배왔노라.

임이 주시는 것이면 / 때림이나 꾸지람이나 기쁘게 받는 이 마음 / 거기서 나는 인욕을 배왔노라.

자나깨나 쉴새없이 임을 그리워하고 / 임의 곁으로만 도는 이 마음 / 거기서 나는 정진을 배왔노라.

천하 하고 많은 사람에 / 오직 임만을 사모하는 이 마음 / 거기서 나는 선정을 배왔노라.

내가 임의 품에 안길 때에 기쁨도 슬픔도 임과 나와의 존재도 잊을 때에 / 거기서 나는 지혜를 배왔노라.

인제 알았노라. / 임은 이 몸에 바라밀을 가르치려고 / 짐짓 애인의 몸을 나툰 부처시라고.

※육바라밀(六波羅蜜) : ⓢṣaṭ-pāramitā. 육도(六度). 도(度)는 바라밀의 번역. 곧 보시·지계·인욕·정진·선정·지혜를 말함. 피안(彼岸=涅槃)에 이르기 위하여 보살마하살이 수행하는 6종의 대행(大行).

⊙사유(四維) ; 동서남북의 간방(間方). 즉 북동·북서·남동·남서.

㉮「못하옵니다. 세존이시여.」 ㉯「수보리야, ㉰남쪽·서쪽·북쪽과 네 간방(間方)과 위아래에 있는 허공을 /

No. 62 ⇨ 원문 p.10 ℓ.4 [妙行無住分 第四]

<전> 思量不아 不也니이다 世尊하 須菩提야 南西北方四維上下虛空

㉮	1			을	1
	2	옳을 가히(=능히)	가	可	
	3	생각	사	思	2
	4	헤아릴	량	量	
	5	아닐	부	不	3
	6			아	
㉯	7	아닐	불	不	1
	8	이끼 어조사	야	也	
	9			니이다	
	10	대(代) 세상	세	世	2
	11	높을	존	尊	
	12			하	
㉰	13	모름지기	수	須	
	14	보살	보	菩	
	15	끌 '제' 들 '제'	리	提	
	16			야	
㉱	17	보살	보	菩	1
	18	보살	살	薩	
	19			의	
	20	없을	무	無	
	21	살 머물	주	住	
	22	서로 모양, 형상	상	相	2
	23	베, 펼 '포' 보시	보	布	
	24	베풀	시	施	

※ 하늘만큼과 땅만큼의 차이

1 예전에 아주 엄청난 제국(帝國)이 있었다. 그런데 눈을 똑바로 뜨고 정신차리고 보지 않으면 바람에 날아가 버릴 수도 있다. 다름 아닌 모기 눈썹 끝에
2 세운 나라이기 때문이다. 나라가 이런 지경이니 백성들의 크기는 짐작하고도 남는다. 이 작은 중생들을 '초명(蟭螟)'이라 부른다.
3 인류의 역사를 보아도 그렇듯 거대한 제국은 하루 아침에 이루어지는 것이 아니다. 우리나라의 고구려·백제·신라 삼국시대가 그랬고, 중국의 위(魏)·촉(蜀)·오(吳) 삼국시대가 그랬다. 초명의 세계도 춘추전국시대와 같은 과정을 거쳐 드디어 하나의 거대한 제국이 탄생했다.

그러자 많은 제후(諸侯)들이 천자(天子)의 눈에 들기 위해 귀한 폐백(幣帛)을 준비하여 충성을 맹세했다. 한편 천자는 이제 두려울 것이 없었다. 그래서 그는 어느 날 헌함(軒檻)에 서서 오른 손을 이마에 대고 멀리 바라보았다. 일망무제(一望無際), 자신의 국토가 대단히 넓어 보였다. 그래서 한마디했다.

「하늘이 넓다해도 짐(朕)의 국토에 비하면 한낱 자 바라에 불과하지 않은가?!」

소가 웃을 일이 따로 없다. 모기 눈썹 끝에 자리한 나라이니 넓어야 얼마나 되겠는가.

그런데 이 이야기는 결국 우리 자신의 이야기다. 초명의 그런 작태에 실소를 금할 수 없지만, 우리가 사는 이 지구를 우주라는 차원에서 생각한다면 초명의 나라와 크게 차이가 없다. 도토리 키 재기에 불과하다는 말이다.

蟭螟眼睫起皇州 초명안첩기황주	작은초명 안첩위에 한국가를 일으키니
玉帛諸侯次第投 옥백제후차제투	재물이며 인재들이 차례차례 모여든다.
天子臨軒論土廣 천자임헌논토광	초명천자 軒檻에서 국토넓이 논할적에
太虛猶是一浮漚 태허유시일부구	넓고넓은 태허공을 자바라에 견주었네.

「관음예문례」(석문의범, 상권 p. 40)

흔히 견줄 수 없이 대단한 것을 표현할 때 쓰는 말이 '하늘만큼 땅만큼'이다. 그러나 분명 차이가 있다. 하늘만큼은 절대적(絶對的) 표현이요, 땅만큼은 상대적(相對的) 표현이다. 나 자신이 상대적 세계의 일부인 이상 우리에게는 초명을 비웃을 자격이 없다.

-주(註)-
⑴초명(蟭螟) ; 모기의 눈썹 끝에 나라를 일구고 살

㉮「생각하여 헤아릴 수 있겠는가?」 ㉯「못하옵니다. 세존이시여.」 ㉰「수보리야, ㉱보살이 경계에 끄달리지 않고 베푸는 복덕도 /

[妙行無住分 第四] No. 63 ⇨ 원문 p.10 ℓ.5

<후> 教住니라

		훈	음	한자	
㉮	1	복	복	福	⎫ 3
	2	덕	덕	德	⎭
	3			도	
	4	또	역	亦	1
	5	돌아올 '복' 다시	부	復	2
	6	같을	여	如	⎫ 3
	7	이시	시	是	⎭
	8			하야	
	9	아닐	불	不	6
	10	옳을 가히(=능히)	가	可	4
	11	생각	사	思	⎫ 5
	12	헤아릴	량	量	⎭
	13			이니라	
⑥ ㉯	14	모름지기	수	須	
	15	보살	보	菩	
	16	끌 '제' 들 '제'	리	提	
	17			야	
㉰	18	보살	보	菩	⎫ 1
	19	보살	살	薩	⎭
	20			은	
	21	다만	단	但	2
	22	응할	응	應	3
	23	같을	여	如	6
	24	바	소	所	5

만큼 작은 벌레. / 蟭(사마귀 알, 초명, 벌레 초). 螟 (마디충 명).

⑵안첩(眼睫) ; 속눈썹. / 睫(속눈썹 첩).

⑶임헌(臨軒) ; 임금이 대(臺)에 나와 앉던 일. / 軒 (추녀 헌).

헌함(軒檻) ; 건넌방, 누각 따위의 대청 기둥 밖으로 돌아가며 깐 난간이 있는 좁은 마루. / (檻 우리 '함').

⑷부구(浮漚) ; 자바라(Chalpara). 놋쇠로 만든 타악기의 하나. 둥글넓적하고 배가 불룩하며, 불교 의식에서 많이 쓴다. 한가운데 있는 구멍에 가죽끈을 꿰어 한 손에 하나씩 쥐고 두 짝을 마주쳐서 소리를 낸다. 발(鈸), 요발(鐃鈸), 동발(銅鈸), 향발(響鈸) 따위가 있다. / 漚(담글, 거품 구).

㉮그와 같아 생각하여 헤아릴 수 없느니라. ㉯수보리야, ㉰보살은 다만 마땅히 가르친 바와 같이 머물지니라. /

No. 64 ⇨ 원문 p.10 ℓ.6 [妙行無住分 第四]

<전> 福德도 亦復如是하야 不可思量이니라 須菩提야 菩薩은 但應如所

		교	敎
1	가르칠		
2	머물	주	住
3			니라
4			
5			
6			
7			
8			
9			
10			
11			
12			
13			
14			
15			
16			
17			
18			
19			
20			
㉮ 21			
㉯ 22			
㉰ 23			
㉱ 24			

㉮㉯㉰㉱

4

7 ※뇌물과 박구라(薄拘羅) 존자 大1-475b26

『중아함경(中阿含經)』'미증유법품(未曾有法品)'에 평생을 청빈하게 지내셨고 열반 후에도 단돈 20냥을 거부했던 박구라존자의 이야기가 있다.

박구라 존자는 부처님의 제자로서 십대제자에는 들지 않았지만, 십대제자에 조금도 손색이 없는 수행을 쌓은 분이었다. 존자께서는 160세까지 장수를 하셨으면서도 한 번도 병에 걸리지 않으셨다고 한다. 박구라존자가 출가해서 80년이 되던 해에 고향 사람들이 찾아와 존자에게 그토록 훌륭하게 수행할 수 있는 비결을 물었다. 이에 대해 존자께서는 다음과 같은 몇 가지로 대답하셨다.

첫째, 한 번도 누군가가 해다 주는 음식을 먹지 않았다.

둘째, 남이 해주는 옷을 받아 입지 않았으며, 옷은 세 벌뿐이었다.

셋째, 평생 시자(侍者)를 두지 않았다.

넷째, 평생에 병을 앓지 않았다.

다섯째, 평생 한 번도 설법을 하지 않았다. 몰라서 하지 않은 것이 아니라 행동으로 설법에 대신했던 것이다.

박구라존자 앞에서는 뇌물·뒷거래 등이 거론될 여지가 바늘구멍만큼도 없었다. 그분은 1백 60세를 살다가 입적하셨다. 입적 후 사리를 모셔 탑을 세웠다.

박구라존자가 돌아가시고 300년 뒤에 인도를 통일한 아쇼카왕이 그분의 부도 탑에 와서 예를 올렸다. 이때 왕의 측근이 박구라존자가 평생에 한 번도 설법을 하지 않았다는 사실을 왕에게 아뢰었다. 아쇼카왕은 이점이 마음에 들지 않았던 모양이다. 다른 존자의 부도에는 200냥의 돈을 보시하면서 박구라존자의 탑 앞에는 단돈 20냥을 보시했다. 동전을 던지듯 보시하고 물러났을 때 스무 닢의 동전이 모두 일어나 아쇼카왕의 발 아래로 굴러 돌아왔다고 한다.

열반하신 박구라존자께서 살아 있는 아쇼카왕을 훈계하신 셈이다.

[妙行無住分 第四] No. 65

◆ 六祖口訣

① 57-23 / 所謂不住色布施 不住聲香味觸法布施
凡夫布施 只求身相端嚴 五欲快樂故 報盡卽墮三途 世尊大慈 教行無相布施者 不求身相端嚴五欲快樂 但令內破慳心 外利益一切衆生 如是相應 是名不住色布施

범부의 보시는 다만 몸의 단엄(端嚴)과 오욕의 쾌락만을 구하는 까닭에 그 복이 다하면 곧 삼악도에 떨어진다. 세존께서 대자비로 무상보시를 행하게 하시니 몸의 단엄과 오욕의 쾌락을 구하는 것이 아니고, 다만 안으로는 인색한 마음을 부수고 밖으로는 일체중생을 이익되게 함이니 이렇게 [안팎이] 상응함을 색(色)에 머물지 않는 보시라 이름하느니라.

② 58-17 / 須菩提 菩薩 應如是布施 不住於相
應如是無相心布施者 爲無能施之心 不見有施之物 不分別受施之人 是不住相布施也

이와 같이 상이 없는 마음으로 보시하면 보시한다는 마음이 없어서 보시하는 물건을 보지 않으며 보시 받는 사람을 의식하지도 않을 것이니 이것이 상에 머물지 않는 보시니라.

③ 59-11 / 何以故 若菩薩 不住相布施 其福德 不可思量
①菩薩行施 心無所希 其所獲福 如十方虛空 不可較量 言復次者 連前起後之辭 一說布者普也 施者散也 能普散盡胸中妄念習氣煩惱 四相泯絶 無所蘊積 是眞布施 ②又說布者普也 不住六塵境界 又不有漏分別 惟常返歸淸淨 了萬法空寂 若不了此意 惟增諸業 故須內除貪愛 外行布施 內外相應 獲福無量 ③見人作惡 不見其過 自性不生分別 是爲離相 依敎修行 心無能所 卽是善法 修行人心 有能所 不名善法 能所心不滅 終未得解脫 念念常行般若智 其福德無量無邊 依如是修行 感得一切人天恭敬供養 是名爲福德 ④常行不住相布施 普敬一切含生 其功德無有邊際 不可稱計也

①보살이 보시를 행하되 마음에 바라는 바가 없으면 얻는 복이 시방 허공과 같아 가히 견주어 헤아릴 수가 없다. '또 다시(復次)'라고 한 말은, 앞을 이어서 뒤를 일으키는 말이다. 일설에 '보(布)'는 '보(普)'라 했고 시(施)는 '산(散)'이라 했다. 가슴속에 있는 망념과 습기와 번뇌를 두루 다 흩어서 사상(四相)이 다 없어지고 쌓여 있는 바가 없어야 이것이 참된 보시다. ②또, '보(布)'는 '보(普)'라 했으니 육진경계(六塵境界)에 머물지 말고, 번뇌로운 분별 없이 오직 항상 청정한 바탕으로 돌아가서 만법이 공적함을 요달해야 한다. 만일 이 뜻을 요달하지 못한다면 오직 모든 업만 더할 뿐이다. 그러므로 모름지기 안으로는 탐애(貪愛)을 없애고 밖으로 보시를 행하여 안팎이 상응하면 복을 얻음이 한량없을 것이다. ③남이 나쁜 짓 하는 것을 보아도 그 허물을 보지 않아서 자성에 분별심을 일으키지 않아야 이것이 상을 여읨이고, 가르침에 의해서 수행하며 마음에 능소가 없어야 이것이 곧 선법이다. 수행인의 마음에 능소가 있으면 선법이라 할 수 없으며, 능소심이 없어지지 않으면 마침내 해탈할 수 없다. 생각 생각 항상 반야의 지혜를 행해야만 그 복덕이 무량무변하리니, 이와 같이 수행하면 일체의 사람과 하늘의 공경과 공양을 받을 것이며 이것이 이름하여 복덕이라 하리라. ④항상 상에 머물지 않는 보시를 행하고 일체중생을 두루 공경하면 그 공덕이 가없어 가히 일컫거나 헤아릴 수 없느니라.

④ 60-10 / 須菩提 於意云何 東方虛空 可思量不
緣不住相布施 所得功德 不可稱量 佛以東方虛空 爲譬喩 故問須菩提 東方虛空可思量不 不也世尊者 須菩提言 東方虛空不可思量

상에 머물지 않은 보시로 얻은바 공덕은 표현할 수도 헤아릴 수도 없으므로 부처님께서는 동방의 허공으로써 비유하셨다. 그래서 수보리 존자에게 '동방허공을 생각으로 헤아릴 수 있느냐.'고 물으심에 '못하옵니다. 세존이시여.'한 것은 수보리 존자가 동방 허공을 생각으로 헤아려 알 수 없음을 여쭌 것이다.

⑤ 61-11 / 須菩提 南西北方四維上下虛空 可思量不 不也 世尊 須菩提 菩薩 無住相布施福德 亦復如是 不可思量

No. 66 [妙行無住分 第四]

①佛言虛空 無有邊際 不可思度 菩薩無住相布施所得功德 亦如虛空 不可度量 無邊際也 世界中大者 莫過虛空 一切性中大者 莫過佛性 ②何以故 凡有形相者 不得名爲大 虛空無形相故 得名爲大 一切諸性 皆有限量 不得名爲大 佛性無限量 故名爲大 ③此虛空中 本無東西南北 若見東西南北 亦是住相 不得解脫 佛性 本無我人衆生壽者 若有此四相可見 卽是衆生相 不名佛性 亦所謂住相布施也 ④雖於妄心中 說有東西南北 在理則何有 所謂東西不眞 南北曷異 自性本來空寂 混融無所分別故 如來深贊不生分別也

①부처님께서 말씀하시기를 허공이 그 끝이 없어서 생각할 수 없듯, 보살이 무주상보시로 얻은 공덕도 또한 허공과 같아서 헤아려서 알 수 없으니 무한대하다. 세계에서 큰 것으로 허공을 지나칠 것이 없고 모든 성품 가운데 큰 것으로는 불성을 지나칠 것이 없다. ②왜냐하면, 무릇 형상 있는 것은 크다고 할 수 없는데 허공은 형상이 없으므로 크다고 이름한 것이고, 모든 성질은 모두 한량이 있으므로 크다고 할 수 없으나 불성은 한량이 없으므로 크다고 이름한 것이다. ③이 허공 가운데는 본래 동서남북이 없는 것이니 만일 동서남북을 보았다면 역시 상(相)에 머무른 것이므로 곧 해탈 할 수 없다. 불성은 본래 아상·인상·중생상·수자상이 없는 것이니 만일 이 사상이 있음을 보았다면 곧 중생의 생각이고 불성이 아니며, 또한 상에 머물러 행하는 보시이다. ④비록 망령된 마음 가운데 동서남북을 말하지만 그런 이치가 어떻게 있겠는가. 이른바 동서가 참다운 것이 아니니 남북인들 다르리요. 자성이 본래 공적하고 혼융하여 분별이 없는 것이므로 여래께서 분별심을 내지 않음을 깊이 칭찬하신 것이다.

6 63-14 / 須菩提 菩薩 但應如所敎住
應者唯也 但唯如上所說之敎 住無相布施 卽是菩薩也
'응(應)'은 '오직(唯)'이라는 뜻이다. 다만 오직 위에서 말씀하신 바 가르침대로 상(相) 없는데 머물러서 보시하면 곧 보살이니라.

[如理實見分 第五] No. 67 ⇨ 원문 p.10 ℓ8.

<후> 須菩提야 於意云何오 可以身相으로 見如來不아 不也니이다 世尊

1			
2			
3			
4		◎	
5	같을	여	如	2
6	이치	리	理	1
7	열매 참으로	실	實	3
8	볼	견	見	4
9	나눌	분	分	5
10				
11	차례	제	第	
12	다섯	오	五	

⊙※

제5분, 이치에서와 같이 실답게 보라.

※실답다 ; 꾸밈이나 거짓이 없이 참되고 미더운 데가 있다.

≪개요≫
　진여실상(眞如實相)의 도리를 법신(法身)과 색신(色身) 가운데 어느 쪽에서 찾을 것인가를 실(實)답게 보이신 부분이다.
　삼법인(三法印)에서 말하는 '제행무상(諸行無常)' '제법무아(諸法無我)'는 허무를 지칭하는 표현이 아니라 사물의 본성, 그 실상(實相)을 가리키는 예지(叡智)의 언어다.

★소명태자(昭明太子)의 '32분(分)'
1.法會因由分　2.善現起請分　3.大乘正宗分　4.妙行無住分　**5.如理實見分**　6.正信希有分　7.無得無說分　8.依法出生分 9.一相無相分 10.莊嚴淨土分 11.無爲福勝分 12.尊重正敎分 13.如法受持分 14.離相寂滅分 15.持經功德分 16.能淨業障分 17.究竟無我分 18.一體同觀分 19.法界通化分 20.離色離相分 21.非說所說分 22.無法可得分 23.淨心行善分 24.福智無比分 25.化無所化分 26.法身非相分 27.無斷無滅分 28.不受不貪分 29.威儀寂滅分 30.一合理相分 31.知見不生分 32.應化非眞分

No. 68 ⇨ 원문 p.10 ℓ.9 [如理實見分 第五]

<전> 如理實見分 第五

		한글	한자	
㉮	1 모름지기	수	須	
	2 보살	보	菩	
	3 끌 '제' / 들 '제'	리	提	
	4		야	
㉯	5 어조사 / ~에, ~에서[처소격]	어	於	2
	6 뜻	의	意	1
	7 이를	운	云	3
	8 어찌	하	何	
	9		오	
㉰	10 옳을 가히(=능히)	가	可	1
	11 써	이	以	3
	12 몸	신	身	2
	13 서로 모양	상	相	
	14		으로	
	15 볼	견	見	5
	16 같을	여	如	4
	17 올	래	來	
	18 아닐	부	不	6
	19		아	
①㉱	20 아닐	불	不	1
	21 이끼 어조사	야	也	
	22		니이다	
	23 대(代) 세상	세	世	2
	24 높을	존	尊	

⊙어(於) ; '어'는 처격조사로서 '~에', 또는 '~에 있어서' 등으로 해석한다.
따라서, '어의운하'는 '[그대의] 뜻에 어떠한가?'로 해석한다.

⊙신상(身相) ; 몸의 모습이라는 뜻. 여기서는 32상(相)과 80종호(種好)를 지니신 부처님의 외모(外貌)를 가리키는 것이다. 그러나 이러한 외모는 인연에 의해 이루어진 유위법(有爲法)으로 육신(肉身) 위에 나타나는 모습이니 곧 색신(色身)이다. 때문에 유한적일 수밖에 없다. 따라서 불변인 진리와는 거리가 있다.
  한가지 주의할 것은, '여래소설신상 즉비신상(如來所說身相 卽非身相)'이라는 대목에서 알 수 있듯 『금강경』에서는 '색신(色身)'과 '법신(法身)'을 모두 '신상(身相)'으로 표현하고 있다는 점이며, 이와 유사한 표현과 논법은 본 경의 도처에서 산견되고 있으며 본 경의 특징이기도 하다.

㉮「수보리야, ㉯네 생각에는 어떠하냐? ㉰[32상등 특징적인] 몸의 모습으로 여래를 볼 수 있겠느냐?」 ㉱「없사옵니다. 세존이시여, /

- 68 -

[如理實見分 第五] No. 69 ⇨ 원문 p. 10 ℓ. 10

<후> 非身相일새니이다 佛告須菩提하사대 凡所有相이 皆是虛妄이니 若見諸相

㉮	1			하	7
	2	아닐	불	不	
	3	옳을 가히(=능히)	가	可	1
	4	써	이	以	3
	5	몸	신	身	2
	6	서로 모양	상	相	
	7			으로	
	8	얻을 어조사	득	得	5
	9	볼	견	見	
	10	같을	여	如	4
	11	올	래	來	
	12			니	
㉯	13	어찌	하	何	
	14	써	이	以	
	15	연고	고	故	
	16			오	
㉰	17	같을	여	如	1
	18	올	래	來	
	19	바	소	所	2
	20	말씀	설	說	
	21	몸	신	身	3
	22	서로 모양	상	相	
	23			이	
	24	곧	즉	卽	4

⊙ 득(得) ; 조동사로서 객관적 상황이 허락되는 것을 나타내며, 보통 동사 앞이나 뒤에 쓰인다. '…할 수 있다'라고 해석.

※ 장자(莊子)와 거북 - 진정한 행복 -
 장자가 낚시를 하고 있는데 초(楚)나라 대부 두 사람이 왕의 명을 받고 찾아왔다.
「대왕께옵서 선생을 부르십니다. 정사(政事)에 참여해 주십시오.」
장자가 낚싯대를 쥔 채 돌아다보지도 않고 대답했다.
「내가 듣기에 초나라에는 죽은 지 삼천 년이나 되는 거북을 비단에 싸서 좋은 상자에 넣어 묘당(廟堂)에 모셔 놓고 받든다던데 그렇습니까?」
「예, 그러하옵니다.」
「그 거북이는 죽어서 껍데기만 남아 비단에 쌓여 소중히 받들어지기를 원할까요, 살아서 개흙바닥을 기어 돌아다니고 싶어할까요?」
「그야 살아서 개흙바닥을 기어 돌아다니고 싶을 테지요.」
장자는 껄껄 웃으며 말했다.
「나 또한 차라리 개흙바닥을 기어다닐지언정 얽매어 받들리고 싶지 않으니 돌아가시오.」
 -주(註)-
 장자(莊子. ?B.C.365~?B.C.270) ; 중국 전국 시대의 사상가. 이름은 주(周). 도가 사상의 중심인물로, 유교의 인위적인 예교(禮敎)를 부정하고 자연으로 돌아가자는 자연 철학을 제창하였다. 현종이 '남화진인'이라는 시호를 내렸다. 저서에 『장자』가 있다.

㉮몸의 모습만으로는 여래를 뵈올 수 없사옵니다. ㉯왜냐 하오면, ㉰여래께서 말씀하신 몸의 모습은 [32상을 갖추었을지라도 인연에 따라 이루어진 색신(色身)이므로, 무위(無爲)인 법신의] 몸의 모습이 아니기 때문이옵니다.」 /

No. 70 ⇨ 원문 p.11 ℓ.1 [如理實見分 第五]

<전> 하 不可以身相으로 得見如來니 何以故오 如來所說身相이 卽

				한글
	1	아닐	비 非	
	2	몸	신 身	
	3	서로 모양	상 相	
	4			일새니이다
③㉮	5	부처	불 佛	
	6	알릴	고 告	
	7	모름지기	수 須	
	8	보살	보 菩	
	9	끝 '제' 들 '제'	리 提	
	10			하사대
㉯	11	무릇. [부사]헤아려 생각하건대.	범 凡	
	12	바	소 所	
	13	있을	유 有	
	14	서로 모양	상 相	
	15			이
	16	다	개 皆	
	17	이	시 是	
	18	빌	허 虛	
	19	망령될	망 妄	
	20			이니
㉰	21	만약	약 若	
	22	볼	견 見	
	23	모두	제 諸	
	24	서로 모양	상 相	

◆ 六祖口訣

① 68-20 / 不也 世尊 不可以身相 得見如來

①色身卽有相 法身卽無相 色身者 四大和合 父母所生 肉眼所見 法身者 無有形段 非有靑黃赤白 無一切相貌 非肉眼能見 慧眼乃能見之 ②凡夫但見色身如來 不見法身如來 法身量等虛空 是故佛問須菩提 可以身相 見如來不 須菩提知凡夫但見色身如來 不見法身如來 故言不也世尊 不可以身相得見如來

①색신은 형상이 있고 법신은 형상이 없다. 색신은 [지수화풍] 사대가 어울려 부모가 낳아주신 바이니 육안으로 볼 수 있다. 법신은 모습이 없으니 청·황·적·백도 아니고 어떤 모양이 없으므로 육안으로 볼 수 없으며 오직 혜안(慧眼)으로만 볼 수 있다. ②범부는 다만 색신여래만을 보고 법신여래는 보지 못하나니 법신은 양(量)이 허공과 같다. 이런 까닭에 부처님께서 수보리에게 '몸의 모양으로 여래를 볼 수 있겠느냐.'하고 물으셨다. 수보리 존자는 범부가 다만 색신 여래만을 보고 법신여래는 볼 줄 모르는 것을 알기에, '아니옵니다. 세존이시여, 가히 몸의 모양만으로는 부처님을 뵐 수 없나이다.'하고 사뢰었던 것이다.

② 69-13 / 何以故 如來所說身相 卽非身相

①色身是相 法身是性 一切善惡 盡由法身 不由色身 法身若作惡 色身不生善處 法身作善 色身不墮惡處 ②凡夫唯見色身 不見法身 不能行無住相布施 不能於一切處 行平等行 不能普敬一切衆生 ③見法身者 卽能行無住相布施 卽能普敬一切衆生 卽能修般若波羅蜜行 方信一切衆生 同一眞性 本來淸淨 無有垢穢 具足恒沙妙用

①색신은 형상이고 법신은 성품이다. 온갖 선악이 다 이 법신을 말미암는 것으로 색신을 말미암는 것이 아니다. 법신이 만일 악을 지었다면 색신은 좋은 곳에 태어날 수 없고 법신이 선을 지었다면 색신은 나쁜 곳에 떨어지지 않는다. ②범부는 오직 색신만을 보고 법신은 보지 못하므로 무주상보시를 실천하지 못하고 온갖 곳에서 평등한 행을 실천할 수 없는 것이며 널리 일체 중생을 공경하지 못하는 것이다. ③법신을 보는 이는 무주상보시를 실천 할 수 있으며, 널리 일체의 중생을 공경할 수 있으며, 반야바라밀의 행을 능히 닦아서 바야흐로 일체 중생이 동일한 진성이라 본래 청정하므로 더러운 때가 없고 항하의 모래처럼 많은 묘용(妙用)을 모두 갖추고 있음을 믿을 것이다.

㉮부처님께서 수보리에게 말씀하셨다. ㉯「온갖 모양이 있는 것은 모두 다 허망하나니, ㉰만일 모양 있는 모든 것이 모양이 아닌 줄 알면 /

<후> 正信希有分 第六

[如理實見分 第五] No. 71 ⇨ 원문 p.11 ℓ.2

③ 70-5 / 佛告須菩提 凡所有相 皆是虛妄 若見諸相非相 卽見如來

如來欲顯法身 故說一切諸相皆是虛妄 若悟一切諸相虛妄不實 卽見如來無相之理也

여래께서 법신을 나투시고자 온갖 현상이 다 허망함을 설하셨다. 만일 일체의 현상이 허망하여 실다운 것이 아닌 줄을 깨달으면 곧 여래의 상(相) 없는 진리를 볼 것이다.

1	아닐	비 非
2	서로 모양	상 相
3		이면
4	곧	즉 卽
5	볼	견 見
6	같을	여 如
7	올	래 來
8		니라

㉮

⊙범소유상 개시허망 약견제상비상 즉견여래(凡所有相 皆是虛妄 若見諸相非相 卽見如來) ; 이러한 형태의 부처님 말씀을 게(偈)라고 하는데, 게는 범어(梵語) gāthā의 음역으로 부처님의 공덕이나 교리를 찬탄·요약한 노래이다. 대개 네 구절로 이루어져 있기 때문에 사구게(四句偈)라고 일컬으며, 경전의 한 내용이 끝나는 부분이나 맨 끝에 보이는 것이 상례이다. 그런데 본 게송은 ≪대예참례(大禮懺禮)≫ 제14항에서 보듯 예로부터 본 경의 제1게로 평가되고 있으며, 불교의 인생관·우주관·진리관이 총망라되어 있는, 말 그대로 『금강경』의 대의(大義)가 여실히 드러나 있는 부분으로 칭송되어 오고 있다.

이 게송을 천태종에서 제법실상(諸法實相)의 도리를 밝히기 위한 방편으로 세운 삼제(三諦)에 배대하면 '범소유상개시허망'은 공제(空諦)에 해당되고, '약견제상비상'은 가제(假諦)에 해당되며, '즉견여래'는 중제(中諦)에 해당한다.

※삼제(三諦)
(1)공제(空諦=眞諦=無諦) ; 모든 존재는 집착하는 중생의 마음에서 일어나는 것처럼 실체가 없는 공무(空無)한 존재다.　　　　　　[파정(破情)]
(2)가제(假諦=俗諦=有諦) ; 모든 존재는 실체가 없기 때문에 인연에 의해 거짓으로 존재한다.
　　　　　　　　　　　　　　　　[입법(立法)]
(3)중제(中諦=中道第一義諦) ; 모든 존재는 공가(空假)를 넘어선 절대의 것으로서 그 본체는 언어사려(言語思慮)의 대상이 아니다. 　[절대(絶對)]

㉮곧 여래를 보리라.」 /

No. 72 ⇨ 원문 p.11 l.4 [正信希有分 第六]

<전> 非相이면 卽見如來니라

1			
2			
3			
4			◎
5	바를	정	正
6	믿을	신	信
7	바랄 드물[=稀]	희	希
8	있을	유	有
9	나눌	분	分
10			
11	차례	제	第
12	여섯	륙	六
13			
14			
15			
16			
17			
18			
19			
20			
㉮ 21			
㉯ 22			
㉰ 23			
㉱ 24			

1. 제6분, 바른 신심을 냄은 드문 일.

⊙정신(正信) ; ①참되고 바른 신심(信心) ②도리(道理)에 어긋나지 않는 신앙(信仰)

⊙희유(希有) ; 稀有. 흔하지 아니함, 드물게 있음

3

≪개요≫

말세중생(末世衆生)은 정법(正法)에 대한 신심을 내기 어렵지 않을까 하는 수보리 존자의 염려를 덜어 주시고, 동시에 말세 중생에게는 큰 희망을 심어 주신 대목이다.

★소명태자(昭明太子)의 '32분(分)'

1.法會因由分 2.善現起請分 3.大乘正宗分 4.妙行無住分 5.如理實見分 6.正信希有分 7.無得無說分 8.依法出生分 9.一相無相分 10.莊嚴淨土分 11.無爲福勝分 12.尊重正敎分 13.如法受持分 14.離相寂滅分 15.持經功德分 16.能淨業障分 17.究竟無我分 18.一體同觀分 19.法界通化分 20.離色離相分 21.非說所說分 22.無法可得分 23.淨心行善分 24.福智無比分 25.化無所化分 26.法身非相分 27.無斷無滅分 28.不受不貪分 29.威儀寂滅分 30.一合理相分 31.知見不生分 32.應化非眞分

[正信希有分 第六] No. 73 ⇨ 원문 p.11 ℓ.5

<후> 하고 生實信不잇가 佛告須菩提하사대 莫作是說하라 如來滅後後五百

①					
㉮	1	모름지기	수	須	1
	2	보살	보	菩	
	3	끝 '제' 들 '제'	리	提	
	4			ㅣ	
	5	흰 고할	백	白	3
	6	부처	불	佛	2
	7	말씀	언	言	4
	8			하사 대	
㉯	9	대(代) 세상	세	世	
	10	높을	존	尊	
	11			하	
㉰	12	자못	파	頗	1
	13	있을 어떤	유	有	2
	14	무리	중	衆	3
	15	날	생	生	
	16			이	
	17	얻을 어조사	득	得	6
	18	들을	문	聞	
	19	같을	여	如	4
	20	이 옳을	시	是	
	21	말씀	언	言	5
	22	말씀	설	說	
	23	글	장	章	
	24	글귀	구	句	

⊙頗 … 不 ; '…까? 아닐까?'. '頗'는 의문을 나타냄.

⊙득(得) ; 조동사로서 객관적 상황이 허락되는 것을 나타낸다. 보통은 동사 앞에 쓰이지만 동사 뒤에 쓸 수도 있다. '…할 수 있다'라고 해석한다.

⊙언설(言說) ; 말로써 설명함. 또는 그 말.
⊙장구(章句) ; 문구(文句), 글의 장과 구를 아울러 이르는 말.
⊙언설장구(言說章句) ; 문자로 표현된 말씀. 여기서는 「여리실견분(如理實見分)」제5에서 말씀하신 '범소유상 개시허망 약견제상비상 즉견여래(凡所有相 皆是虛妄 若見諸相非相 卽見如來)'를 가리킴.

㉮수보리가 부처님께 사뢰었다. ㉯「세존이시여 ㉰어떤 중생이 이와 같은 말씀이나 글귀를 듣고 /

No. 74 ⇨ 원문 p.11 ℓ.6 [正信希有分 第六]

<전> 須菩提ㅣ 白佛言하사대 世尊하 頗有衆生이 得聞如是言說章句

㉮	1		하고		2
	2	날	생 生		
	3	열매 참될	실 實	⎫ 1	
	4	믿을	신 信	⎭	
	5	아닐	부 不		3
	6		잇가		
㉯	7	부처	불 佛		1
	8	알릴	고 告		3
	9	모름지기	수 須	⎫ 2	
	10	보살	보 菩		
	11	끌 '제' 들 '제'	리 提	⎭	
	12		하사대		
㉰	13	없을 말(~하지 말라)	막 莫		3
	14	지을	작 作		2
	15	이	시 是	⎫ 1	
	16	말씀	설 說	⎭	
	17		하라		
㉱	18	같을	여 如	⎫ 1	
	19	올	래 來	⎭	
	20	멸할	멸 滅	⎫ 2	
	21	뒤	후 後	⎭	
	22	뒤	후 後	⎫	
	23	다섯	오 五	⎬ 3	
	24	일백	백 百	⎭	

⊙실신(實信) ; 진실된 믿음.

※후오백세(後五百歲) ; 『대집경(大集經)』권55(대 13-127c)에 불멸 후의 2천5백년 간을 5개의 5백년으로 나누어 불법의 성쇠(盛衰)를 나타내고 있다. 제1의 5백년은 해탈견고(解脫堅固) 또는 학혜견고(學慧堅固)라 하여 이 때는 지혜를 얻어서 깨달음을 열고 해탈하는 이가 많다고 한다. 제2의 5백년은 선정견고(禪定堅固)라 하여 이때는 선정을 보전(保全)하는 이가 많다고 한다. 제3의 5백년은 다문견고(多聞堅固)라 하여 이때는 불법을 열심히 청문(聽聞)하는 이가 많다고 한다. 제4의 5백년은 조사견고(造寺堅固)라 하여 열심히 사원을 건립하는 이가 많다고 한다. 제5의 5백년은 투쟁견고(鬪爭堅固)라 하여 이때는 자기의 주장에만 집착하여 다른 이와 다투기는 하지만 그래도 불법은 전승되어 가는 기간이라 한다. 즉 이 가운데서 후 5백세란 제5의 5백년을 가리킨다.

한편, 『중론석(中論釋)』에서는 정·상·말(正·像·末)의 삼시설(三時說) 가운데 상법(像法)을 가리킨다고 한다.

※정법(正法) ; 부처님께서 입멸하신 후로부터 5백년. 이 시기는 교법(敎法)·수행(修行)·증과(證果) 셋이 모두 온전해서 불법이 가장 바르게 성한 시기라 한다.

※상법(像法) ; 정법시대와 비슷한 시기란 뜻이다. 정법 시기가 지난 뒤의 1천년. 이 시기는 교법(敎法)·수행(修行)이 있는 시기라 한다. (像, 相似之意)

※말법(末法) ; 정법과 상법 시기가 끝난 뒤의 1만년. 이 시기에는 교법(敎法)만이 남아 있는 시기라 한다.

말법이 끝나면 법멸(法滅)의 시대가 있다고 한다. 삼시(三時)의 시한에 대해서는 이설(異說)이 있으나 대개는 위에서 말한 것을 취한다.

※'계(戒)'에 관해 다음과 같은 말씀이 『불유교경(佛遺敎經)』과 ≪대예참례(大禮懺禮)≫에 있다.

汝等比丘 於我滅後 當尊重珍敬波羅提木叉 如闇遇明 貧人得寶 當知此則 是汝大師 若我住世無異此也 [中略] 戒是正順解脫之本 故名波羅提木叉 依因此戒 得生諸禪定 及滅苦智慧 是故比丘 當持淨戒勿令毁犯 若人能持淨戒 是則能有善法 若無淨戒 諸善功德 皆不得生 是以當知 戒爲第一安隱

㉮진실된 믿음을 내겠나이까?" ㉯부처님께서 수보리에게 말씀하셨다. ㉰「그런 말을 말라. ㉱여래가 멸도한 후, 나중 오백 년에도 /

[正信希有分 第六] No. 75 ⇨ 원문 p.11 ℓ.7

<후> 當知是人은 不於一佛二佛三四五佛에 而種善根이라 已於無

	1	해	세 歲	
	2		에	
㉮	3	있을	유 有	1
	4	가질	지 持	2
	5	경계할	계 戒	
	6	닦을	수 修	3
	7	복	복 福	
	8	놈	자 者	4
	9			
	10	어조사	어 於	7
	11	이	차 此	5
	12	글	장 章	6
	13	글귀	구 句	
	14		에	
㉯	15	능할	능 能	1
	16	날	생 生	3
	17	믿을	신 信	2
	18	마음	심 心	
	19		하야	
㉰	20	써	이 以	2
	21	이	차 此	1
	22	하삼을	위 爲	4
	23	열매참될	실 實	3
	24		하리니	

功德之所住處 汝等比丘 已能住戒 當制五根 勿令
放逸入於五欲

비구들아, 내가 열반에 든 뒤에는 계를 존중하되, 어둠 속에서 빛을 만난 듯이 가난한 사람이 보물을 얻은 듯이 소중하게 여겨야 한다. 계는 너희들의 큰 스승이니, 내가 이 세상에 더 살아 있다 해도 이와 다름이 없기 때문이다. [중략] 계는 해탈의 근본이니라. 이 계를 의지하면, 모든 선정(禪定)이 이로부터 나오고 괴로움을 없애는 지혜가 나온다. 그러므로 비구들아, 너희들은 청정한 계를 범하지 말라. 청정한 계를 가지면 좋은 법을 얻을 수 있지만, 청정한 계를 지키지 못하면 온갖 좋은 공덕이 생길 수 없다. 계는 가장 안온한 공덕이 머무는 곳임을 알아라. 비구들아, 너희가 이미 계에 머물게 되었을 때는 오관(五官)을 잘 거두어 오욕(五慾)에 젖지 않도록 해야 한다. 『佛垂般涅槃略說教誡經(불수반열반약설교계경)』대12-1110c.

大惡病中 戒爲良藥 大怖畏中 戒爲守護 大暗冥中
戒爲明燈 三惡途中 戒爲橋梁 戒如大師 以能辨物
戒如人足 能有所至 戒如大地 生成萬物 戒如大海
萬福所歸 戒如樓柱 聖道所依 戒如城郭 聖道所憑
戒如淸池 洗滌心垢 戒如明鏡 照了自性 戒如瓔珞
莊嚴法身 戒如金寶 法財如意 戒如船筏 能渡苦海
戒如伏藏 以濟貧乏 戒如明日月 亦如瓔珞珠 微塵
菩薩衆 由是成正覺

매우 고치기 힘든 병 가운데 계는 좋은 약이 되옵고, 크게 두렵고 무서운 가운데 계는 수호자가 되옵고, 암흑의 세계에서 계는 밝은 등이 되옵고, 삼악도 가운데 계는 이를 건네주는 교량이 되옵니다. 계는 위대한 스승과 같아 능히 사물을 판단케 하옵고, 계는 사람의 다리와 같아 능히 이르는 곳이 있게 하옵고, 계는 대지와 같아 만물을 생성케 하오며, 계는 대해와 같아 만복이 돌아갈 곳이오며, 계는 커다란 뗏목과 같사옵고 성곽과 같아 성도문에 든 이가 의지할 곳이옵고, 계는 맑은 연못과 같아 마음의 허물을 세척케 하옵고, 계는 밝은 거울과 같아 자신의 성품을 제대로 비추게 하오며, 계는 영락과 같아 법신을 장엄하옵고, 계는 금으로 된 보배와 같아 법재(法財)를 여의하게 하오며, 계는 배나 뗏목과 같아 능히 고해를 건너게 하오며, 계는 복장(伏藏)과 같아 빈궁함을 이기게 하오며, 계는 밝은 일월과 같사옵고 영락과 같사와 수많은 보살들은 이를 말미암아 정각을 이루옵나이다.
≪大禮懺禮(대예참례)≫(釋門儀範 卷上-27)

㉮계를 지키고 복을 닦는 사람이 있어 ㉯이 글귀에 ㉰능히 신심을 내고 ㉱이로써 진실을 삼을 것이니, /

- 75 -

No. 76 ⇨ 원문 p.11 ℓ.8 [正信希有分 第六]

<전> 歲에 有持戒修福者ㅣ 於此章句에 能生信心하야 以此爲實하리니

②			당	當	1	※맹구우목(盲龜遇木)
㉮	1	마땅	당	當		
	2	알	지	知	2	佛言 人在三惡道難得脫 譬如周八萬四千里水中有一盲龜 水上有一浮木有一孔 龜從水中百歲一跳出頭 寧能值木孔中不 諸比丘言 百千萬歲尙恐不入也 所以者何 有時木在東龜在西 有時木在西龜出東 有時木在南龜出北 有時木在北龜出南 有時龜適出頭 木爲風所吹在陸地 龜百歲一出頭 尙有入孔中時 人在三惡道處 難得作人過於是龜 何以故 三惡處人 皆無所知識亦無法令 亦不知善惡 亦不知父母 亦不知布施 更相食强行食弱 如此曹人 身未曾離於屠剝膿血瘡 從苦入苦從冥入冥 惡人所更如是
	3	이	시	是	3	
	4	사람	인	人		
	5			은		
㉯	6	아닐	불	不		
	7	어조사	어	於	2	부처님께서 말씀하시되, 비유컨대 둘레가 팔만 사천 리(里)나 되는 물 가운데 한 마리의 눈먼 거북이가 살고, 물 위에는 구멍이 하나 뚫린 뗏목이 있는데, 이 거북이는 백 년에 한 번씩 물위로 떠오른다. 물론 뗏목은 물결 따라 떠다니는 것이다. 이때 눈먼 거북이의 머리와 뗏목에 뚫린 구멍이 정확하게 만나는 것과, 삼악도에 떨어진 사람이 삼악도로부터 벗어나는 것의 어려움을 견준다면 어느 쪽이 더 어렵겠는가? 비구들은 대답했다. 눈먼 거북이 뗏목 만난다는 것은 백천만 년이 지난다 해도 어렵겠나이다. 왜냐하면, 뗏목이 동쪽에 있으면 거북은 서쪽에 있게 되고, 뗏목이 서쪽에 있을 때면 거북은 동쪽에 있기 때문입니다. 설혹 거북이가 요행히 적당한 시기와 장소에서 머리를 내밀더라도 자칫 바람이 불면 뗏목은 옮겨가기가 쉽기 때문입니다. 그러나 백 년에 한 번 떠오르는 거북의 머리와 뗏목의 구멍이 만나는 일은 언젠가 이루어지겠습니다만, 삼악도(三惡途)에 떨어진 사람이 인간 세상에 태어나는 것은 이보다 더욱 어렵겠나이다. 왜냐하면 삼악도에 있으면 아는 바가 없고, 법도 없으며, 선악을 가리지도 못하고, 부모도 모르고, 보시도 모르며, 서로 약한 쪽을 잡아먹나니 이와 같이 사람의 몸으로 태어나기 어렵습니다. 몸은 그 가죽을 벗기우거나 가지가지 부스럼 등으로 항상 괴롭고, 이렇게 고에서 고로, 어두움에서 어두움으로 들어가나니, 악한 사람이 가는 곳은 이와 같나이다. 『니이경(泥犁經)』대1-909上
	8	한	일	一		
	9	부처	불	佛		
	10	두	이	二		
	11	부처	불	佛	1	
	12	석	삼	三		
	13	넉	사	四		
	14	다섯	오	五		
	15	부처	불	佛		
	16			에		
	17	말이을	이	而	3	
	18	씨 심을	종	種	5	
	19	착할	선	善	4	
	20	뿌리	근	根		
	21			이라		
㉰	22	이미	이	已	1	※諸人當知 人身難得 佛法難値 諸根難具 信心難生 此一一事 皆難値遇 譬如盲龜 値浮木孔
	23	어조사	어	於	3	모든 사람은 마땅히 알라. 사람의 몸 얻기 어렵고, 불법 만나기 어려우며, 눈·코·귀·입·몸·마음 등을 제
	24	없을	무	無		

㉮마땅히 알라. 이런 사람은 ㉯한 부처님이나 두 부처님, 셋·넷·다섯 부처님께만 선근을 심은 것이 아니라 ㉰이미 한량없는 천만 부처님이 계신 곳에서 /

- 76 -

[正信希有分 第六] No. 77 ⇨ 원문 p.11 ℓ.9

<후> 者니라 須菩提야 如來ㅣ 悉知悉見하나니 是諸衆生이 得如是無量

	1	헤아릴	량	量	
	2	일천	천	千	
	3	일만	만	萬	2
	4	부처	불	佛	
	5	바	소	所	
	6			에	
㉮	7	씨 심을	종	種	2
	8	모든	제	諸	
	9	착할	선	善	1
	10	뿌리	근	根	
	11			하야	
㉯	12	들을	문	聞	3
	13	이	시	是	1
	14	글	장	章	2
	15	글귀	구	句	
	16			하고	
㉰	17	이에	내	乃	1
	18	이를	시	至	
	19	한	일	一	2
	20	생각	념	念	
	21			이나	
㉱	22	날	생	生	2
	23	깨끗할	정	淨	1
	24	믿을	신	信	

대로 갖추기 어렵고, 신심을 내기 어려우니, 이 하나 하나의 일이 만나기 어려움을 비유하면 눈먼 거북이가 뗏목 가운데 구멍을 만나는 것과 같느니라.
『대장엄경론(大莊嚴經論)』 대4-268下

⊙종제선근(種諸善根); 선과(善果)를 초래하는 선행(先行). 법상종(法相宗)에서는 신(信)·참괴(慚愧)·무탐(無貪)을 선행이라 하는데 결국 이것이 곧 보리(菩提)가 되는 것이라 한다.

⊙내지일념(乃至一念); 극소(極少)의 일념(一念)을 듦으로 해서 다념(多念)을 포함하는 기법. 즉 '다념내지일념(多念乃至一念)'에서 다념이 생략된 깃임. '참으로 짧은 시간 동안의 생각일지나'로 해석하기도 함.

㉮온갖 선근을 심었으므로 ㉯이 글귀를 듣고 ㉰한 생각일지라도 ㉱맑은 믿음을 내는 것이다. /

No. 78 ⇨ 원문 p.11 ℓ.10 [正信希有分 第六]

<전> 量千萬佛所에 種諸善根하야 聞是章句하고 乃至一念이나 生淨信

㉮	1	놈	자	者	
	2			니라	
	3	모름지기	수	須	
	4	보살	보	菩	
	5	끝 '제' 들 '제'	리	提	
	6			야	
㉯	7	같을	여	如	
	8	올	래	來	
	9			ㅣ	
	10	다	실	悉	1
	11	알	지	知	
	12	다	실	悉	2
	13	볼	견	見	
	14			하나니	
㉰	15	이	시	是	1
	16	모든	제	諸	
	17	무리	중	衆	2
	18	날	생	生	
	19			이	
	20	얻을	득	得	6
	21	같을	여	如	3
	22	이	시	是	
	23	첨을	무	無	4
	24	헤아릴	량	量	

◆ 六祖口訣

① 73-1 / 須菩提 白佛言 世尊 頗有衆生 得聞如是言說章句 生實信不

須菩提問 此法甚深難信難解 末世凡夫 智慧微劣 云何信入 佛答在次下

수보리 존자께서 '이 법이 매우 깊어서 믿기도 어렵고 이해하기도 어려운데, 말세 범부들은 지혜가 작고 모자라 어떻게 믿고 들어갈 수 있겠습니까.'하고 여쭈었다. 부처님께서 하신 답은 다음에 있다.

② 76-1 / 當知是人 不於一佛二佛三四五佛 而種善根 已於無量千萬佛所 種諸善根 聞是章句 乃至一念 生淨信者

①於我滅後 後五百歲 若復有人 能持大乘無相戒 不妄取諸相 不造生死業 一切時中 心常空寂 不被諸相所縛 卽是無所住心 於如來深法 心能信入 此人所有言說 眞實可信 何以故 此人不於一劫二劫三四五劫而種善根 已於無量千萬億劫 種諸善根 ②是故如來說 我滅後 後五百歲 有能離相修行者 當知是人 不於一二三四五佛 種諸善根 何名種諸善根 略述次下 所謂於諸佛所 一心供養 隨順教法 於諸菩薩善知識師僧父母 耆年宿德尊長之前處 常行恭敬供養 承順教命 不違其意 是名種諸善根 ③於六道衆生 不加殺害 不欺不賤 不毀不辱 不騎不筆 不食其肉 常行饒益 是名種諸善根 ④於一切貧苦衆生 起慈愍心 不生輕厭 有所求求 隨力惠施 是名種諸善根 於一切惡類 自行和柔忍辱 歡喜逢迎 不逆其意 令彼發歡喜心 息剛戾心 是名種諸善根 ⑤信心者 信般若波羅蜜 能除一切煩惱 信般若波羅蜜 能成就一切出世功德 信般若波羅蜜 能出生一切諸佛 信自身中佛性 本來淸淨 無有染汚 與諸佛性 平等無二 信六道衆生 本來無相 信一切衆生 盡能成佛 是名淨信心也

①부처님께서 멸도하신 뒤 후오백세에 어떤 사람이 대승의 상(相)없는 계를 받아 지니어, 망령되게 모든 상을 취하지 않으며 생사의 업을 짓지 않고, 어느 때나 마음이 항상 공적하여 모든 상에 얽힘으로부터 벗어나면 이것이 곧 머무름 없는 마음이다. 여래의 깊은 법에 마음이 능히 믿어서 들어가리니 이 사람이 하는 말은 다 진실하여 가히 믿을 수 있다. 왜냐하면 이 사람은 일겁·이겁·삼겁·사겁·오겁동안 거룩한 선근(善根)을 실천해 온 것이 아니라 이미 한량없는 천만억겁을 모든 선근을 심은 사람이기 때문이다. ②그래서 부처님께서 말씀하시기를 '내가 멸도한 뒤 후오백세에 상을 능히 여의고 수행하는 자가 있다면 마땅히 알라. 이 사람은 하나·둘·셋·넷·

㉮수보리야, ㉯여래는 다 알고 다 보나니 ㉰이 모든 중생들이 이와 같이 헤아릴 수 없는 복덕을 얻느니라. /

[正信希有分 第六] No. 79 ⇨ 원문 p.12 ℓ.1

<후> 하며 無法相하며 亦無非法相이니라 何以故오 是諸衆生이 若心取相

			한자	
	1	복	복	福
	2	덕	덕	德
	3			이니라
③㉮	4	어찌	하	何
	5	써	이	以
	6	연고	고	故
	7			오
㉯	8	이	시	是
	9	모든	제	諸
	10	무리	중	衆
	11	날	생	生
	12			이
	13	없을	무	無
	14	다시	부	復
	15	나	아	我
	16	서로, 모양 생각	상	相
	17	사람	인	人
	18	서로, 모양 생각	상	相
	19	무리	중	衆
	20	날	생	生
	21	서로, 모양 생각	상	相
	22	목숨	수	壽
	23	놈	자	者
	24	서로, 모양 생각	상	相

다섯 부처님 앞에서만 모든 선근을 심은 것이 아니니라'고 하셨던 것이다. 무엇을 모든 선근을 심었다고 하는가. 간략히 다음에 말하리라. 이른바 모든 부처님 처소에서 한 마음으로 공양하고 교법에 수순하여 모든 보살님네와 선지식과 스승과 부모와 나이가 많고 덕이 높은 존장에게 항상 공경하고 공양하여 그 가르침에 순종하여 그 뜻을 어기지 않는 것을 이름하여 '모든 선근을 심었다'고 하느니라. ③또, 육도 중생에게 죽이는 일을 하지 않으며, 속이지 않고 천대하지 않으며, 헐뜯거나 욕하지 않으며, 타지 않고 때리지 않으며, 그 고기를 먹지 않고 항상 이롭게 해 주는 것을 이름하여 '모든 선근을 심는다'고 하느니라. ④일체의 가난하여 괴로운 중생에게 사랑하고 연민하는 마음을 내어 업신여기거나 싫어하지 않으며 구하는 바가 있거든 힘을 따라 은혜로 베풀어주는 것을 이름하여 '모든 선근 심는 것이라'하며, 온갖 악한 중생들에게 스스로 화목하고 부드럽게 인욕을 행하여 기쁜 마음으로 맞이해 주고 보내어 그 뜻을 어기지 않아 저들로 하여금 환희심을 발하고 거칠고 사나운 성질을 쉽게 하는 것을 이름하여 '모든 선근을 심었다'고 하느니라. ⑤믿는 마음이란, 반야바라밀이 일체의 번뇌를 없애는 것임을 믿는 것이며, 반야바라밀이 능히 세간을 벗어날 온갖 공덕을 성취하는 것을 믿는 것이며, 반야바라밀이 일체의 부처님을 출생함을 믿는 것이며, 자기 몸 가운데 불성이 본래 청정하여 때묻고 물들지 않음을 믿되 모든 부처님의 성품으로 더불어 평등하여 둘이 아님을 믿는 것이며, 육도 중생들이 본래 상이 없는 것을 믿는 것이며, 일체 중생이 다 성불할 것을 믿는 것이니 이것을 이름하여 청정한 신심이라 하느니라.

③ 79-4 / 何以故 是諸衆生 無復我相人相衆生相壽者相 無法相 亦無非法相

①若有人 於如來滅後 發般若波羅蜜心 行般若波羅蜜行 修習解悟 得佛深意者 諸佛無不知之 若有人聞上乘法 一心受持 卽能行般若波羅蜜無相無著之行 了無我人衆生壽者四相 無我者 無色受想行識也 無人者 了四大不實 終歸地水火風也 無衆生者 無生滅心也 無壽者 我身本無 寧有壽者 ②四相旣無 卽法眼明徹 不著有無 遠離二邊 自心如來 自悟自覺 永離塵勞妄念 自然得福無邊 無法相者 離名絶相 不拘文字也 亦無非法相者 不得言無般若波羅蜜法 若言無般若波羅蜜法 卽是謗法

①'만일 어떤 사람이 여래께서 멸도하신 뒤에 반야바라밀의 마음을 내어 반야바라밀의 행을 행하여 배우고 익혀 부처님의 깊은 뜻을 체득한 사람은 모든 부처님께서 아시느니라'고 하셨다. 만일 어떤 사람이

㉮왜냐하면 ㉯이 모든 중생들에게는 반복커니와, 아상·인상·중생상·수자상이 없으며 /

- 79 -

No. 80 ⇨ 원문 p.12 ℓ.2 [正信希有分 第六]

<전> 福德이니라 何以故오 是諸衆生이 無復我相人相衆生相壽者相

㉮	1			이며	
	2	없을	무	無	2
	3	법	법	法	1
	4	서로, 모양 생각	상	相	
	5			이며	
	6	또	역	亦	3
	7	없을	무	無	5
	8	아닐	비	非	4
	9	법	법	法	
	10	서로, 모양 생각	상	相	
	11			이니라	
㉯	12	어찌	하	何	
	13	써	이	以	
	14	연고	고	故	
	15			오	
㉰	16	이	시	是	1
	17	모든	제	諸	2
	18	무리	중	衆	
	19	날	생	生	
	20			이	
	21	만약	약	若	3
	22	마음	심	心	4
	23	취할	취	取	6
	24	서로, 모양 생각	상	相	5

상승의 법문을 듣고 한 마음으로 받아 지닌다면 곧 반야바라밀의 상 없고 집착없는 행을 능히 실천한 것이고 아상·인상·중생상·수자상의 네 가지 상이 없음을 요달한 것이다. '무아(無我)'라 함은 수상행식(受想行識)이 없는 것이고, '무인(無人)'이라 함은 사대가 다 실답지 못하여 마침내 흙·물·불·바람으로 돌아가는 것이고, '무중생(無衆生)'이라 함은 생멸하는 마음이 없음이고, '무수자(無壽者)'라 함은 내 몸이 본래 없는데 어찌 목숨인들 있겠는가. ②사상이 이미 없으면 곧 법안이 명철하여 유무에 집착하지 않아서 이 두 가지 끝을 멀리 여의고 자기 마음의 여래를 스스로 알고 스스로 깨달아서 번뇌 망념을 영원히 여의므로 자연히 복을 얻음이 가가 없다. '이것이 진리다 라는 생각이 없다(無法相)'함은 이름을 여의고 상을 끊어져 글자에 구애되지 않는 것을 말하며 또한 '진리가 아니라는 생각이 없다(亦無非法相)' 함은 반야바라밀의 진리가 없다고 말하지 않는 것이니 만일 반야바라밀의 법이 없다고 말한다면 이것은 곧 진리를 비방하는 것이 되느니라.

④ 80-12 / 何以故 是諸衆生 若心取相 卽爲着我人衆生壽者 何以故 若取法相 卽着我人衆生壽者 若取非法相 卽着我人衆生壽者

取此三相 並著邪見 盡是迷人 不悟經意 故修行人 不得愛著如來三十二相 不得言我解般若波羅蜜法 亦不得言不得般若波羅蜜 行 而得成佛

이 세 가지 상을 가지면 아울러 사된 소견에 집착하게 되므로 미한 사람이 되어 이 경의 뜻을 모르게 된다. 그래서 수행하는 사람은 여래의 서른 두 가지 상을 애착하지 말 것이며 내가 반야바라밀법을 안다고 말하지 말 것이며 또한 반야바라밀의 행을 하지 않고서 성불한다고도 말하지 말 것이니라.

⑤ 83-11 / 以是義故 如來常設 汝等比丘 知我說法 如筏喩者 法尙應捨 何況非法

法者 是般若波羅蜜法 非法者 生天等法 般若波羅蜜法 能令一切衆生 過生死大海 旣得過已 尙不應住 況生天等法 而得樂著

'법(法)'이라 함은 반야바라밀법을 말하고 '법 아니라(非法)' 함은 하늘나라에 나는 법을 말한다. 반야바라밀법이 능히 일체 중생으로 하여금 생사대해를 지나게 하는 것이지만 이미 다 지나가고 나서는 오히려 머물지 아니하거늘 하물며 하늘나라에 나는 등의 법을 즐겨 집착할 것인가.

㉮법상(法相)도 없고 또 비법상(非法相)도 없기 때문이니라. ㉯왜냐하면 ㉰이 모든 중생들이 만일 마음이 상(相)에 걸리면 /

[正信希有分 第六] No. 81 ⇨ 원문 p.12 ℓ.3

<후> 衆生壽者며 若取非法相이라도 卽着我人衆生壽者니라 是故로 不

㉮	1		이면	
	2	곧	卽 즉	1
	3	할	爲 위	4
	4	붙을	着 착	3
	5	나	我 아	
	6	사람	人 인	
	7	무리	衆 중	2
	8	날	生 생	
	9	목숨	壽 수	
	10	놈	者 자	
	11		니라	
㉯	12	어찌	何 하	
	13	써	以 이	
	14	연고	故 고	
	15		오	
㉰	16	만약	若 약	1
	17	취할	取 취	3
	18	법	法 법	2
	19	서로, 모양 생각	相 상	
	20		이라도	
	21	곧	卽 즉	4
	22	붙을	着 착	6
	23	나	我 아	5
	24	사람	人 인	

※ 원숭이 잡는 법

인도(印度)에는 원숭이를 잡는 비법(秘法)이 있다. 방법은 의외로 간단하다. 큼지막한 나무 상자를 만들어 놓고, 원숭이 손이 들어갈 만한 구멍을 몇 개 뚫어 놓는다. 그리고 상자 안에는 원숭이가 탐낼만 한 과일을 넣어두기만 하면 된다.

과일의 아름다운 냄새에 사로잡힌 원숭이는 탐색을 끝낸 후 별 의심 없이 손을 상자 안으로 넣어 과일을 움켜쥔다. 싱겁지만 원숭이 포획작전은 이로써 끝났다. 상자의 구멍은 원숭이가 과일을 쥔 채 의 손을 빼기에는 너무 작기 때문이다.

사냥꾼이 다가가면 물론 원숭이는 달아나려 한다. 그러자면 손에 쥐고 있는 과일을 놓아버리는 것이 순서다. 그러나 원숭이는 과일을 포기하려 하지 않는다. '방하착(放下着)'을 모르는 원숭이의 욕심이 결국 자신을 잡히게 한다.

망연(妄緣)! 원숭이에게 과일이 망연이고, 자신을 중심에 두고 생각하는 욕심은 우리가 지닌 망연이다. 사대(四大)·육진(六塵)·심식(心識)이 곧 망연의 실체다. 아상(我相), 인상(人相), 중생상(衆生相), 수자상(壽者相)도 그렇다. 이들에 대한 욕심을 놓아버리지 않으면 무상살귀(無常殺鬼)에 잡히고 만다. 그리하여 지금까지 그랬듯 삼계육도(三界六道)라는 상자에 손목을 잡힌 채 끊임없이 고통으로 지내야 한다. 그래서 우리에게는 과일을 놓지 못하는 원숭이를 비웃을 자격이 아직은 없다.

四大各離如夢中(사대각리여몽중)
    사대각각 흩어지니 꿈속에서 일과같고
六塵心識本來空(육진심식본래공)
    여섯경계 마음작용 본래공허 하답니다.
欲識佛祖廻光處(욕식불조회광처)
    불조께서 깨친도리 아시고자 하십니까.
日落西山月出東(일락서산월출동)
    서산으로 해가지니 동산에서 달오르네.
        「다비작법」의 <洗手(세수)>

若人欲識佛境界(약인욕식불경계)
    누구라도 부처경계 짐작하길 원한다면
當淨其意如虛空(당정기의여허공)
    당연커니 그마음을 허공같이 비울지니
遠離妄想及諸趣(원리망상급제취)
    망상이며 모든취향 멀리멀리 여의어서
令心所向皆無礙(영심소향개무애)
    어디에도 걸릴바가 없어야만 된답니다.
        『80華嚴經』 제37 如來出現品(여래출현품)

㉮ 곧 아상·인상·중생상·수자상에 집착함이 되는 것이기 때문이니라 ㉯ 왜냐하면 ㉰ 만일 법상(法相)에 걸리더라도 곧, 아상·인상·중생상·수자상에 집착하는 것이며 /

No. 82 ⇨ 원문 p.12 ℓ.4 [正信希有分 第六]

<전> 하면 卽爲着我人衆生壽者니라 何以故오 若取法相이라도 卽着我人

			한글	한자	
	1	무리	중	衆	
	2	날	생	生	
	3	목숨	수	壽	
	4	놈	자	者	
	5			며	
㉮	6	만약	약	若	1
	7	취할	취	取	3
	8	아닐	비	非	
	9	법	법	法	2
	10	서로, 모양 생각	상	相	
	11			이라도	
㉯	12	곧	즉	卽	1
	13	붙을	착	着	3
	14	나	아	我	
	15	사람	인	人	
	16	무리	중	衆	2
	17	날	생	生	
	18	목숨	수	壽	
	19	놈	자	者	
	20			니라	
㉰	21	이	시	是	
	22	연고	고	故	
	23			로	
㉱	24	아닐	불	不	4

文殊法常爾 문수법상이	문수사리 법왕자여 진리법은 변함없어
法王唯一法 법왕유일법	법중의법 예외없이 단한가지 법이로다.
一切無礙人 일체무애인	삼라만상 모든것에 걸림없는 사람만이
一道出生死 일도출생사	오직한길 나고죽는 그곳에서 벗어나리.

『80華嚴經』 제9 光明覺品(광명각품) ㈔10-68c

⊙법상(法相) ; 법상은 비법상과 함께 아·법이집(我法二執) 가운데 법집(法執)에 속한다. 여기서의 법집이란 교법에 얽매여 도리어 진정한 깨달음을 얻지 못하는 것이니 '이것만이 진리이다'라는 등의 고집이 법상이며, '이것은 진리가 아니다'라는 생각이 비법상이다. 또 이러한 법집은 아집[아상·인상·중생상·수자상]에 비해 미세한 번뇌이다.

㉮만일 비법상(非法相)에 걸릴지라도 ㉯곧 아상·인상·중생상·수자상에 집착하는 것이기 때문이니라. ㉰그러므로 ㉱마땅히 법상에 걸리지 말 것이며 /

[正信希有分 第六] №. 83 ⇨ 원문 p.12 ℓ.5

<후>는 知我說法을 如筏喩者라하노니 法尙應捨온 何況非法이야따녀

㉮	1 응할	응	應	1	
	2 취할	취	取	3	※활짝개인 하늘
	3 법	법	法	2	조주(趙州)가 스승인 남전(南泉)화상에게 물었다.
	4		이며		"도(道)란 무엇입니까?"
	5 아닐	불	不	4	"평상심(平常心)이 도다"
	6 응할	응	應	1	"어떻게 하면 그 도에 계합(契合)할 수 있습니까?"
	7 취할	취	取	3	"네가 그 도에 계합하려고 하면 오히려 도를 등지게 될 것이다."
	8 아닐	비	非	2	"힘써 노력하지 않고 어떻게 도를 알 수 있습니까?"
	9 법	법	法		"도는 알고 모르는 데 있지 않다. 안다해도 그것은 망상(妄想)이고 모른다해도 그것은 답이 되지 않는다. 참으로 의심의 여지가 없는 도에 이르게 되면 마치 하늘이 활짝 개인 것 같느니라. 그러니 일부러 이러니 저러니 따질 일이 아니니라."
	10		이니		조주스님은 이 말 끝에 깊은 뜻을 깨달아 마음이 밝은 달과 같았다.
㉯	11 써	이	以	1	「조주록」
	12 이	시	是	2	
	13 옳을 뜻	의	義		
	14 연고	고	故	3	
	15		로		
㉰	16 같을	여	如	1	
	17 올	래	來		
	18 항상	상	常	2	
	19 말씀	설	說	3	
	20		호되		
㉱	21 너	여	汝	1	
	22 무리	등	等		
	23 견줄	비	比	2	
	24 언덕	구	丘		

㉮비법상(非法相)에도 걸리지 말아야 하나니 ㉯이렇기 때문에 ㉰여래는 항상 말하기를 ㉱너희들 비구는 /

No. 84 ⇨ 원문 p.12 ℓ.6 [正信希有分 第六]

<전> 應取法이며 不應取非法이니 以是義故로 如來常設호되 汝等比丘

㉮	1		는	
	2	알	지	知
	3	나	아	我
	4	말씀	설	說
	5	법	법	法
	6			을
	7	같을	여	如
	8	뗏목	벌	筏
	9	깨우칠 비유할	유	喩
	10	놈 ~것	자	者
	11			라하노니
㉯	12	법	법	法
	13	오히려	상	尚
	14	응할	응	應
	15	버릴	사	捨
	16			온
㉰	17	어찌	하	何
	18	하물며	황	況
	19	아닐	비	非
	20	법	법	法
	21			이야따녀
	22			
	23			
	24			

5 ⊙지아설법여벌유자(知我說法如筏喩者) ; 뗏목은 강을 건너는데 필요한 도구이다. 즉 목적지에 이르면 뗏목의 역할은 다한 것이듯, 말이나 문자로써 설명된 법도 비유컨대 진리에 이르기 위한 뗏목과 같은 것이어서 진리에 이른 뒤에는 버려야 할 것임을[집착하지 말아야 할 것임을] 알아야 한다는 뜻.

4

※견월망지(見月忘指)
佛告阿難汝等尙以緣心聽法。此法亦緣非得法性。如人以手指月示人。彼人因指當應看月。若復觀指以爲月體。此人豈唯亡失月輪亦亡其指。何以故。以所標指爲明月故。豈唯亡指。亦復不識明之與暗。何以故。卽以指體爲月明性。明暗二性無所了故。

부처님께서 아난에게 말씀하셨다. 너희들은 오히려 인연하는 마음으로 법을 듣고 있으니, 이 법도 인연일 뿐, 법의 본성이 아니니라. 어떤 사람이 손으로 달을 가리켜 다른 사람에게 보인다면, 그 사람은 당연히 손가락을 따라 달을 보아야 하는데, 만일 손가락을 보고 달이라 여긴다면, 이 사람은 어찌 달만 잃었겠느냐. 또한 손가락도 잃은 것이 되느니라. 왜냐하면 가리킨 손가락을 밝은 달로 여겼기 때문이다. 어찌 손가락만 잃었다고 하겠느냐. 밝음과 어둠도 모른다고 하리라. 왜냐하면 손가락 자체를 달의 밝은 성질로 여겨서, 밝고 어두운 두 성질을 알지 못하기 때문이다.
『능엄경』 권2 ㊛19-111a

㉮나의 설법이 뗏목의 비유와 같은 줄로 알라 하였거니 ㉯법도 오히려 마땅히 버려야 하겠거든 ㉰어찌 하물며 비법임에랴?! /

[無得無說分 第七] No. 85 ⇨ 원문 p.12 ℓ.8

<후> 須菩提야 於意云何오 如來得阿耨多羅三藐三菩提耶아 如

1			
2			
3			
4		◎	
5	없을	無 무	2
6	얻을	得 득	1
7	없을	無 무	4
8	말씀	說 설	3
9	나눌	分 분	5
10			
11	차례	第 제	
12	일곱	七 칠	
13			
14			
15			
16			
17			
18			
19			
20			
21			
22			
23			
24			

제7분, 무위법(無爲法)은
　　　　얻을 수도 말할 수도 없다.

≪개요≫
승의제(勝義諦. 眞諦. 第一義諦)의 입장에서 법의 개념을 밝히셨다. 즉 법은 능소(能所) 등 일체의 차별이 끊어진 것이며 언설(言說)로써 표현할 수 없는 것이므로 얻을 수도 말할 수도 없는 것임을 일깨워 주신 부분이다.

★소명태자(昭明太子)의 '32분(分)'
1.法會因由分 2.善現起請分 3.大乘正宗分 4.妙行無住分 5.如理實見分 6.正信希有分 7.無得無說分 8.依法出生分 9.一相無相分 10.莊嚴淨土分 11.無爲福勝分 12.尊重正敎分 13.如法受持分 14.離相寂滅分 15.持經功德分 16.能淨業障分 17.究竟無我分 18.一體同觀分 19.法界通化分 20.離色離相分 21.非說所說分 22.無法可得分 23.淨心行善分 24.福智無比分 25.化無所化分 26.法身非相分 27.無斷無滅分 28.不受不貪分 29.威儀寂滅分 30.一合理相分 31.知見不生分 32.應化非眞分

No. 86 ⇨ 원문 *p.12 ℓ.9* [無得無說分 第七]

<전> 無得無說分 第七

㉮	1	모름지기	수	須	
	2	보살	보	菩	
	3	끌 '제' 들 '제'	리	提	
	4			야	
㉯	5	어조사 / ~에, ~에서[처소격]	어	於	2
	6	뜻	의	意	1
	7	이를	운	云	3
	8	어찌	하	何	
	9			오	
㉰	10	같을	여	如	1
	11	올	래	來	
	12		득	得	3
	13	언덕	아	阿	
	14	김맬 '누'	뇩	耨	
	15	많을	다	多	
	16	새그물	라	羅	
	17	석	삼	三	2
	18	아득할 '막'	먁	藐	
	19	석	삼	三	
	20	보리	보	菩	
	21	끌 '제'	리	提	
	22	어조사	야	耶	4
	23			아	
㉱	24	같을	여	如	1

◆ 六祖口訣

① 87-8 / 須菩提言 如我解佛所說義 無有定法名阿耨多羅三藐三菩提 亦無有定法名如來可說

①阿耨多羅 非從外得 但心無我所卽是也 祇緣對病設藥 隨宜爲說 何有定法乎 如來說無上正法 心本無得 亦不言不得 ②但爲衆生所見不同 如來應彼根性 種種方便 開誘化導 俾其離諸執著 指示一切衆生 妄心生滅 不停 逐境界動 前念瞥起 後念應覺 覺旣不住 見亦不存 若爾 豈有定法爲如來可說也 ③阿者 心無妄念 耨多羅者 心無驕慢 三者 心常在正定 藐者 心常在正慧 三菩提者 心常空寂 一念凡心頓除 卽見佛性也

①아뇩다라는 밖으로부터 얻는 것이 아니다. 다만 마음에 내 것이라는 생각(我所)만 없으면 곧 이것이다. 병에 따라 약을 지어주듯 형편에 따라 말하는 것이니 어찌 결정된 법이 있으리요. 여래께서 말씀하신 무상정법(無上正法)은 마음에 본래 얻을게 없으며, 또한 얻을게 없다고 말해도 안 된다. ②다만 중생들의 소견이 같지 않으므로 여래께서 각각의 근성에 응하시어 갖가지 방편으로 이끌어 교화하신 것이다. 하여금 모든 집착을 여의게 하셨으며 일체 중생의 망령된 마음의 생멸이 그치지 않고 경계에 따라 움직여 앞생각이 잠깐 일어나면 뒷생각이 응당 깨닫게 되니, 깨달았다면 이미 머물지 않는 것이며 보는 것 역시 존재치 않는다. 그렇다면 어찌 정한 법이 있어서 여래께서 말씀하셨겠는가. ③'아(阿)'는 마음에 망념이 없는 것이고, '뇩다라(耨多羅)'는 마음에 교만이 없는 것이며, '삼(三)'은 마음이 항상 바른 정(定)으로 있는 것이고, '먁(藐)'은 마음이 항상 바른 지혜로 있는 것이고, '삼보리(三菩提)'는 마음이 항상 공적해서 한 생각 범부의 마음이 단번에 없어져서 곧 불성을 보는 것이니라.

② 88-22 / 何以故 如來所說法 皆不可取 不可說 非法 非非法

①恐人執著如來所說文字章句 不悟無相之理 妄生知解 故言不可取 如來爲化種種衆生 應機隨量 所有言說 亦何有定乎 ②學人不解如來深意 但誦如來所說教法 不了本心 終不成佛 故言不可說 口誦心不行卽非法 口誦心行 了無所得 卽非非法

①사람들이 여래께서 말씀하신 글자와 문장에 집착하여 무상의 이치를 깨닫지 못하고 망령되이 알음알이를 일으킬까 염려하여 '취할 수 없는 것이라'고 하셨다. 또 여래께서 갖가지 중생을 교화하심에 근기에 응하고 도량(度量)에 따르셨으니 그 말씀하신 바가 또한 어찌 정함이 있겠는가. ②배우는 이가 여래의

㉮수보리야, ㉯네 생각은 어떠한가? ㉰여래가 아뇩다라삼먁삼보리를 얻었는가?
㉱여래가 말한 바 법이 있는가?

[無得無說分 第七] No. 87 ⇨ 원문 p.12 ℓ.10

<후> 名阿耨多羅三藐三菩提며 亦無有定法名如來可說이니 何以

	1 올	래	來	J
	2 있을	유	有	5
	3 바	소	所	3
	4 말씀	설	說	2
	5 법	법	法	4
	6 어조사	야	耶	6
	7		아	
①	8 모름지기	수	須	
㉮	9 보살	보	菩	1
	10 끝 '제' 들 '제'	리	提	
	11 말씀	언	言	2
	12		호되	
㉯	13 같을 좇다, 따르다	여	如	7
	14 나	아	我	1
	15 품 납득할	해	解	6
	16 부처	불	佛	2
	17 바	소	所	4
	18 말씀	설	說	3
	19 옳을 뜻	의	義	5
	20		로는	
㉰	21 없을	무	無	4
	22 있을	유	有	
	23 정할	정	定	3
	24 법	법	法	

㉮수보리가 여쭙되 ㉯제가 부처님께서 말씀하신 바 뜻을 이해함에 따르오면 ㉰아뇩다라삼먁삼보리라고 이름할 정해진 법이 없사오며, /

깊은 뜻을 알지 못하고 다만 여래께서 말씀하신 교법만을 외울 뿐 근본마음을 요달하지 못하여 마침내 성불하지 못하게 되나니 '말로 설할 수 없다'고 했다. 입으로 외우고 마음으로 행하지 못하면 이것이 곧 그른 법이고 입으로 외우고 마음으로 행하여 얻을 바가 없음을 요달하면 이것이 곧 그른 법이 아닌 것이니라.

③ 89-24 / 所以者何 一切賢聖 皆以無爲法 而有差別

三乘根性 所解不同 見有深淺 故言差別 佛說無爲法者 卽是無住 無住卽是無相 無相卽無起 無起卽無滅 蕩然空寂 照用齊收 鑑覺無礙 乃眞是解脫佛性 佛卽是覺 覺卽是觀照 觀照卽是智慧 智慧卽是般若波羅蜜多

삼승(小乘)의 근성이 아는 바가 같지 않나니 소견에 얕고 깊은 것이 있으므로 차별을 말씀하신 것이고, 부처님께서 말씀하신 무위법은 곧 머무름이 없는 것이니 무주(無住)면 곧 이것이 무상(無相)이고, 무상이면 곧 무기(無起)이고, 무기면 곧 무멸(無滅)이니 텅 비어 공적하여, 비추고 작용함을 나란히 거두어 거울처럼 깨달음에 걸림이 없으면 참으로 이것이 해탈한 불성이다. 그러므로 불(佛)이 곧 깨달음이고, 깨달음은 관조하는 것이며, 관조함은 곧 지혜고, 지혜는 곧 반야바라밀다이니라.

No. 88 ⇨ 원문 p.13 ℓ.1 [無得無說分 第七]

<전> 來有所說法耶아 須菩提言호되 如我解佛所說義로는 無有定法

		한글	한자		
	1	이름	명	名	2
	2	언덕	아	阿	
	3	김맬 '누'	뇩	耨	
	4	많을	다	多	
	5	새그물	라	羅	
	6	석	삼	三	
	7	아득할 '막'	먁	藐	1
	8	석	삼	三	
	9	보리	보	菩	
	10	끝 '제'	리	提	
	11			며	
㉮	12	또	역	亦	1
	13	없을	무	無	6
	14	있을	유	有	
	15	정할	정	定	5
	16	법	법	法	
	17	같을	여	如	2
	18	올	래	來	
	19	옳을 가히(=능히)	가	可	3
	20	말씀	설	說	4
	21			이니	
② ㉯	22	어찌	하	何	
	23	써	이	以	
	24	연고	고	故	

2 ※육조혜능(六祖慧能)과 몽산혜명(蒙山惠明)과의 기연(機緣)

六祖因明上座 趁至大庾嶺 祖見明至 卽擲衣鉢於石上 云 此衣表信 可力爭耶 任君將去 明遂擧之 如山不動 踟蹰悚慄 明曰 我來求法 非爲衣也 願行者開示 祖云 不思善 不思惡 正與麼時 那箇是明上座本來面目 明當下大悟 遍體汗流 泣淚作禮問曰 上來密語密意外 還更有意旨否 祖曰 我今爲汝說者 卽秘密也 汝若返照自己面目 密却在汝邊 明云 某甲雖在黃梅隨衆 實未省自己面目 今蒙指授入處 如人飮水 冷暖自知 今行者卽是某甲師也 朝云 汝若如是 則吾與汝同師黃梅 善自護之

육조혜능(六祖慧能) 대사가 명상좌(明上座)에게 쫓겨 대유령(大庾嶺)이라는 고개에 이르렀다. 육조대사는 곧 가사(袈裟)와 발우(鉢盂)를 바위 위에 놓고 말했다.
「이 가사는 믿음을 표시하는 것이니 어찌 힘으로 뺏을 수 있겠는가?! 그대 마음대로 가져가 보라.」
명상좌가 이를 들려고 하자 마치 산과 같아 움직이지를 않았다. 이에 머뭇거리고 두려워 떨며,
「저는 법(法)을 구하러 온 것이지 가사(袈裟)를 위해 온 것이 아닙니다. 원하옵건대 행자께서는 법을 일러주소서.」
육조대사가 이르되,
「선(善)도 생각하지 말고 악(惡)도 생각하지 말라. 바로 이러할 때에 어떤 것이 명상좌의 본래면목(本來面目)인가?」
명상좌가 곧 크게 깨닫고 온몸에 땀을 흘리며 울면서 예를 갖추고 물었다.
「지금 그 비밀한 말씀과 비밀한 뜻 외에 또 다시 어떤 비밀한 뜻이 있습니까?」
육조대사 답하기를,
「내가 지금 그대를 위하여 설한 것은 비밀이 아니니라. 그대가 만일 자기면목을 반조(返照)한다면 비밀은 오히려 그대 쪽에 있는 것이다.」
명상좌가 말하기를,
「제가 그 동안 비록 황매(黃梅)에 있으며 많은 사람을 따랐으나 실로 제 본래 면목을 알지 못하였더니 이제 깨칠 수 있는 도리를 가르쳐 주심에 마치 사람이 물을 마셔 보고 차고 더움을 스스로 아는 것과 같나이다. 이제 행자께서는 제 스승이십니다.」 하였다.
육조대사는,
「그대가 이와 같으니, 곧 나와 함께 황매를 스승으로 모심이라. 잘 스스로 호지(護持)토록 하라.」
－『無門關』23.－

㉮또 여래께서 말씀하셨다고 이름할 정해진 법도 없사옵니다. ㉯왜냐 하오면 /

- 88 -

[無得無說分 第七] No. 89 ⇨ 원문 p.13 ℓ.2

<후> 所以者何오 一切賢聖이 皆以無爲法으로 而有差別이니이다

㉮	1		오	
	2 같을	여	如	1 ※
	3 올	래	來	
	4 바	소	所	3
	5 말씀	설	說	2
	6 법	법	法	4
	7		은	
㉯	8 다	개	皆	1
	9 아닐 가히(=능히)	불	不	4
	10 옳을	가	可	2
	11 취할	취	取	3
	12		며	
	13 아닐	불	不	7
	14 옳을 가히(=능히)	가	可	5
	15 말씀	설	說	6
	16		이며	
㉰	17 아닐	비	非	2
	18 법	법	法	1
	19		이며	
	20 아닐	비	非	4
	21 아닐	비	非	3
	22 법	법	法	
	23		이니	
③㉱	24 바	소	所	1

⊙비법(非法) ; 여래께서 말씀하신 법(法. 眞如)에는 체상(體相)이 없음을 가리킴.

⊙비비법(非非法) ; 법[眞如]의 체상은 없으나 실상(實相)은 있음을 가리킴.

㉮여래께서 말씀하신 바 법은 ㉯모두 잡을 수도 없고 모두 말할 수도 없으며, ㉰법도 아니고 법이 아닌 것도 아니기 때문이오니 ㉱그 까닭을 말씀드린다면, /

No. 90 ⇨ 원문 p.13 ℓ.3 [無得無說分 第七]

<전> 오 如來所說法은 皆不可取며 不可說이며 非法이며 非非法이니 所

	1	써	以	)
	2	놈 이[주격조사]	者	) 2
	3	어찌	何	3
	4		오	
㉮	5	한	一	) 1
	6	온통	切	
	7	어질	賢	) 2
	8	성인	聖	
	9		이	
㉯	10	다	皆	) 1
	11	써	以	3
	12	없을	無	)
	13	하	爲	) 2
	14	법	法	
	15		으로	
	16	말이을	而	4
	17	있을	有	6
	18	어긋날	差	) 5
	19	나눌 다를	別	
	20		이니 이다	
	21			
	22			
	23			
㉰	24			

⊙소이(所以) ; 까닭.

⊙현성(賢聖) ; 삼현십성(三賢十聖 = 三賢十地)의 줄인 표현. 십주(十住)·십행(十行)·십회향(十廻向) 삼위가 삼현(三賢)이고, 초지(初地)부터 십지(十地)까지의 보살이 십성(十聖)이다. 성(聖)은 범어 arya·ariya의 역어인데, 본래는 인도 아리아인(人)이 정복자로서 피정복자인 드라비다족(族)을 비롯한 여타의 종족들에 대해 자만심을 갖고 자칭한 민족명이었다. 후일 아리아적 문화 전통을 지닌 사람을 가리키는 문화적 개념으로 바뀌었고, 불교가 발생하면서 수행이 높은 제자에 대한 호칭으로 사용되기에 이르렀다. 한편 이렇게 도입된 성(聖)에는 수행의 정도에 따른 몇 가지 단계가 있는 바, 고위(高位)로부터 말하면 사향사과(四向四果)·종성위(種姓位)·사선근(四善根) 등이다.

⊙무위법(無爲法) ; Ⓢsaṁskṛta.[↔유위법(有爲法). saṁskṛta]. 인연(因緣)에 의해서 작위(作爲)되는 것이 아니고, 생멸변화를 여읜 상주절대(常住絶對)의 법(法)을 일컫는다.
※소승(小乘)의 삼무위(三無爲)-택멸(擇滅. 涅槃)·비택멸(非擇滅. 緣缺不生)·허공(虛空).   ☞부록 참고

⊙이유차별(而有差別) ; 부처님께서는 무위(無爲)의 법으로써 중생을 제도하시는데 소승(小乘)에게는 소승에 해당하는 법을, 대승(大乘)에게는 대승에 해당하는 법을, 그리고 외도(外道)와 아귀(餓鬼)·축생(畜生) 등에 대해서는 각기 그들의 근기에 맞는 법을 설하신다. 이와 같이 때와 장소 그리고 중생의 근기에 따라 차별을 두어 법을 설하시는 것을 말한다.

㉮모든 현인과 성인들께서는 ㉯한결같이 인연으로 이루어진 것이 아닌 법이건만 여러 가지로 구별하신 때문입니다. /

[依法出生分 第八] №91 ⇨ 원문 p.13 ℓ.5

<후> 須菩提야 於意云何오 若人이 滿三千大千世界七寶로 以用

1			
2			
3			
4		◎	
5	의지할	의	依	2
6	법	법	法	1
7	날	출	出	⎫ 3
8	날	생	生	⎭
9	나눌	분	分	4
10				
11	차례	제	第	
12	여덟	팔	八	
13				
14				
15				
16				
17				
18				
19				
20				
21				
22				
23				
24				

2 제8분, 이 경(經)에서 일체제불과
　　　　　불법(佛法)이 탄생한다.

≪개요≫
재시(財施)와 법시(法施)를 예로 드셔서, 유위(有爲)와 무위(無爲)의 복덕 가운데 어느 쪽이 수승한가를 보이시고, 이 경의 내용 즉 반야(般若)야말로 불모(佛母)임을 일깨워 주신 부분이다.

★소명태자(昭明太子)의 '32분(分)'
1.法會因由分 2.善現起請分 3.大乘正宗分 4.妙行無住分 5.如理實見分 6.正信希有分 7.無得無說分 8.依法出生分 9.一相無相分 10.莊嚴淨土分 11.無爲福勝分 12.尊重正敎分 13.如法受持分 14.離相寂滅分 15.持經功德分 16.能淨業障分 17.究竟無我分 18.一體同觀分 19.法界通化分 20.離色離相分 21.非說所說分 22.無法可得分 23.淨心行善分 24.福智無比分 25.化無所化分 26.法身非相分 27.無斷無滅分 28.不受不貪分 29.威儀寂靜分 30.一合理相分 31.知見不生分 32.應化非眞分

No. 92 ⇨ 원문 *p.13 ℓ.6* [依法出生分 第八]

<전> 依法出生分 第八

㉮	1	모름지기	수	須	
	2	보살	보	菩	
	3	끌'제' 들'제'	리	提	
	4			야	
㉯	5	어조사 / ~에, ~에서[처소격]	어	於	2
	6	뜻	의	意	1
	7	이를	운	云	3
	8	어찌	하	何	
	9			오	
㉰	10	만약	약	若	1
	11	사람	인	人	2
	12			이	
	13	찰	만	滿	2
	14	석	삼	三	
	15	일천	천	千	
	16	큰	대	大	1
	17	일천	천	千	
	18	인간	세	世	
	19	지경	계	界	
	20	일곱	칠	七	3
	21	보배	보	寶	
	22			로	
㉱	23	써	이	以	1
	24	쓸	용	用	3

⊙약(若); 연사(連詞)로서 가설(假說)을 나타내고 편구(偏句)의 첫 머리에 쓰이며, '만일' '만약에…하다면'으로 해석.

⊙삼천대천세계(三千大千世界); 보통은 삼천세계(三千世界)라 한다. 고대 인도인의 세계관에 의한 우주관이다. 수미산(須彌山)을 중심으로 그 주위에 네 개의 대주(大洲)가 있고, 그 둘레에 여덟 개의 산과 바다가 있으니 이것이 중생들이 사는 세계로 하나의 소세계(小世界)라 한다. 위로는 색계(色界)의 초선천(初禪天)에서부터 아래로는 큰 지하의 풍륜(風輪)까지 이르는 범위를 말한다. 이 세계 가운데는 해·달·수미산·네 개의 천하·사천왕·삼십삼천·야마천·도솔천·타화자재천 등을 포함한다. 이 한 세계를 천 개를 모은 것을 소천세계(小千世界)라 하고, 이 소천세계를 천 개 모은 것을 중천세계(中千世界), 중천세계를 다시 천 개 합한 것을 대천세계(大千世界)라 한다. 이 대천세계는 천 개를 3회 합한 것이며, 소·중·대 3종의 천(千)세계가 되므로 삼천세계(三千世界), 또는 삼천대천세계(三千大千世界)라 한다. 삼천의 세계라는 의미가 아니라, 천의 삼승(三乘)이나 되는 세계라는 의미다.

⊙칠보(七寶); 웹Sapta-ratna. 일곱 가지의 보배. 금·은·유리(琉璃)·매괴(玫瑰. 붉은 옥)·수정(水晶)·자거(硨磲. 백산호)·적주(赤珠. 붉은 진주)·마노(碼碯 짙은 녹색의 보옥) 등은 이 세상에서 가장 값지고 귀한 것이라고 생각되어 왔다. -『법화경』-

⊙이(以); 연사로서 순승(順承)을 나타내는 '而(이)'와 비슷. 해석하지 않아도 됨.

㉮수보리야, ㉯네 생각은 어떠한가? ㉰만일 어떤 사람이 삼천대천세계에 가득한 칠보로 ㉱보시한다면 /

[依法出生分 第八] No. 93 ⇨ 원문 p.13 ℓ.7

<후> 世尊하 何以故오 是福德이 卽非福德性일새 是故로 如來說福

㉮	1	베, 펼 '포' 보시	보	布	⎫ 2
	2	베풀	시	施	⎭
	3			하면	
	4	이	시	是	⎫ 1
	5	사람	인	人	⎭
	6			의	
	7	바	소	所	⎫ 3
	8	얻을	득	得	⎭ 2
	9	복	복	福	⎫ 4
	10	덕	덕	德	⎭
	11			이	
㉯	12	편안할 어찌	영	寧	⎫ 1
	13	할	위	爲	⎭ 3
	14	많을	다	多	2
	15	아닐	부	不	4
	16			아	
① ㉰	17	모름지기	수	須	
	18	보살	보	菩	⎫ 1
	19	끝 '제' 들 '제'	리	提	⎭
	20	말씀	언	言	2
	21			호되	
	22	심할	심	甚	⎫ 3
	23	많을	다	多	⎭
	24			니이다	

⊙ ✓복덕(福德) ; 선행의 과보로서 받는 복리(福利).

※삼계이십팔천(三界二十八天)
무색계(無色界)
⎡28. 비상비비상처천(非想非非想處天)
ㅣ27. 무소유처천(無所有處天)
ㅣ26. 식무변처천(識無邊處天)
⎣25. 공무변처천(空無邊處天)

색계(色界)
⎡24. 색구경천(色究竟天) ⎤
ㅣ23. 선견천(善見天)   ㅣ
ㅣ22. 선현천(善現天)   ㅣ
ㅣ21. 무열천(無熱天)   ㅣ
ㅣ20. 무번천(無煩天)   ⎬ 사선천(四禪天)
ㅣ19. 무상천(無想天)   ㅣ
ㅣ18. 광과천(廣果天)★ ㅣ
ㅣ17. 복생천(福生天)   ㅣ
⎣16. 무운천(無雲天)   ⎦

⎡15. 변정천(遍淨天)★ ⎤
ㅣ14. 무량정천(無量淨天) ⎬ 삼선천(三禪天)
⎣13. 소정천(少淨天)   ⎦

⎡12. 광음천(光陰天)★ ⎤
ㅣ11. 무량광천(無量光天) ⎬ 이선천(二禪天)
⎣10. 소광천(少光天)   ⎦

⎡ 9. 대범천(大梵天)★ ⎤
ㅣ 8. 범보천(梵輔天)   ⎬ 초선천(初禪天)
⎣ 7. 범중천(梵衆天)   ⎦

욕계(欲界)
⎡ 6. 타화자재천(他化自在天)★⎤
ㅣ 5. 화락천(化樂天)★   ㅣ
ㅣ 4. 도솔천(兜率天)★   ⎬ 육욕천(六欲天)
ㅣ 3. 야마천(夜摩天)★   ㅣ
ㅣ 2. 도리천(忉利天)★   ㅣ
⎣ 1. 사천왕천(四天王天) ⎦
ㅣ 인(人)
ㅣ 아수라(阿修羅)
ㅣ 축생(畜生)
ㅣ 아귀(餓鬼)
⎣ 지옥(地獄)

'★'표시는 <화엄경약찬게>에 언급된 천(天).

⊙ ✓영(寧) ; 의문·반어를 나타냄.

㉮이 사람의 얻는 바 복덕이 많지 않겠느냐? ㉯수보리가 여쭙되, 매우 많겠습니다. /

No. 94 ⇨ 원문 p.13 ℓ.8 [依法出生分 第八]

<전> 布施하면 是人의 所得福德이 寧爲多不아 須菩提言호되 甚多니이다

		대(代)			
㉮	1	인간	세	世	
	2	높을	존	尊	
	3			하	
㉯	4	어찌	하	何	
	5	써	이	以	
	6	연고	고	故	
	7			오	
㉰	8	이	시	是	1
	9	복	복	福	2
	10	덕	덕	德	
	11			이	
	12	곧	즉	卽	3
	13	아닐	비	非	5
	14	복	복	福	4
	15	덕	덕	德	
	16	성품	성	性	
	17			일새	
㉱	18	이	시	是	1
	19	연고	고	故	
	20			로	
	21	같을	여	如	2
	22	올	래	來	
	23	말씀	설	說	5
	24	복	복	福	3

⊙복덕성(福德性) ; 복덕에는 유위(有爲)의 복덕과 무위(無爲)의 복덕이 있다. 삼천대천세계에 가득한 칠보(七寶)는 그 양이 비록 많기는 하지만 헤아릴 수 있으므로 유위이고, 진리가 함축되어 표현된 사구게(四句偈)는 비록 짧은 글귀라 할지라도 그 값어치를 헤아릴 수 없으므로 무위인 것이다. 즉 불자(佛子)에게 있어서의 진실한 복덕은 성불(成佛)뿐인데 이를 가능케 하는 것은 진리밖에 없으므로 진리가 담겨 있는 사구게야말로 복덕으로서의 참된 가치가 있다 할 것이다.

⊙사구게(四句偈) ; 네게의 구(句)로 된 게문(偈文)을 말한다. 『금강경』중에서는 특별히 어떤 게문을 지칭하는지 확실하지 않지만 본문 중 '어떻게 생각하고, 어떻게 마음가짐을 다스려야 하옵니까?'에 내한 대답으로 시(詩)의 형식을 취하여 함축성 있게 나타낸 다음과 같은 몇 구를 '사구게'로 보고 있다.

(1) 凡所有相 皆是虛妄 若見諸相非相 卽見如來
범소유상 개시허망 약견제상비상 즉견여래
　　　　　-如理實見分 第五(여리실견분 제오)-

(2) 應無所住 而生其心
응무소주 이생기심
　　　　　-莊嚴淨土分 第十(장엄정토분 제십)-

(3) 若以色見我 以音聲求我 是人行邪道 不能見如來
약이색견아 이음성구아 시인행사도 불능견여래
　　　　　-法身非相分 第二十六(법신비상분 제이십육)-

(4) 一切有爲法 如夢幻泡影 如露亦如電 應作如是觀
일체유위법 여몽환포영 여로역여전 응작여시관)
　　　　　-應化非眞分 第三十二(응화비진분 제삼십이)-

㉮세존이시여, ㉯왜냐 하오면 ㉰이 복덕은 곧 복덕의 성품이 아니기에 ㉱이래서 여래께서는 복덕이 많다고 하신 것이옵니다. /

[依法出生分 第八] No. 95 ⇨ 원문 p.13 ℓ.9

<후> 人說하면 其福이 勝彼하리니 何以故오 須菩提야 一切諸佛과 及諸

			한글	漢字	
	1	덕	덕	德	⎫ 4
	2	많을	다	多	⎭
	3		니이다		
② ㉮	4	만약	약	若	1
	5	다시	부	復	2
	6	있을/어떤	유	有	⎫ 3
	7	사람	인	人	⎭
	8		이		
㉯	9	어조사	어	於	3
	10	이	차	此	1
	11	글	경	經	⎫ 2
	12	가운데	중	中	⎭
	13		에		
㉰	14	받을	수	受	⎫ 4
	15	가질	지	持	⎭
	16	이에	내	乃	⎫ 1
	17	이를	지	至	⎭
	18	넉	사	四	⎫
	19	글귀	구	句	⎬ 2
	20	쉴 송(頌)	게	偈	⎭
	21	무리	등	等	3
	22		하야		
㉱	23	할/위할	위	爲	2
	24	다를	타	他	1

◆ 六祖口訣

① 93-17 / 須菩提言 甚多 世尊 何以故 是福德 卽
非福德性 是故 如來說福德多

三千大千世界七寶 持用布施 得德雖多 於性上 一無利
益 依摩訶般若波羅蜜多修行 令自性 不墮諸有 是名福
德性 心有能所 卽非福德性 能所心滅 是名福德性 心
依佛敎 行同佛行 是名福德性 不依佛敎 不能踐履佛行
卽非福德性

삼천대천세계의 칠보를 가지고 보시하면 얻는 복덕
이 비록 많지만 성품 위에서는 하나도 이익이 없다.
마하반야바라밀다에 의지해서 수행하여 자성으로 하
여금 모든 중생계에 떨어지지 않게 해야 이것이 복
덕의 성품이다. 마음에 능소가 있으면 곧 복덕의 성
품이 아니며 능소의 마음이 없어져야 이것이 복덕의
성품이다. 마음이 부처님의 가르침에 의지하며 행이
부처님의 행과 같으면 이것이 복덕의 성품이고 부처
님의 가르침에 의지하지 않고 부처님의 행을 밟아서
실천하지 않으면 곧 복덕의 성품이 아니니라.

② 95-4 / 若復有人 於此經中 受持乃至四句偈等
爲他人說 其福 勝彼

十二部敎大意 盡在四句之中 何以知其然 以諸經中 贊
嘆四句偈 卽是摩訶般若波羅蜜多 以摩訶般若 爲諸佛
母 三世諸佛 皆依此經修行 方得成佛 般若心經云 三
世諸佛 依般若波羅蜜多 故得阿耨多羅三藐三菩提 從
師所學曰受 解義修行曰持 自解自行是自利 爲人演說
是利他 功德廣大 無有邊際

십이부(十二部) 가르침의 대의가 다 이 네 글귀 가운
데 있다. 어떻게 그런 줄 아는가. 모든 경 가운데 네
글귀를 찬탄한 것이 곧 마하반야바라밀다이니, 마하
반야로써 모든 부처님의 어머니로 삼는바 삼세의 모
든 부처님이 모두 이 경을 의지해서 수행하여 바야
흐로 부처를 이루기 때문이다. 『반야심경』에 이르
시되, '삼세의 모든 부처님이 반야바라밀다를 의지하
여 아뇩다라삼먁삼보리를 얻는다.'하셨다. 스승을 따
라서 배우는 것을 '받는다(受)'하고 뜻을 알고 수행
하는 것을 '지닌다(持)'하며, 스스로 알고 스스로 행
함 이것은 자신을 이롭게 함(自利)이고 남을 위해 연
설하는 것 이것은 남을 이롭게 함(利他)이라 하나니
공덕이 광대하여 끝이 없느니라.

⊙수지내지사구게등(受持乃至四句偈等) ; =受持章
句乃至四句偈等

㉮만약 다시 어떤 사람이 ㉯이 경 가운데서 ㉰[장구(章句) 내지는] 사구게(四句偈)만이라도 받아 지녀 ㉱다른 사람을 위해 설한다면 /

No. 96 ⇨ 원문 *p. 13 l. 10* [依法出生分 第八]

<전> 德多니이다 若復有人이 於此經中에 受持乃至四句偈等하야 爲他

	1	사람	인	人	
	2	말씀	설	說	3
	3			하면	
㉮	4	그	기	其	1
	5	복	복	福	
	6			이	
	7	이길	승	勝	3
	8	저	피	彼	2
	9			하리니	
㉯	10	어찌	하	何	
	11	써	이	以	
	12	연고	고	故	
	13			오	
	14	모름시기	수	須	
	15	보살	보	菩	
	16	끝'제' 들'제'	리	提	
	17			야	
㉰	18	한	일	一	1
	19	온통	체	切	
	20	모두	제	諸	2
	21	부처	불	佛	
	22			과	
	23	미칠	급	及	3
	24	모두	제	諸	4

㉮그 복이 [삼천대천세계에 가득한 칠보로 보시한] 저 사람보다 수승할 것이니, ㉯무슨 까닭이겠느냐 수보리야 ㉰모든 부처님과 그 부처님들의 아뇩다라삼먁삼보리인 법이 /

[依法出生分 第八] No. 97 ⇨ 원문 p.14 ℓ.1

<후> 佛法者는 卽非佛法이니라

	1 부처	불	佛	⎫
	2		의	
	3 언덕	아	阿	
	4 김맬 '누'	뇩	耨	
	5 많을	다	多	
	6 새그물	라	羅	
	7 석	삼	三	5
	8 아득할 '막'	먁	藐	
	9 석	삼	三	
	10 보리	보	菩	
	11 끌 '제'	리	提	
	12 법	법	法	
	13		이	
㉮	14 다	개	皆	
	15 좇을	종	從	
	16 이	차	此	⎫ 2
	17 글	경	經	
	18 날	출	出	4
	19		이니라	
㉯	20 모름지기	수	須	
	21 보살	보	菩	
	22 끌 '제' 들 '제'	리	提	
	23		야	
㉰	24 바	소	所	⎫ 1

1 ⊙개종차경출(皆從此經出); 『금강경』이 곧 불모(佛母)임과 제경(諸經)의 안목임을 말한 것. 즉 『금
3 강경』의 우월성이 강조한 대목.

㉮모두 이 경으로부터 나오기 때문이니라. ㉯수보리야, ㉰이른바 불법(佛法)이란 /

No. 98 ⇨ 원문 p.14 ℓ.2 [依法出生分 第八]

<전> 佛의 阿耨多羅三藐三菩提法이 皆從此經出이니라 須菩提야 所

	1	이를	위	謂	⎫
	2	부처	불	佛	⎬ 2
	3	법	법	法	⎭
	4	놈~것	자	者	⎫ 3
	5			는	
㉮	6	곧	즉	卽	⎫ 1
	7	아닐	비	非	⎬ 3
	8	부처	불	佛	⎫ 2
	9	법	법	法	⎭
	10			이니라	
	11				
	12				
	13				
	14				
	15				
	16				
	17				
	18				
	19				
	20				
	21				
	22				
	23				
	24				

※유위(有爲)와 무위(無爲) ; 유위는 인연에 의해 이루어진 것을 말하고, 무위는 인연에 의해 이루어진 것이 아닌 것을 말한다. 예컨대, 유위가 땅 만큼이라면, 무위는 하늘 만큼이다.

※승의제(勝義諦) ; 범paramārtha-satya. 출세간적 진리. 진제(眞諦), 제일의제(第一義諦)라고도 함. 승의(勝義)라 함은 뛰어난 지혜의 대경(對境), 제(諦)는 변함이 없는 진리, 진실한 것, 있는 그대로의 진상(眞相)등 여러 가지 의미로 해석 함. 진여나 열반처럼 세간통속(世間通俗)을 넘어선 진리를 승의제라 한다.

※세속제(世俗諦) ; 범saṁvṛti-satya. 세간적 진리. '世'는 천류생멸(遷流生滅), '俗'은 비속천근(卑俗淺近)의 뜻. 세제(世諦) 혹은 속제(俗諦)라고도 함.

『중론(中論)』 관사제품(觀四諦品)이나 『인왕반야경(仁王般若經)』 권상 이제품(二諦品) 에서는 언어나 사상의 세계는 세속제라 한다. 그러나 세속제에 의하지 않고는 언어와 사려(思慮)를 초월한 승의(勝義)를 중생에게 말할 수 없음을 들어, 승의를 얻지 못하면 열반의 깨달음을 가질 수 없으며, 따라서 승의제와 세속제는 둘이면서 둘이 아닌 관계에 있다고 한다.

㉮곧 불법이 아니니라. /

[一相無相分 第九] №. 99 ⇨ 원문 p.14 ℓ.4

<후> 須菩提야 於意云何오 須陀洹이 能作是念호되 我得須陀洹果

5 한	일	一 ⎫
6 서로, 모양 생각	상	相 ⎬ 1
7 없을	무	無 ⎪ 3
8 서로, 모양 생각	상	相 ⎪ 2
9 나눌	분	分 ⎭ 4
11 차례	제	第
12 아홉	구	九

제9분, 한결같은 모양이기에
　　　　　아무 모양도 없다.

≪개요≫
　세존께서 수다원(須陀洹) 등 성문사과(聲聞四果)를 예로 드시면서 성인의 마음자세를 보이셨으니, 이는 곧 선현기청분(善現起請分) 가운데 수보리의 질문에 대한 종합적인 답이라 하겠다. 즉, 절대의 진리[일상(一相)]는 일체의 사유(思惟)를 초월한 것[무상(無相)]임을 보이신 것이다.

★소명태자(昭明太子)의 '32분(分)'
1.法會因由分　2.善現起請分　3.大乘正宗分　4.妙行無住分　5.如理實見分　6.正信希有分　7.無得無說分　8.依法出生分　9.一相無相分　10.莊嚴淨土分　11.無爲福勝分　12.尊重正敎分　13.如法受持分　14.離相寂滅分　15.持經功德分　16.能淨業障分　17.究竟無我分　18.一體同觀分　19.法界通化分　20.離色離相分　21.非說所說分　22.無法可得分　23.淨心行善分　24.福智無比分　25.化無所化分　26.法身非相分　27.無斷無滅分　28.不受不貪分　29.威儀寂滅分　30.一合理相分　31.知見不生分　32.應化非眞分

No. 100 ⇨ 원문 p.14 ℓ.5 [一相無相分 第九]

<전> 一相無相分 第九

			한글	한자	
①	㉮	1 모름지기	수	須	
		2 보살	보	菩	
		3 끝 '제' / 들 '제'	리	提	
		4		야	
	㉯	5 어조사 / ~에, ~에서[처소격]	어	於	2
		6 뜻	의	意	1
		7 이를	운	云	3
		8 어찌	하	何	
		9		오	
	㉰	10 모름지기	수	須	
		11 언덕	다	陀	1
		12 강 이름	원	洹	
		13		이	
		14 능할	능	能	2
		15 지을	작	作	4
		16 이시	시	是	3
		17 생각	념	念	
		18		호되	
	㉱	19 나	아	我	1
		20 얻을	득	得	3
		21 모름지기	수	須	
		22 언덕	다	陀	2
		23 강 이름	원	洹	
		24 열매	과	果	

⊙능작시념(能作是念); '능(能)'은 '이(而)'와 통. '시(是)'는 어세(語勢)를 강조하는 어조사.

⊙수다원(須陀洹. srotā-apanna); 입류(入流) 혹은 역류(逆流)·출진(出塵)이라 번역한다. 입류는 예류(預流)와 같은 뜻으로, 범부를 벗어나 처음으로 성도(聖道)의 법류(法流)에 들어감을 말하고, 역류는 성위(聖位)에 들어가 생사의 폭류(暴流)를 거스름을 말한다. 즉 삼계(三界)의 견혹(見惑)을 완전히 끊는 자리이다.
　여기에는 향(向)과 과(果)가 있어, 다음의 삼향(三向) 삼과(三果)와 합하여 팔현성(八賢聖)·팔성(八成)·사향사득(四向四得)·사쌍팔배(四雙八輩)·팔보특가라(八補特伽羅)라 한다. 이에 대한 보다 자세한 설명은 『바사론(婆沙論)』이나 『구사론(俱舍論)』 현성품(賢聖品)에 있다. 특히 청정법안(淸淨法眼)을 얻는 수다원과(須陀洹果)를 '진리를 보는 단계'라는 의미에서 '견도(見道)'라 하며, 이 후의 단계를 '수도(修道)'라 한다.

㉮수보리야, ㉯네 생각이 어떠하냐? ㉰수다원(須陀洹)이 생각하기를 ㉱'내가 수다원의 과위(果位)를 얻었다.' 하겠느냐? /

[一相無相分 第九] No. 101 ⇨ 원문 p.14 ℓ.6

<후> 流로되 而無所入이니 不入色聲香味觸法일새 是名須陀洹이니이다 須菩

		한글	한자	
㉮	1	아닐	부	不
	2			아
	3	모름지기	수	須
	4	보살	보	菩
	5	끝 '제' 들 '제'	리	提
	6	말씀	언	言
	7			호되
㉯	8	아닐	불	不
	9	이끼 어조사	야	也
	10			니이다
	11	대(代) 세상	세	世
	12	높을	존	尊
	13			하
㉰	14	어찌	하	何
	15	써	이	以
	16	연고	고	故
	17			오
㉱	18	모름지기	수	須
	19	언덕	다	陀
	20	강 이름	원	洹
	21			은
	22	이름	명	名
	23	할	위	爲
	24	들	입	入

※ 삼보(三寶) 가운데 '승보(僧寶)'는 성문(聲聞)·연각(緣覺)·보살(菩薩) 등 삼승으로 구성되어 있다. 본 '일상무상분(一相無相分)'에서 언급하고 있는 사다함·사다함·아나함·아라한은 성문에 속한다. 여기서 성문(聲聞)만을 언급하고 있는 것은 삼승 가운데 상대적으로 낮은 위치에 자리하고 있고, 석존의 직제자(直弟子)라는 두 가지 입장에서이다. 깊은 것은 얕은 것을 포함하니 성문을 언급하면 연각과 보살은 자연히 포함되는 것이다. 또, 석존 자신의 눈앞에 자리한 제자들을 상대로 하시는 말씀인 만큼 당사자를 직접 거론하신 것이다.

⊙명위입류(名爲入流); '류(流)'는 성(聖)의 갈래로, 수다원이라 함은 곧 공(空)의 원리를 제대로 안다는 뜻이요, 승의제(勝義諦)의 입장에 섰음을 의미한다.

㉮수보리가 사뢰되, ㉯「아니옵니다 세존이시여. ㉰왜냐 하오면 ㉱수다원은 이름하여 입류(入流)라 하오나 /

- 101 -

No. 102 ⇨ 원문 *p. 14 ℓ.7* [一相無相分 第九]

<전> 不아 須菩提言호되 不也니이다 世尊 何以故오 須陀洹은 名爲入

			류	流	⌐
	1	흐를			
	2			로되	
㉮	3	말이을	이	而	1
	4	없을	무	無	3
	5	바	소	所	⌐2
	6	들	입	入	⌐
	7			이니	
㉯	8	아닐	불	不	3
	9	들	입	入	2
	10	빛	색	色	
	11	소리	성	聲	
	12	향기	향	香	⌐1
	13	맛	미	味	
	14	닿을	촉	觸	
	15	법	법	法	⌐
	16			일새	
㉰	17	이	시	是	1
	18	이름	명	名	3
	19	모름지기	수	須	⌐
	20	언덕	다	陀	2
	21	강 이름	원	洹	⌐
	22			이니이다	
㉣㉱	23	모름지기	수	須	
	24	보살	보	菩	

但自無心於萬物(단자무심어만물)
　　제스스로 모든것에 마음두지 아니하면
何妨萬物常圍繞(하방만물상위요)
　　만물속에 자리한들 무슨걸림 있으리요.
鐵牛不怕獅子吼(철우불파사자후)
　　쇠로만든 사자라면 사자소리 두려울까
恰似木人見花鳥(흡사목인견화조)
　　나무사람 꽃과새를 보는것과 흡사하네.
　　　　　『치문(緇門)』방거사송(龐居士頌)

※색성향미촉법(色聲香味觸法)은 육진(六塵)이다. 일반적으로 말하는 모든 판단[相=想]은 육근(六根)과 육진의 결합에서 얻어지며, 이렇게 얻어진 상념(想念)은 예외 없이 번뇌다.
성현의 류(流)에 들었다 함은 곧, 육진의 유혹으로부터 벗어났음을 의미한다.

㉮들어간 바가 없사오니, ㉯색·성·향·미·촉·법에 들지 않기에 ㉰수다원이라 이름하나이다.」㉱「수보리야, /

[一相無相分 第九] No. 103 ⇨ 원문 p.14 ℓ.8

<후> 須菩提言호되 不也니이다 世尊하 何以故오 斯陀含은 名一往來로되

㉮	1	끝 '제' 들 '제'	리	提
	2		야	耶
	3	어조사 / ~에, ~에서[처소격]	어	於	2
	4	뜻	의	意	1
	5	이를	운	云	3
	6	어찌	하	何	
	7		오		
㉯	8	이	사	斯	
	9	언덕	다	陀	1
	10	머금을	함	含	
	11		이		
	12	능할	능	能	2
	13	지을	작	作	4
	14	이시	시	是	3
	15	생각	념	念	
	16		호되		
㉰	17	나	아	我	1
	18	얻을	득	得	3
	19	이	사	斯	
	20	언덕	다	陀	2
	21	머금을	함	含	
	22	열매	과	果	
	23	아닐	부	不	4
	24		아		

⊙사다함(斯陀含. sakṛdāgāmin) ; 일래(一來)라 번역하는데, 일래란 일도왕래(一度往來) 즉 욕계 9지(地)의 사혹(思惑) 가운데 앞의 육품(六品)은 끊었으나 뒤의 삼품(三品)이 남아 있어 인간세계나 육욕천(六欲天)에 한번 더 태어나 이를 마저 끊어야 하므로 붙여진 이름. 여기에도 향(向)과 과(果)가 있다.

※수다원(須陀洹)에서 끊어야 하는 번뇌 88가지

수다원은 16심(心)으로 88종의 번뇌[견도혹(見道惑)]을 끊어야 한다.

16심이란, 욕계(欲界)에서 고집멸도(苦集滅道) 사제(四諦)를 닦고, 색계와 무색계에서 다시 사제를 닦음을 말한다. 모두 8심(心)이 되는데, 각기 '인(忍)'과 '지(智)'가 있어 총16심이 된다.

단, 욕계의 사제에는 '법(法)'자를 붙이고, 색계와 무색계에는 욕계에 준한다는 의미로 '류(類)'자를 더한다. 표시하면 다음과 같다.

욕 계	고법(苦法)	인(忍) 지(智)	색 계 · 무 색 계	고류(苦類)	인(忍) 지(智)
	집법(集法)	인(忍) 지(智)		집류(集類)	인(忍) 지(智)
	멸법(滅法)	인(忍) 지(智)		멸류(滅類)	인(忍) 지(智)
	도법(道法)	인(忍) 지(智)		도류(道類)	인(忍) 지(智)

※인(忍)은 확인·추진의 뜻이고, 지(智)는 성취의 의미

16심으로 끊고자하는 88종의 번뇌[견도혹(見道惑)]의 주요내용은 '십사번뇌(十四煩惱)'다.
'십사번뇌(十四煩惱)'는 다음과 같다.

㉮네 생각이 어떠하냐? ㉯사다함(斯陀含)이 생각하기를 ㉰'내가 사다함의 과위(果位)를 얻었다.' 하겠느냐?」 /

No. 104 ⇨ 원문 p.14 ℓ.9 [一相無相分 第九]

<전> 提야 於意云何오 斯陀含이 能作是念호되 我得斯陀含果不아

㉮	1	모름지기	수	須	1
	2	보살	보	菩	
	3	끝 '제' 들 '제'	리	提	
	4		언	言	2
	5				호되
㉯	6	아닐	불	不	1
	7	이끼 어조사	야	也	
	8				니이다
	9	대(代) 세상	세	世	2
	10	높을	존	尊	
	11				하
㉰	12	어찌	하	何	
	13	써	이	以	
	14	연고	고	故	
	15				오
㉱	16	이	사	斯	1
	17	언덕	다	陀	
	18	머금을	함	含	
	19				은
	20	이름	명	名	3
	21	한	일	一	
	22	갈	왕	往	2
	23	올	래	來	
	24				로되

※십사(十使) ; 오리사(五利使) + 오둔사(五鈍使). 사(使)는 번뇌의 다른 이름. 사람으로 하여금 미혹의 세계에 유전케 하므로 '사(使)'라 한다. '오리사'는 도리를 추구해서 그 성질이 맹리(猛利)하기 때문에 끊기가 비교적 쉽지만, '오둔사'는 그 성질이 지둔(遲鈍)해서 오히려 제복(制伏)시키기 어렵다고 한다.

*오리사(五利使) ; 유신견(有身見-'나'나 '나의 것'이란 관념을 여의지 못한 아집)·변집견(邊執見-斷常二見 가운데 하나에 집착하는 견해)·사견(邪見-因果의 도리를 무시하는 견해)·견취견(見取見-잘못된 자신의 소견에 집착하는 견해)·계금취견(戒禁取見-틀린 계율이나 금제를 올바른 방법이라 집착하는 견해)

*오둔사(五鈍使) ; 탐(貪)·진(瞋)·치(癡)·만(慢-아만)·의(疑-진리에 대해 망설이고 마음을 결정하지 못함).

이들 10가지 번뇌로 인해 삼계(三界)에 있으면서 사성제(四聖諦)를 닦지 못한다.

욕계의 경우, 고제를 닦는데 이들 10종 번뇌가 모두 영향을 미치고, 집제와 멸제에는 '유신견·변집견·계금취견'이 제외되어 각기 7종의 번뇌가 영향을 미친다. 또, 도제에는 '유신견·변집견'을 제외한 8종의 번뇌가 영향을 주어 총32가지가 된다.

색계와 무색계의 경우, 모든 조건이 욕계와 같다. 다만 오둔사 가운데 '진(瞋)'이 제외되기에 '苦9·集6·滅6·道7'로 총28가지가 되며, 색계와 무색계를 합하면 총56가지가 된다.

여기에 앞서 욕계의 32가지를 합하면 총88종의 견도혹이 있게 된다.
이것이 수다원(須陀洹)에서 끊어야 하는 번뇌다.

한편, 욕계의 집제와 멸제에서 '유신견·변집견·계금취견'이 제외된 이유는, 고제에서의 내용과 중복되기 때문이다. 도제에서 '계금취견'이 다시 들어가는 것은 실천하는 과정에서 만에 하나 길을 잘못 선택하는 경우를 염려해서라 한다.
색계와 무색계에서 '진(瞋)'이 제외되는 이유는, 즐거움으로 가득한 세계이기 때문에 화를 낼 일이 없기 때문이라 한다.

㉮수보리가 사뢰되, ㉯「아니옵니다 세존이시여. ㉰왜냐 하오면 ㉱사다함은 일왕래(一往來)라 이름하오나, /

[一相無相分 第九] №. 105⇨ 원문 p.14 ℓ.10

<후> 이 能作是念호되 我得阿那含果不아 須菩提言호되 不也니이다 世尊

㉮	1	말이을	이	而	1
	2	열매	실	實	2
	3	없을	무	無	4
	4	갈	왕	往	3
	5	올	래	來	
	6			일새	
	7	이	시	是	5
	8	이름	명	名	6
	9	이	사	斯	
	10	언덕	다	陀	6
	11	머금을	함	含	
	12			이니이다	
③㉯	13	모름지기	수	須	
	14	보살	보	菩	1
	15	끌 '제' / 들 '제'	리	提	
	16			야	
	17	어조사 / ~에, ~에서[처소격]	어	於	3
	18	뜻	의	意	2
	19	이를	운	云	4
	20	어찌	하	何	
	21			오	
㉰	22	언덕	아	阿	
	23	어찌	나	那	1
	24	머금을	함	含	

※사다함(斯陀含)에서 끊어야 하는 수도혹(修道惑)
수도혹이란, 감정이나 의식의 미세한 작용으로 인한 번뇌를 말한다. 선천적인 것으로 욕계의 탐(貪)·진(瞋)·치(癡)·만(慢)과 색계·무색계의 탐·치·만 등 총 10종이 된다. 이를 일률적으로 9품(品)으로 나누는데, 이를 '구품수혹(九品修惑)'이라 한다.
  사다함은 이들 구품수혹을 6번의 생(生)을 바꾸어가며 끊는다.
  상상품의 수혹(修惑)을 끊는데 2생,
  상중품·상하품·중상품의 수혹을 끊는데 각1생,
  중중품과 중하품의 수혹을 끊는데 1생 등 총6생이 걸린다.
  이제 남은 것은 하상품·하중품·하하품인데 이를 끊는데 1생이 필요하다.
  사다함은 바로 이 위치에 있기에 '일왕래(一往來)' 혹은 '일래(一來)'라 한다.

⊙아나함(阿那含. anāgāmin); 구역(舊譯)에서는 불래(不來)라 하고, 신역(新譯)에서는 불환(不還)이라 한다. 욕계에서의 생을 마치고 색계나 무색계에 태어나 번뇌가 모두 없어져 다시 돌아오지 않는다는 뜻이다. 여기에도 향(向)과 과(果)가 있다.

㉮실은 가고 옴이 없사옵기로 이름하여 사다함이라 하나이다.」 ㉯「수보리야, 네 생각이 어떠하냐? ㉰아나함(阿那含)이 생각하기를 /

- 105 -

No. 106 ⇨ 원문 p.15 l.1 [一相無相分 第九]

<전> 而實無往來일새 是名斯陀含이니이다 須菩提야 於意云何오 阿那含

1				이
2	능할	능	能	
3	지을	작	作	2 4
4	이시	시	是	3
5	생각	념	念	
6				호되
㉮ 7	나	아	我	1
8	얻을	득	得	3
9	언덕	아	阿	
10	어찌	나	那	2
11	머금을	함	含	
12	열매	과	果	
13	아닐	부	不	4
14				아
㉯ 15	모름지기	수	須	1
16	보살	보	菩	
17	끌 '제' 들 '제'	리	提	
18		언	言	
19				호되
20	아닐	불	不	3
21	이끼 어조사	야	也	
22				니이다
23	대(代) 세상	세	世	4
24	높을	존	尊	

㉮ '내가 아나함의 과위(果位)를 얻었다.' 하겠느냐?」 ㉯수보리가 사뢰되, 「아니옵니다 세존이시여, /

※ '올구리'와 '개챙이'
　　　　　　－형 같고 누나 같은 나한(羅漢)님－

초등학교 자연시간에 개구리의 성장과정을 배운다. 동요의 가사처럼 처음에는 뒷다리에 변화가 오고 이어 앞다리 그리고 끝으로 꼬리가 짧아지며 완성된 개구리가 된다. 생각할수록 신기하다.

그런데 교과서에서 언급하지 않은 것이 있다. 올챙이와 개구리의 모습이 전혀 달라 어릴 때의 모습에는 '올챙이', 그리고 어른이 된 모습에는 '개구리'라 각각 이름을 달리 부른다. 그렇다면 뒷다리만 나온 것은 무어라 불러야 될까? 또 앞다리까지 다 나오기는 했는데 아직 꼬리가 남아있는 것은 어떻게 불러야 할까? 거기에 대한 답이 없다. 그래서 생각다못해 뒷다리만 나온 것은 '올구리'라 부르기로 했다. 또 앞다리까지 나왔으면서도 아직 꼬리가 있는 것은 '개챙이'로 명명했다. 많은 사람이 이처럼 불러준다면 언젠가 국어사전에도 올라갈 것이다.

불교에서는 수행을 강조한다. 수행에 의해 성불(成佛)할 수 있다는 것이다. 이런 말을 처음으로 듣는 사람은 비유하면 올챙이다. 또 수행의 완성자인 부처는 개구리에 견줄 수 있다. 그렇다면 수행위(修行位)에 있는 다시 말해 올구리나 개챙이에 해당하는 위치에 있는 존재를 불교에서는 무어라 부르는가.

수다원(須陀洹)·사다함(斯陀含)·아나함(阿那含)·아라한(阿羅漢)이 그것인데 이를 소승사과(小乘四果)라 부른다.

여기서 한가지 계산적임을 전제로 다음과 같은 것을 말할 수 있다. 예전 어른들께서 '기도(祈禱)로 성취를 그것도 빠른 성취를 기대한다면, 나한기도(羅漢祈禱)를 하라'고 하셨다.

이치는 이렇다. 예컨대 나가서 놀다 이웃집 아이하고 싸워서 불이익을 받았을 때, 아버지나 어머니께 말씀드리면 아주 특별한 경우가 아니고는 역성을 드시기보다는 '참고 사이 좋게 지내라'고 하신다. 기대한 것은 그게 아닌데, 그래서 같은 일을 형이나 누나에게 이르면 그 응징(膺懲)이 매우 신속하다. 한 가지 유의할 점은 그런 일이 있은 후, 형이나 누나에게는 계속해서 충성하며 선린(善隣)을 유지해야 한다는 것이다.

다시 올구리와 개챙이에 관한 이야기인데, 억지로 이름해서 그렇지 올챙이도 아니고 개구리도 아닌 그 모습은 한마디로 '괴물'이라 해야 할 것이다. 나한전(羅漢殿)에 자리하신 나한 님들께서 다소 괴팍한 모습을 하고 계신 것에 대해 과거 부처님 당시 오백명의 도적의 무리가 부처님의 교화로 출가하여 수행

- 106 -

[一相無相分 第九] №. 107 ⇨ 원문 p. 15 ℓ. 2

<후> 阿那含이니이다 須菩提야 於意云何오 阿羅漢이 能作是念호되 我得

		한글	한자	
	1			하
㉮	2	어찌	何	
	3	써	以	이
	4	연고	故	고
	5			오
㉯	6	언덕	阿	
	7	어찌	那	1
	8	머금을	含	
	9			은
	10	이름	名	2
	11	할	爲	4
	12	아닐	不	3
	13	올	來	
	14			로되
㉰	15	말이을	而	1
	16	열매	實	2
	17	없을	無	4
	18	아닐	不	3
	19	올	來	
	20			일새
㉱	21	이	是	1
	22	연고	故	
	23			로
	24	이름	名	3

에는 성공했으나 전직(前職)이 그랬기 때문에 모습이 그렇다는 것이다. 그러나 그래서라기 보다는 올구리와 개챙이의 모습이 다소 괴물스럽듯 중생과 부처의 중간단계에 계신 분들이기로 조각이나 회화로 나타낼 때는 그와 같이 표현하였을 개연성이 크다.

생긴 외모에서 무섭게 느끼거나 소원(疎遠)하게 느낀 적도 있었지만, 엄격한 부모님과는 달리 형 같고 누나 같아 우리와 공감대를 지니고 계신 분들이라 생각하면 친근감이 가는 분들이다. 중간자로서 괴팍한 모습을 하고 계시기 때문에 아직은 나와 같은 체온을 지니고 계실 것이다. 친구하기 좋고 기대기 좋은 그리고 내 하소연도 잘 들어주실 것 같은…

-주(註)-
[올챙이와 개구리 / 동요]
개울가에 올챙이 한 마리 꼬물꼬물 헤엄치다
뒷다리가 쑥 앞다리가 쑥 팔딱팔딱 개구리됐네.
꼬물꼬물 헤엄치다 꼬물꼬물 헤엄치다
뒷다리가 쑥 앞다리가 쑥 팔딱팔딱 개구리됐네

※화상(和尙) 덩어리 -아사리(阿闍梨) 판-
청춘 남녀가 사랑을 논하고 있었다. 사랑은 참으로 달콤하다는데 둘은 공감했다. 옆에서 진지한 모습으로 듣고 있던 어린아이가 마침 입에 물고 있던 막대 사탕을 꺼내 들며 말했다. '나도 사랑 맛을 안다'고 청춘 남녀는 그저 의미심장한 웃음만 지었다.

<법성게(法性偈)>의 내용에 '증지소지비여경(證智所知非餘境)'이라는 말씀이 있다. 증득한 지혜로 알 바이지 여타의 경계로는 안 된다는 말씀이다. 사랑도 사탕도 달다는 점에서 표현이야 같지만 어찌 그 맛까지 같겠는가?

도(道)의 경지가 높아진 스님의 생각이나 언행을 어찌 범부가 짐작할 수 있겠는가 그래서 해본 말이다. 요즘도 누군가 좀처럼 이해하기 어려운 언행을 할라치면 '화상덩어리'라 하는 것이 그래 있는 말이다.

한편, 아사리(阿闍梨)는 제자를 가르치고 제자의 행위를 바르게 지도하여 그 모범이 될 수 있는 승려를 가리키는 말로 화상(和尙. 和上)과 같은 의미다. 잘난 사람들끼리 만나도 문제는 생기게 마련이다. 각자 자기 목소리를 내서 자신의 존재를 알리고 싶어하기 때문이다. 시끌벅적한 상황을 빗대어 '아사리 판'이라 하는데, 이는 그 부작용의 일면을 나타낸 것이다.

-주(註)-
(1)화상(和尙. 和上) ; ⓢUpādhyāya. ⓟ오파타야(鄔

㉮왜냐 하오면 ㉯아나함은 이름하여 불래(不來)라 하오나, ㉰실은 오지 않음이 없사옵기로 ㉱이런 까닭에 이름하여 아나함이라 하나이다.」/

No. 108⇨ 원문 p.15 ℓ.3 [一相無相分 第九]

<전> 하 何以故오 阿那含은 名爲不來로되 而實無不來일새 是故로 名

	1	언덕	아	阿	
	2	어찌	나	那	2
	3	머금을	함	含	
	4				이니/이다
④㉮	5	모름지기	수	須	
	6	보살	보	菩	1
	7	끌 '제'/들 '제'	리	提	
	8			야	
	9	어조사 / ~에, ~에서[처소격]	어	於	3
	10	뜻	의	意	2
	11	이를	운	云	4
	12	어찌	하	何	
	13				오
㉯	14	인덕	아	阿	
	15	벌릴	라	羅	1
	16	한수 놈	한	漢	
	17				이
	18	능할	능	能	2
	19	지을	작	作	4
	20	이시	시	是	3
	21	생각	념	念	
	22				호되
㉰	23	나	아	我	1
	24	얻을	득	得	3

波馱耶. 鄔波陀耶)·올사(嗢社)·화사(和闍)·골사(鶻社) 囘친교사(親敎師)·역생(力生)·근송(近誦)·의학(依學). 제자를 둘 자격이 있는 자. 제자에게 구족계를 내려주는 스승. 수계사인 스승. 법랍 10세 이상에서, 유덕(有德)·유지(有智)·지계(持戒)·다문(多聞)일 것을 요함. 계화상(戒和尙. 戒和上)이라고도 함. 선문에서는 수행력 10년 이상인 승려를 화상이라 함.
※화상(和上) ; 화가지상(和家之上) 즉, 지덕을 겸비한 승가의 어른을 일컫는 칭호.

(2)아사리(阿闍梨) ; Ⓢācārya. Ⓟācāarya. 교단의 스승. 제자의 행위를 바르게 교육할 만한 덕이 높은 승려. 계율에 밝고, 갈마(羯磨)에 능한 사람이 아사리가 되어 제자를 가르치도록 되어 있다. 수계의 스승. 인도에선 일반적으로 스승이라는 의미로 쓰인다.

⊙아라한(阿羅漢 arhat) ; 성(聖 ariya)으로 분류되는 성문(聲聞) 4과(果) 가운데 최고의 위는 아라한이라 부르며, 더 이상 배울 것이 없다 하여 무학(無學)이라 한다.
이들은 일체의 번뇌가 다하여[無漏], 중생의 공양을 받을 자격이 있고[應供], 번뇌의 적(賊)을 없앴다는 의미에서 살적(殺賊), 또 큰 깨달음으로 열반의 세계에 들어 다시는 미혹의 세계에 태어나지 않는다 하여 불생(不生) 혹은, 무생(無生)이라 한다. 흔히 응공·살적·불생을 아라한의 삼의(三義)라 한다.
여기에 다시 향(向)과 과(果)로 나누는데, 그 과를 향해서 수행하고 있는 동안이 아라한향(阿羅漢向)이고, 확실히 그 과에 도달한 때가 아라한과(阿羅漢果)이다.
※아라한은 범어 arhan의 음역. 이것은 남성, 주격, 단수의 형이며 원형은 arhat. 아라가(阿羅訶)·아라가(阿囉訶)·아로한(阿盧漢)·알라갈제(遏囉曷帝)라고도 음역하며, 간략히 나한(羅漢)·라가(囉呵)라고도 한다. 응(應)·응공(應供)·응진(應眞)·진인(眞人)·살적(殺賊)·불생(不生)·무생(無生)·무학(無學) 등으로 번역한다.

㉮「수보리야, 네 생각이 어떠하냐? ㉯아라한(阿羅漢)이 생각하기를 ㉰'내가 아라한의 도(道)를 얻었다.' 하겠느냐?」 /

[一相無相分 第九] №. 109 ⇨ 원문 p.15 ℓ.4

<후> 法ㅣ名阿羅漢이니이다 世尊하 若阿羅漢이 作是念호되 我得阿羅漢

1	언덕	아	阿	
2	벌릴	라	羅	2
3	한수 놈	한	漢	
4	길 이를, 말할	도	道	
5		부	不	4
6			아	
7	모름지기	수	須	
8	보살	보	菩	1
9	끌 '제' 들 '제'	리	提	
10		언	言	2
11			호되	
12	아닐	불	不	3
13	이끼 어조사	야	也	
14			니이다	
15	대(代) 세상	세	世	4
16	높을	존	尊	
17			하	
18	어찌	하	何	
19	써	이	以	
20	연고	고	故	
21			오	
22	열매	실	實	1
23	없을	무	無	6
24	있을	유	有	5

※ 아라한(阿羅漢)에서 끊어야 하는 수도혹(修道惑)
아나함(阿那含)에 이르고서도 끊어지지 않은 미세한
수도혹(修道惑)이 있다. 색계와 무색계의 것으로서
이들을 각기 넷으로 나누어 대분(大分)하고, 다시 아
홉 등분한다. 모두 72품(品)이 되는데, 이 가운데 71
품까지 끊으면 '아라한향(阿羅漢向)'이라 하고, 제72
품까지 끊으면 아라한이라 한다.

㉮수보리가 사뢰되,「아니옵니다 세존이시여. ㉯왜냐 하오면 ㉰실은 아라한이라 이름할 법이 없기 때문이옵니다.」/

No. 110 ⇨ 원문 *p.15 ℓ.5* [一相無相分 第九]

<전> 阿羅漢道不아 須菩提言호되 不也니이다 世尊하 何以故오 實無有

	1	법	법	法	4
	2			이	
	3	이름	명	名	3
	4	언덕	아	阿	
	5	벌릴	라	羅	2
	6	한수 놈	한	漢	
	7			일새 니다	
㉮	8	대(代) 세상	세	世	1
	9	높을	존	尊	
	10			하	
	11	만약	약	若	2
	12	언덕	아	阿	
	13	벌릴	라	羅	3
	14	한수 놈	한	漢	
	15			이	
	16	지을	작	作	5
	17	이	시	是	4
	18	생각	념	念	
	19			호되	
㉯	20	나	아	我	1
	21	얻을	득	得	3
	22	언덕	아	阿	
	23	벌릴	라	羅	2
	24	한수 놈	한	漢	

㉮「세존이시여, 만일 아라한이 생각하기를 ㉯'내가 아라한의 도를 얻었다.'고 한다면, /

- 110 -

[一相無相分 第九] №111 ⇨ 원문 p.15 ℓ.6

<후> 中에 最爲第一이라시니 是第一離欲阿羅漢이언마는 世尊하 我不作是念

		길 이를, 말할	도	道	
	1				⎫ ⎬ 1
	2		라하면		
㉮	3	곧	즉	卽	
	4	하	위	爲	4
	5	붙을	착	着	3
	6	나	아	我	⎫
	7	사람	인	人	⎪
	8	무리	중	衆	⎬ 2
	9	날	생	生	⎪
	10	목숨	수	壽	⎪
	11	놈	자	者	⎭
	12			니이다	
㉯	13	인간	세	世	⎫ 1
	14	높을	존	尊	⎭
	15			하	
⑥	16	부처	불	佛	2
	17	말씀	설	說	11
	18	나	아	我	3
	19	얻을	득	得	5
	20	없을	무	無	⎫
	21	다툴	쟁	諍	⎬ 4
	22	석	삼	三	⎪
	23	어두울	매	昧	⎭
	24		인	人	6

⊙삼매(三昧) ; Ⓢsamādhi. 음삼마지(三摩地)·삼마제(三摩提)·삼마제(三摩帝). 의등지(等持)·정(定)·정정(正定)·정의(定意)·조직정(調直定)·정심행처(正心行處). 마음을 한곳에 둔다는 뜻. 등지(等持)라는 역어에서 등(等)은 마음이 들뜨고[도거(掉擧)] 가라앉음[혼침(惛沈)]을 여읨으로 평등하여 편안한 것이며, 지(持)는 마음을 하나의 대상에 머무르게 한다는 뜻이다. 곧 마음이 하나의 대상에 집중해서 산란하지 않은 상태. 이것을 심일경성(心一境性)이라 한다.

※무쟁삼매인(無諍三昧人) ; 수보리. Ⓢsubūhti. 부처님의 십대제자 가운데 한 분으로 선길(善吉)·선현(善現)·공생(空生)의 뜻을 갖은 이름이다. 태어날 때 창고가 텅 비어 있는 꿈을 꾸어 '공생'이라 하고, 다시 이레 뒤에는 창고가 가득 차 있는 꿈을 꾸어 '선현'이라 하였으며, 그의 장래를 점성가에게 물으니 '오직 길하다'하여 선길이라 하였다 한다. 사위국 바라문의 가문에서 태어났고 천성이 총명하였다. 그러나 성격이 급하고 화를 냄이 지나쳐 모든 사람에게 불안을 주었으므로 쫓겨나다시피 집을 나오게 되었다. 결국 사방으로 떠돌게 되었으나 다행히 기원정사(祇園精舍)에 이르러 부처님을 뵙게 되고 수행케 되었다. 뒤에 공의 도리를 깨달아 화를 내지 않게 되었을 뿐 아니라 공의 도리를 가장 잘 이해하고 다투지 않기로 유명하다 하여 해공제일(解空第一)·무쟁제일(無諍第一)의 칭호를 듣게 되었다.

㉮곧 아상·인상·중생상·수자상에 집착한 것이옵니다.」 ㉯「세존이시여, 부처님께서 저를 무쟁삼매(無諍三昧)를 얻은 사람 가운데, 최고요 제일이라 하시니, /

- 111 -

No. 112 ⇨ 원문 p.15 ℓ.7 [一相無相分 第九]

<전> 道라하면 卽爲着我人衆生壽者니이다 世尊하 佛說我得無諍三昧人

㉮	1	가운데	중	中	
	2			에	
	3	가장	최	最	}8
	4	할	위	爲	}10
	5	차례	제	第	}9
	6	한	일	一	
	7			이라시니	
	8	이	시	是	1
	9	차례	제	第	}2
	10	한	일	一	
	11	여읠	이	離	}3
	12	하고자	욕	欲	
	13	언덕	아	阿	}4
	14	벌릴	라	羅	
	15	한수놈	한	漢	
	16			이언마는	
㉮㉯	17	대(代) 세상	세	世	}1
	18	높을	존	尊	
	19			하	
	20	나	아	我	}2
	21	아닐	부	不	}8
	22	지을	작	作	}7
	23	이	시	是	}6
	24	생각	념	念	

7 ※관욕(灌浴) -염라대왕의 질문-
'목욕을 한다'는 표현이 때로는 그때까지 하던 일을 반성하는 의미로 사용하는 경우가 많다. 기독교에서 말하는 세례(洗禮)는 몸통을 물 속에 잠그는 침례(浸禮)예식으로 육체는 죽고 그리스도 안에서 다시 태어남을 상징하는 의식이라 한다. 새 신자들은 세례를 통하여 교회의 정식 구성원이 된다. 한 마디로 인생의 방향을 바꾸는 일종의 궤도수정(軌道修正)의식이다.
 석존(釋尊)께서는 처음 출가하셔서 고행림(苦行林)에서 수행하셨다. 모든 욕망이 육신으로부터 나오는 만큼 육신을 극도로 쇠약하게 만들어 욕망이 일어나지 못하도록 하는 수행법이다. 그러나 이는 사석압초(似石壓草) 즉, 풀을 돌로 눌러 놓는 것과 같다. 육신이 쇠약했을 때는 욕망이 사라진 듯 하다가도, 원기가 회복되면 다시 일어나는 것으로 옳은 수행법이 아니었다. 이를 깨달으신 석존께서는 니련선하(尼連禪河)로 내려가셔서 목욕을 하셨다. 그리고 붇다가야에 자리하시고 새로운 출발을 하셨다.
 이런 의미에서 목욕은 새로운 출발, 궤도수정 등의 의미를 지닌다. 우리가 윤회생사를 거듭하고 있는 것도 애초에 방향을 잘 못 잡았기 때문이다.
 영가의 천도를 위한 의식 가운데 '관욕(灌浴)'이 있다. 석존께서 보이신 목욕을 본받아 생사의 길에서 열반의 길로 방향을 바꾸는 의식이다.
 다음은 관욕(灌浴)의식에서 영가를 목욕탕으로 안내 할 때의 게송이다.

<入室偈(입실게)>
  一從違背本心王(일종위배본심왕)
    한번실수 본심왕을 멀리하고 등지더니
  幾入三途歷四生(기입삼도역사생)
    그얼마를 삼도에서 사생으로 지냈던가.
  今日滌除煩惱染(금일척제번뇌염)
    오늘에야 번뇌의때 모두씻게 되었으니
  隨緣依舊自還鄕(수연의구자환향)
    세월가도 변치않아 고향으로 돌아가네.

다음은 왜 굳이 물을 사용하는가에 대한 변(辯)이다.
<加持澡浴(가지조욕)>
詳夫 淨三業者 無越乎澄心 潔萬物者 莫過乎淸水
상부 정삼업자 무월호징심 결만물자 막과호청수
是以 謹嚴浴室 特備香湯 希一濯於塵勞 獲萬劫之淸淨
시이 근엄욕실 특비향탕 희일탁어진로 획만겁지청정
자세히 헤아리옵건대, 삼업을 청정히 하는 것으로는 깨끗한 마음을 넘는 것이 없고, 만물을 청결히 하는 것으로는 맑은 물을 지나칠 것이 없습니다.

㉮이는 제일가는 욕심을 여읜 아라한이기 때문이겠사오나, ㉯세존이시여, 저는 내가 바로 욕심을 여읜 아라한이라는 이런 생각을 하지 않나이다.」 /

[一相無相分 第九] No. 113 ⇨ 원문 p.15 ℓ.8

<후> 라하면 世尊이 卽不說須菩提ㅣ是樂阿蘭那行者라하시려니와 以須菩提ㅣ

			한자	
	1		호되	
	2	나	我	3
	3	이	是	4
	4	여읠	離	
	5	하고자	欲	
	6	언덕	阿	5
	7	벌릴	羅	
	8	한수 놈	漢	
	9		이라 하나 이다	
㉮	10	대(代) 세상	世	1
	11	높을	尊	
	12		하	
	13	나	我	2
	14	만약	若	3
	15	지을	作	5
	16	이	是	4
	17	생각	念	
	18		호되	
㉯	19	나	我	1
	20	얻을	得	3
	21	언덕	阿	
	22	벌릴	羅	2
	23	한수 놈	漢	
	24	길 이를, 말할	道	

하옵기로, 삼가 욕실을 장엄하고 특별히 향탕을 갖추온 바, 바라옵건대 단번에 진로망상을 씻으시고 만겁의 청정을 얻으소서.

왜 이런 과정이 필요한지 다음 이야기 가운데서 알아보자.

회사를 경영하던 어떤 사람이 어느 날 사바세계와의 인연이 다하여 염라대왕 앞에 서게 되었다. 염라대왕이 물었다.
「그대는 누군가?」
「예, 저는 ○○회사 사장입니다.」
「그대의 직함(職銜)을 묻는 것이 아니고 그대가 누구인지를 묻는 것이다. 그대는 누군가?」
이 사람은 잠시 생각하더니
「아무개의 남편입니다.」
「누구의 가족관계를 알려는 것이 아니라 그대가 누구인지를 묻는 것이다. 그대는 누군가?」
이렇게 질문과 답변은 이어졌지만 염라대왕이 기대하는 답은 나오지 않았다.

지금껏 우리들이 나라고 규정해온 나 자신은 예외 없이 이 세상에 와서 얻은 것들로서 진정한 자신이 아니다. 오히려 거짓이 참을 가려버린 결과를 초래한 것이다. '관욕(灌浴)'은 참이 아닌 것을 모두 씻어버리고 청정한 자아(自我)를 되찾게 하려는 의식인바 '염라대왕의 질문에 답할 것을 준비하는 의식'이라 하겠다.

특히 극락(極樂)이라는 청정한 국토에 들어가기 위해서는 스스로도 청정하지 않으면 안 되기 때문이다. 염라대왕이 당신을 향해 질문하는 소리가 들려온다.
「그대는 누군가?」

-주(註)-
(1)고행림(苦行林); 중인도 마갈타국 부다가야(佛陀伽倻, Buddhagayā)의 남쪽 2마일 되는 목지린다(目支鄰陀村, Mucchalinda)의 동쪽에 있음. 석존이 성도하기 전에 6년 동안 고행하던 숲.

(2)니련선하(泥蓮禪河); ⓢNairañjanā. ⓔ유금하(有金河). 불락착하(不樂着河). 중인도 마갈타국 가야성의 동쪽에서 북으로 흐르는 강 이름. 석존이 6년 동안 고행하신 끝에 이곳에서 목욕하시고 강을 건너 붇다가야로 가서서 보리수 아래에서 성도하셨음.

㉮「세존이시여, 제가 만일 생각하기를 ㉯'나는 아라한의 도를 얻었노라.' 하오면, /

№ 114 ⇨ 원문 *p. 15 ℓ. 9* [一相無相分 第九]

<전> 호되 我是離欲阿羅漢이라하나이다 世尊하 我若作是念호되 我得阿羅漢道

㉮	1			라하면	
	2	대(代) 세상	세	世	⎫ 1
	3	높을	존	尊	⎭
	4			이	
	5	곧	즉	卽	2
	6	아닐	불	不	8
	7	말씀	설	說	
	8	모름지기	수	須	⎫
	9	보살	보	菩	⎬ 3
	10	끌 '제' 들 '제'	리	提	⎭
	11			ㅣ	
	12	이	시	是	4
	13	좋아할	요	樂	6
	14	언덕	아	阿	⎫
	15	난초	란	蘭	⎬ 5
	16	어찌	나	那	⎭
	17	행할	행	行	
	18	놈	자	者	7
	19			라하시니라 하려와	
㉯	20	써	이	以	
	21	모름지기	수	須	⎫
	22	보살	보	菩	⎬ 1
	23	끌 '제' 들 '제'	리	提	⎭
	24			ㅣ	

㉮세존께서 저를 아란나행(阿蘭那行)을 좋아하는 사람이라 하시지 않으셨을 것입니다. ㉯수보리가 실로 그렇지 않았기에 /

- 114 -

[一相無相分 第九] No. 115 ⇨ 원문 p.15 ℓ.10

<후> ◆ 六祖口訣

1	열매	실	實	2
2	없을	무	無	4
3	바	소	所	⎫ 3
4	행할	행	行	⎭
5			일새	
6	말이을	이	而	1
7	이름	명	名	6
8	모름지기	수	須	⎫ 2
9	보살	보	菩	
10	끝 '제' 들 '제'	리	提	⎭
11			ㅣ	
12	이	시	是	3
13	좋아할	요	樂	5
14	언덕	아	阿	⎫
15	난초	란	蘭	
16	어찌	나	那	4
17	행할	행	行	⎭
18			이리시나이다	
19				
20				
21				
22				
23				
24				

㉠ 시요아란나행자(是樂阿蘭那行者) ; ⓢaraṇā-vih= ārin. '아란나'는 무쟁(無諍) 즉 싸움이나 다툼이 없는 것을 말한다. 직역하면 '다툼이 없는 상태에 머무는 사람'이 된다. 즉 고요함을 즐기는 수행이니, 공(空)의 도리를 알아 고요한 곳에서 법을 관찰하는 수행을 말한다. 출가 전 수보리 존자의 성품을 살피면 이해에 도움이 된다.

※ 사금(砂金) 채취 순서와 성문사과(聲聞四果)
1. 모래를 퍼서 ················입류(入流). 수다원
   모래 속에 금(金)이 있으리라는 믿음으로
2. 여러번 물[사바세계]에 흔들어···일래(一來). 사다함
   같은 작업을 몇 번이고 반복하며
3. 금만 남게 되면 ··············불환(不還). 아나함
   정제(精製)의 모든 과정을 마치면
4. 녹여 원하는 모형을 만든다 ··· 무학(無學). 아라한
   금으로서 본래의 모습을 회복하게 된다.

㉮ '수보리 이 사람이 아란나행을 즐긴다'고 이름하셨나이다.」 /

- 115 -

No. 116 [一相無相分 第九]

<전> 實無所行일새 而名須菩提ㅣ是樂阿蘭那行이라하시나이다

◆ 六祖口訣

① 100-1 / 須菩提 於意云何 須陀洹 能作是念 我得須陀洹果不
①須陀洹者梵語 唐言逆流 逆生死流 不染六塵 一向修無漏業 得麤重煩惱不生 決定不受地獄畜生修羅異類之身 名須陀洹果 若了無相法 卽無得果之心 微有得果之心 卽不名須陀洹 故言不也 ②流者 聖流也 須陀洹人 已離麤重煩惱故 得入聖流 而無所入者 無得果之心也 須陀洹者 乃修行人初果也

①'수다원'은 범어이니 당나라 말로는 '거슬러 흐름(逆流)'이다. 생사의 흐름을 거슬러 올라 육진(六塵)에 물들지 않고 오직 무루업(無漏業)을 닦아서 거칠고 무거운 번뇌가 생기지 않으며 결정코 지옥・축생・아수라의 몸을 받지 않는 것을 수다원과라 한다. 만일 무상법(無相法)을 요달하면 과를 증득했다는 마음이 없으니 조금이라도 과를 증득했다는 마음이 있으면 곧 수다원이라 이름할 수 없으므로 '아니옵니다'하고 여쭈었던 것이다. ②'류(流)'라 함은 성인의 흐름(聖流)이란 뜻이다. 수다원이 이미 거칠고 무거운 번뇌를 여읨으로써 성인의 흐름에 들어간 것이고 들어간 바 없다(無所入者) 함은 과위(果位)를 얻었다는 마음이 없는 것을 말하는 바, 수다원은 수행인의 첫 과위(果位)이다.

② 102-23 / 須菩提 於意云何 斯陀含 能作是念 我得斯陀含果不 須菩提言 不也 世尊 何以故 斯陀含 名一往來 而實無往來 是名斯陀含
①斯陀含者 梵語 唐言一往來 捨三界結縛 三界結盡 故名斯陀含 斯陀含 名一往來 往來從天上却到人間生 從人間死 却生天上 竟遂出生死 三界業盡 名斯陀含果 ②大乘斯陀含者 目覩諸境 心有一生一滅 無第二生滅 故名一往來 前念起妄 後念卽止 前念有著 後念卽離 實無往來 故曰斯陀含也

①'사다함'은 범어이니 당나라 말로는 '일왕래(一往來)'이다. 삼계의 얽매임을 버리고 삼계의 얽힘이 다했으므로 사다함이라 이름한다. 사다함을 일왕래라고 이름하는 것은, 하늘나라에서부터 문득 인간 세상에 이르고, 인간세상의 죽음으로부터 문득 하늘 나라에 태어나서 마침내 생사에서 벗어나 삼계의 업이 다하기 때문에 사다함이라 이름한 것이다. ②대승에서, 사다함은 모든 경계를 볼 때에 마음이 한 번 일어났다가 멸할 뿐 제2의 생멸은 없기 때문에 일왕래라 이름한다. 앞생각이 망상을 일으키면 뒷생각이 곧 그치고, 앞생각이 애착하더라도 뒷생각이 곧 여의어서 실로 왕래함이 없으므로 사다함이라 이름한다.

③ 105-13 / 須菩提 於意云何 阿那含 能作是念 我得阿那含果不 須菩提言 不也世尊 何以故 阿那含 名爲不來 而實無不來 是故 名阿那含
阿那含梵語 唐言不還 亦名出欲 出欲者 外不見可欲之境 內無欲心可得 定不向欲界受生 故名不來 而實無來 亦名不還 以欲習永盡 決定不來受生 是故名阿那含也

'아나함'은 범어로서 당나라 말로는 '안 돌아오는 이(不還)'이다. 또한 '욕심을 떠난 이(出欲)'라 이름한다. 욕심을 떠났다 함은 밖으로는 욕심 낼 경계를 보지 않고, 안으로는 하고자 하는 마음이 없어서 결정코 욕심의 세계에 태어나지 않으므로 이름을 '오지 않는 이(不來)'라고 한다. 그러나 실로 오지 않을 것도 없기 때문에 '안 돌아오는 이(不還)'라고 한 것이다. 욕심의 습관이 영원히 다해서 결정코 다시 와서 태어나지 않는 경지이므로 '아나함'이라 이름한다.

④ 108-5 / 須菩提 於意云何 阿羅漢 能作是念 我得阿羅漢道不
諸漏已盡 無復煩惱 名阿羅漢 阿羅漢者 煩惱永盡 與物無諍 若有得果之心 卽是有諍 若有諍 非阿羅漢

모든 번뇌가 다하여 다시는 번뇌가 없음을 '아라한'이라 이름한다. 아라한이란 번뇌가 영원히 다하여서 중생과 더불어 다툼이 없는 사람이다. 만일 마음에 과위(果位)를 얻었다는 마음이 있으면 곧 다툼이니, 만일 다툼이 있으면 아라한이 아니다.

⑤ 109-7 / 須菩提言 不也 世尊 何以故 實無有法 名阿羅漢 世尊 若阿羅漢 作是念 我得阿

<후> 莊嚴淨土分 第十

得阿羅漢道 卽爲着我人衆生壽者
阿羅漢梵語 唐言 無諍 無諍者 無煩惱可斷 無貪嗔可離 情無違順 心境俱空 內外常寂 是名阿羅漢 若有得果之心 卽同凡夫 故言不也

'아라한'은 범어이니 당나라 말로는 '다툼이 없는 이(無諍)'이다. 다툼이 없다 함은 끊을 번뇌가 없음이며, 여읠 탐심과 진심이 없음이며, 뜻에 어기고 순함이 없어 마음과 경계가 함께 공하고 안팎이 항상 고요함을 '아라한'이라 이름한다. 만일 아라한의 과위를 얻었다는 마음이 있으면 곧 범부와 같음이니 때문에 '아니옵니다'하고 사뢰었던 것이다.

⑥ 111-16 / 世尊 佛說我得無諍三昧人中 最爲第一 是第一離欲阿羅漢
何名無諍三昧 謂阿羅漢 心無生滅去來 惟有本覺常照 故名無諍三昧 三昧是梵語 唐言正受 亦云正見 遠離九十五種邪見 是名正見 然空中有明暗諍 性中有邪正諍 念念常正 無一念邪心 卽是無諍三昧 修此三昧 人中最爲第一 若有一念得果心 卽不名無諍三昧

무엇을 '다툼 없는 삼매(無諍三昧)'라 하는가. 아라한을 이름이다. 마음에 생멸이나 거래가 없고 오직 본각(本覺)만이 항상 비추고 있기 때문에 다툼 없는 삼매라 한다. 삼매는 범어이니 당나라 말로는 '바로 받는다(正受)'는 뜻이며 또한 '바로 본다(正見)'는 뜻이다. 구십 다섯 종류의 사견을 멀리 여의는 것을 이름하여 '바른 소견'이라 이름한다. 그러나 허공 가운데 밝고 어두움의 다툼이 있고 성품 가운데 사(邪)와 정(正)의 다툼이 있으나 생각 생각이 항상 발라서 한 생각도 사된 마음이 없으면 이것이 곧 다툼 없는 삼매다. 이 삼매를 닦으면 사람 가운데 제일이 되며, 만일 일념이라도 과를 얻었다는 마음이 있으면 곧 '무쟁삼매'라 이름하지 못한다.

⑦ 112-17 / 世尊 我若作是念 我得阿羅漢道 世尊 卽不說須菩提 是樂阿蘭那行者 以須菩提 實無所行 而名須菩提 是樂阿蘭那行
阿蘭那梵語 唐言無諍行 無諍行 卽是淸淨行 淸淨行者 爲除去有得心也 若存有所得心 卽是有諍 有諍 卽非淸淨道 常行無所得心 卽是無諍行也

'아란나'는 범어이니 당나라 말로는 '다툼없는 행(無諍行)'이다. 무쟁행은 곧 이 청정행이고, 청정행은 얻음이 있는 마음을 제거함이니 만일 얻은 것이 있다는 마음을 두면 이것이 곧 다툼이 있는 것이고, 다툼이 있으면 곧 청정한 도가 아니다. 항상 얻은 바 없는 마음을 행하는 것이 곧 다툼 없는 행이다.

No. 118 ⇨ 원문 p.16 ℓ.1 [莊嚴淨土分 第十]

<전> ◆ 六祖口訣

1			
2			
3			
4		◎	
5	장중할 꾸밀	장	莊
6	엄할 치장할	엄	嚴
7	맑을	정	淨
8	흙	토	土
9	나눌	분	分
10			
11	차례	제	第
12	열	십	十

2 제10분, 정토 건립의 조건

1

≪개요≫
 보살이 원(願)을 발하고 그 원을 원만히 실천하여 마쳤을 때, 비로소 하나의 불국토(佛國土=淨土=報土)가 건립되고 한 분의 보신불(報身佛)이 탄생하신다고 한다. 그러나 승의제(勝義諦)의 입장에서 본다면 건립될 불국토도 탄생될 보신불도 없음을 석존 자신에 견주어 보이시고 보살의 마음이 이러한 경지에 이르러야 비로소 참 정토가 건립됨을 일깨워 주신 부분이다.

★소명태자(昭明太子)의 '32분(分)'
1.法會因由分 2.善現起請分 3.大乘正宗分 4.妙行無住分 5.如理實見分 6.正信希有分 7.無得無說分 8.依法出生分 9.一相無相分 10.莊嚴淨土分 11.無爲福勝分 12.尊重正敎分 13.如法受持分 14.離相寂滅分 15.持經功德分 16.能淨業障分 17.究竟無我分 18.一體同觀分 19.法界通化分 20.離色離相分 21.非說所說分 22.無法可得分 23.淨心行善分 24.福智無比分 25.化無所化分 26.法身非相分 27.無斷無滅分 28.不受不貪分 29.威儀寂滅分 30.一合理相分 31.知見不生分 32.應化非眞分

[莊嚴淨土分 第十] No. 119 ⇨ 원문 p.16 ℓ.2

<후> 有所得不아 不也니이다 世尊하 如來ㅣ在燃燈佛所하사 於法에 實

1						
㉮	1	부처	불	佛	1	
	2	알릴	고	告	3	
	3	모름지기	수	須	2	
	4	보살	보	菩		
	5	끝 '제' 들 '제'	리	提		
	6			하사 대		
㉯	7	어조사 / ~에, ~에서[처소격]	어	於	2	
	8	뜻	의	意	1	
	9	이를	운	云	3	
	10	어찌	하	何		
	11			오		
㉰	12	같을	여	如	1	
	13	올	래	來		
	14			ㅣ		
	15	옛	석	昔	2	⊙연등불(燃燈佛); ⓢDīpaṃkara-tathāgata. ⓜ제원갈(提洹竭). 제화갈라(提和竭羅). ⓔ정광(錠光). 보광(普光). 석존 인행시(因行時) 제2아승기겁이 되었을 때, 연등불을 뵙고 다섯 송이의 연꽃을 공양하였고, 이 부처님께서 지나시는 길에 작은 진흙웅덩이가 있었는데 머리털을 그 위에 덮어 지나가시게 하였다. 이를 계기로 수기를 받으셨다. 『지도론』9에는 '연등불 탄생시에 신변(身邊)이 등(燈)과 같아 연등태자(燃燈太子)라 하였고 성불하여서는 호를 연등불이라 하였으며, 구명(舊名)은 정광불(錠光佛)이시다'라 하였다. 『서응경(瑞應經)』에는 '정광불 때 서가보살의 명(名)은 유동(儒童)이다.'라 하였다.
	16	있을	재	在	4	
	17	사를	연	燃		
	18	등불	능	燈		
	19	부처	불	佛	3	
	20	바	소	所		
	21			하야		
㉱	22	어조사	어	於	2	
	23	법	법	法	1	
	24			에		

㉮부처님께서 수보리에게 말씀하셨다. ㉯「네 생각이 어떠하냐? ㉰여래가 옛적에 연등(燃燈)부처님의 처소에 있으면서 ㉱법에 있어서 얻은 바 법이 있느냐?」 /

No. 120 ⇨ 원문 p.16 ℓ.3 [莊嚴淨土分 第十]

〈전〉 佛告須菩提하사대 於意云何오 如來ㅣ昔在燃燈佛所하야 於法에

※석존의 전생(前生) 이야기

1. 칠경화(七莖華) - 일곱 송이의 연꽃.

서가모니부처님께서 사바세계에 강림하시기 전에 '선혜보살(善慧菩薩)'이라는 이름으로 욕계(欲界)의 네 번째 하늘인 도솔천(兜率天)에 계셨다. 먼저 도솔천에 태어나시게 된 인연에 대해 『과거현재인과경(過去現在因果經)』에 다음과 같은 말씀이 있다.

아득한 옛적이다. 선혜(善慧)라는 도인이 세속의 오욕(五慾)을 버리고 깊은 산에 들어가 나무 열매와 풀뿌리를 캐어 먹고 몸에는 사슴의 가죽으로 만든 옷을 얻어 걸치고 수십 년 고행을 행하며 생사의 고해를 건너 영원한 해탈을 구하고 있었다.

평소에 꿈이 없었는데 하룻밤 꿈에 자신이 하늘 아래 가장 높은 산을 베개삼아 머리에 베고 큰 바다 위에 누어 있는 꿈을 꾸었다. 바다 속에는 수많은 고기떼가 있었고, 그 고기들은 자신의 품속으로 들어와 의지하였다. 또 한 손으로는 해를 잡고 한 손으로는 달을 잡았다. 선혜도인은 이런 꿈을 꾸고 나서,

「아! 이상도 하다. 내 평소에 꿈이 없었는데 이 어쩐 징조인고?」하면서 그 꿈이 심상치 않은 것을 느꼈다.

그때 '데바디'라는 나라에 '등조왕(燈照王)'의 태자 '보광(普光)'이 출가 수도하여 성불하였다는 소식을 들은 선혜도인은 산에서 나와 데바디 성을 향하였다.

한 곳에 이르자 어떤 바라문이 제자 500명에게 설교를 하고 있는 것을 보았다. 선혜도인이 그 설교를 들어보고 몇 가지 문제를 들어 시험하였는바, 바라문은 대답을 못하였다. 그러자 500명의 제자는 선혜도인에게 그 뜻을 아느냐고 물었다. 선혜도인이 명확하게 의심을 풀어 주자 그들은 매우 기뻐하며 각기 은전 한 냥씩을 선혜도인에게 보시하였다. 선혜도인은 쓸 곳이 없었으나 새로 출현하신 보광부처님께 올릴 공양물을 마련하는데 쓰리라 생각하고 받아 지니고 왕성(王城)을 향해 갔다.

부처님께 올릴 공양물로는 연꽃이 제일이라 생각하고 꽃을 구하려 사방으로 수소문했으나 이미 임금과 대신·귀족들이 민간에 있는 꽃들을 모두 사들여 한 송이도 구할 수 없었다. 그때였다. 마침 한 젊은 여인이 병 속에 일곱 송이의 연꽃을 꽂아 가지고 지나가는 것이 눈에 띄었다. 선혜도인은 그 여인에게 다가가 공손히,

「아리따운 여인이여! 그 꽃을 내게 파시오.」라고 하였다. 그러나 그 여인은,

「이 꽃은 팔려는 것이 아닙니다.」고 정중히 거절하였다. 선혜도인은 다시,

㉮	1	있을	유	有	4
	2	바	소	所	3
	3	얻을	득	得	
	4	아닐	부	不	5
	5			아	
	6	아닐	불	不	1
	7	이끼 어조사	야	也	
	8			니이다	
㉯	9	대(代) 세상	세	世	2
	10	높을	존	尊	
	11			하	
	12	같을	여	如	1
	13	올	래	來	
	14			ㅣ	
	15	있을	재	在	3
	16	사를	연	燃	
	17	등불	등	燈	2
	18	부처	불	佛	
	19	바	소	所	
	20			하사	
㉰	21	어조사	어	於	2
	22	법	법	法	1
	23			에	
	24	열매	실	實	3

㉮「아니옵니다 세존이시여, ㉯여래께서는 연등부처님 처소에 계시면서 ㉰법에 있어서 실로 얻으신 바 없나이다.」 /

[莊嚴淨土分 第十] No. 121 ⇨ 원문 p.16 ℓ.4

<후> 有所得不아 不也니이다 世尊하 如來ㅣ在燃燈佛所하사 於法에 實

㉮	1	없을	무	無	5
	2	바	소	所	}4
	3	얻을	득	得	
	4			이시니다	
	5	모름지기	수	須	}1
	6	보살	보	菩	
	7	끝'제' 들'제'	리	提	
	8			야	
	9	어조사 / ~에, ~에서[처소격]	어	於	3
	10	뜻	의	意	2
	11	이를	운	云	}4
	12	어찌	하	何	
	13			오	
㉯	14	보살	보	菩	}1
	15	보살	살	薩	
	16			이	
	17	장중할 꾸밀	장	莊	}3
	18	엄한 치장할	엄	嚴	
	19	부처	불	佛	}2
	20	흙	토	土	
	21	아닐	부	不	4
	22			아	
㉰	23	아닐	불	不	}1
	24	이끼 어조사		야 也	

「많은 값을 드릴터이니 제발 내게 파시요.」라고 간청하였다. 여인은 남루한 선혜도인의 모습에서, '이런 사람에게 많은 돈이 있을 리 없다'고 생각하고,
「한 송이에 은전 백 냥씩 주신다면 팔겠습니다.」고 했다. 그 말이 끝나자 선혜도인은 걸망 속에서 얼른 500명의 바라문에게서 받은 은전 500냥을 선뜻 내어 주며 꽃 다섯 송이를 요구했다. 한 송이에 은전 한 푼 가치밖에 안 되는 것을 은전 백 냥씩에 사려고 하는데 여인은 놀라지 않을 수 없었다.
「그렇게 많은 돈을 주고 이 꽃을 사서 어디에 쓰시려 합니까?」
「예, 부처님께서 이 세상에 출현하셨다고 합니다. 부처님께서 출현하심은 비유컨대 3000년 만에 한번 핀다는 푸른 연꽃보다 더 만나기 어려운 일입니다. 그런데 보광여래께서 세상에 출현하셨으니 나는 이 꽃을 그분께 올리려 하는 것입니다.」
「부처님을 뵙고 무엇을 구하려 하십니까?」
「예, 부처님의 설법을 듣고 도를 닦아 나도 장차 성불코자 하는 것입니다.」라고 하였다. 그러자 그 여인은,
「그러면 이 다섯 송이의 연꽃을 도인에게 드리려니와 제게도 한가지 소원이 있으니 이 두 송이 연꽃을 부처님께 올려 주시오.」하였다. 선혜도인이 여인에게 소원이 무엇인가고 물었다. 여인은,
「나는 도인께서 성불하시기까지 세세생생 당신의 아내가 되어 고락을 함께 하며 도를 닦고자 하오니 그 소원을 들어주시오.」하는 것이었다.
그것은 그녀 앞에 서 있는 선혜도인이 비록 해진 옷을 걸친 누추한 모습이었지만, 단정하고 고매한 도인의 인격에 그녀의 마음이 어느덧 사로잡혀 있었기 때문이었다. 선혜도인은,
「나는 이미 세속을 떠나 오욕을 다 끊었소. 더구나 부부의 인연은 곧 생사의 근본이 되는 것이니 그것만은 허락할 수 없습니다.」라고 하자 그녀는,
「그렇다면 이 몸도 이 꽃을 드릴 수 없습니다.」고 하였다.
선혜도인은 하는 수 없이 그녀의 소원을 허락하고 일곱 송이의 연꽃을 받아 가지고 성안으로 들어가 드디어 부처님을 뵙게 되었다.

2. 부처님의 수기(授記)
임금과 대신·귀족들이 제각기 부처님을 찬탄하며 꽃을 뿌리니 마치 꽃비가 내리듯 흩어져 내렸다.
⇨ 122쪽 ℓ.16으로 이어짐

㉮「수보리야, 네 생각이 어떠하냐? ㉯보살이 불국토를 장엄 하느냐?」㉰「아니옵니다 세존이시여, /

- 121 -

No. 122 ⇨ 원문 p.16 ℓ.5 [莊嚴淨土分 第十]

<전> 無所得이시니다 須菩提야 於意云何오 菩薩이 莊嚴佛土不아 不也

1		니이다		
2	대(代) 세상	세 世	⎫ 2	
3	높을	존 尊	⎭	
4		하		
㉮ 5	어찌	하 何		
6	써	이 以		
7	연고	고 故		
8		오		
㉯ 9	장중할 꾸밀	장 莊	⎫ 2	
10	엄할 치장할	엄 嚴	⎭	
11	부처	불 佛	⎫ 1	
12	흙	토 土	⎭	
13	놈 ~것	자 者	3	
14		는		
㉰ 15	곧	즉 卽	1	
16	아닐	비 非	3	
17	장중할 꾸밀	장 莊	⎫ 2	
18	엄할 치장할	엄 嚴	⎭	
19		일새		
㉱ 20	이	시 是	1	
21	이름	명 名	3	
22	장중할 꾸밀	장 莊	⎫ 2	
23	엄할 치장할	엄 嚴	⎭	
24		이니 이다		

※ 夫諸佛諸佛 莊嚴寂滅宮 於多劫海 捨慾苦行 衆生衆生 輪廻火宅門 於無量世 貪慾不捨

대저 모든 부처님들께서 적멸궁(寂滅宮)을 장엄(莊嚴 =建立)하심은 많은 겁해(劫海)에 있어서 욕심을 버리고 고행하셨기 때문이요, 하고많은 중생들이 화택문(火宅門)을 윤회함은 무량한 세월에 있어서 탐욕을 버리지 아니했기 때문이니라.   -발심수행장-

⊙장엄(莊嚴) ; ①규모가 크고 엄숙함. ②아름답고 엄숙하게 꾸밈. ③건립(建立)함. [이곳에서는 ③의 뜻]

⊙불토(佛土) ; 한 부처님의 교화가 미치는 범위. 삼천대천세계(三千大千世界).

⊙장엄불토(莊嚴佛土) ; 건립장엄불토(建立莊嚴佛土)의 약(略). 신토불이(身土不二). 신(身)은 정보(正報) 토(土)는 의보(依報). 보살이 원(願)을 세워 원이 성취케 되면 정토가 이룩된다. 또 과거의 업보로 받는 신심(身心)과 그 환경세계인 국토. 이들은 부즉불리(不卽不離)의 관계이다.

☞ 121쪽 ℓ.24에서 이어짐

최후에 선혜도인이 뿌린 다섯 송이는 허공에 머물러 연꽃방석이 되고 다음 두 송이는 부처님의 양쪽 귓가에 머물러 있었다. 그러자 부처님께서는 선혜도인의 정수리를 어루만지시며,

「오, 장하도다! 네가 도를 구하는 정성이 지극하므로 이 꽃이 이와 같은 상서(祥瑞)를 나타냄이로다. 너는 앞으로 많은 세월 동안 수행한 뒤 반드시 성불할 것이니, 호를 '서가모니'라 하리라.」고 하셨다. 이것이 이른바 '수기(授記)'이다. 장차 어느 세상에 성불하리라는 예언이며 증명인 것이다.

선혜도인은 부처님의 수기를 받고 무한히 기뻐하고 감격하였다.

<보광여래>께서 국왕과 대신과 대중의 공양을 받으시고 설법하신 뒤, 다시 왕성 밖으로 나오시는데 한 곳에 이르시니 땅이 질고 진흙탕이 앞에 노여 있

㉮왜냐 하오면 ㉯불국토를 장엄 하는 것은 ㉰곧 장엄이 아니기에 ☆ ㉱이를 장엄이라 이름하나이다.★」 /

- 122 -

[莊嚴淨土分 第十] No. 123 ⇨ 원문 p. 16 ℓ. 6

<후> 住色生心하며 不應住聲香味觸法生心이요 應無所住하야 而生其

㉮	1	이	시	是
	2	연고	고	故
	3			로
③	4	모름지기	수	須
	5	보살	보	菩
	6	끌 '제' 들 '제'	리	提
	7			야
	8	모든	제	諸
	9	보살	보	菩
	10	보살	살	薩
	11	갈 만질	마	摩
	12	꾸짖을 '가'	하	訶
	13	보살	살	薩
	14			이
㉯	15	응할	응	應
	16	같을	여	如
	17	이	시	是
	18	날	생	生
	19	맑을	청	淸
	20	맑을	정	淨
	21	마음	심	心
	22			이니
㉰	23	아니	불	不
	24	응할	응	應

1, 2, 3, 4, 3, 6, 1 (grouping markers)

었다. 선혜도인은 얼른 입고 있던 옷을 벗어서 그 땅에 깔고 또 머리털을 그 위에 덮어 부처님께서 밟고 지나가시게 했다. 부처님께서는 선혜도인에게,
「네가 장차 이 진흙탕보다도 사나운 오탁악세(五濁惡世)에 나서 능히 모든 중생을 그 속에서 건져내기를 마치 오늘 내가 이 진흙탕을 밟고 가듯 하여라.」
하셨다. 선혜도인은 이 말씀을 듣고 뛸 듯이 기뻐하며 다음과 같이 찬탄하였다.

오늘에 큰 도사님 만나 뵈오니
우리의 지혜안(智慧眼)을 열어 주시기 위해
청정한 진리의 말씀으로
온갖 번뇌·애착 끊게 하셨네.

오늘에야 천인사(天人師) 만나 뵈오니
나고 죽음 없는 진리 깨우치셨네.
원컨대 오는 세상 도를 이루어
이 몸 또한 부처님과 같사오리다.

선혜도인은 이내 보광여래를 따라 머리를 깎고 승려가 되었다.
하루는 선혜비구가 보광여래께 여쭈었다.
「제가 일찍이 깊은 산 속에 있으며 나름대로 도를 닦을 적입니다. 하룻밤 꿈에 하늘 아래 가장 높은 산을 머리에 베고 큰 바다에 누어 있는데 수 없는 고기떼가 제 품속으로 안겨 들었사오며, 한 손으로는 해를 잡고 또 한 손으로는 달을 잡았었나이다. 무슨 징조라도 있는 것이옵니까?」
보광여래께서는 선혜비구에게 말씀하셨다.
「오, 장하도다! 머리로 높은 산을 베었다 함은 이 세상에 가장 높은 도를 성취할 징조요, 몸이 큰 바다 속에 누어 있었다 함은 중생을 위하여 아직 생사업해에 머물러 있다는 징조이며, 뭇 고기가 품으로 안기듯 들어옴은 보살도를 닦을 적에 모든 중생을 네 품으로 안아 들이는 징조요, 손으로 해를 잡았다 함은 큰 지혜를 얻어 광명이 온 세상을 비출 징조며, 손으로 달을 잡았다 함은 시원한 감로법(甘露法)으로 중생을 교화하여 뜨거운 번뇌를 식혀 줄 징조로다. 따라서 이것은 모두 네가 보살도를 닦아 장차 성불하여 중생을 제도할 징조이니라.」
선혜비구는 이 말씀을 듣고 끝없이 기뻐하였다.
이상은 서가모니부처님께서 지난 세상에 보광여래께 수기 받으시던 이야기이다. 다른 경에서는 보광여래를 연등불 또는 정광여래(錠光如來)라고 하였다. 그리고 선혜비구는 호명보살(護明菩薩)이라 하였다.

㉮「이렇기 때문에, 수보리야! 모든 보살마하살은 ㉯마땅히 이와 같이 청정한 마음을 내야만 하나니, [청정심을 내는 요체를 말하면] ㉰색에 머물러 마음을 내서는 안되고, /

No. 124 ⇨ 원문 p. 16 ℓ.7 [莊嚴淨土分 第十]

<전> 是故로 須菩提야 諸菩薩摩訶薩이 應如是生淸淨心이니 不應

㉮
1	머물	주	住	3
2	빛	색	色	2
3	날	생	生	5
4	마음	심	心	4
5			하며	
6	아닐	불	不	6
7	응할	응	應	1
8	머물	주	住	3
9	소리	성	聲	
10	향기	향	香	
11	맛	미	味	2
12	닿을	촉	觸	
13	법	법	法	
14	날	생	生	5
15	마음	심	心	4
16			이요	

㉯
17	응할	응	應	1
18	없을	무	無	4
19	바	소	所	3
20	머물	주	住	2
21			하야	
22	말 이을	이	而	5
23	날	생	生	7
24	그	기	其	6

※제6조 혜능(慧能. 638~713) 대사의 출가 인연

혜능대사는 당 태종(太宗) 정관(貞觀) 12년 남해신흥(南海新興. 중국 최남부 지방)의 빈농의 아들로 태어났다. 속성은 노씨(盧氏)며 3세 때 아버지를 여의고 소년시절부터 나무장사를 하며 늙은 어머니를 봉양했다.

특별히 교육받은 일은 없었지만 마음은 진실하였고 비범 훌륭했다. 어느 날, 시장으로 나무를 팔러 가다가 어느 집에서 객승이 경을 독송하는 소리에 귀에 들어왔다. 나뭇짐을 내려놓고 자세히 듣다가 '응무소주 이생기심(應無所住 而生其心. 객관에 끄달림 없이 마음을 내라)'이라는 내용에 이르러 홀연히 마음이 열리며 느낀 깨달은바가 있었다.

그는 독경하는 스님을 찾아가 지금 읽은 책이 무슨 책이냐고 물으니 『금강경』이라 했다. 능은 스님에게 『금강경』 배우기를 간청하며 자기가 조금 전 듣고 깨달은 바의 심경을 이야기했다. 그 스님은 황매산 5조 홍인(弘忍) 대사를 찾아뵈라고 알려주었다.

그러자 능은 노모를 걱정하며 멀리 황매산까지 갈 수 없음을 한탄했다. 이에 그 스님은 능의 진실한 구도심과 비범함에 느낀바 있어 금자[1] 한 덩어리를 내 주며 말했다.

「이 금자의 일부는 여비로 쓰고, 나머지로는 네가 공부를 마칠 때까지 어머니 생활비에 쓰도록 하라.」

하면서 황매산 5조 홍인 대사에게 가서 공부할 수 있도록 『금강경』과 함께 주었다.

이에 능은 감격하여 눈물을 흘리며 감사하였고, 집으로 돌아와 노모께 간청하여 드디어 허락을 얻었다.

-註-
1)금자 ; 돈의 일종. 옛날 중국 돈으로 모자나 종이배처럼 생겼다.

㉮성·향·미·촉·법에 머물러 마음을 내서도 안되나니, ㉯[한마디로] 마땅히 머무는 바 없이 그 마음을 내야 하느니라.」 /

[莊嚴淨土分 第十] No. 125 ⇨ 원문 p.16 ℓ.8

<후> 身이 爲大不아 須菩提言하대 甚大니이다 世尊하 何以故오 佛說非

	1	마음	심	心	⎤
	2			이니라	
④㉮	3	모름지기	수	須	
	4	보살	보	菩	
	5	끌 '제' / 들 '제'	리	提	
	6			야	
㉯	7	비유할	비	譬	1
	8	같을 / 가령, 만일	여	如	2
	9	있을 / 어떤	유	有	⎫ 3
	10	사람	인	人	⎭
	11			이	
㉰	12	몸	신	身	1
	13	같을	여	如	
	14	모름지기	수	須	⎫
	15	두루	미	彌	2
	16	뫼	산	山	
	17	임금	왕	王	⎭
	18			하면	
㉱	19	어조사 / ~에, ~에서[처소격]	어	於	2
	20	뜻	의	意	1
	21	이를	운	云	⎫ 3
	22	어찌	하	何	⎭
	23			오	
㉲	24	이	시	是	1

泰山雖高是亦山 태산이 높다하되 하늘 아래 뫼이로다.
태산수고시역산
登登不已有何難 오르고 또 오르면 못 오를 리 없건마는
등등불이유하난
世人不肯勞身力 사람이 제 아니 오르고
세인불긍노신력
只道山高不可攀 뫼만 높다 하더라.
지도산고불가반
　　　　　　　　　-양사언(陽士彦)-

*양사언(楊士彦. 1517~1584) ; 조선 전기의 문인·서예가. 본관은 청주(淸州). 자는 응빙(應聘), 호는 봉래(蓬萊)·완구(完邱)·창해(滄海)·해객(海客). 주부인 희수(希洙)의 아들이다. 형 사준(士俊), 아우 사기(士奇)와 함께 문명을 떨쳐 중국의 미산삼소(眉山三蘇)에 견주어졌고, 아들 만고(萬古)도 문장과 서예로 이름이 전한다.

⊙수미산(須彌山) ; ⓢSumeru. ㉂묘고산(妙高山). 고대 인도의 신화적 우주관에서 보이는 큰산이다. 세계의 제일 밑에는 풍륜(風輪), 그 위에 수륜(水輪), 그 위에 금륜(金輪)이 있고 그 위에 구산(九山) 팔해(八海)가 있다고 한다. 그 중심이 수미산이며 그 정상에는 제석천(帝釋天)이 있다. 수미산왕(須彌山王)이라 함은 산중에서 제일 크다는 뜻이다.

㉮「수보리야 ㉯비유컨대 가령 어떤 사람의 ㉰몸이 수미산 같다면, ㉱어떻게 생각하느냐? ㉲이 사람의 몸은 크다 하지 않겠느냐?」

No. 126 ⇨ 원문 p.16 ℓ.9 [莊嚴淨土分 第十]

<전> 心이니라 須菩提야 譬如有人이 身如須彌山王하면 於意云何오 是

	1	몸	신	身	⎫
	2			이	⎬
	3	할	위	爲	3
	4	큰	대	大	2
	5	아닐	부	不	4
	6			아	
㉮	7	모름지기	수	須	⎫
	8	보살	보	菩	1
	9	끌 '제' 들 '제'	리	提	⎭
	10	말씀	언	言	2
	11			하대	
	12	심할	심	甚	⎫ 3
	13	큰	대	大	⎭
	14			니이 다	
	15	대(代) 세상	세	世	⎫ 4
	16	높을	존	尊	⎭
	17			하	
㉯	18	어찌	하	何	
	19	써	이	以	
	20	연고	고	故	
	21			오	
㉰	22	부처	불	佛	⎫ 1
	23	말씀	설	說	⎬ 3
	24	아닐	비	非	⎭ 2

◆ 六祖口訣

1 119-1 / 佛告須菩提 於意云何 如來 昔在燃燈佛所 於法 有所得不 不也 世尊 如來 在燃燈佛所 於法 實無所得

①佛恐須菩提 有得法之心 爲遣此疑 故問之 須菩提 知法無所得 而白佛言 不也 ②燃燈佛 是釋迦授記之師 故問須菩提 我於師處聽法 有法可得不 須菩提卽謂 法卽因師開示 而實無所得 ③但悟自性本來淸淨 本無塵勞 寂然常照 卽自成佛 當知 世尊在燃燈佛所 於法實無所得也 如來法者 譬如日光明照 無有邊際 而不可取

①부처님께서 수보리 존자가 법을 얻었다는 마음을 낼까 염려하시어 이 의심을 없애주려 물어보신 것이다. [다행히] 수보리 존자는 법에는 얻을 것이 없음을 알고 부처님께 '아니옵니다.'하고 사뢰었던 것이다. ②연등불은 서가모니불께 수기를 주신 스승이시다. 그래서 '내가 스승의 처소에서 법을 듣고서 얻은 법이 있느냐.'하고 수보리 존자에게 물으셨다. 수보리 존자는 곧, '법은 스승으로 말미암아 열어 보여지나 실제로는 얻음이 없사옵니다.'라고 한 것이다. ③다만 자성이 본래 청정하여 본래 번뇌가 없음을 깨닫고 고요히 항상 비추면 곧 부처를 이룬다. 마땅히 알라. 세존이 연등 부처님 처소에 계시면서 실로 얻은 바 법이 없느니라. '여래의 법'은 마치 햇빛이 밝게 빛남에 그 광명이 끝없지만 그 빛을 가질 수 없음과 같으니라.

2 121-23 / 不也 世尊 何以故 莊嚴佛土者 卽非莊嚴 是名莊嚴

佛土淸淨 無相無形 何物而能莊嚴耶 唯以定慧之寶 假名莊嚴 莊嚴有三 第一莊嚴 世間佛土 造寺寫經 布施供養是也 第二莊嚴 自身佛土 見一切人 普行恭敬是也 第三莊嚴 心佛土 心淨卽佛土淨 念念常行無所得心 是也

부처님 세계는 청정하여 모양도 없고 틀도 없으니 어떤 물건이라야 능히 장엄할 것인가. 오직 정(定)과 혜(慧)의 보배라야 한다. 억지로 이름하여 장엄인데 장엄에는 세 가지가 있다. 첫째 장엄은 세상의 불토인 바 절을 짓고 경을 간행하며 보시하고 공양하는 것이며, 둘째 장엄은 자신의 불토이니 보이는 모든 사람을 보면 두루 공경하는 것이며, 셋째 장엄은 마음 불토이니 마음이 청정하면 곧 불토가 청정한 것이니 생각 생각 얻은 바 없는 마음을 항상 행하는 것이 그것이다.

3 123-4 / 須菩提 諸菩薩摩訶薩 應如是生淸淨心

㉮수보리가 사뢰되,「매우 크다 하겠나이다. 세존이시여, ㉯왜냐 하오면 ㉰부처님께서 [절대인 법신으로서의] 몸이 아님을 말씀하셨기 때문에 /

- 126 -

<후> 無爲福勝分 第十一

[莊嚴淨土分 第十] №. 127 ⇨ 원문 p.16 ℓ.10

㉮	1	몸	신	身	) 1 3
	2			일새	
	3	이	시	是	
	4	이름	명	名	
	5	큰	대	大	) 2
	6	몸	신	身	
	7			이니 이다	
	8				
	9				
	10				
	11				
	12				
	13				
	14				
	15				
	16				
	17				
	18				
	19				
	20				
	21				
	22				
	23				
	24				

不應住色生心 不應住聲香味觸法生心
①諸修行人 不應說他是非 自言我能我解 心輕未學 此非淸淨心也 自性常生智慧 行平等慈 下心恭敬 一切衆生 是修行人淸淨心也 ②若不自淨其心 愛著淸淨處 心有所住 卽是著法相 見色著色 住色生心 卽是迷人 見色離色 不住色生心 卽是悟人 住色生心 如雲蔽天 不住色生心 如空無雲 日月常照 住色生心 卽是妄念 不住色生心 卽是眞智 妄念生則暗 眞智照則明 明卽煩惱不生 暗則六塵競起

①수행하는 모든 사람은 마땅히 다른 이의 옳고 그름을 말하지 말 것이니, 자기가 스스로 말하기를 '내가 잘한다. 내가 잘 안다.'고 하는 학인(學人)의 가벼운 마음은 곧 청정하지 못한 마음이다. 자기 성품에 항상 지혜를 내어서 평등한 자비를 행하고 하심하여 일체 중생을 공경하는 것이 수행인의 청정한 마음이다. ②만일 그 마음을 스스로 깨끗이 하지 못하고 청정한 곳에 애착하여 마음이 머무름이 있으면 이것이 법이라는 생각에 집착한 것이 된다. 그래서 색을 보고 집착하여 색에 머물러 마음을 내는 것은 미혹한 사람이고, 색을 보되 색을 여의어 색에 머물지 않고 마음을 내는 것, 곧 이것이 깨달은 사람이다. 색에 머물러 마음을 내는 것은 구름이 하늘을 가린 것과 같고, 색에 머물지 않고 마음을 내는 것은 허공에 구름이 없는 것과 같아서 해와 달이 구름 한 점 없이 비치는 것이며, 색에 머물러 마음을 내는 것은 곧 망령된 생각이고 색에 머무르지 않고 마음을 쓰는 것, 곧 이것이 참다운 지혜이니 망령된 생각이 일어나면 곧 어두운 것이고 참다운 지혜가 비치면 곧 밝은 것이다. 밝으면 곧 번뇌가 일어나지 않고 어두우면 여섯 가지 티끌이 다투어 일어나느니라.

④ 125-3 / 須菩提 譬如有人 身如須彌山王 於意云何 是身 爲大不 須菩提言 甚大 世尊 何以故 佛說非身 是名大身

色身雖大 內心量小 不名大身 內心量大 等虛空界 方名大身 色身縱如須彌 終不大也

색신이 비록 크다 해도 그 속에 있는 마음이 작으면 큰 몸이라 이름할 수 없으며, 속마음이 커서 허공계와 같아야 바야흐로 큰 몸이라 할 수 있으니, 육신이 비록 수미산처럼 크다 해도 마침내 큰 것이 아니다.

㉮[상대적으로] 큰 몸이라 이름하셨겠기 때문이옵니다.」 /

No. 128 ⇨ 원문 p.17 ℓ.1 [無爲福勝分 第十一]

<전> 身일새 是名大身이니이다

1			
2			
3			
4		◎	
5	없을	무 無	⎫ 1
6	할	위 爲	⎬
7	복	복 福	⎭ 2
8	이길	승 勝	3
9	나눌	분 分	4
10			
11	차례	제 第	
12	열	십 十	
13	한	일 一	
14			
15			
16			
17			
18			
19			
20			
21			
22			
23			
24			

제11분, 무위(無爲)인 복(福)의 위대함

≪개요≫
많거나 큰 것을 나타내는 아어적(兒語的) 표현에 '하늘만큼 땅 만큼'이라는 것이 있다. 그러나 엄밀히 말하자면 '하늘만큼'은 무위(無爲)에 해당하고, '땅만큼'은 유위(有爲)에 해당한다. 이 부분은 '의법출생분(依法出生分)'에서와 같이 재시(財施)와 법시(法施)의 차이를 보이신 부분으로 법시의 공덕이 얼마만큼 수승(殊勝)한가를 일깨워 주신 대목이며, 동시에 큰마음을 낸 이로 하여금 더욱 정진하도록 격려하신 부분이기도 하다.

★소명태자(昭明太子)의 '32분(分)'
1.法會因由分 2.善現起請分 3.大乘正宗分 4.妙行無住分 5.如理實見分 6.正信希有分 7.無得無說分 8.依法出生分 9.一相無相分 10.莊嚴淨土分 11.無爲福勝分 12.尊重正敎分 13.如法受持分 14.離相寂滅分 15.持經功德分 16.能淨業障分 17.究竟無我分 18.一體同觀分 19.法界通化分 20.離色離相分 21.非說所說分 22.無法可得分 23.淨心行善分 24.福智無比分 25.化無所化分 26.法身非相分 27.無斷無滅分 28.不受不貪分 29.威儀寂滅分 30.一合理相分 31.知見不生分 32.應化非眞分

[無爲福勝分 第十一] No. 129 ⇨ 원문 p.17 l.2

<후> 오 是諸恒河沙ㅣ 寧爲多不아 須菩提言하대 甚多니이다 世尊하 但

㉮	1	모름지기	수	須	
	2	보살	보	菩	
	3	끝 '제' 들 '제'	리	提	
	4			야	
㉯	5	같을	여	如	1
	6	항상	항	恒	2
	7	물	하	河	
	8	가운데	중	中	3
	9	바	소	所	2
	10	있을	유	有	1	4
	11	모래	사	沙	3
	12	셈	수	數	4
	13			하야	
㉰	14	같을	여	如	1
	15	이	시	是	
	16	모래	사	沙	2
	17	무리	등	等	3
	18	항상	항	恒	4
	19	물	하	河	
	20			ㅣ	
㉱	21	어조사 / ~에, ~에서[처소격]	어	於	2
	22	뜻	의	意	1
	23	이를	운	云	3
	24	어찌	하	何	

◆ 六祖口訣

① 134-5 / 佛告須菩提 若善男子善女人 於此經中 乃至受持四句偈等 爲他人說 而此福德 勝前福德
布施七寶 得三界中富貴報 講說大乘經典 令諸聞者 生 大智慧 成無上道 當知受持福德 勝前七寶福德也

칠보를 보시하면 삼계 가운데서 부귀의 보를 얻지만 대승경전을 강설하면 듣는 대중으로 하여금 큰 지혜를 내게 하기에 위없는 도를 이룬다. 마땅히 알라. 받는 복덕도 앞에서 말한 칠보를 보시하여 얻는 복덕보다 수승하다.

⊙항하(恒河) ; ⓢGangā. 갠지스강(江). 경(經) 가운데 '항하'는 음역이다. 의역으로는 '천당래(天堂來)'라 한다. 천당에서 직접 흘러나온 강이라는 뜻이다. 히말라야산(山)에서 시작되어 동쪽의 뱅골만(灣)으로 흘러 들어간다. 수천 년 간 인도문명의 젖줄이었으며, 불교를 비롯한 많은 종교·철학이 이곳에서 발생되기도 했다. 지금도 인도 사람들은 이 강을 신성시하고 있으며, 특히 이 강은 석존께서 머무시던 기원정사(祇園精舍) 앞을 흐르고 있어 경(經)에서 드신 비유 가운데도 자주 등장하고 있다. '갠지스'는 지금의 이름이다.

※갠지스강의 모래는 '모래시계' 안의 모래처럼 입자가 매우 곱다. 손에 한 움큼 들고 가다보면 모르는 사이에 빠져나간다. 마치 물이 새는 것처럼.

※항하사(恒河沙) ; 10의 52제곱. 중국의 옛 수학책 『손자산경(孫子算經)』이 전하는 경(京) 이상의 큰 수 단위는 불교의 영향이 컸다. '항하사'는 인도 갠지스강의 모래 숫자처럼 셀 수 없이 많다는 비유다. 그 옛날 이런 수를 셀 일이 있었을 리 만무하다. 단지 인간이 몸담고 있는 이 세계가 광활·무궁한 우주에 비하면 아무것도 아니며, 수 또한 무한함을 깨우치려는 의도였을 것이다.

※경(京) ; 조(兆)의 1만 배다. 1에 0이 16개나 붙는다. 인간이 수정된 난세포에서부터 80~90세까지 살면서 몸에 생겨났다가 사라지는 세포의 수가 1경 개라고 한다. 지구에서 개체수가 가장 많다는 개미의 수가 약 1경 마리다. 1경원을 1만원짜리로 땅바닥에 깐다면 우리나라를 474번 덮는다고 한다.

※무량대수(無量大數) ; 한자문화권에서는 가장 큰 수의 단위. 10의 68제곱. 아미타불과 그 백성들의 한량없는 수명과 일을 나타내는 수.

㉮「수보리야 ㉯항하에 있는 모래 수같이 ㉰이렇게 [많은] 항하를 ㉱너는 어떻게 생각하느냐? /

- 129 -

No. 130 ⇨ 원문 *p.17 ℓ.3* [無爲福勝分 第十一]

<전> 須菩提야 如恒河中所有沙數하야 如是沙等恒河ㅣ 於意云何

	1			오	
㉮	2	이	시	是	
	3	모든	제	諸	
	4	항상	항	恒	
	5	물	하	河	3
	6	모래	사	沙	
	7			ㅣ	
㉯	8	편안할 어찌	영	寧	4
	9	할	위	爲	
	10	많을	다	多	5
	11	아닐	부	不	7
	12			아	
㉰	13	모름지기	수	須	
	14	보살	보	菩	1
	15	끝 '제' 들 '제'	리	提	
	16		언	言	2
	17			하대	
	18	심할	심	甚	3
	19	많을	다	多	
	20			니이다	
	21	대(代) 세상	세	世	4
	22	높을	존	尊	
	23			하	
㉱	24	다만	단	但	1

1 ※시빌레(Sibyl)

2 제우스의 아들로서 올림푸스 12신(神) 중 하나인 아폴론(Apollōn)으로부터 예언 능력을 물려받은 '시빌레'라는 여인이 있었다. 한때 아폴론은 시빌레에게 구애하면서 무슨 소원이든 들어 주겠다고 했다.

3 손에 한 움큼의 모래를 쥔 시빌레는 모래알의 수만큼 수명을 달라고 했다. 그러나 그 수명이 계속되는 동안 젊음을 유지하게 해 달라는 말은 하지 않았다. 게다가 마음이 변하여 결국 아폴론의 구애를 받아들이지 않았다.

4 성난 아폴론은 그녀의 요구대로 모래알만큼의 수명은 주었으나 나이가 드는 만큼 늙도록 내버려두었다.

6 늙어서 몸이 점점 줄어든 시빌레는 마침내 병 속에 넣어져 동굴의 천장에 매달리는 신세가 되었다. 누군가 그런 그녀에게 '소원이 무언가'고 물었더니, '죽는 5 것'이라 했다고 한다.

㉮[또] 이 모든 항하의 모래 수가 ㉯많지 않겠느냐?」 ㉰수보리가 여쭙되,「매우 많겠나이다 세존이시여. ㉱[항하의 모래 수만큼의 항하라 하시오니] 단지 모든 항하만 해도 /

- 130 -

[無爲福勝分 第十一] No. 131 ⇨ 원문 p.17 ℓ.4

<후> 告汝하노니 若有善男子善女人이 以七寶로 滿爾所恒河沙數三

㉮	1	모든	제	諸	2
	2	항상	항	恒	⎫
	3	물	하	河	⎬ 3
	4			도	
	5	오히려 또한	상	尙	1
	6	많을	다	多	2
	7	없을	무	無	⎫
	8	셈	수	數	⎬ 3
	9			온	
㉯	10	어찌	하	何	1
	11	하물며	황	況	2
	12	그	기	其	3
	13	모래	사	沙	4
	14			리잇가	
㉰	15	모름지기	수	須	
	16	보살	보	菩	
	17	끝 '제' 들 '제'	리	提	
	18			야	
㉱	19	나	아	我	1
	20	이제	금	今	2
	21			에	
	22	열매	실	實	⎫
	23	말씀	언	言	⎬ 3
	24			으로	

⊙상(尙) ; 연사(連詞)로서 추론(推論)을 이끌어 내며, 편구(偏句)의 주어 뒤에 쓰이고, 정구(正句)에서는 항상 '황(況)', '안(安)' 등과 호응하며, '또한', '더욱', '…까지도'라고 해석한다. 여기서는 정구에 쓰인 예로 '何況(하황)'과 호응하고 있으며, '또한'이라고 해석해야 한다.

※사회의 목탁이 되라
사찰에서 쓰는 대형 악기로 대종·목어·운판·법고 등 네 가지가 있다. 그래서 대사물(大四物)이라 부르며, 모두 타악기(打樂器)다. 이들 대사물의 용도는 대체적으로 대중을 운집시키는 보청(普請)에 있다. 대종을 울리는 것은 명부의 중생을, 목어는 수부를, 운판은 허공계를 그리고 법고는 세간의 중생을 초청하기 위해 울린다.

　大鍾請冥府衆(대종청명부중)
　　땡 ―　한울림은 명부중생 청함이요
　木魚請水府衆(목어청수부중)
　　수중중생 청하올젠 나무고기 두드리고
　雲板請空界衆(운판청공계중)
　　구름모양 쇠소리는 허공중생 청함이며
　法鼓請世間衆(법고청세간중)
　　두둥둥 북소리는 세간중생 청함이라.

그런데 『칙수백장청규(勅修百丈淸規)』의 법기장(法器章)에 보이듯 사물(四物)의 시원은 건추(犍椎. Sghaṇṭā의 음역. 인도 사원에서 사용하는 목조 악기. 후에는 일반적으로 사원 악기의 총칭이 됨)에 있다. 결국 사물(四物)은 중생의 부류를 크게 넷으로 나누고 각기 종류에 알맞게 분화 발달한 것이다.

그리고 다시 휴대하기에 적당한 크기로 축소하였으니 요령(搖鈴)·소북[小鼓]·광쇠·목탁(木鐸) 등이 그것이다. 대사물을 축소한 것이기에 소사물(小四物)이라 부른다.

㉮또한 많아서 헤아릴 수 없사옵거늘 하물며 그 모래이겠습니까?」㉯「수보리야, ㉰내가 이제 참말로 /

No. 132 ⇨ 원문 p.17 ℓ.5 [無爲福勝分 第十一]

<전> 諸恒河도 尙多無數온 何況其沙리잇가 須菩提야 我今에 實言으로

㉮	1	고할	고	告	2
	2	너	여	汝	1
	3		하노니		
㉯	4	같을	약	若	1
	5	있을	유	有	2
	6	착할	선	善	
	7	사내	남	男	
	8	아들	자	子	3
	9	착할	선	善	
	10	계집 '여'	여	女	
	11	사람	인	人	
	12		이		
㉰	13	써	이	以	2
	14	일곱	칠	七	1
	15	보배	보	寶	
	16		로		
	17	찰	만	滿	7
	18	너 그(其)	이	爾	3
	19	바	소	所	4
	20	항상	항	恒	
	21	물	하	河	5
	22	모래	사	沙	
	23	셈	수	數	
	24	석	삼	三	6

사물(四物)의 이야기를 꺼낸 것은 소사물 가운데 '목탁'에 관한 이야기를 해보고 싶어서다. 목탁은 대소사물을 통틀어 가장 많이 쓰이는 사원의 악기다. 목어를 축소해서 만든 만큼 외형은 물고기를 닮았다. 그런가하면 손잡이를 들고 거꾸로 들면 영락없이 방울 모습이다. 그래서 목탁에서 '탁(鐸)'은 방울 '탁'자다.

더구나 이 악기는 본래 염불을 하는데 쓰이기보다는 선가(禪家)에서 애용하던 도구(道具)다. 지금처럼 두드려서 소리를 내는 외타형(外打形)이 아니라 목탁 안에 단단한 물건을 넣고 흔들어 소리를 내는 내타형(內打形)이었다.

선사가 법어를 할 때 졸거나 다른 생각을 하는 사람이 있으면, 그 사람을 직접 지적하지 않고 목탁을 흔들어 소리를 냈던 것이다. 상대의 인격을 최대한 존중하면서도 주위를 환기시키는데는 효과가 만점인 그런 도구였다. 법석(法席)에는 참석은 자발적이기에 그 효과는 더욱 컸다.

그래서 자랄 때 많이 듣던 소리가 '이다음에 훌륭한 사람이 되어 사회(社會)의 목탁이 되라'는 말씀이었다. 많은 사람들이 제 위치를 모르거나 갈 방향을 잃고 엉뚱한 일을 할 때 경종을 울릴 수 있는 사람이 되라는 말씀이다.

목탁의 유래를 모를 때는 여기 저기 다니며 두드려 맞으라는 말씀으로 오해하고 고개를 갸웃거린 적이 있었다. 하기야 옳은 일을 하려면, 그리고 바른 소리를 하면 두드려 맞기도 해야하니 아주 틀린 생각은 아닌 것도 갔고…

진정 사회의 목탁이 되는 길은 '응무소주 이생기심'으로 중생을 위해 『금강경』의 전체내용, 아니면 사구게(四句偈) 만이라도 전해주는 것이다.

㉮네게 이르노니, ㉯어떤 선남자 선여인이 ㉰칠보를 그렇게 많은 항하의 모래수 같은 삼천대천세계에 가득히 채워 /

- 132 -

[無爲福勝分 第十一] No. 133 ⇨ 원문 p.17 ℓ.6

<후> 니이다 世尊하 佛告須菩提하사대 若善男子善女人이 於此經中에 乃

	1	일천	천	千	
	2	큰	대	大	
	3	일천	천	千	
	4	인간	세	世	
	5	지경	계	界	
	6			하야	
㉮	7	써	이	以	1
	8	쓸	용	用	3
	9	베,펼'포' 보시	보	布	2
	10	베풀	시	施	
	11			하면	
㉯	12	얻을	득	得	1
	13	복	복	福	
	14			이	
	15	많을	다	多	2
	16	아닐	부	不	3
	17			아	
㉰	18	모름지기	수	須	1
	19	보살	보	菩	
	20	끌'제' 들'제'	리	提	
	21	말씀	언	言	2
	22			하대	
	23	심할	심	甚	3
	24	많을	다	多	

※ 출가는 은혜를 저버린 행위인가?

승려의 길을 걷는 것을 패륜(悖倫)으로 생각하는 경우가 있다. 국가를 경영하지 않고, 부모를 모시지 않고, 처자와 가업을 돌보지 않는 등 일체의 의무를 저버리고 일신만을 위해 집을 나서기에 하는 말이다.

이런 지적에 대한 해명을 치악산(雉岳山)에 얽힌 다음과 같은 설화(說話)를 살피며 들어보기로 하자.

지금의 치악산은 원래 적악산(赤岳山)이라 부르던 산이었다. 산 이름이 바뀌게 된 데는 다음과 같은 사연이 있다.

어느 때, 경상도 의성(義城)의 한 선비가 과거보러 가는 길에 이 산을 지나고 있었다. 아직은 한낮, 어디선가 비명 같은 꿩의 소리가 처절하게 들려왔다. 주위를 둘러보던 선비의 시선은 한곳에 멈췄다. 그곳에는 두 마리의 꿩이 날아오르려다 주저앉기를 번갈아 가며 되풀이하고 있었다. 커다란 뱀이 독을 품어대기 때문이었다. 꿩을 불쌍히 여긴 선비는 어깨에 멘 활을 꺼내 시위를 당겼다. 뱀은 그 자리에서 즉사했고, 정신을 차린 꿩들은 날아갔다.

선비는 다시 가던 길을 재촉했으나 산중의 날은 곧 어두워져 길을 잃게 되었다. 쉴 곳을 찾아 헤매다 지친 선비의 눈에 한줄기 빛이 아련히 들어왔다. 정신을 가다듬고 찾아가니 초가집이 한 채 있었다. 사립문을 흔들며 주인을 부르니 소복(素服)을 한 젊은 아낙이 나왔다. 선비는 사정을 말하고 하룻밤 묵기를 청하였으나 젊은 여인은 거절했다.

「선비님의 사정은 딱하오나 실은 남편의 상중(喪中)이옵고, 더욱이 이 집에는 저 혼자인지라…」

사정을 듣고 보니 더 이상 부탁할 수 있는 처지가 아니었다. 그러나 주위는 칠흑같이 어둡고, 달리 집도 보이질 않았다.

「말씀은 알아듣겠소만, 이곳이 아니면 달리 묵을 곳이 없으니…」

두 사람 사이에는 잠시 침묵이 흘렀다. 이윽고,

「알겠습니다. 제 사정도 사정이오나 선비님의 사정이 그러시니 누추하더라도…」하고는 아낙은 선비를 집 안으로 안내하였다. 집 안에 들어서 보니, 아낙의 말대로 마루에는 상청(喪廳)이 있었고 달리 식솔(食率)도 없는 듯 했다. 아낙은 건넌방으로 선비를 안내하고, 저녁을 준비하겠노라며 나갔다. 길에 흘려 시달린 몸인지라 방의 따뜻한 기운에 선비는 앉아서 깜박 졸았다. 얼마가 지났을까. 온몸이 답답하고 거북함을 느낀 선비가 눈을 떠보고는 소스라치게 놀랐다. 그도 그럴 것이 커다란 뱀이 선비의 몸을 칭칭 감고 있었던 것이다. 게다가 잠에서 깨어난 선비를 본 구렁이는 사람의 말로,

「이제 정신이 드느냐. 너는 나의 원수이니라.」고 했다. 선비는 놀란 가슴을 진정시키며,

㉮보시에 쓴다면, ㉯복을 얻음이 많지 않겠느냐?」 ㉰수보리가 여쭙되,「매우 많겠나이다 세존이시여.」 /

- 133 -

No. 134 ⇨ 원문 p.17 ℓ.7 [無爲福勝分 第十一]

<전> 千大千世界하야 以用布施하면 得福이 多不아 須菩提言하대 甚多

	1		니이다		
	2	대(代) 세상	세	世	4
	3	높을	존	尊	
	4		하		
㉮	5	부처	불	佛	1
	6	알릴	고	告	3
	7	모름지기	수	須	
	8	보살	보	菩	2
	9	끌'제' 들'제'	리	提	
	10		하사대		
㉯	11	만약	약	若	1
	12	착할	선	善	
	13	사내	남	男	
	14	아들	자	子	2
	15	착할	선	善	
	16	계집'여'	여	女	
	17	사람	인	人	
	18		이		
㉰	19	어조사	어	於	3
	20	치	차	此	1
	21	글	경	經	2
	22	가운데	중	中	
	23		에		
	24	이에	내	乃	3

「나는 일찍이 누구와도 원수진 일이 없거늘 무슨 소리냐?」
「너는 지난 낮의 일을 잊었단 말이냐?」
그때서야 선비는 낮에 있었던 구렁이와 두 마리의 꿩 사이에 있었던 일을 기억할 수 있었다. 이런 선비의 마음을 알아차린 구렁이는,
「그렇다. 네가 지난 낮에 쏘아 죽인 구렁이는 바로 내 남편이었느니라. 우리 부부는 비록 구렁이의 몸을 하고는 있으나, 여기에 산 지 이미 오백 년! 그간 도를 닦아 내일이면 이 몸을 벗고 사람이 될 참이었는데 네놈이…」
분을 참지 못한 구렁이는 눈물을 흘리며, 몸에 힘을 주니 선비는 몸이 으스러질 지경이었다. 가까스로,
「여보시오, 그건 꿩이 불쌍해서 그만 순간적으로 저지른 일이었소. 그러니…」
어찌된 일인지 구렁이는 선비를 조였던 힘을 풀며 다소 부드러운 목소리로,
「그대의 심정을 모르는 바는 아니오. 나 역시 여기서 오백 년 동안 도를 닦아 온 몸. 내 남편은 살생을 않으리라는 스스로의 약속을 저버리고 그만…. 그러나 나는 그의 아내이고, 당신은 내 남편을 죽였으니 아내 된 몸으로 당신을 죽여서라도 내 남편의 넋을 위로해야만 되겠소.」
죽음을 눈앞에 둔 선비는 구렁이에게 목숨을 구걸했다. 그러자 구렁이는,
「그렇다면 한 가지 방법은 있소. 저 위에 이미 폐사된 지 여러 해가 된 절이 있는데, 그곳에는 종(鐘)이 있소. 날이 밝기 전에 그 종이 세 번만 울린다면 그대를 살려주리다.」
잠시 동안이나마 목숨을 부지하게 된 것은 다행이었다. 그러나 사람이 없는 절에서 종소리가 들려 올리는 만무였다. 드디어 동이 트려고 하는데,
'땡—, 땡—, 땡—'
세 번의 종소리가 들려왔다. 놀란 것은 선비만이 아니었다. 구렁이는,
「참으로 불가사의한 일이로다. 어쨌거나 그대는 하늘이 돕는 사람이니 살려주리다.」
하고는 인홀불견(因忽不見)이었다. 잠시 후 정신을 가다듬은 선비는 거듭 자신의 몸을 만져보며 살아있음을 확인한 뒤, 폐사가 되었다는 절을 찾아 비탈을 올라갔다.
얼마 후, 절에 도착한 선비는 종각을 발견하고 다가갔다. 이곳에서 선비는 다시 한번 크게 놀랐다. 그곳에는 지난 낮에 구해준 것으로 짐작되는 꿩 두 마리가 죽어 있었다. 수컷으로 보이는 꿩은 부리를 벌리고, 암컷으로 보이는 꿩은 부리를 다문 채 모두 피를 흘리고 있었다. 힘이 약한 암컷은 입을 모아 힘껏 종을 쳤고, 수꿩은 위 부리와 아래 부리로 종을 친 것이 분명했다. 선비는,

㉮ 부처님께서 수보리에게 이르시되, ㉯「만일 선남자 선여인이 ㉰ 이 경 가운데 사구게만이라도 받아 지니고 /

<후> 尊重正教分 第十二 [無爲福勝分 第十一]

	1	이를	至 지	
	2	받을	受 수	4
	3	가질	持 지	
	4	넉	四 사	
	5	글귀	句 구	5
	6	쉴송(頌)	偈 게	
	7		等 등	6
	8		하야	
㉮	9	할 위할	爲 위	2
	10	다를	他 타	1
	11	사람	人 인	
	12	말씀	說 설	3
	13		하면	
㉯	14	말 이을	而 이	1
	15	이	此 차	2
	16	복	福 복	3
	17	덕	德 덕	
	18		이	
㉰	19	이길	勝 승	3
	20	앞	前 전	1
	21	복	福 복	2
	22	덕	德 덕	
	23		하리라	
	24			

㉮다른 사람을 위해 설한다면 ㉯이 복덕이 ㉰앞에서 말한 복덕보다 수승 하니라.」/

'미물이건만 은혜를 갚으려‥‥' 하고는 말을 잇지 못했다.

후일 이 이야기를 전해들은 사람들은 보은(報恩)의 정신을 꿩에게서 모범하기 위해 '적악산'이라 부르던 이 산을 '치악산'이라 고쳐 부르기로 했다. 그리고 사찰에서는 그 당시 암수 두 마리의 꿩이 울렸던 종소리를 그대로 모범하여 아침 예불 직전에 종을 울린다. 이 때 울리는 종을 암수가 함께 울린 것을 뜻하기 위해 이름도 암컷 '자(雌)'자와 수컷 '웅(雄)'자를 써서 '자웅금(雌雄金)'이라 했다.

사찰에서 '자웅금'을 울리는 것은, 출가가 모든 은혜를 저버리고 회피하는 것이 아니라 좀더 적극적으로 갚으려는 지혜로부터 출발임을 뜻하는 것이다.

부모님께 보은하는 일만 해도 '일일삼생지양 유위불효야(一日三牲之養 猶爲不孝也. 하루에 세 마리의 짐승을 잡아 봉양해도 오히려 불효가 된다)'라는 말씀이 있듯, 부모님을 편안히 모시고 맛있는 음식으로 봉양하는 것만으로는 제대로 갚았다 할 수 없다.

오히려 이런 행위는 모두 윤회의 길로 들어서는 빌미가 될지언정 해탈을 얻는데는 아무런 도움이 되지 못하기 때문이다. 수행에 철저하여 성불의 경지에 이르러야 부모님을 해탈의 길로 모시는 진정한 효행이 되겠기에 그 날을 위해 잠시 물러서 있는 것뿐이다.

문제는 출가했다고 모두 성불하는 것은 아닐 뿐더러 출가할 때 다졌던 마음이 시간이 지남에 따라 점차 희석되는 경우가 많다. 그래서 승가에서의 하루를 여는 예불 직전에 '자웅금'을 울리는 것이다. 미물도 알고 갚는 은혜를 출가한 사람이 잊어서야 되겠는가 하고 경각(警覺)시키려는 의도다.

'자웅금'을 들으며 가슴에 새기는 다섯 가지 은혜는 다음과 같다.

<五種大恩銘心不忘(오종대은명심불망)>
各安其所國家之恩(각안기소국가지은)
　　편안한삶 지켜주신 이나라의 크신은혜
生養劬勞父母之恩(생양구로부모지은)
　　낳으시고 키워주신 부모님의 크신은혜
流通正法師長之恩(유통정법사장지은)
　　바른진리 깨쳐주신 스승님의 크신은혜
四事供養檀越之恩(사사공양단월지은)
　　가지가지 공급하신 시주님의 크신은혜
琢磨相成朋友之恩(탁마상성붕우지은)
　　선의경쟁 사람만든 법우님의 크신은혜

출가의 진정한 목적은 헤어짐이나 회피에 있는 것이 아니라 유토피아인 해탈의 세계에서 영원히 함께 하려는데 있다. 그리고 그 방법은 『금강경』 사구게의 내용을 체득하고, 또 타인을 위해 전하는 일 말고는 달리 없다할 것이다.

No. 136 ⇨ 원문 p.17 ℓ.10 [尊重正敎分 第十二]

<전> 至受持四句偈等하야 爲他人說하면 而此福德이 勝前福德하리라

㉮	1		
㉯	2		
㉰	3		
㉱	4		◎
	5	높을 우러를	존	尊
	6	무거울 소중히 할	중	重
	7	바를	정	正
	8	가르칠	교	敎
	9	나눌	분	分
	10			
	11	차례	제	第
	12	열	십	十
	13	두	이	二

(세로 표기: 1 3)

제12분, 불탑(佛塔)처럼 존중되어야 할
　　　바른 가르침 '금강경'

≪개요≫
　『금강경』은 곧 석존께서 깨달으신 바 내용 가운데 골수가 담겨진 것으로 그 내용은 가장 높아서 따를 이가 없고, 제일(第一)이어서 모든 법에 뛰어났고, 희유(稀有)하여서 깨닫기 전에는 그 진가를 알기 어려운 것이므로 모름지기 존중해야 하고 또 존중되어야 마땅하다는 당위성을 탑묘(塔墓)에 견주어 밝히신 부분이다.

★소명태자(昭明太子)의 '32분(分)'
1.法會因由分　2.善現起請分　3.大乘正宗分　4.妙行無住分　5.如理實見分　6.正信希有分　7.無得無說分　8.依法出生分　9.一相無相分　10.莊嚴淨土分　11.無爲福勝分　12.尊重正敎分　13.如法受持分　14.離相寂滅分　15.持經功德分　16.能淨業障分　17.究竟無我分　18.一體同觀分　19.法界通化分　20.離色離相分　21.非說所說分　22.無法可得分　23.淨心行善分　24.福智無比分　25.化無所化分　26.法身非相分　27.無斷無滅分　28.不受不貪分　29.威儀寂滅分　30.一合理相分　31.知見不生分　32.應化非眞分

- 136 -

[尊重正敎分 第十二] No. 137 ⇨ 원문 p.18 ℓ.1

<후> 切世間天人阿修羅ㅣ 皆應供養하되 如佛塔廟어늘 何況有人이

①						
㉮	1	돌아올 '복' 다시	부	復	⎫ ⎬ 1 ⎭	⊙부차(復次) ; 거듭 또. 재차(再次). / 復(다시 '부'), 次(버금 '차')
	2	버금	차	次		
	3	모름지기	수	須	⎫ ⎬ 2	
	4	보살	보	菩		
	5	끝 '제' 들 '제'	리	提		
	6			야		
㉯	7	즉시, 곧바로 따를	수	隨	⎫ ⎬ 5	⊙수(隨) ; 부사로서 어떤 상황이나 행동의 뒤에 급히 이어짐을 나타내고, 동사 앞에 쓰이며, '곧', '즉각', '나중에', '이다음에'라고 해석한다.
	8	말씀	설	說		
	9	이	시	是	⎫ ⎬ 1	
	10	글	경	經		
	11			하되		
㉰	12	이에	내	乃	⎫ ⎬ 2	
	13	이를	지	至		
	14	넉	사	四	⎫ ⎬ 3	
	15	글귀	구	句		
	16	쉴 송(頌)	게	偈		
	17	무리	등	等	⎬ 4	
	18			하면		
㉱	19	마땅	당	當	1	
	20	알	지	知	2	
	21	이차	차	此	⎫ ⎬ 3	
	22	곳	처	處		
	23			는		
	24	한	일	一	⎬ 4	

㉮「또 수보리야 ㉯이 경 [전체] ㉰내지 사구게만이라도 설하면, ㉱마땅히 알지니, 이 곳은 모든 세간의 천상·인간·아수라들 /

No. 138 ⇨ 원문 p.18 ℓ.2 [尊重正教分 第十二]

<전> 復次須菩提야 隨說是經하대 乃至四句偈等하면 當知此處는 一

1	온통	체	切	⎫
2	인간	세	世	⎬ 5
3	사이	간	間	⎭
4	하늘	천	天	⎫
5	사람	인	人	⎪
6	언덕	아	阿	⎬ 6
7	닦을	수	修	⎪
8	벌릴	라	羅	⎭
9				
㉮ 10	다	개	皆	1
11	응할	응	應	2
12	이바지 할	공	供	⎫ 3
13	기를	양	養	⎭
14				하되
㉯ 15	같을	여	如	2
16	부처	불	佛	⎫
17	탑	탑	塔	⎬ 1
18	사당	묘	廟	⎭
19				어늘
㉰ 20	어찌	하	何	⎫ 1
21	하물며	황	況	⎭
22	있을 어떤	유	有	⎫ 2
23	사람	인	人	⎭
24				이

⊙천(天) ; ⓈDeva. ㊿천상(天上). 업(業)에 의해 생사를 반복하는 세계를 육도(六道)라 한다. 이 가운데 지옥(地獄)·아귀(餓鬼)·축생(畜生)은 삼악도(三惡道)이고, 수라(修羅)·인간(人間)·천상(天上)은 삼선도(三善道)이다. '천'의 해석 예는 많이 있지만, 본 경에서는 '인'·'아수라'와 함께 등장하고 있는 바, 육도 가운데 '천'을 말한다고 하겠다. 즉 욕계(欲界. 성욕과 식욕을 모두 지닌 세계)·색계(色界. 청정한 물질로 이루어진 세계. 색욕과 식욕이 모두 없고 광명을 음식과 언어로 삼는 세계)·무색계(無色界. 물질적인 것을 초월한 순수 정신적인 세계. 오온 가운데 색온이 없고 수·상·행·식 4온만이 존재하는 세계)의 모든 중생으로 선업(善業)이 수승(殊勝)한 존재.

특히 이 가운데 도리천(忉利天)을 가리킨다고도 한다. 즉 도리천의 왕인 제석(帝釋)이 항상 반야경(般若經)을 좋아하여 천상의 무리들을 자기의 궁전인 선법당(善法堂)에 운집시키고 이 경을 강설하였는데, 간혹 요긴한 일로 제석천이 자리를 비우고 없으면 천상의 대중들은 반야경에 예를 올린다고 한다.

⊙인(人) ; 육도의 하나인 인간을 가리키며, 여기서는 불연(佛緣)이 깊은 사람을 말한다.

⊙아수라(阿修羅) ; ⓈAsura. ㊿비천(非天)·비류(非類)·부단정(不端正). 인도에서 가장 오래된 신의 하나. 인도의 고전 리그베다에서는 가장 수승한 성령(性靈)이라는 뜻으로 사용되고 있는데, 중기 이후에는 무서운 귀신으로 인식되었다. 싸우기를 좋아하는 악신(惡神)이어서 늘 무서운 형상으로 표현된다.

한편 아수라와 천(天) 사이에는 늘 전쟁이 끊이질 않는다. 이유는 아수라에게는 예쁜 여자가 많이 있으나 좋은 음식이 부족하고, 천(天)에는 좋은 음식은 있으나 예쁜 여자가 부족하므로 각기 부족한 것을 채우기 위해 전쟁이 발발하고 그 싸움은 매우 치열하다고 한다. 따라서 싸움이 치열하고 어지러운 경우를 아수라장이라 함도 이런데서 연유된 것이다.

그러나 이들 아수라도 반야경을 듣고 공경하는 점은 천과 동일하다고 한다. 아수라의 모습은 삼면육비(三面六臂. 세 개의 얼굴과 여섯 개의 팔)로 되어 있는데, 두 팔은 합장을 하고 있다.

⊙탑묘(塔廟) ; ⓈCaitya-bhūta. / ⓈStūpa. ⓅThūpa. ㊷탑파(塔婆)·도파(兜婆)·솔도파(窣都婆)·수두파(籔斗婆)·사투파(私偸簸)·소투파(蘇偸婆) ㊿방분(方墳)·원총(圓塚)·귀종(歸宗)·고현(高顯)·취상(聚相).

㉮모두가 공양하기를 ㉯부처님의 탑[에 공양하는 것]과 같이 할 것이어늘, ㉰하물며 어떤 사람이 끝까지 받아 지니고 읽거나 외울 때이겠는가?! /

[尊重正教分 第十二] №139⇨ 원문 p.18 ℓ.3

<후> 之法이니 若是經典所在之處는 卽爲有佛과 若尊重弟子니라

1	다할	진	盡	3
2	능할	능	能	4
3	받을	수	受	5
4	가질	지	持	
5	읽을	독	讀	
6	외울	송	誦	
7			이리오	
㉮ 8	모름지기	수	須	
9	보살	보	菩	
10	끌'제'들'제'	리	提	
11			야	
㉯ 12	마땅	당	當	1
13	알	지	知	
14	이	시	是	3
15	사람	인	人	
16			은	
17	이룰	성	成	7
18	나아간 이룰	취	就	
19	가장	최	最	4
20	윗	상	上	
21	차례	제	第	5
22	한	일	一	
23	바랄 드물	희	希	6
24	있을	유	有	

챠이트야(Caitya)는 일반적으로 묘소(墓所)를 가리키고, 불타 시대 이전부터 있어 왔다. 불교에서는 부처님 또는 불제자의 사리나 유골을 담은 거대한 구조물을 스투파(stūpa. 塔)라고 부르고, 그 밖의 성물(聖物), 즉 발우(鉢盂)·경전 등을 넣은 구조물은 챠이트야라 불러 구분하였다. 그러나 후세에는 삼보(三寶)의 덕을 앙모하고 보은하기 위한 공양의 대상이라는 개념 하에 이 두 가지를 혼용하여 사용하였다.

석존의 사리는 여덟 곳에 나누어져 탑 속에 봉안되었고, B.C. 3세기 경, 아쇼카(Aśoka) 왕은 불교의 성역에 8만 4천이나 되는 탑을 쌓았다고 전한다. 특히 탑은 대승불교의 발생과 깊은 관계가 있음에도 주목할 필요가 있다.

초기의 탑은 반구(半球)형으로 쌓아 꼭대기에서 수직으로 구멍을 뚫어서 지평면(地平面)에 이르게 하고, 그 밑바닥에 사리나 또는 성물을 안치하였다. 주위에는 예배할 수 있는 길을 만들고 주위에는 돌로 난간을 둘렀다.

후세에는 여러 가지 모양으로 변하여 복발탑(伏鉢塔)·옥탑(屋塔)·노탑(露塔)·주탑(柱塔)·상륜탑(相輪塔)·무봉탑(無縫塔)·안탑(雁塔)·감탑(龕塔)·삼중탑(三重塔)·칠중탑(七重塔)·오륜탑(五輪塔) 등의 구조로 발달되었다. 우리나라에서도 법주사(法住寺)의 팔상전(八相殿) 등은 탑의 변형된 건축물의 모습을 띠고 있다.

㉮수보리야, ㉯마땅히 알지니, 이 사람은 가장 높고 제일이고 희유한 법을 성취하게 되리니 /

No. 140 ⇨ 원문 p.18 ℓ.4 [尊重正敎分 第十二]

<전> 盡能受持讀誦이리오 須菩提야 當知是人은 成就最上第一希有

1	갈	지	之	
2	법	법	法	
3			이니	
㉮ 4	만약	약	若	1
5	이	시	是	2
6	글	경	經	
7	법	전	典	3
8	바	소	所	
9	있을	재	在	
10	갈	지	之	4
11	곳	처	處	
12			는	
㉯ 13	곧	즉	卽	1
14	할	위	爲	6
15	있을	유	有	5
16	부처	불	佛	2
17			과	
18	만약	약	若	4
19	높을 우러를	존	尊	
20	무거울 소중히 할	중	重	3
21	아우	제	弟	
22	아들	자	子	
23			니라	
24				

*六祖口訣

① 137-1 / 復次 須菩提 隨說是經 乃至四句偈等 當知此處 一切世間天人阿修羅 皆應供養 如佛塔廟
①所在之處如有人 卽說是經 若念念常行無念心 無所得心 不作能所心說 若能遠離諸心 常依無所得心 卽此身中 有如來全身舍利 故言如佛塔廟 ②以無所得心 說此經者 感得天龍八部 悉來聽受 心若不淸淨 但爲名聞利養 而說是經者 死墮三途 有何利益 ③心若淸淨 爲說是經者 令諸聽者 除迷妄心 悟得本來佛性 常行眞實 感得天人阿修羅人非人等 皆來供養持經之人

①어느 곳에 있거나 사람이 있으면 곧 이 경을 강설하여 생각 생각이, 생각 없는 마음과 얻을 바 없는 마음으로 항상 행할 것이며, 능소의 마음을 지어서 강설하지 말라. 만일 모든 마음을 능히 멀리 여의어서 항상 얻을 것 없는 마음에 의지하면 곧 이 몸 가운데 여래의 전신 사리가 있는 것이 된다. 그래서 '부처님의 탑묘가 있는 것과 같다'고 하셨던 것이다. ②얻을 것 없는 마음으로 이 경을 말하는 이는 하늘·용 등의 여덟 신중이 큰 감명을 받고 모두 와서 듣겠지만, 마음이 만일 청정하지 못해서 다만 명성을 듣는다거나 이익을 위해 이 경을 연설하는 사람은 죽어서 삼악도에 떨어질 것이니 무슨 이익이 있을 것인가. ③마음이 만일 청정하여 이 경을 설명한다면 듣는 사람들로 하여금 미망심을 없애고 본래의 불성을 깨달아서 항상 진실을 행하게 하므로 하늘·사람·아수라·사람인 듯 아닌 듯 한 것 등이 모두 와서 경을 지닌 사람에게 공양 할 것이다.

② 140-4 / 若是經典所在之處 卽爲有佛 若尊重弟子
自心誦得此經 自心解得經義 更能體得無著無相之理 所在之處 常修佛行 念念心無有間歇 卽自心是佛 故言所在之處 則爲有佛

마음으로 이 경을 독송하고 마음으로 이 경의 뜻을 이해하고, 다시 애착이 없고 상없는 이치를 체득하여 어느 곳에 있든 항상 부처님의 행을 닦아서 생각 생각 조금도 끊어짐이 없으면 곧 마음이 부처이다. 그래서 '있는 곳마다 곧 부처님이 계시다'고 한 것이다.

㉮이 경이 있는 곳은 ㉯곧 부처님과 존중받는 제자 같은 이가 있느니라.」

[如法受持分 第十三] № 141 ⇨ 원문 p.18 ℓ.6

<후> 爾時에 須菩提ㅣ白佛言하대 世尊하 當何名此經이며 我等이 云

1			
2			
3			
4		◎	
5	같을	여	如) 1
6	법	법	法
7	받을	수	受) 2
8	가질	지	持
9	나눌	분	分 3
10			
11	차례	제	第
12	열	십	十
13	석	삼	三
14			
15			
16			
17			
18			
19			
20			
21			
22			
23			
24			

제13분, '금강반야바라밀'이라는 이름 처럼 소중히 받아 지닐 것을 당부하심.

≪개요≫
 이 경의 이름을 '금강반야바라밀(金剛般若波羅蜜)'이라 지어 주시고, 앞서 말씀하신 내용을 거듭 천명하시면서 잘 받들고 지닐 것을 당부하신 부분이다.

★소명태자(昭明太子)의 '32분(分)'
1.法會因由分 2.善現起請分 3.大乘正宗分 4.妙行無住分 5.如理實見分 6.正信希有分 7.無得無說分 8.依法出生分 9.一相無相分 10.莊嚴淨土分 11.無爲福勝分 12.尊重正敎分 13.如法受持分 14.離相寂滅分 15.持經功德分 16.能淨業障分 17.究竟無我分 18.一體同觀分 19.法界通化分 20.離色離相分 21.非說所說分 22.無法可得分 23.淨心行善分 24.福智無比分 25.化無所化分 26.法身非相分 27.無斷無滅分 28.不受不貪分 29.威儀寂滅分 30.一合理相分 31.知見不生分 32.應化非眞分

No. 142 ⇨ 원문 p.18 l.7 [如法受持分 第十三]

<전> 如法受持分 第十三

㉮	1	너 그	이	爾	⎫ ⎬ 1 ⎭
	2	때	시	時	
	3			에	
	4	모름지기	수	須	⎫
	5	보살	보	菩	⎬ 2
	6	끝 '제' 들 '제'	리	提	⎭
	7			ㅣ	
	8	휘 고할	백	白	4
	9	부처	불	佛	⎫ 3
	10	말씀	언	言	⎭ 5
	11			하되	
㉯	12	대(代) 세상	세	世	⎫ 1
	13	높을	존	尊	⎭
	14			하	
	15	마땅	당	當	3
	16	어찌	하	何	⎫ 2
	17	이름	명	名	⎭
	18	이	차	此	⎫ 1
	19	글	경	經	⎭
	20			이며	
㉰	21	나	아	我	⎫ 1
	22	무리	등	等	⎭
	23			이	
	24	이를	운	云	⎭ 2

◆ 六祖口訣

① 144-10 / 所以者何 須菩提 佛說般若波羅蜜 卽非般若波羅蜜

佛說般若波羅蜜 令諸學人用智慧 除却愚心生滅 生滅滅盡 卽到彼岸 若心有所得 卽不到彼岸 心無一法可得 卽是到彼岸 口說心行 乃是到彼岸也

부처님께서 반야바라밀을 말씀하시어 모든 학인들로 하여금 지혜를 써서 어리석은 마음이 생멸함을 없애게 하시었으니 생멸이 다해 없어지면 곧 저 언덕에 이르는 것이다. 만일 마음에 얻은 바가 있으면 곧 저 언덕에 이르지 못함이니 마음에 한 법도 얻은 게 없어야 곧 저 언덕에 이르는 것이다. [반야바라밀법을] 입으로 말하고 마음으로 행하면 이것이 저 언덕에 이르는 것이니라.

② 145-19 / 須菩提 於意云何 如來 有所說法不 須菩提 白佛言 世尊 如來 無所說

①佛問須菩提 如來說法 心有所得不 須菩提知如來說法 心無所得 故言無所說也 ②如來意者 欲令世人離有所得之心故 說般若波羅蜜法 令一切人聞之 皆發菩提心 悟無生理 成無上道也

①부처님께서 수보리 존자에게 '여래의 설법으로 마음에 얻은 바가 있느냐'고 물으셨다. 수보리 존자는 여래의 설법으로 마음에 얻을 바가 없음을 알고 있었으므로 말씀하신 바가 없다고 여쭈었다. ②여래께서 의도하심은 세상의 중생들로 하여금 얻은바가 있다는 마음을 여의게 하려는데 있었으므로 반야바라밀법을 말씀하셔서 모든 사람들로 하여금 듣고서 모두 보리심을 일으켜 태어남이 없는 이치를 깨달아 위없는 도를 이루게 하려 하시는 것이었다.

③ 147-7 / 須菩提 於意云何 三千大千世界所有微塵 是爲多不 須菩提言 甚多 世尊 須菩提 諸微塵 如來說非微塵 是名微塵 如來說世界 非世界 是名世界

①如來說 衆生性中妄念 如三千大千世界中所有微塵 一切衆生 被妄念微塵 起滅不停 遮蔽佛性 不得解脫 若能念念眞正 修般若波羅蜜無著無相行 了妄念塵勞 卽淸淨法性 ②妄念旣無 卽非微塵 是名微塵 了眞卽妄 了妄卽眞 眞妄俱泯 無別有法 故云是名微塵 ③性中無塵勞 卽是佛世界 心中有塵勞 卽是衆生世界 了諸妄念空寂 故云非世界 證得如來法身 普現塵刹 應用無方 是名世界

①여래께서 말씀하시기를 '중생의 성품 가운데 있는 망령된 생각이 마치 삼천대천세계 가운데 있는 먼지와 같아서, 일체 중생이 일어나고 꺼짐이 멈추지 않

㉮그때 수보리가 부처님께 사뢰었다. ㉯「세존이시여, 이 경의 이름은 무엇이라 하며 ㉰저희들이 어떻게 받들어 지니오리까?」 /

[如法受持分 第十三] No. 143 ⇨ 원문 p.18 l.8

<후> 是名字로 汝當奉持하라 所以者何오 須菩提야 佛說般若波羅

	1	어찌	하	何	
	2	받들	봉	奉	
	3	가질	지	持	
	4			하오리까	
㉮	5	부처	불	佛	
	6	알릴	고	告	
	7	모름지기	수	須	
	8	보살	보	菩	
	9	끝'제' 들'제'	리	提	
	10			하사대	
㉯	11	이	시	是	
	12	글	경	經	
	13			은	
	14	이름	명	名	
	15	하	위	爲	
	16	쇠	금	金	
	17	굳셀	강	剛	
	18	가지	반	般	
	19	만약'약' 반야	야	若	
	20	물결'파'	바	波	
	21	벌릴	라	羅	
	22	꿀	밀	蜜	
	23			이니	
㉰	24	써	이	以	

는 망념의 티끌에 뒤집어 씌워서 불성을 가리우므로 해탈을 얻지 못하는 바이다. 만일 생각 생각을 참되고 바르게 하여 반야바라밀의 무착무상(無著無相)의 행을 닦으면 망령된 생각의 티끌이 곧 청정한 법성(法性)임을 요달할 것이다. ②망령된 생각이 이미 없다면, 곧 미진이 아닌 것을 미진이라 한 것이다. 진(眞)이 곧 망(妄)임을 요달하고, 망이 곧 진임을 요달하여 진과 망이 모두 없어지면 달리 법이 없나니 이를 이름하여 미진(微塵)이라 한 것이다. ③성품 가운데 번뇌가 없으면 곧 이것이 부처님 세계이고, 마음 가운데 번뇌가 있으면 곧 이것이 중생의 세계이다. 모든 망념이 본래 비어서 고요함을 요달하였기에 세계가 아니라고 하였고 여래의 법신을 증득하여 온 세계에 두루 나투어 응용함에 아니 가는 곳이 없음을 세계라 한 것이다.

④ 150-6 / 須菩提 於意云何 可以三十二相 見如來不 不也 世尊 不可以三十二相 得見如來 何以故 如來說 三十二相 卽是非相 是名三十二相

三十二相者 是三十二淸淨行 於五根中 修六波羅蜜 於意根中 修無相無爲 是名三十二淸淨行 常修此三十二淸淨行 卽得成佛 若不修三十二淸淨行 終不成佛 但愛著如來三十二相 自不修三十二行 終不見如來

32가지 상이란 곧 서른 두 가지 청정한 행을 뜻하는 것이다. 오근(五根)으로 육바라밀을 닦고, 의근(意根)으로 상 없고 함 없음을 닦으면 이것을 서른 두 가지 청정행이라 이름한다. 이렇게 서른 두 가지 거룩한 행을 항상 닦으면 곧 부처를 이루게 되지만, 만일 서른 두 가지 거룩한 행을 닦지 않으면 마침내 성불할 수 없느니라. 다만 여래의 서른 두 가지 상을 애착만 하고 스스로 서른 두 가지 행을 닦지 않으면 마침내 여래를 보지 못하리라.

⑤ 153-22 / 若復有人 於此經中 乃至受持四句偈等 爲他人說 其福甚多

①世間重者 莫過於身命 菩薩爲法 於無量劫中 捨施身命 分與一切衆生 其福雖多 亦不如受持此經四句之福 多劫捨身 不了空義 妄心不除 元是衆生 ②一念持經 我人頓盡 妄想旣除 言下成佛 故知多劫捨身 不如持經四句之福

①세간에서 소중한 것으로는 몸과 목숨을 지나칠 것이 없다. 보살이 법을 위하여 한량없는 겁 가운데 몸과 목숨을 버리고 베풀어 일체 중생에게 나누어주었다면 그 복이 비록 많다하겠으나 이 경의 네 구절을 받아 지닌 복만 못하다. 오랜 겁을 두고 몸을 버릴지

㉮부처님께서 수보리에게 말씀하셨다. ㉯「이 경은 이름이 '금강반야바라밀'이니 이 ㉰이름으로써 /

No. 144 ⇨ 원문 *p.18 ℓ.9* [如法受持分 第十三]

<전> 何奉持하리까 佛告須菩提하사대 是經은 名爲金剛般若波羅蜜이니 以

	1 이	시	是	1
	2 이름	명	名	2
	3 글자	자	字	
	4		로	
㉮	5 너	여	汝	1
	6 마땅	당	當	2
	7 받들	봉	奉	3
	8 가질	지	持	
	9		하라	
㉯	10 바	소	所	
	11 써	이	以	1
	12 놈 이[주격조사]	자	者	
	13 어찌	하	何	2
	14		오	
㉰	15 모름지기	수	須	
	16 보살	보	菩	
	17 끌 '제' 들 '제'	리	提	
	18		야	
㉱	19 부처	불	佛	1
	20 말씀	설	說	2
	21 가지	반	般	
	22 만약 '약' 반야	야	若	3
	23 물결 '파'	바	波	
	24 벌릴	라	羅	

1 라도 공의 뜻을 요달하지 못했다면 망령된 마음을 제거하지 못했음이니 원래대로 중생일 수밖에 없기 때문이다. ②일념으로 경전을 지녀 나와 남이 완전히 없어지면 망상이 다 없어진 것이니, 바로 성불할 것이다. 때문에 오랜 겁을 두고 몸을 버릴지라도 이 경의 네 구절을 지니는 복만 못함을 알아야한다.

. ⊙금강(金剛) ; ⓈVajra. ⓄQ발절라(跋折羅)・발왈라(跋曰羅)・벌절라(伐折羅). 매우 단단하여 결코 파괴되지 않음, 또는 그러한 물건(物件).
(1)무기. 제석(帝釋)과 밀적금강(密迹金剛) 등이 가지는 금강저(金剛杵).
(2)금강석을 말함. 투명하여 빛깔이 없고, 환한 빛이 휘황찬란하여 햇볕에는 여러 가지 빛깔을 나타내고, 밤에는 형광(螢光)을 발하는 보석으로, 청・황・적・백・벽(碧) 등의 빛깔도 있음. 이 금강은 굳고 예리한 두 가지 덕을 가지고 있으므로, 경론 가운데에 굳고 단단한 것의 비유로 씀. ⇒ 바아라(縛曰羅)

⊙**반야**(般若) ; Ⓢprajñā. ⓄQ마야(波若)・반라야(般羅若)・발자야(鉢剌若). ⓠ혜(慧)・지혜(智慧)・명(明). 모든 사물의 도리를 분명히 뚫어보는 깊은 지혜를 말한다.

⊙**바라밀**(波羅蜜) ; Ⓢpāramitā. ⓠ도피안(到彼岸)・도무극(到無極)・도(度). 미혹(迷惑)의 이 언덕[比岸]에서 깨달음의 저 언덕[彼岸]에 이른다는 뜻. 보살이 행할 바의 의지가 되는 것을 말함.

⊙**반야바라밀**(般若波羅蜜) ; 보살이 피안(彼岸)에 도달키 위해 닦는 6종의 행(行). 곧, 육바라밀가운데 반야바라밀은 제불(諸佛)의 어머니라 일컬어지고, 다른 5바라밀을 성립시키는 근거로서 가장 중요한 위치를 차지한다.

㉮너희들은 받들어 지닐지니라.」 ㉯「왜냐하면, ㉰수보리야, ㉱부처가 말한 반야바라밀은 /

[如法受持分 第十三] №145 ⇨ 원문 p.18 ℓ.10

<후> 云何오如來ㅣ有所說法不아 須菩提ㅣ白佛言하대 世尊하 如

㉮	1	꿀	밀	蜜
	2			이
	3	곧	즉	卽
	4	아닐	비	非
	5	가지	반	般
	6	만약 '약' 반야	야	若
	7	물결 '파'	바	波
	8	벌릴	라	羅
	9	꿀	밀	蜜
	10			이니
㉯	11	이	시	是
	12	이름	명	名
	13	가지	반	般
	14	만약 '약' 반야	야	若
	15	물결 '파'	바	波
	16	벌릴	라	羅
	17	꿀	밀	蜜
	18			이니라
② ㉰	19	모름지기	수	須
	20	보살	보	菩
	21	끝 '제' 들 '제'	리	提
	22			야
㉱	23	어조사	어	於
	24	뜻	의	意

1
3 ※철저하게 비어있어야 할 공(空)을 말씀하시면서 경의 제목(題目)을 말씀하심은 문제가 되지 않는가?

비유컨대 허공(虛空)을 다른 것과 구분하여 인식할 수 있게 하기 위해 '허공'이라는 말을 쓰기로 한 것이다.

2 그러나 허공은 그 이름을 붙이기 전이나 후나 조금도 변함이 없다.

다만, 인식의 수단으로 허공이라 하는 것일 뿐이다

1
2

3

2
1

㉮곧 반야바라밀이 아니요, ㉯그 이름이 반야바라밀이기 때문이니라. ㉰수보리야 ㉱네 생각에 어떠하냐? /

No. 146 ⇨ 원문 *p. 19 ℓ. 1* [如法受持分 第十三]

<전> 蜜이 卽非般若波羅蜜이니 是名般若波羅蜜이니라 須菩提야 於意

	1	이를	운	云	3
	2	어찌	하	何	
	3			오	
㉮	4	같을	여	如	1
	5	올	래	來	
	6			ㅣ	
	7	있을	유	有	5
	8	바	소	所	3
	9	말씀	설	說	2
	10	법	법	法	4
	11	아닐	부	不	6
	12			아	
㉯	13	모름지기	수	須	1
	14	보살	보	菩	
	15	끝 '제' 들 '제'	리	提	
	16			ㅣ	
	17	흰 고할	백	白	3
	18	부처	불	佛	2
	19	말씀	언	言	4
	20			하대	
㉰	21	대(代) 세상	세	世	1
	22	높을	존	尊	
	23			하	
	24	같을	여	如	2

㉮여래가 말한 바 '법'이 있느냐?」 ㉯수보리가 부처님께 말씀드렸다. ㉰「세존이시여, 여래께서는 말씀하신 바가 없습니다.」 /

[如法受持分 第十三] No. 147 ⇨ 원문 p.19 ℓ.2

<후> 塵이 是爲多不아 須菩提言하대 甚多니이다 世尊하 須菩提야 諸微

			한글	한자	
	1	올	래	來	⎫
	2			ㅣ	
	3	없을	무	無	5
	4	바	소	所	4
	5	말씀	설	說	3
	6			이니이다	
③㉮	7	모름지기	수	須	
	8	보살	보	菩	
	9	끝'제' 들'제'	리	提	
	10			야	
㉯	11	어조사 / ~에, ~에서[처소격]	어	於	2
	12	뜻	의	意	1
	13	이를	운	云	⎫3
	14	어찌	하	何	⎭
	15			오	
㉰	16	석	삼	三	⎫
	17	일천	천	千	
	18	큰	대	大	
	19	일천	천	千	1
	20	인간	세	世	
	21	지경	계	界	⎭
	22	바	소	所	⎫2
	23	있을	유	有	⎭
	24	작을	미	微	⎭3

※제목도 그럴진대, 허공에 대한 인식을 위해 말한 내용은 말할 것도 없다.

㉮수보리야, ㉯네 생각에 어떠하냐? ㉰삼천대천세계에 있는 티끌이 /

No. 148 ⇨ 원문 p.19 ℓ.3 [如法受持分 第十三]

<전> 來ㅣ無所說이니이다 須菩提야 於意云何오 三千大千世界所有微

	1	티끌	진	塵	⎫
	2			이	
㉮	3	이	시	是	1
	4	할	위	爲	3
	5	많을	다	多	2
	6	아닐	부	不	4
	7			아	
㉯	8	모름지기	수	須	⎫
	9	보살	보	菩	1
	10	끌 '제' 들 '제'	리	提	
	11	말씀	언	言	2
	12			하대	
	13	심할	심	甚	⎫ 3
	14	낳을	다	多	
	15			니이다	
	16	대(代) 세상	세	世	⎫ 4
	17	높을	존	尊	
	18			하	
㉰	19	모름지기	수	須	
	20	보살	보	菩	
	21	끌 '제' 들 '제'	리	提	
	22			야	
㉱	23	모두	제	諸	1
	24	작을	미	微	⎫ 2

※ 상대의 세계에서 본다면 당연히 많다 할 것이다.

㉮많지 않겠느냐?」 ㉯수보리가 여쭙되,「매우 많겠나이다. 세존이시여.」 ㉰「수보리야, 모든 티끌을 /

[如法受持分 第十三]   원문 p.19 ℓ.4

<후> 是名世界니라 須菩提야 於意云何오 可以三十二相으로 見如來

㉮	1	티끌	진	塵	⎫
	2			을	
	3	같을	여	如	⎫ 1
	4	올	래	來	⎭
	5	말씀	설	說	4
	6	아닐	비	非	3
	7	작을	미	微	⎫ 2
	8	티끌	진	塵	⎭
	9			일새	
㉯	10	이	시	是	1
	11	이름	명	名	2
	12	작을	미	微	⎫ 3
	13	티끌	진	塵	⎭
	14			이며	
㉰	15	같을	여	如	⎫ 1
	16	올	래	來	⎭
	17	말씀	설	說	2
	18	인간	세	世	⎫ 3
	19	지경	계	界	⎭
	20			가	
	21	아닐	비	非	5
	22	인간	세	世	⎫ 4
	23	지경	계	界	⎭
	24			일새	

※진공(眞空)과 묘유(妙有)

진공(眞空)은 비공지공(非空之空)이고, 묘유(妙有)는 비유지유(非有之有)이다. 즉 진공과 묘유는 제법의 본체를 나타내는 두 가지 표현이다.

진공(眞空)의 입장 즉, 절대의 세계에서 본다면 '티끌'이라는 존재조차 없지만,

묘유(妙有)의 입장 즉, 상대의 세계에서 차별적으로 보자니까 '티끌'이라 이름한 것이라는 말이다.

가령, 신제품을 출시함에 즈음하여 멋지게 작명(作名)도 하고 구매자의 호기심을 유발하기 위한 선전을 했다 할지라도, 모두 표월지지(標月之指)에 불과하다는 말씀이다.

※공(空) 저울

반야부(般若部) 계통의 경전을 대표하면서 경전 중에서도 가장 짧은 경전이 『반야심경』이다. 그래서 『반야심경』을 반야부 경전의 정화(精華)요 제경(諸經)의 안목(眼目)이라 극찬한다.

260자 밖에 안 되는 『반야심경』에 '공(空)'자가 무려 7번이나 등장함에서 알 수 있듯, 공사상(空思想)을 깨우침이 본 경의 목적이다.

그런데 그 글자가 의미하듯 공(空)이기에 무어라 설명이 불가능하다. 자칫하면 허무(虛無)를 말하는 것으로 오해할 수도 있다. 하지만 이런 방법도 있다. 목 아픈데 먹는 약을 선전하는데 분말(粉末)이 아주 고운 것이었다. '용○산'이라는, 그런데 유사품이 나왔다. 유사품이 복용하기에는 더 편리했다. 먼저 약은 그 분말이 너무 고와서 자칫 사레를 유발할 수 있었는데, 유사품의 경우는 그 단점을 과립(顆粒)의 형태로 보완했기 때문이다.

약을 먼저 개발한 제약회사 입장에서는 큰일이었다 하지만 이런 기발한 방법으로 난관을 극복했다. 분말이 너무 고와서 복용에 불편한 단점을 자신만의 트레이드마크(trademark)로 활용했던 것이다. 잠시 그 선전을 들어보자.

배우가 약(藥)이 들어있는 통을 흔든다. '짜르륵 짜르륵' 하고 소리가 났다. 그러자

㉮여래는 티끌이 아니라고 말씀하시니 ㉯[다만] 이름이 티끌이며, ㉰여래가 말한 세계는 세계가 아니므로 /

No. 150 ⇨ 원문 p.19 ℓ.5 [如法受持分 第十三]

<전> 塵을 如來說非微塵일새 是名微塵이며 如來說世界가 非世界일새

㉮	1	이	시	是
	2	이름	명	名
	3	인간	세	世
	4	지경	계	界
	5			니라
㉯	6	모름지기	수	須
	7	보살	보	菩
	8	끝 '제' 들 '제'	리	提
	9			야
	10	어조사 / ~에, ~에서[처소격]	어	於
	11	뜻	의	意
	12	이를	운	云
	13	어찌	하	何
	14			오
㉰	15	옳을	가	可
	16	써	이	以
	17	석	삼	三
	18	열	십	十
	19	두	이	二
	20	서로 모양	상	相
	21			으로
㉱	22	볼	견	見
	23	같을	여	如
	24	올		來

1 「이 소리가 아닙니다.」라고 했다.
2 그리고는 다시 다른 약통을 흔든다. 이 번에는 '싸륵 싸륵' 하고 소리가 난다. 그러자
「이 소리도 아닙니다. '용○산'은 소리가 나지 않습니다.」
3 그렇다. 소리가 나지 않는 것을 표현할 수 있는 소리는 없다. 그래서 이러 저러한 소리를 들려주며 모든 소리를 부정함으로써 소리가 없음을 실감토록 한 것이다. 참으로 기가 막힌 역발상(逆發想)이 아닌가?!
그런데, 『반야심경』에서 '공(空)'을 설명하기 위해 일찍이 사용했던 방법이 다름 아닌 그런 것이었다. 그럼에도 방금 전 약 선전의 원조(元朝)임을 아는 사람은 드물다. 살펴보면,

空中 無色 無受想行識 無眼耳鼻舌身意 無色聲香味觸法 無眼界 乃至 無意識界 無無明 亦無無明盡 乃至無老死 亦無老死盡 無苦集滅道 無智 亦無得

이런 연고로 공(空) 가운데에는 색(色)도 없으며, 수·상·행·식도 없으며, 안·이·비·설·신·의도 없으며, 색·성·향·미·촉·법도 없으며, 안계(眼界)도 없으며 나아가 의식계(意識界)까지도 없고, 무명도 없으며 또 무명이 다함도 없으며, 나아가 노·사도 없으며 또 노·사가 다함도 없으며, 고·집·멸·도도 없으며, 지혜도 없으며, 또 얻음도 없느니라.

즉, 공은 양비론적(兩非論的)인 방법으로만이 표현 가능하다. 이런 특징을 지닌 공을 저울에다 비유해도 재미있다. 저울이란 마땅히 물체를 올려놓았을 때 무게가 표시되어야 하는데, 모든 수에다 0를 대입하면 0이 되는 것처럼 공저울에는 세상의 어떤 물건을 올려놓아도 눈금이 조금도 움직이지 않는다.
불자들의 모임은 으레 『반야심경』을 독송하고 시작한다. 공의 이치를 바탕에 두고 진행하라는 의미다. 그런데도 범부들은 이런 이치를 아는지 모르는지 쉼 없이 저울 위에 무언가 올려놓고 눈금을 보느라 여념이 없다.

-주(註)-
양비론(兩非論) ; 서로 충돌하는 두 의견이 모두 틀렸다는 것을 말한다. 어떤 주장이 대립되는 모든 분야에서 광범위하게 사용되는 용어이다. 학문적 이론이나 사회적 주장이 양분되어 있을 때, 어느 한편에도 동의하지 않는 제3자가 새로운 주장을 전개하는 경우에 주로 나타난다. 특히 정치적인 의미에서는, 대립되는 두 주장을 시시비비 가림 없이 양쪽 모두가 다 잘못되었다고, 싸잡아 비판하는 태도를 함축하고 있다.

㉮이 이름이 세계니라.」 ㉯「수보리야, 네 생각에 어떠하냐? ㉰'삼십이상'으로써 ㉱여래를 볼 수 있겠느냐?」 /

[如法受持分 第十三] No. 151 ⇨ 원문 p. 19 ℓ. 6

<후> 오 如來說三十二相이 卽是非相일새 是名三十二相이니이다 須菩提

㉮	1	아닐	부	不	3
	2			아	
	3	아닐	불	不	1
	4	이끼 어조사	야	也	
	5			니이다	
	6	대(代) 세상	세	世	2
	7	높을	존	尊	
	8			하	
㉯	9	아닐	불	不	7
	10	옳을	가	可	1
	11	써	이	以	3
	12	석	삼	三	
	13	열	십	十	2
	14	두	이	二	
	15	서로 모양	상	相	
	16			으로	
	17	얻을 어조사	득	得	5
	18	볼	견	見	
	19	같을	여	如	4
	20	올	래	來	
	21			니	
㉰	22	어찌	하	何	
	23	써	이	以	
	24	연고	고	故	

⊙삼십이상(三十二相); 32대인상(大人相)·32대장부상(大丈夫相)·32대사상(大士相)이라고도 한다. 불타의 육신이나 전륜성왕의 몸에 갖추어져 있는 거룩한 용모나 형상 중에서, 특히 현저하게 뛰어난 서른 두 가지를 가려서 32상이라고 하고, 여기에 80종호(種好. 미세하고 은밀한 것)를 합해 상호라 한다.
 32상의 명칭순서에는 이설이 있는데, 『지도론』 권4에서는 다음과 같이 언급되어 있다.
1. 足下安平立相(족하안평립상). 발바닥이 평평하다.
2. 足下二輪相(족하이륜상). 손과 발바닥에 수레바퀴 같은 금과 무늬가 있다.
3. 長指相(장지상). 손가락이 가늘면서 길다.
4. 足跟廣平相(족근광평상). 발꿈치가 넓고 편안하다.
5. 手足指縵網相(수족지만망상). 손가락 발가락 사이에 비단결 같은 막이있다.
6. 手柔軟相(수유연상). 손과 발이 매우 보드럽다.
7. 足趺高滿相(족부고만상). 발등이 높고 원만하다.
8. 伊泥延膊相(이니연박상). 천여녹왕상(腨如鹿王相)이라고도 한다. 장단지가 사슴다리 같다.
9. 正立手摩膝相(정립수마슬상). 팔을 펴면 손이 무릎까지 내려간다.
10. 陰藏相(음장상). 남근이 몸 안으로 감추어져 있다.
11. 身廣長等相(신광장등상). 신체의 종횡이 평균한 것.
12. 毛上向相(모상향상). 터럭이 위를 향하여 우선(右旋)하고 있는 것.
13. 一一孔一毛生相(일일공일모생상). 털구멍마다 새까만 털이 나있다.
14. 金色相(금색상). 온몸의 빛이 황금색이다.
15. 丈光相(장광상). 신광(身光)이 사면(四面) 한 길나 된다.
16. 細薄皮相(세박피상). 살결이 보드랍고 매끄럽다.
17. 七處隆滿相(칠처융만상). 두발바닥, 두 손바닥, 두 어깨 정수리가 모두 판판하고 둥글며 두텁다.
18. 兩腋下隆滿相(양액하융만상). 두 겨느랑이가 번번하다.
19. 上身如師子相(상신여사자상). 몸매가 사자와 같다.
20. 大直身相(대직신상). 몸이 곧고 단정하다.
21. 肩圓滿相(견원만상). 양어깨가 둥글고 두둑하다.
22. 四十齒相(사십치상). 치아가 40개나 된다.
23. 齒齊相(치제상). 치아가 희고 가지런하고 빽빽하다.
24. 牙白相(아백상). 4개의 어금니가 희다.
25. 師子頰相(사자협상). 협거여사자상(頰車如師子相). 뺨이 사자와 같다
26. 味中得上味相(미중득상미상). 목구멍에서 맛있는 액이 나온다.

㉮「아니옵니다. 세존이시여, ㉯삼십이상으로는 여래를 친견할 수 없사오니, ㉰왜냐 하오면 /

No. 152 ⇨ 원문 p.19 ℓ.7 [如法受持分 第十三]

<전> 不아 不也니이다 世尊하 不可以三十二相으로 得見如來니 何以故

				한글	한자	
㉮	1			오	如	1
	2	같을		여	如	
	3	올		래	來	
	4	말씀		설	說	2
	5	석		삼	三	
	6	열		십	十	3
	7	두		이	二	
	8	서로 모양		상	相	
	9			이		
㉯	10	곧		즉	卽	1
	11	이		시	是	2
	12	아닐		비	非	3
	13	서로 모양		상	相	
	14			일새		
㉰	15	이		시	是	1
	16	이름		명	名	2
	17	석		삼	三	
	18	열		십	十	3
	19	두		이	二	
	20	서로 모양		상	相	
	21			이니 이다		
㉱	22	모름지기		수	須	
	23	보살		보	菩	
	24	끝 '제' 들 '제'		리	提	

27. 大舌相(대설상). 광장설상(廣長舌相)이라고도 한다. 곧 혀가 연박광장(軟薄廣長)하여 얼굴을 덮고 머리카락이 나온 발제(髮際)까지 미친다.
28. 梵聲相(범성상). 목소리가 맑고 멀리 들린다.
29. 眞靑眼相(진청안상). 눈동자가 감청색(紺靑色)이다.
30. 牛眼睫相(우안첩상). 속눈썹이 큰 소와 같이 수고(秀高)하다.
31. 頂髻相(정계상). 정상의 살이 상투 모양으로 융기하여 있다.
32. 白毛相(백모상). 백호상(白毫相). 두 눈썹 사이에 흰털이 나있다.

※ 앞서 티끌을 예로 들어 '공(空)'의 세계를 여실히 보여주셨고, 같은 내용을 여래의 거룩하신 32상에 견주어 다시 말씀하셨다. 유위법(有爲法)이라면 32상을 포함한 그 어느것도 예외가 없음을 보이신 것이다.

㉮여래께서 말씀하신 삼십이상은 ㉯곧 '상'이 아니므로 ㉰삼십이상이라 이름하였기 때문이옵니다.」 ㉱「수보리야, /

- 152 -

[如法受持分 第十三] No. 153 ⇨ 원문 p.19 l.8

<후> 人이 於此經中에 乃至受持四句偈等하야 爲他人說하면 其福이

㉮	1		야	
	2 같을	약	若	1
	3 있을	유	有	2
	4 착할	선	善	
	5 사내	남	男	
	6 아들	자	子	3
	7 착할	선	善	
	8 계집 '여'	여	女	
	9 사람	인	人	
㉯	10		이	
	11 써	이	以	3
	12 항상	항	恒	
	13 물	하	河	1
	14 모래	사	沙	
	15 무리	등	等	
	16 몸	신	身	2
	17 목숨	명	命	
	18		으로	
	19 베, 펼 '포' 보시	보	布	4
	20 베풀	시	施	
	21		하고	
5 ㉰	22 만약	약	若	1
	23 다시	부	復	2
	24 있을	유	有	3

㉮어떤 선남자 선여인이 ㉯항하의 모래 같이 많은 몸과 목숨을 보시하고, ㉰또 다른 어떤 사람은 /

- 153 -

No. 154 ⇨ 원문 p.19 ℓ.9 [如法受持分 第十三]

<전> 야 若有善男子善女人이 以恒河沙等身命으로 布施하고 若復有

㉮	1	사람	인	人	4
	2			이	
	3	어조사	어	於	2
	4	이	차	此	1
	5	글	경	經	
	6	가운데	중	中	
	7			에	
	8	이에	내	乃	3
	9	이를	지	至	
	10	받을	수	受	6
	11	가질	지	持	
	12	넉	사	四	4
	13	글귀	구	句	
	14	쉴 송(頌)	게	偈	
	15	무리	등	等	5
	16			하야	
㉯	17	할	위	爲	2
	18	다를	타	他	1
	19	사람	인	人	
	20	말씀	설	說	3
	21			하면	
㉰	22	그	기	其	1
	23	복	복	福	
	24			이	

㉮이 경에서 [전문(全文)] 내지 사구게 만이라도 받아 지니고 ㉯다른 사람을 위하여 말해 주면 ㉰그 복이 더 많으니라.」 /

<후> 離相寂滅分 第十四

1	심할	심	甚
2	많을	다	多
3			니라
4			
5			
6			
7			
8			
9			
10			
11			
12			
13			
14			
15			
16			
17			
18			
19			
20			
21			
22			
23			
24			

1,2를 묶어 2로 표시

No. 156 ⇨ 원문 p.20 ℓ.1 [離相寂滅分 第十四]

<전> 甚多니라

1				
2				
3				
4			◎	
5	떠날	이	離	2
6	서로 모양	상	相	1
7	고요	적	寂	⎫
8	멸할	멸	滅	⎬ 3
9	나눌	분	分	4
10				
11	차례	제	第	
12	열	십	十	
13	넉	사	四	
14				
15				
16				
17				
18				
19				
20				
21				
22				
23				
24				

가나다라

제14분, 일체의 상(相)을
　　　모두 여읜 것이 적멸(寂滅)이다.

≪개요≫
　인연에 의해 생겨난 것은 모두가 유위법(有爲法)으로서 생멸(生滅)의 범주에 속해 있다. 한편 적멸(寂滅)은 말로써 표현하거나 마음으로 헤아릴 수 있는 범위를 초월한 무위법(無爲法)으로 일체의 관념이 허용되지 않는 상·락·아·정(常樂我淨)의 세계다. 따라서 누구나 무위의 세계인 적멸로 가야하고 이때 가교(架橋) 역할을 하는 것이 보시·인욕 등 바라밀이다. 즉 이들 바라밀을 행함은 과정으로서의 이상(離相)이며, '이상'이 완성됨이 곧 적멸인 것이다. 석존께서는 이러한 이치를 속제(俗諦)와 승의제(勝義諦)의 입장에서 당신 인행시(因行時)를 예로 드시고 또, 명예를 거시면서 까지 밝혀주신 대목이다.

★소명태자(昭明太子)의 '32분(分)'
1.法會因由分 2.善現起請分 3.大乘正宗分 4.妙行無住分 5.如理實見分 6.正信希有分 7.無得無說分 8.依法出生分 9.一相無相分 10.莊嚴淨土分 11.無爲福勝分 12.尊重正敎分 13.如法受持分 14.離相寂滅分 15.持經功德分 16.能淨業障分 17.究竟無我分 18.一體同觀分 19.法界通化分 20.離色離相分 21.非說所說分 22.無法可得分 23.淨心行善分 24.福智無比分 25.化無所化分 26.法身非相分 27.無斷無滅分 28.不受不貪分 29.威儀寂滅分 30.一合理相分 31.知見不生分 32.應化非眞分

[離相寂滅分 第十四] No. 157 ⇨ 원문 p.20 ℓ.2

<후> 佛言하되 希有世尊하 佛說如是甚深經典은 我從昔來의 所得

㉮	1	너 그	이	爾	
	2	때	시	時	
	3			에	
㉯	4	모름지기	수	須	
	5	보살	보	菩	
	6	끝 '제' 들 '제'	리	提	
	7			ㅣ	
㉰	8	들을	문	聞	3
	9	말씀	설	說	2
	10	이	시	是	1
	11	글	경	經	
	12			하고	
㉱	13	깊을	심	深	2
	14	알	해	解	
	15	옳을 도리, 의리	의	義	1
	16	뜻	취	趣	
	17			하야	
㉲	18	눈물	체	涕	1
	19	눈물	루	淚	
	20	슬플	비	悲	2
	21	울	읍	泣	
	22			하야	
㉳	23	말이을	이	而	1
	24	고할	백	白	3

⊙ 의취(義趣) ; 사유(事由). 경전(經典)등의 의의(意義)·의미(意味)·의리(義理).
예)於我滅後 聽受此經 問其義趣 是則爲難
　　　　　　　　　　　-『法華經』見寶塔品-

⊙ 체루(涕淚) ; 눈물. / 涕(눈물 '체') 淚(눈물 '루')

※ 체읍(涕泣) ; 소리를 내지 않고 눈물을 흘리면서 슬피 욺.

⊙ 혜안(慧眼) No.159 ℓ.1 ; 육안(肉眼)·천안(天眼)·법안(法眼)·불안(佛眼)과 함께 오안(五眼)의 하나로 공(空)의 이치를 꿰뚫어 보는 눈.

⊙ 실상(實相) No.160 ℓ.9 ; 모든 것의 참 모습을 가리키는 말로써, 그 참 모습은 이언설상(離言說相)인 진리의 모습을 말한다. 따라서 '생실상(生實相)'이란 진리를 탄생시킨다는 말로서 곧 깨달음을 얻는다는 말이다.

⊙ 공덕(功德) No.160 ℓ.23 ; 功은 積也요 德은 得也라. 착한 일을 하여 쌓은 업적과 어진 덕. 좋은 일을 행한 덕으로 훌륭한 결과를 가져오게 하는 능력.

㉮그때 ㉯수보리가 [석존께서] ㉰이 경 말씀하시는 것을 듣더니, ㉱그 의미를 잘 이해하고 ㉲눈물을 흘리며 ㉳부처님께 사뢰었다. /

No. 158 ⇨ 원문 p.20 ℓ.3 [離相寂滅分 第十四]

<전> 爾時에 須菩提ㅣ 聞說是經하고 深解義趣하야 涕淚悲泣하야 而白

㉮	1	부처	불	佛	2
	2	말씀	언	言	4
	3			하되	
	4	바랄 드물(=稀)	희	希	1
	5	있을	유	有	
	6	대(代) 세상	세	世	2
	7	높을	존	尊	
	8			하	
㉯	9	부처	불	佛	1
	10	말씀	설	說	5
	11	같을	여	如	2
	12	이	시	是	
	13	심할	심	甚	3
	14	깊을	심	深	
	15	글	경	經	4
	16	법	전	典	
	17			은	
㉰	18	나	아	我	1
	19	좇을	종	從	3
	20	옛	석	昔	2
	21	올	래	來	4
	22			의	
㉱	23	바	소	所	2
	24	얻을	득	得	1

◆ 六祖口訣

① 159-13 / 世尊 若復有人 得聞是經 信心淸淨 卽生實相 當知是人 成就第一希有功德
①自性不癡 名慧眼 聞法自悟 名法眼 ②須菩提 是阿羅漢 於五百弟子中 解空第一 已曾勤奉多佛 豈得不聞如是深法 今於釋迦牟尼佛 所始聞也 ③然或是須菩提 於往昔所得 乃聲聞慧眼 今方悟佛意 始得聞如是深經 悲昔未悟 故涕淚悲泣 ④聞經諦會 謂之淸淨 從淸淨中 流出般若波羅蜜多深法 當知 決定成就諸佛功德

①자성이 어리석지 않음을 이름하여 혜안(慧眼)이라 하고, 법을 듣고 스스로 깨달음을 이름하여 법안(法眼)이라 한다. ②수보리 존자는 곧 아라한으로서 오백 제자 가운데 해공제일(解空第一)이고 일찍이 많은 부처님을 부지런히 받들었거니 어찌 이와 같이 깊은 법을 듣지 못하고, 지금 서가모니 부처님 처소에서 비로소 들은 것인가? ③그렇다면 혹시 수보리 존자가 지난 옛날에 얻은 것은 성문의 혜안이었고, 지금에서야 바야흐로 부처님의 뜻을 깨달아 비로소 이와 같이 깊은 경을 듣게되어 예전에 깨닫지 못했음을 슬퍼하여 눈물을 흘려 슬피 울었던 것인가?! ④경을 듣고 법을 아는 것이 이른바 청정이며, 청정한 가운데서 반야바라밀의 깊은 법이 흘러나오는 것이니 마땅히 알라! 결정코 모든 부처님의 공덕을 성취할 것이다.

② 161-2 / 世尊 是實相者 卽是非相 是故 如來說名實相
雖行淸淨行 若見垢淨 二相當情 並是垢也 卽非淸淨心也 但心有所得 卽非實相

비록 청정행을 행해도 만일 더럽고 깨끗함을 보면 두 가지 상(相)이 마땅히 망정이니 모두 번뇌로서 곧 청정심이 아니다. 다만 마음에 얻은 바가 있으면 곧 실상(實相)이 아니니라.

③ 164-9 / 何以故 此人 無我相 無人相 無衆生相 無壽者相 所以者何 我相 卽是非相 人相衆生相壽者相 卽是非相 何以故 離一切諸相 卽名諸佛
①須菩提 深悟佛意 呈自見處 業盡垢除 慧眼明澈 信解受持 卽無難也 ②世尊在世 說法之時 亦有無量衆生 不能信解受持 何必獨言後五百歲 蓋佛在之日 雖有下根不信及懷疑者 卽往問佛 佛卽隨宜爲說 無不契悟 佛滅度後 後五百歲 漸至末法 去聖遙遠 但存言敎 若人有疑 無處諮決 愚迷抱執 不悟無生 著相馳求 輪廻諸有 於此時中 得聞深經 淸心敬信 悟無生理者 甚爲希

㉮「희유하십니다 세존이시여. ㉯부처님께서 이렇듯 매우 깊은 [내용의] 경전을 말씀하시는 것은 ㉰제가 예로부터 ㉱[그리고] 지혜의 눈을 뜬 이후로도 /

- 158 -

[離相寂滅分 第十四] No. 159 ⇨ 원문 p.20 ℓ.4

<후> 하고 信心淸淨하면 卽生實相하리니 當知是人은 成就第一希有功德

㉮	1	지혜	혜	慧	⎫ 3
	2	눈	안	眼	⎭
	3		으로는		
	4	아닐	미	未	⎫ 5
	5	일찍	증	曾	1
	6	얻을 어조사	득	得	⎫ 3
	7	들을	문	聞	⎭
	8	같을	여	如	⎫
	9	이	시	是	⎪
	10	갈	지	之	⎬ 2
	11	글	경	經	⎭
	12			이니이다	
①㉯	13	대(代) 세상	세	世	
	14	높을	존	尊	
	15			하	
㉰	16	만약	약	若	1
	17	다시	부	復	2
	18	있을 어떤	유	有	⎫ 3
	19	사람	인	人	⎭
	20			이	
㉱	21	얻을 어조사	득	得	1
	22	들을	문	聞	3
	23	이	시	是	⎫ 2
	24	글	경	經	⎭

有 故言第一希有也 ③於如來滅後 後五百歲 若有人能 於般若波羅蜜甚深經典 信解受持 卽知此人 無我人衆生壽者之相 無此四相 是名實相 卽是佛心 故云離一切 諸相 卽名諸佛也

①수보리 존자가 부처님의 뜻을 깊이 깨닫고 스스로 본 경지를 드러낸 것이다. 업이 다하고 번뇌가 없어져서 혜안이 철저히 밝아지면 믿고 이해하고 받아 지니는 것이 어렵지 않은 것이다. ②그런데 세존께서 세상에 계시어 법을 설하시던 그 당시에도 무량한 중생들이 또한 능히 믿고 이해하고 받아 지니지 못하였는데, 하필 후오백세를 말씀하심은 왜일까? 대저 부처님이 계시던 그때에는 믿지 않는 하근기의 중생들이나 의심을 품은 중생들이라도 곧 부처님께 가서 여쭈어보면 부처님께서 다 그 정도에 맞추어 말씀해 주시므로 듣고 깨닫지 못함이 없었지만 부처님께서 멸도하신 뒤 다섯 번째 오백년의 말법시대가 가까워지면 성인께서 가신 지 오래되어 다만 말씀으로만 남아있는 가르침뿐이므로 사람들이 의심나면 어디에 가서 물어서 결단할 수가 없으며, 어리석은 데만 잔뜩 미하고 집착하여 무생의 진리를 깨치지 못하고 상에 집착하여 달리면서 온갖 중생세계에 윤회할 따름이다. 이러한 때에 깊은 경의 이치를 듣고 청정한 마음으로 공경하며 믿어 무생의 이치를 깨닫는 것은 심히 회유함으로 '제일 희유하옵니다' 하였다. ③여래께서 멸도하신 뒤 다섯 번째 오백년이 되었을 때 어떤 사람이 반야바라밀의 아주 깊은 경전을 믿고 이해하고 받아 지니면 곧 이 사람은 아·인·중·생 등이 없음을 알아야한다. 이 네 가지 생각이 없으면 이것을 이름하여 실상(實相)이라 하고 이것이 곧 부처의 마음이므로 일체의 상을 여읜 것이 곧 모든 부처님이라 이름한다고 하셨던 것이다.

④ 167-4 / 佛告須菩提 如是如是

佛印可須菩提所解 善契我心故 重言如是也

부처님께서 수보리 존자의 알고 있는 바가 당신 마음에 잘 계합(契合)하므로, '선재'를 거듭 하신 것이다.

⑤ 167-15 / 若復有人 得聞是經 不驚不怖不畏 當知是人 甚爲希有

聲聞久著法相 執有爲解 不了諸法本空 一切文字 皆是假立 忽聞深經 諸相不生 言下卽佛 所以驚怖 唯是上根菩薩 得聞此理 歡喜受持 心無怖畏退轉 如此之流 甚爲希有也

㉮일찍이 들어보지 못하던 바이옵니다. ㉯세존이시여, ㉰만일 어떤 사람이 ㉱이 경을 듣고 /

- 159 -

No. 160 ⇨ 원문 *p.20 ℓ.5* [離相寂滅分 第十四]

<전> 慧眼으로는 未曾得聞如是之經이니이다 世尊하 若復有人이 得聞是經

㉮	1			하고	1
	2	믿을	신	信	
	3	마음	심	心	
	4	맑을	청	淸	
	5	맑을	정	淨	
	6			하면	
㉯	7	곧	즉	卽	1
	8	날	생	生	
	9	열매	실	實	2
	10	서로 모양	상	相	
	11			하리니	
㉰	12	마땅	당	當	1
	13	알	지	知	
	14	이	시	是	2
	15	사람	인	人	
	16			은	
	17	이룰	성	成	4
	18	나아갈 이룰	취	就	
	19	차례	제	第	
	20	한	일	一	
	21	바랄 드믈(=稀)	희	希	3
	22	있을	유	有	
	23	공	공	功	
	24	큰 덕	덕	德	

1 성문은 오랜 동안 법상(法相)에 집착하고 아는 것이 있음에 집착하여, 모든 법이 본래 空한 것을 요달하지 못한다. 일체의 문자는 다 거짓으로 세운 것인데 문득 깊은 경을 듣고도 모든 相을 내지 않으면 바로 부처인 것이다. 그러므로 놀라고 두렵거니와 오직 상근기 보살은 이런 이치를 듣고 [오히려] 환희하여 받아 지니어 마음에 두려워하거나 물러서는 마음이 없으리니 이런 사람들은 매우 희유하다 하리라.

2 ⑥ 168-18 / 何以故 須菩提 如來說第一波羅蜜 卽非第一波羅蜜 是名第一波羅蜜

1 口說心不行卽非 口說心行卽是 心有能所卽非 心無能所卽是

3 입으로는 연설하지만 마음으로 행하지 않으면 곧 그른 것이고, 입으로 말하고 마음으로 행하면 곧 옳은 것이다. 또 마음에 능소가 있으면 곧 그른 것이고, 마음에 능소가 없으면 곧 옳은 것이다.

2 ⑦ 173-3 / 何以故 我於往昔節節支解時 若有我相人相衆生相壽者相 應生瞋恨

①見有辱境當情卽非 不見辱境當情卽是 見有身相當彼所害卽非 不見有身相當彼所害卽是 ②如來因中 在初地時 曾爲忍辱仙人 被歌利王割截身體 無一念痛惱之心 若有痛惱之心 卽生瞋恨 ③歌利王是梵語 此云無道極惡君也 一說如來因中 曾爲國王 常行十善 利益蒼生 國人歌稱此王 故云歌利王 求無上菩提 修忍辱行 爾時帝釋天化作旃陀羅 乞王身肉 王卽割施 殊無瞋惱 今存二說 於理俱通

①욕된 경계를 당한 감정을 보면 곧 그른 것이고, 욕된 경계를 당한 감정을 보지 않으면 옳은 것이다. 상대에게 해침을 당한 몸의 모습을 보면 그릇된 것이고, 상대에게 해침을 당한 몸의 모습을 보지 않으면 옳은 것이다. ②여래께서 인행 가운데 초지보살 적에 일찍이 인욕선인이셨다. 가리왕에게 몸을 베이고 찢기었지만 한 생각도 아프고 괴롭다는 마음이 없으셨다. 만일 아프고 괴롭다는 생각이 있었으면 곧 성내고 원통한 생각을 내셨을 것이다. ③가리왕은 범어이니 당언(唐言)으로는 극악무도한 임금이다. 일설에 여래께서 인행시 일찍이 국왕이 되어 늘 십선을 행하여 창생을 이롭게 하시므로 그 나라 사람들이 이 왕을 노래로 칭송해 가리왕이라 했다 하였다. 왕이 위없는 보리를 구하여 인욕행을 닦는데 그 때에 제석천이 전다라의 몸을 나투어 왕의 몸을 구하므로 곧 베어 주었는데 조금도 성내고 괴로워하지 않았다 한다. 지금 이상의 두 가지 이야기가 있지만 이치에

㉮['공'에 사무쳐] 그 마음이 청정해지면 ㉯깨달음을 얻게 되리니, ㉰마땅히 알겠나이다. 이 사람은 제일 좀처럼 있기 어려운 공덕을 성취한 사람이옵니다. /

[離相寂滅分 第十四] No. 161 ⇨ 원문 p.20 ℓ.6

<후> 世尊하 我今得聞如是經典하고 信解受持는 不足爲難이어니와 若當

㉮	1			이니	
	2	대(代) 세상	世		
	3	높을	尊		
	4		하		
㉯	5	이	是	시	1
	6	열매	實	실	2
	7	서로 모양	相	상	
	8	놈	者	자	3
	9		는		
	10	곧	卽	즉	4
	11	이	是	시	5
	12	아닐	非	비	6
	13	서로 모양	相	상	
	14		이니		
㉰	15	이	是	시	
	16	연고	故	고	
	17		로		
㉱	18	같을	如	여	1
	19	올	來	래	
	20	말씀	說	설	4
	21	이름	名	명	2
	22	열매	實	실	3
	23	서로 모양	相	상	
	24		이니 이다		

㉮세존이시여, ㉯이 실상은 상이 아니므로 ㉰그래서 ㉱여래께서 이름하여 실상이라 말씀하시나이다.」/

있어서 서로 통한다.
• 전다라(旃陀羅) ; '찬달라(Candala. 인도의 최하위 계급)'의 음역.

⑧ 174-11 / 須菩提 又念過去於五百世 作忍辱仙人 於爾所世 無我相 無人相 無衆生相 無壽者相

世者生也 如來因中 於五百世 修行忍辱波羅蜜 以得四相不生 如來自述往因者 欲令一切修行人 成就忍辱波羅蜜 ②行忍辱波羅蜜人 旣行忍辱行 先修不見一切人過惡 冤親平等 無是無非 被他打罵殘害 歡喜受之 倍加恭敬 行如是行者 卽能成就忍辱波羅蜜

①세(世)라 함은 생(生)을 뜻한다. 여래께서 인행시에 오백생을 인욕바라밀을 닦으시며 사상(四相)을 내지 않으시게 되었다. 여래께서 스스로 지난 세상의 인행을 말씀하심은 일체의 수행하는 사람들로 하여금 인욕바라밀을 성취하게 하고자 하심이다. ②인욕바라밀을 행하는 사람이 이미 인욕의 행을 닦고자 했다면 먼저 모든 사람의 허물과 나쁜 점을 보지 말라. 원수나 친한 이나 평등하게 대하며 옳고 그른 것도 없어서 남에게 욕을 당하고 상해를 받더라도 기쁘게 받아 주어 더욱 더 공경해야 한다. 이와 같은 수행을 하는 이는 곧 인욕바라밀을 이루느니라.

⑨ 177-9 / 不應住色生心 不應住聲香味觸法生心 應生無所住心

①不應住色生心者 是都標也 聲香等 別列其名也 於此六塵 起憎愛心 由此妄心 積集無量業結 覆蓋佛性 雖種種勤苦修行 不除心垢 終無解脫之理 推其根本 都由色上住心 ②如能念念 常行般若波羅蜜 推諸法空 不生計著 念念常自精進 一心守護 無令放逸 淨名經云 求一切智 無非時求[1] 大般若經云 菩薩摩訶薩 晝夜精進 常住般若波羅蜜多 相應作意 無時暫捨[2]

①색(色)에 머물지 말고 마음을 내라는 것은 종합적으로 하신 말씀이고 성(聲)·향(香)등은 개별적으로 나열한 이름이다. 여섯 가지 경계에 미워하고 좋아하는 마음을 일으키고 이를 말미암은 망심이 쌓이고 모여서 한량없는 업이 맺어지며 불성을 덮게 된다. 비록 가지가지로 부지런히 수행을 한다 해도 마음의 때를 없애지 못하면 마침내 해탈할 도리가 없을 것이니 그 근본을 미루어 보건대 모두 물질에 마음을 머물러 있기 때문이다. ②생각 생각 반야바라밀을 항상 수행하되 모든 법이 공한 이치에 미루어 계탁(計度)하고 집착하는 마음을 내지 말며, 생각 생각 항상 스스로 정진하여 한마음으로 지키고 보호하여 방일함이 없어야 한다. 『정명경』에 말씀하시기를, '일체

No. 162 ⇨ 원문 p.20 ℓ.7 [離相寂滅分 第十四]

<전> 이니 世尊하 是實相者는 卽是非相이니 是故로 如來說名實相이니이다

㉮	1	대(代)세상	세	世	
	2	높을	존	尊	
	3		하		
㉯	4	나	아	我	1
	5	이제	금	今	2
	6	얻을 어조사	득	得	⎫ 5
	7	들을	문	聞	⎭
	8	같을	여	如	⎫ 3
	9	이	시	是	⎭
	10	글	경	經	⎫ 4
	11	법	전	典	⎭
	12				하고
㉰	13	믿을	신	信	1
	14	알	해	解	2
	15	받을	수	受	3
	16	가질	지	持	4
	17				는
㉱	18	아닐	부	不	⎫ 3
	19	발 넉넉할	족	足	⎭
	20	할	위	爲	2
	21	어려울	난	難	1
	22				이어니와
㉲	23	만약	약	若	1
	24	마땅	당	當	2

지(一切智)를 구하되 때 없이 구하라' 하셨고, 『대반야경』에 이르시기를, '보살마하살은 밤낮으로 정진하여 항상 반야바라밀다에 머물러 상응하게 뜻을 지어 잠시도 마음을 놓을 때가 없어야 한다.' 하셨다.

- ⑴ 『大正藏』 卷14 p. 545c
- ⑵ 『大正藏』 卷7 p. 290c / 是※菩薩摩訶薩 晝夜精進 安※住般若波羅蜜多 相應作意 無時暫捨

⑩ 178-10 / 若心有住 卽爲非住

若心住涅槃 非是菩薩住處 不住涅槃 不住諸法 一切處不住 方是菩薩住處 上文說應無所住而生其心者是也

만일 마음이 열반에 머물면 이것은 보살이 머물 곳이 아니다. 열반에 머물지 않고 모든 법에도 머물지 않아서 온갖 곳에 머물지 않아야 바야흐로 이것이 보살의 머무는 곳이니 위 글에 '마땅히 머무는 바 없이 그 마음을 내라' 하심이 이것이다.

⑪ 178-20 / 是故 佛說菩薩 心不應住色布施

菩薩不爲自身五慾快樂 而行布施 但爲內破慳心 外利益一切衆生 而行布施

보살은 자신의 오욕 쾌락을 위해 보시를 행하지 않고 다만 안으로는 인색한 마음을 깨뜨리고 밖으로는 일체중생을 이롭게 하기 위하여 보시를 행하느니라.

⑫ 179-12 / 須菩提 菩薩 爲利益一切衆生 應如是布施

菩薩者 行法財等施 利益無疆 若作能利益心 卽是非法 不作能利益心 是名無住 無住卽是佛心也

보살이 법과 재물 등의 보시를 행하면 이익이 한량없지만, 만일 이익이 된다는 마음을 지으면 곧 그릇된 법이고, 이롭다는 마음을 짓지 않으면 이것이 머묾이 없는 것이니 머묾이 없으면 곧 부처의 마음이다.

⑬ 180-9 / 如來說一切諸相 卽是非相 又說一切衆生 卽非衆生

①如者不生 來者不滅 不生者 我人不生 不滅者 覺照不滅 ②下文云 如來者 無所從來 亦無所去 故名如來 如來說我人等四相 畢竟可破壞 非眞覺體也 一切衆生 盡是假名 若離妄心 卽無衆生可得 故言卽非衆生也

①[如來의] '여(如)'는 생겨나지 않음을 뜻하고, '래(來)'는 멸하지 않는다는 뜻이다. '불생(不生)'이라 함은 아상과 인상이 나지 않는 것이고 '불멸(不滅)'이라

㉮「세존이시여, ㉯제가 지금 이 경을 듣잡고 ㉰그대로 믿고 이해하며 받아 지니옴은 ㉱어렵지 않사오나, ㉲만일 다음 세상의 마지막 5백세에

[離相寂滅分 第十四] № 163 ⇨ 원문 p.20 ℓ.8

〈후〉은 卽爲第一希有니 何以故오 此人은 無我相하며 無人相하며 無

1	올	래	來
2	인간	세	世
3	뒤	후	後
4	다섯	오	五
5	일백	백	百
6	해	세	歲
7			에
8 ㉮	그	기	其
9	있을	유	有
10	무리	중	衆
11	날	생	生
12			이
13 ㉯	얻을 / 어조사	득	得
14	들을	문	聞
15	이	시	是
16	글	경	經
17			하고
18 ㉰	믿을	신	信
19	알	해	解
20	받을	수	受
21	가질	지	持
22			하면
23 ㉱	이	시	是
24	사람	인	人

함은 깨달음의 광명이 없어지지 않는다는 말이다. ② 아래의 글에 말씀하시기를 여래라는 말은 쫓은바 없이 오고, 또 간 바도 없으므로 그래서 이름을 여래라 하신 것이다. 여래께서 말씀하신 아상·인상 등 네 가지 상은 마침내는 다 파괴되는 것으로 참다운 깨달음의 본체가 아니며 일체 중생은 모두 다 거짓으로 이름한 것이다. 만일 망심만 여의면 곧 중생이 없으므로 그래서 '중생이 아니다'라고 말씀하신 것이다.

⑭ 181-10 / 須菩提 如來 是眞語者 實語者 如語者 不誑語者 不異語者
①眞語者 說一切有情無情皆有佛性 ②實語者 說衆生造惡業 定受苦報 ③如語者 說衆生修善法 定受樂報 ④不誑語者 說般若波羅蜜法 出生三世諸佛 決定不虛 ⑤不異語者 如來所有言說 初善中善後善 旨意微妙 一切天魔外道 無有能超勝及破壞佛語者也

①'참된 말씀(眞語)'이라 함은 일체의 유정 무정이 모두 부처의 성품을 갖추었음을 말씀하심이고, ②'실다운 말씀(實語)'이라 함은 중생들이 악업을 지으면 결정코 괴로운 과보를 받음을 말씀하심이고, ③'진리다운 말씀(如語)'이라 함은 중생이 선법을 닦으면 결정코 즐거운 과보를 받음을 말씀하심이고, ④'속이지 않는 말씀(不誑語)'이라 함은 반야바라밀법이 삼세의 모든 부처님을 낸다고 말씀하신 것이 결정코 허언이 아님이며, ⑤'다르지 않은 말씀(不異語)'이라 함은 여래께서 하신 말씀은 처음에도 거룩하고 중간에도 거룩하고 마지막에도 거룩하여 뜻이 미묘하여 일체의 천마외도가 능히 뛰어넘을 수 없고 부처님의 말씀을 파괴할 수 없음을 뜻한다.

⑮ 182-16 / 須菩提 如來所得法 此法 無實無虛
①無實者 以法體空寂 無相可得 然中有恒沙性德 用之不匱 故言無虛 ②欲言其實 無相可得 欲言其虛 用而無間 是故不得言有 不得言無 有而不有 無而不無 ③言辭不及者 其唯眞智乎 若不離相修行 無由臻此

①'실다움이 없다(無實)' 함은 법(法)의 체(體)는 공적해서 상(相)도 없고 얻을 수도 없다는 뜻이며, 그런 가운데 항하의 모래 수 같은 성덕이 있어서 써도 다하지 않으므로 '허망하지 않다'고 한 것이다. ②그 실다움을 말하려니 얻을 상이 없고, 그 헛됨을 말하자니 사용해도 끝이 없이 이어진다. 그러므로 있다고도 할 수 없고 없다고도 할 수 없으니 있어도 있는 것이 아니고 없어도 없는 것이 아니다. ③말로써 미치지 못하는 것 그것이 오직 참다운 지혜이니 만일 상(相)을 여의지 않고 수행한다면 여기에 이를 수 없을

㉮어떤 중생이 ㉯이 경을 듣고 ㉰그대로 믿고 이해하며 받아 지닌다면, ㉱이 사람이야말로

No. 164 ⇨ 원문 p.20 ℓ.9 [離相寂滅分 第十四]

<전> 來世後五百歲에 其有衆生이 得聞是經하고 信解受持하면 是人 것이다.

㉮	1				은
	2	곧	즉	卽	
	3	할	위	爲	
	4	차례	제	第	
	5	한	일	一	2
	6	바랄 드물[=稀]	희	希	
	7	있을	유	有	
	8				니
㉯	9	어찌	하	何	
	10	써	이	以	
	11	연고	고	故	
	12				오
㉰	13	이	차	此	1
	14	사람	인	人	
	15				은
	16	없을	무	無	3
	17	나	아	我	2
	18	서로, 모양 생각	상	相	
	19				이며
	20	없을	무	無	5
	21	사람	인	人	4
	22	서로 생각	상	相	
	23				이며
	24	없을	무	無	7

⑯ 183-10 / 須菩提 若菩薩 心住於法 而行布施 如人入闇 卽無所見 若菩薩 心不住法 而行布施 如人有目 日光明照 見種種色

①於一切法 心有住著 則不了三輪體空 如盲者處暗 無所曉了 ②華嚴經云⁽¹⁾ 聲聞在如來會中聞法 如盲如聾 爲住法相故 ③若菩薩 常行般若波羅蜜多無著無相行 如人有目 處於皎日之中 何所不見也

①일체법에 마음이 머물거나 애착함이 있으면 삼륜(三輪. 施者·受者·施物)의 체(體)가 공함을 요달하지 못함이니 마치 맹인이 어둠에 처함과 같아 밝게 요달할 바가 없다. ②『화엄경』에 이르시되, '성문이 여래의 회상 가운데 있으면서 법문을 들음에 맹인과 같고 귀머거리와 같은 것은 법상(法相)에 머물기 때문이다.' 하셨으니 ③만일 보살이 반야바라밀의 무착무상행을 항상 실천하면 눈이 있는 사람이 햇빛이 밝게 비치는 곳에 있음이라 어딘들 보지 못하리요.

• ⑴ 40, 60, 80화엄 가운데 일치하는 내용을 발견하지 못했음.

⑰ 185-21 / 須菩提 當來之世 若有善男子善女人 能於此經 受持讀誦 卽爲如來 以佛智慧 悉知是人 悉見是人 皆得成就無量無邊功德

①當來之世 如來滅後 後五百歲 濁惡之時 邪法競起 正法難行 ②於此時中 若有善男子善女人 得遇此經 從師稟授 讀誦在心 專精不忘 依義修行 悟入佛之知見 則能成就阿耨多羅三藐三菩提 以是三世諸佛 無不知之

①다음 세상이라 함은 여래께서 멸도 하신 뒤 다섯 번째 맞이하는 500년으로 혼탁하고 악한 시기다. 사된 법이 다투어 일어나고 바른 법은 행하기 어려울 때다. ②이러한 때에 착한 남자와 여자가 이 경(經)을 만나 스승을 따라 전해 받아 독송하여 마음에 두고 오로지 정진하여 잊지 않으며 그 뜻에 의지해서 수행하여 불지견(佛知見)에 깨달아 들어간다면 곧 아뇩다라삼먁삼보리를 성취할 것이다. 그러므로 삼세의 부처님이 아시지 못함이 없다고 하신 것이다.

㉮제일 희유하다 하오리니, ㉯무슨 까닭인가 하오면 ㉰이 사람은 아상이 없고, 인상이 없고, 중생상이 없고, /

[離相寂滅分 第十四] No. 165 ⇨ 원문 p.20 ℓ.10

<후> 衆生相壽者相도 卽是非相이라 何以故오 離一切諸相이 卽名

	뜻	음	한자	
㉮	1 무리	중	衆	⎫
	2 날	생	生	⎬ 6
	3 서로, 모양 생각	상	相	⎭
	4		이며	
	5 없을	무	無	⎫ 2
	6 목숨	수	壽	⎬
	7 놈	자	者	⎬ 1
	8 서로, 모양 생각	상	相	⎭
	9		이니	
㉯	10 바	소	所	⎫ 1
	11 써	이	以	⎭
	12 놈 이[주격조사]	자	者	2
	13 어찌	하	何	3
	14		오	
㉰	15 나	아	我	⎫ 1
	16 서로, 모양 생각	상	相	⎭
	17		이	
	18 곧	즉	卽	2
	19 이	시	是	3
	20 아닐	비	非	5
	21 서로, 모양 생각	상	相	4
	22		이며	
㉱	23 사람	인	人	⎫ 1
	24 서로, 모양 생각	상	相	⎭

※하심(下心) -도포(道袍)의 길이- [對我相]
절 집안의 모습은 일반 속가와 여러 가지가 다르다. 그 가운데 하나가 인사하는 모습이다. 일반 사회에서는 고개만 숙이거나 몸을 숙인대도 약간이다. 그런데 절 집안에서의 인사는 한마디로 코가 땅에 닿도록 몸을 굽힌다. 자기 자신을 낮추라는 뜻이며, 이렇게 인사하는 것을 굴절비례(屈節卑禮) 즉, 뼈마디를 굽힐 수 있는 만큼 굽히고 자세를 낮춰 예를 갖추라는 것이다.

<1>
남쪽나라 월남(越南)에 이런 이야기가 전해져 오고 있다.
예전에 어려서부터 같이 자란 두 친구가 있었다. 두 사람 모두 훌륭히 성장해서 드디어 과거에 응시했다. 결과 한 사람만 급제(及第)에 성공했다. 먼저 성공한 사람은 누가 시키거나 부탁한 것도 아닌데 부모보다도 더 정성스럽게 떨어진 친구의 뒷바라지를 시작했다.
그 후로도 낙방한 그 친구는 실패를 거듭했다. 그래도 실망하지 않고 한 사람은 계속 시험 준비를, 또 한사람은 뒷바라지를 했다. 그 노력과 정성이 통했던지 10년 만에 성공하게 되었다. 예나 지금이나 그 순간의 기쁨은 당사자만이 알 수 있는 것이다. 그럼에도 먼저 성공한 사람은 자신이 급제했을 때 보다 몇 배나 더 좋아했다. 함께 기쁨을 나눈 뒤, 먼저 성공한 사람이 말했다.
「여보게, 정말 축하하네. 그런데 앞으로는 자네를 도울 일이 없을 것 같네.」
아닌게 아니라 과거에 합격을 했으니 최소한 물질적인 문제는 스스로 해결하게 될 것이기에 한 말이다. 그리고 이어, 마지막으로 자신이 도울 일이 없을까를 물었다. 이에 급제한 친구가 말했다.
「모두가 자네 덕분일세. 그런데 곧 나라님을 알현(謁見)해야 할텐데 아직 관복(官服)이 없네. 자네에 대한 고마움의 표시로 자네가 마련해준 관복을 입고 나라님을 알현했으면 하네.」
그러자 돌보아 주던 친구도 의미 있는 일이라 생각하고 선뜻 응했다. 그리고 두 사람은 관복을 가장 잘 만든다는 장인(匠人)의 집으로 갔다. 옷을 만드는 장인이 치수를 다 재고 나서 물었다.
「대인께서는 급제하신지 얼마나 되셨습니까?」
뜻밖의 질문이었다. 합격의 즐거움으로 충만했던 분위기가 일순 돌변했다. 그도 그럴 것이 남들보다 10년이나 늦게 급제를 하였기 때문에 조금은 창피했기 때문이었다. 기분이 상한 오늘의 주인공이 퉁명스레 말했다.

㉮수자상이 없기 때문이옵니다. ㉯[네 가지 상이 없다고 말씀드리는] 까닭은 아상이 ㉰곧 상이 아니요 ㉱인상·중생상·수자상도 /

No. 166 ⇨ 원문 p.21 ℓ.1 [離相寂滅分 第十四]

<전> 衆生相하며 無壽者相이니 所以者何오 我相이 卽是非相이며 人相

	1 무리	중	衆	
	2 날	생	生	2
	3 서로, 모양 생각	상	相	
	4 목숨	수	壽	
	5 놈	자	者	3
	6 서로 생각	상	相	
	7		도	
㉮	8 곧	즉	卽	1
	9 이	시	是	2
	10 아닐	비	非	4
	11 서로, 모양 생각	상	相	3
	12		이라	
㉯	13 어찌	하	何	
	14 써	이	以	
	15 연고	고	故	
	16		오	
㉰	17 여읠	이	離	3
	18 한	일	一	1
	19 온통	체	切	
	20 모두	제	諸	2
	21 서로, 모양 생각	상	相	
	22		이	
㉱	23 곧	즉	卽	1
	24 이름	명	名	2

「당신은 옷을 만드는 사람이니 옷이나 잘 만들면 됐지, 그런 것은 알아서 뭘 하시려는가.」
그러자 장인으로부터 너무나 의외의 말을 듣게 되었다.
「기분이 언짢으셨다면 죄송합니다. 하지만 그걸 알아야 관복을 제대로 만들 수 있습니다. 예를 들자면, 관직에 오른지 20년이 지난 어른 같으면 뒤쪽 기장을 길게 해야하고, 10년 안팎이면 앞과 뒤를 똑같이 해야하며, 얼마 되지 않은 분 같으면 앞 기장을 길게 그리고 뒤는 짧게 해야 한답니다.」
예상 밖의 답변에 그 연유를 물었더니,
「20년이 지난 어른 같으면 자신이 남들 위에 군림하는 것이 아니라 백성의 종임을 알기에 자연히 자세를 숙인답니다. 그러니 뒤쪽을 길게 그리고 앞은 짧게 해야 옷의 균형이 맞지 않겠습니까?! 하지만 신출(新出)은 기고만장(氣高萬丈)하는 까닭에 자연히 자세가 뒤로 넘어가게 되며 따라서 옷도 거기에 맞춰 만들지 않으면 안 된답니다.」
요즘 도포나 두루마기를 입는 시절은 아니지만 이 이야기는 아직도 유효하다.

<2>

이 번에는 필자가 겪은 이야기 한 대목을 소개해 보기로 한다.
진지한 마음으로 불교공부를 시작하게 되었다. 조금씩 깊은 의미를 짐작하면서 글을 일러주시는 스승님이 너무 위대해 보였다. 감사한 마음도 들었다. 불교공부는 마음공부이기 때문에 더욱 그랬는지 모른다. 어떻게든 은혜를 갚고자 했으나 마음뿐 달리 표현할 방법이 없었다. 물질적으로 아무 능력을 구비하지 못했던 시기였기 때문이었다. 그래서 때때로 스승께서 머무시는 방 청소를 자청했다.
그러던 어느 날, 비질을 끝내고 쓰레기를 쓸어 담으려는데 스승님께서 보시더니 말씀 하셨다.
「묻거니와 네 손에 들려있는 물건 가운데 앞으로 전진하는 것은 어떤 것이냐?」
「빗자루입니다.」
「그렇다면 정작 얻는 것은 어느 쪽이냐?」
「.... 」
그랬다. 이 생생한 가르침을 나는 지금도 잊지 못하고 있다. 아직도 앞섶이 더 길어서 더욱 잊지 못하고 있는지도 모른다.
하심(下心)에 관한 말씀은 도처에서 볼 수 있다. 스페인 속담에도 '명예와 거울은 사소한 입김에도 흐려지기 쉽다'고 하였다. 하심의 중요성을 알았으면 끝까지 가야한다.

㉮곧 상이 아니기 때문이옵니다. ㉯[다시 한번] 그 까닭을 말씀드리오면 ㉰온갖 상을 여읜 이를 ㉱부처라 하기 때문이옵니다.」 /

[離相寂滅分 第十四] №. 167 ⇨ 원문 p.21 ℓ.2

<후> 不驚不怖不畏하면 當知是人은 甚爲希有니 何以故오 須菩提

	1	모두	제	諸
	2	부처	불	佛
	3			이니/이다
④㉮	4	부처	불	佛
	5	알릴	고	告
	6	모름지기	수	須
	7	보살	보	菩
	8	끝 '제'/들 '제'	리	提
	9			하사대
㉯	10	같을	여	如
	11	이	시	是
	12	같을	여	如
	13	이	시	是
	14			니라
⑤㉰	15	만약	약	若
	16	다시	부	復
	17	있을 어떤	유	有
	18	사람	인	人
	19			이
㉱	20	얻을 어조사	득	得
	21	들을	문	聞
	22	이	시	是
	23	글	경	經
	24			하고

'무릇 하심하는 사람에게는 만 가지 복이 스스로 돌아오느니라(凡有下心者는 萬福이 自歸依니라)' 「자경문(自警文)」의 한 대목을 힘주어 일러 주시던 스승님의 음성이 귓가에 맴돈다.

※ 하경상(下敬上)과 상경하(上敬下)
鳩摩羅什初學小敎 頂禮盤頭達多 此下敬上 謂之貴尊 盤頭達多晩求大法 復禮鳩摩羅什 此上敬下 謂之尊賢
'구마집'이 처음 소승(小乘)을 배울 때는 '반두달다'에게 정례(頂禮)하였으니 이것은 아랫사람이 윗사람을 공경하는 것이라 이를 일컬어 '높은 이를 귀하게 여긴다[貴尊]'라고 하며, 반두달다가 뒤에 대승(大乘)을 구할 때 다시 구마라집에게 예를 하였으니 이것은 윗사람이 아랫사람을 공경하는 것이라 이를 일컬어 '현명한 이를 존귀하게 여긴다[尊賢]'라고 한다.

• 반두달다(盤頭達多) ; 계빈국 승려. 만년에 대승의 법을 구함에 구마라집을 스승으로 예우하며 말하기를 「스님은 대승에 있어서 나의 스승이요, 나는 소승에 있어서 스님의 스승입니다(和尙是我大乘師, 我是和尙小乘師)」라 하였다.

※ 바로 잡아야 할 인상(人相) [對人相]
기복(祈福)이란 복을 빈다는 말이다. 즉, 인간보다 수승한 존재를 대상으로 복덕과 수명 등을 기원하는 것이다.
그런데 정작 인간은 인간보다 열등한 존재들에게 자비와 지혜를 베풀 줄 모른다. 이는 곧 인간 스스로 복을 빌 자격이 없음을 반증하는 것이다.
지금부터라도 부처님께 기원하는 내용만큼 뭇중생을 위해 베푸는 제대로 된 인상을 지녀야 한다.

※ 불계라후라게(佛誡羅睺羅偈) [對衆生相]
彼旣丈夫我亦爾 不應自輕而退屈
그들이 장부라면 나 또한 그러하니 스스로 가볍게 물러서지 말라.
 －『精選懸吐緇門』4장 －

㉮부처님께서 수보리에게 말씀하셨다. ㉯「그러하니라. 그러하니라. ㉰만일 어떤 사람이 ㉱이 경을 듣고 /

- 167 -

No. 168 ⇨ 원문 p.21 ℓ.3 [離相寂滅分 第十四]

<전> 諸佛이니이다 佛告須菩提하사대 如是如是니라 若復有人이 得聞是經하고

㉮	1	아닐	불	不	2﹜1
	2	놀랄	경	驚	
	3	아닐	불	不	﹜2
	4	두려워할	포	怖	
	5	아닐	불	不	﹜3
	6	두려워할	외	畏	
	7			하면	
㉯	8	마땅	당	當	﹜1
	9	알	지	知	
	10	이	시	是	﹜2
	11	사람	인	人	
	12			은	
㉰	13	심할	심	甚	1﹜3
	14	할	위	爲	
	15	바랄 드물[=稀]	희	希	﹜2
	16	있을	유	有	
	17			니	
⑥㉱	18	어찌	하	何	
	19	써	이	以	
	20	연고	고	故	
	21			오	
㉲	22	모름지기	수	須	
	23	보살	보	菩	
	24	끝 '제' 들 '제'	리	提	

※ 게놈(Genome)과 사상(四相)

미국·영국 등 6개국 공동 연구팀인 HGP(Human Genome Project : 인간게놈프로젝트)와 미국의 생명공학회사인 셀레라 지노믹스가 2001년 2월 12일에 인간의 유전자에 대한 비밀을 푼 연구결과를 공동으로 발표하고 인터넷에도 공개하였다. 이들은 여자 세 명과 남자 두 명에게서 채취한 DNA샘플을 이용하여 32억 쌍의 염기서열을 밝혀내고 유전자 표지까지 삽입하여 인간의 유전자 정보를 자세하게 밝힌 지도를 완성하였으니 이를 '인간 게놈지도'라 한다.

이 연구결과에 따르면 인간의 유전자수는 2만4천~4만 개로, 이는 종전까지 추정했던 10만 개에 훨씬 못 미칠 뿐만 아니라 ②초파리의 2배에 지나지 않는 것으로 밝혀져 고등동물일수록 유전자수가 압도적으로 많을 것이라는 오랜 생물학적 믿음이 깨졌다. 또 ①개개인의 DNA의 차이는 전체의 2%에 지나지 않으며, ③인종의 차이는 유전자적 근거가 없다는 사실도 확인되었다.

이 연구는 암·치매·당뇨병·후천성면역결핍증(에이즈) 등과 같은 난치병이나 불치병을 치료할 수 있는 계기를 마련하였다. 게놈지도를 바탕으로 질병에 결정적인 영향을 미치는 유전자를 밝혀내고 ④그 유전자를 교체하거나 기능을 할 수 없도록 예방할 수도 있으며, 개인의 유전자 특성에 따라 약물이나 치료법을 달리하는 맞춤식 치료도 개발될 수 있다. 지금까지 밝혀진 질병 유발 유전자수는 전체의 1%도 안 되는 286개에 불과하다. 한편 이러한 긍정적인 측면과 함께 개인의 유전자 정보가 공개됨으로써 열등한 유전자를 가진 사람이 차별 받게 될 것이라는 우려도 크다.

이로써 ①개인이 다른 개인에 대해 갖는 아상(我相), ②이류중생(異類衆生)들에 대해 지니는 인상(人相), ③성현을 상대로 지니는 중생상(衆生相), 그리고 ④모든 것을 운명이라고 여겨오던 그간의 수자상(壽者相) 등이 잘못이라는 석존의 가르침이 점차 과학적으로도 증명되고 있음을 알 수 있다.

뿐만 아니라 석존의 가르침에 의해야만 과학적 연구 성과에 자비와 지혜라는 정신을 불어넣을 수 있고, 말미에 지적한 우려를 극복 할 수 있다.

네이버 백과사전 참고

㉮놀래지 않고 겁내지 않으며 두려워하지도 않는다면, ㉯이 사람은 ㉰참으로 희유한 사람인 줄을 알지니라. ㉱어째서 그러한가 하면 ㉲수보리야, /

[離相寂滅分 第十四] №169 ⇨ 원문 p.21 ℓ.4

<후> 蜜이니라 須菩提야 忍辱波羅蜜을 如來說非忍辱波羅蜜일새 是名

㉮	1		야	
	2	같을	여	如 ⎫ 1
	3	올	래	來 ⎭
	4	말씀	설	說 2
	5	차례	제	第 ⎫
	6	한	일	一 ⎪
	7	물결 '파'	바	波 ⎬ 3
	8	벌릴	라	羅 ⎪
	9	꿀	밀	蜜 ⎭
	10		이	
㉯	11	곧	즉	卽 1
	12	아닐	비	非 3
	13	차례	제	第 ⎫
	14	한	일	一 ⎪
	15	물결 '파'	바	波 ⎬ 2
	16	벌릴	라	羅 ⎪
	17	꿀	밀	蜜 ⎭
	18		일새	
㉰	19	이	시	是 1
	20	이름	명	名 2
	21	차례	제	第 ⎫
	22	한	일	一 ⎪
	23	물결 '파'	바	波 ⎬
	24	벌릴	라	羅 ⎭

⊙제일바라밀(第一波羅蜜) ; 으뜸가는 법문이란 뜻으로, 이는 세속제의 입장에서 바라본 바라밀의 가치이다.

㉮여래가 말하는 제일바라밀은 ㉯제일바라밀이 아니므로 ㉰제일바라밀이라 이름하기 때문이니라. /

No. 170 ⇨ 원문 p.21 ℓ.5 [離相寂滅分 第十四]

<전> 야 如來說第一波羅蜜이 即非第一波羅蜜일새 是名第一波羅

	1 꿀	밀	蜜	⎞
	2		이니라	
㉮	3 모름지기	수	須	
	4 보살	보	菩	
	5 끝'제' 들'제'	리	提	
	6		야	
㉯	7 참을	인	忍	
	8 욕될	욕	辱	
	9 물결'파'	바	波	
	10 벌릴	라	羅	
	11 꿀	밀	蜜	
	12		을	
㉰	13 같을	여	如	⎞ 1
	14 올	래	來	⎠
	15 말씀	설	說	4
	16 아닐	비	非	3
	17 참을	인	忍	⎞
	18 욕될	욕	辱	
	19 물결'파'	바	波	2
	20 벌릴	라	羅	
	21 꿀	밀	蜜	⎠
	22		일새	
㉱	23 이	시	是	1
	24 이름	명	名	2

㉮수보리야, ㉯인욕바라밀을 ㉰여래는 인욕바라밀이 아니기에 ㉱이를 인욕바라밀이라 이름한다 하나니 /

[離相寂滅分 第十四] No. 171 ⇨ 원문 p.21 ℓ.6

<후> 身體할새 我於爾時에 無我相하며 無人相하며 無衆生相하며 無壽者

	1	참을	인	忍	
	2	욕될	욕	辱	
	3	물결 '파'	바	波	
	4	벌릴	라	羅	
	5	꿀	밀	蜜	
	6			이니	
㉮	7	어찌	하	何	
	8	써	이	以	
	9	연고	고	故	
	10			오	
㉯	11	모름지기	수	須	
	12	보살	보	菩	
	13	끌 '제' 들 '제'	리	提	
	14			야	
㉰	15	같을	여	如	1
	16	나	아	我	2
	17	옛	석	昔	3
	18	할	위	爲	7
	19	노래	가	歌	
	20	이로울	리	利	4
	21	임금	왕	王	
	22			에	
	23	벨	할	割	6
	24	끊을	절	截	

⊙歌利王(가리왕) ; ⓢKali. 음가리(迦利)·가리(哥利)·갈리(羯利)·가람부(迦藍浮). 의투쟁(鬪爭)·극악(極惡). 부처님께서 과거세에 인욕선인(忍辱仙人)의 몸으로 수행할 때 사소한 일로 부질없는 진심(嗔心)을 내어, 인욕선인인 수행하던 부처님의 팔 다리를 끊은 포악한 왕이다.

㉮무슨 까닭이겠는가. ㉯수보리야, ㉰내가 옛날에 가리왕에게 몸을 갈기갈기 찢길 적에 /

No. 172 ⇨ 원문 p.21 ℓ.7 [離相寂滅分 第十四]

<전> 忍辱波羅蜜이니 何以故오 須菩提야 如我昔爲歌利王에 割截

㉮	1	몸	신	身	） 5
	2	몸	체	體	
	3			할새	
	4	나	아	我	1
	5	어조사	어	於	3
	6	너 그	이	爾	） 2
	7	때	시	時	
	8			에	
	9	없을	무	無	5
	10	나	아	我	） 4
	11	서로, 모양 생각	상	相	
	12			이며	
	13	없을	무	無	7
	14	사람	인	人	） 6
	15	서로 생각	상	相	
	16			이며	
	17	없을	무	無	9
	18	무리	중	衆	） 8
	19	날	생	生	
	20	서로, 모양 생각	상	相	
	21			이며	
	22	없을	무	無	11
	23	목숨	수	壽	） 10
	24	놈	자	者	

㉮ 내가 그때, 아상도 없고, 인상도 없고, 중생상도 없고, 수자상도 없었느니라. /

[離相寂滅分 第十四] No. 173 ⇨ 원문 p.21 ℓ.8

<후> 相壽者相이런들 應生瞋恨이니라 須菩提야 又念過去於五百世에 作

	1	서로, 모양 생각	상	相
	2			이니라
㉮	3	어찌	하	何
	4	써	이	以
	5	연고	고	故
	6			오
㉯	7	나	아	我	1
	8	어조사	어	於	6
	9	갈	왕	往	2
	10	옛	석	昔	
	11	마디	절	節	3
	12	마디	절	節	
	13	가를	지	支	4
	14	벗길	해	解	
	15	때	시	時	5
	16			에	
㉰	17	같을	약	若	1
	18	있을	유	有	3
	19	나	아	我	
	20	서로, 모양 생각	상	相	
	21	사람	인	人	2
	22	서로 생각	상	相	
	23	무리	중	衆	
	24	날	생	生	

㉮그 까닭이 무엇인가 하면, ㉯내가 옛날에 몸을 찢기올 적에 ㉰아상·인상·중생상·수자상이 있었더라면 /

No. 174 ⇨ 원문 p.21 l.9 [離相寂滅分 第十四]

<전> 相이니라 何以故오 我於往昔節節支解時에 若有我相人相衆生

	1	서로, 모양 생각	상	相	
	2	목숨	수	壽	
	3	놈	자	者	
	4	서로, 모양 생각	상	相	
	5			이런 들	
㉮	6	응할 응당 ~해야한다	응	應	1
	7	날	생	生	3
	8	부릅뜰 성낼	진	瞋	2
	9	한 원망할	한	恨	
	10			이니 라	
⑧㉯	11	모름지기	수	須	
	12	보살	보	菩	
	13	끌 '제' 들 '제'	리	提	
	14			야	
㉰	15	또	우	又	1
	16	생각	념	念	5
	17	지날	과	過	2
	18	갈	거	去	
	19	어조사	어	於	3
	20	다섯	오	五	
	21	일백	백	百	4
	22	인간	세	世	
	23			에	
	24	지을	작	作	6

㉮응당 성을 내어 원망을 하였을 것이기 때문이니라. ㉯수보리야, ㉰또 과거 저 5백세 동안 인욕선인이었던 일을 생각하면 /

- 174 -

[離相寂滅分 第十四] No. 175 ⇨ 원문 p.21 ℓ.10

<후> 壽者相이니라 是故로 須菩提야 菩薩은 應離一切相하고 發阿耨多

㉮	1	참을	인	忍	5
	2	욕될	욕	辱	
	3	신선	선	仙	
	4	사람	인	人	
	5			하여	
	6	어조사	어	於	3
	7	그(=其)	이	爾	1
	8	바	소	所	2
	9	인간	세	世	
	10			에	
㉯	11	없을	무	無	2
	12	나	아	我	1
	13	서로, 모양 생각	상	相	
	14			이며	
	15	없을	무	無	4
	16	사람	인	人	3
	17	서로 생각	상	相	
	18			이며	
	19	없을	무	無	6
	20	무리	중	衆	5
	21	날	생	生	
	22	서로, 모양 생각	상	相	
	23			이며	
	24	없을	무	無	8

※ 사랑할 원수조차 없다.
― 인욕선인의 도할양무심(塗割兩無心) ―

'원수를 사랑하라', '왼손이 하는 일을 오른손이 모르게 하라'는 말씀이 있다. 참으로 거룩한 말씀이 아닐 수 없다. 그런데 다음과 같은 말씀과 견준다면 어떨까 함께 생각해 볼 일이다.

'자비무적(慈悲無敵)!'
    자비한 마음에는 사랑할 원수조차 없다.
'무주상보시(無住相布施)!'
    한 손의 일을 다른 한 손이 돕듯 하라.

결론은 좀 미루기로 하고 『현우경(賢愚經)』 찬제파리품(羼提波梨品)의 말씀을 들어보자.

이와 같이 내가 들었다. 한때 부처님께서 왕사성 죽림정사에 계셨다.

그 때 세존께서는 처음으로 도(道)를 얻으시어 교진여등 오비구를 제도하시고 다음에는 가섭 삼형제를 위시한 천 명을 제도하셨다. 사람을 제도하시는 범위는 점점 넓어져 그 은혜를 입는 이가 많았다.

그래서 왕사성 사람들은 한량없이 기뻐하면서 찬탄하지 않는 이가 없었다.

「여래께서 세상에 나오심은 참으로 기이하고 특별한 일로서 중생들은 모두 고통에서 벗어난다.」

또 교진여등과 가섭의 무리들을 칭송하여

「저 대덕 비구들은 전생에 여래와 무슨 인연이 있었기에 법북(法鼓)이 처음 울리자 남 먼저 듣게 되며 단 이슬 법맛을 먼저 맛보는가.」

고 하였다.

때에 비구들은 여러 사람들의 이런 칭송을 듣고, 곧 부처님께 나아가 그 사실을 자세히 사뢰었다. 부처님께서 말씀하셨다.

「나는 과거에 저 무리들과 함께 큰 서원을 세웠다. 만일 내가 도를 이루면 먼저 저들을 제도하리라」고.

비구들이 이 말씀을 듣고 다시 부처님께 사뢰었다.

「오랜 과거에 함께 서원을 세우신 그 사실은 어떠하나이까. 저희들을 가엾이 여기사 해설해 주심을 바라나이다.」

부처님께서 말씀하셨다.

「자세히 듣고 잘 기억하라. 오랜 과거 한량없고 가없으며, 헤아릴 수 없는 아승기겁에 이 염부제(閻浮提)에 큰 나라가 있어 이름을 바라나(波羅奈)라 하였고, 당시에 국왕은 이름을 가리(迦梨)라 하였다.

그 때에 그 나라에 큰 선인이 있어 이름을 찬제파리(羼提波梨)라 하였는데, 그는 오백 제자들과 함께 숲

㉮그때에도 ㉯아상・인상・중생상・수자상이 없었느니라. /

No. 176 ⇨ 원문 p.22 ℓ.1 [離相寂滅分 第十四]

<전> 忍辱仙人하여 於爾所世에 無我相이며 無人相하며 無衆生相하며 無

	1	목숨	수	壽	⎫
	2	놈	자	者	⎬ 7
	3	서로, 모양 생각	상	相	⎭
	4			이니라	
㉮	5	이	시	是	
	6	연고	고	故	
	7			로	
㉯	8	모름지기	수	須	
	9	보살	보	菩	
	10	끌 '제' 들 '제'	리	提	
	11			야	
㉰	12	보살	보	菩	
	13	보살	살	薩	
	14			은	
㉱	15	응할 응당 ~해야한다	응	應	⎫ 1
	16	여읠	리	離	3
	17	한	일	一	⎫
	18	온통	체	切	⎬ 2
	19	서로, 모양 생각	상	相	⎭
	20			하고	
㉲	21	쏠	발	發	⎫ 3
	22	언덕	아	阿	⎫
	23	김맬 '누'	뇩	耨	⎬ 1
	24	많을	다	多	⎭

속에 살면서 인욕을 수행하고 있었다.
　어느 때 국왕은 신하들과 부인과 궁녀들을 데리고 산에 들어가 놀게 되었다. 때에 왕은 피로해 누워 쉬고 있었다. 여러 궁녀들은 왕을 버려 두고 돌아다니면서 꽃 핀 숲을 구경하였다. 그러다가 찬제파리가 단정히 앉아 생각에 잠겨 있는 것을 보고 가만히 공경하는 마음이 생겨 온갖 꽃을 따다 그 위에 뿌리고 이내 그 앞에 앉아 그의 설법을 듣고 있었다.
　왕은 잠을 깨어 방을 돌아보았으나 여인들이 보이지 않아 네 명의 대신(大臣)을 데리고 같이 가서 찾아보았다. 그러다가 그 여인들이 선인 앞에 앉아 있는 것을 보고 곧 선인에게 물었다.」
「너는 네 가지 공의 선정(四空定)[1]을 얻었는가.」
선인이 대답하였다.
「얻지 못하였습니다.」
「네 가지 무량심(四無量心)[2]을 얻었는가.」
「얻지 못하였습니다.」
「네 가지 선정(四禪定)[3]은 얻었는가.」
「얻지 못하였습니다.」
왕은 화를 내어 말하였다.
「너는 그런 공덕을 모두 얻지 못하였으니 일개 범부라. 그러면서 혼자 여인들과 그윽한 곳에 있으니 어떻게 믿을 수 있겠는가.」
왕은 다시 물었다.
「너는 항상 여기 있으니 어떤 사람인가. 또 무엇을 수행하는가.」
선인은 대답하였다.
「인욕을 수행하고 있습니다.」
왕은 곧 칼을 빼며 말하였다.
「만일 욕됨을 참는다면 나는 너를 시험해 능히 참는가를 알아보리라.」
하고, 곧 그의 두 손을 끊었다. 그리고 물었다.
「이래도 욕됨을 참는다고 말할 수 있겠는가.」
또 두 다리를 끊고 물었다.
「이래도 욕됨을 참는다고 말할 수 있겠는가.」
다음에는 그 귀와 코를 끊었다. 그는 얼굴빛도 변하지 않았다.
「이래도 욕됨을 참는다고 말할 수 있겠는가.」
그 때에 천지는 여섯 가지로 진동하고, 그 선인의 오백 제자는 허공으로 날아올라 스승에게 물었다.
「그런 고통을 당하고도 인욕하는 마음을 잃지 않습

㉮그러므로 ㉯수보리야, ㉰보살은 ㉱마땅히 온갖 감각의 대상을 여의고서 ㉲아뇩다라삼먁삼보리의 마음을 내야 할 것이니, /

- 176 -

[離相寂滅分 第十四]　No. 177 ⇨ 원문 p.22 ℓ.2

<후> 心이요 應生無所住心이니라 若心有住면 即爲非住니라 是故로 佛說

	1	새그물	라	羅	
	2	석	삼	三	
	3	아득할 '막'	막	藐	
	4	석	삼	三	
	5	보리	보	菩	
	6	끌 '제'	리	提	
	7	마음	심	心	2
	8			이니	
⑨㉮	9	아닐	불	不	6
	10	응할 응당 ~해야한다	응	應	1
	11	머물	주	住	3
	12	빛	색	色	2
	13	날	생	生	5
	14	마음	심	心	4
	15			이며	
㉯	16	아닐	불	不	6
	17	응할 응당 ~해야한다	응	應	1
	18	머물	주	住	3
	19	소리	성	聲	
	20	향기	향	香	
	21	맛	미	味	2
	22	닿을	촉	觸	
	23	법	법	法	
	24	날	생	生	5

니까.」
스승은 대답하였다.
「마음은 변하지 않느니라.」
왕은 깜짝 놀라면서 다시 물었다.
「너는 욕을 참는다고 말하지마는 무엇으로 증명하겠는가.」
선인은 대답하였다.
「만일 내가 욕을 참음이 진실이요 거짓이 아니라면 피는 젖이 되고, 몸은 전처럼 회복될 것입니다.」
그 말이 끝나자 피는 곧 젖이 되고 몸은 전처럼 회복되었다.
왕은 그 인욕의 증명을 보고 더욱 두려워하여 말하였다.
「아, 내가 잘못으로 큰 선인을 비방하고 욕보였습니다. 원컨대 가엾이 여겨 내 참회를 받아 주소서.」
선인은 말하였다.
「왕은 여자로 말미암아 칼로 내 몸을 헤쳤지마는 내 참음은 땅과 같습니다. 나는 뒤에 부처가 되면 먼저 지혜의 칼로 당신의 세 가지 독을 끊을 것입니다.」
그 때에 산중에 있던 여러 용(龍)과 귀신들은 가리왕이 인욕하는 선인을 헤친 것을 보고 모두 걱정하여 큰 구름과 안개를 일으키고 뇌성벽력을 치면서 그 왕과 권속들을 헤치려 하였다.
선인은 하늘을 우러러 말하였다.
「만일 나를 위하거든 저 왕을 헤치지 말라.」
가리왕은 참회한 뒤에는 늘 선인을 청하여 궁중에서 공양하였다.
그때 다른 범지들 수천 인은 왕이 찬제파리를 공경히 대우하는 것을 보고 매우 시기하여 그가 앉은 그윽한 곳에 티끌과 흙과 더러운 물건들을 끼얹었다.
선인은 그렇게 하는 것을 보고 곧 서원을 세웠다.
「나는 지금 이 인욕을 수행하여 중생들을 위해 쉬지 않고 그 행을 쌓으면 뒤에는 반드시 부처가 될 것이다. 만일 불도를 성취하면 먼저 법의 물[法水]로써 너희들의 티끌과 때를 씻고 탐욕의 더러움을 없애어 영구히 청정하게 할 것이다.」고.
부처님은 비구들에게 말씀하셨다.
「그 때의 찬제파리가 누구인지 알고 싶은가. 그이는 바로 이 내 몸이요, 그 때의 가리왕과 네 대신(大臣)은 바로 지금의 아즈냐아타-카운디냐 등 다섯 비구요, 내게 티끌을 끼얹던 천 범지는 바로 지금의 우루벨라

㉮빛[모양]에 머물러서 마음을 내지도 말며, ㉯소리와 냄새와 맛과 감촉과 법진(法塵. 前念)에 머물러서 마음을 내지도 말아야 하나니 /

- 177 -

No. 178 ⇨ 원문 p.22 ℓ.3 [離相寂滅分 第十四]

<전> 羅三藐三菩提心이니 不應住色生心이며 不應住聲香味觸法生

			심	心
㉮	1	마음		
	2			이요
	3	응할 응당 ~해야한다	응	應
	4	날	생	生
	5	없을	무	無
	6	바	소	所
	7	머물	주	住
	8	마음	심	心
	9			이니라
⑩㉯	10	만약	약	若
	11	마음	심	心
	12	있을	유	有
	13	머물	주	住
	14			면
㉰	15	곧	즉	卽
	16	할	위	爲
	17	아닐	비	非
	18	머물	주	住
	19			니라
⑪㉱	20	이	시	是
	21	연고	고	故
	22			로
㉲	23	부처	불	佛
	24	말씀	설	說

4 등 천 명의 비구나라. 나는 그때에 인욕을 수행하면서 저들을 먼저 제도하리라고 서원을 세웠다. 그러므로 내가 도를 이루자 그들이 먼저 괴로움에서 벗어나게 되었느니라.」

16 때에 비구들은 부처님 말씀을 듣고 일찍이 없는 일이라 하고 찬탄하면서, 기뻐하고 받들어 행하였다.

『大正藏』卷4 p. 359c

43 다른 경전에서는 대범천왕과 제석천왕이 약을 발라 인욕선인의 몸을 고쳐 드렸다고 하였다.

말을 조금 바꿔 다음과 같이 생각해 보자.

25 어떤 사람이 오른손으로 과일을 깎다가 왼손을 베었다. 왼손은 화를 내더니 오른손에 쥐어져 있는 칼을 빼앗아 오른 손을 해쳤다. 방금 전의 상처보다 조금 더 크게. 그러자 이번에는 오른손이 화를 내더니 똑같이 반복하였다. 과연 이런 일이 있을 수 있겠는가?!

52 또, 이렇게도 생각해보자. 오른 손에 무거운 물건이 들려있었다. 딱해 보였던지 왼손이 오른손을 도와주었다. 그러자 오른손이 왼손에게 인사를 하며 감사의 뜻을 표했다.

43 글쎄 동화라면 모를까 위에서와 같은 일은 있을 수 없다. 왜냐하면 한 몸이기 때문이다.

불교에서 말하는 동체자비(同體慈悲)는 다름 아닌 바로 이것을 말하는 것이다. 왼손과 오른손 언뜻 보면 하나는 동쪽 다른 하나는 서쪽에 자리히고 있는 것 같아도 사실은 한 몸이다.

1432 인욕선인은 그렇게 가리왕을 용서했던 것이며, 약을 발라 옛 모습대로 온전히 되돌려준 대범·제석천왕에게도 딱히 고맙다는 생각을 하지 않았다. 선가(禪家)에서는 이를 '도할양무심(塗割兩無心)'이라 한다. 즉, 약을 발라주었을 때와 사지를 잘리었던 두 가지 극(極)한 경우에 모두 무심했다는 말이다.

'자비무적(慈悲無敵)'과 '무주상보시(無住相布施)'와 같은 말씀은 이래서 거룩하다. 상대적이 아닌 절대적 차원에서의 말씀이기 때문이다.

어쨌거나 인욕선인은 생(生)을 거듭하며 도를 성취하여 석가족의 성자가 되었다. 그리고 처음 제자가 교진여등 오비구 였으니 이들이 다름 아닌 가리왕과 그 신하 네 사람이었다. 그뿐이랴 가섭 삼형제를 위시한 1000명의 제자가 다름 아닌 티끌과 흙과 먼지를 끼얹던 사람들이었다.

19 약(藥)은 성한 곳에 바르는 것이 아니라 상처 난 곳에 바르는 것이다. 가리왕과 천명의 범지(梵志)라는 상처가 컸기에 치료에 있어 우선순위에 두셨던 것이다.

㉮마땅히 머무름 없는 마음을 낼지니라. ㉯만일 마음이 머무는 데가 있으면 ㉰이것은 [보리(菩提)에] 머무름이 아니니 ㉱그러므로 ㉲부처는 말하기를 '보살은 마음을 모양에 머무르고서 보시하지 말아야 한다.' 하였느니라. /

[離相寂滅分 第十四] No. 179 ⇨ 원문 p.22 ℓ.4

<후> 生하여 應如是布施니 如來說一切諸相이 即是非相이며 又說一

1	보살	보	菩	⎫ 2
2	보살	살	薩	⎭
3			은	
4	마음	심	心	3
5	아닐	불	不	7
6	응할 응당 ~해야한다	응	應	4
7	머물	주	住	6
8	빛	색	色	5
9	베, 펼 '포' 보시	보	布	⎫ 8
10	베풀	시	施	⎭
11		라하 니라		
㉑ ㉮ 12	모름지기	수	須	
13	보살	보	菩	
14	끝 '제' 들 '제'	리	提	
15		야		
㉯ 16	보살	보	菩	⎫ 1
17	보살	살	薩	⎭
18			은	
19	할 위할	위	爲	4
20	이로울	이	利	⎫ 3
21	더할	익	益	⎭
22	한일	일	一	⎫
23	온통	체	切	2
24	무리	중	衆	⎭

대승정종분 제삼(大乘正宗分 第三)에서도 '若菩薩 有我相 人相 衆生相 壽者相 即非菩薩(보살이 아상 인상 중생상 수자상이 있으면 보살이 아니니라)'고 하셨다.

이쯤에서 미루었던 결론을 내려도 좋을 것 같다.

尊憶往昔作仙人(존억왕석작선인)
　　조심스레 생각하니 옛날옛날 선인시절
歌利王瞋斷支節(가리왕진단지절)
　　가리왕이 성을내어 팔다리를 잘랐다네.
起大慈心無惱恨(기대자심무뇌한)
　　대자비심 일으키사 원망조차 않으시니
所傷之處皆流乳(소상지처개유유)
　　상처난곳 젖이흘러 본래모습 찾으셨네.
　　　　　　『大廣大莊嚴經』卷第五 ⓓ3-566상.

-주(註)-

⑴사공정(四空定) ; ⓈCatasra-ārūpya-samāpattaya. ⓅCatasso-āruppa-samāpattiya. 사무색정(四無色定). ⑴공무변처정(空無邊處定). 먼저 색(色)의 속박을 싫어하여 벗어나려고, 색의 상(想)을 버리고, 무한한 허공관을 하는 선정. ⑵식무변처정(識無邊處定). 다시 더 나아가 내식(內識)이 광대무변하다고 관하는 선정. ⑶무소유처정(無所有處定). 식(識)인 상(想)을 버리고, 심무소유(心無所有)라고 관하는 선정. ⑷비상비비상처정(非想非非想處定). 앞의 식무변처정은 무한한 식의 존재를 관상하므로 유상(有想)이고, 무소유처정은 마음이 존재하지 않는 것을 관상하므로 비상(非想)인데, 이것은 유상을 버리고, 비상을 버리는 선정이므로 비상비비상정이라 한다. 사공처에 태어나기 위해 닦는 선정.

⑵사무량(四無量) ; 사무량심(四無量心). Ⓢcatvāry apramāṇāni. Ⓟcattasso appamññāyo. 자・비・희・사(慈悲喜捨)의 마음을 무량으로 일으켜 무량의 중생들을 깨우침으로 이끄는 것. 선동직인 해석에 의하면, ⑴자무량(慈無量). 자애를 베푸는 것이 한이 없는 것. ⑵비무량(悲無量). 중생의 고통을 제거하는 것이 한이 없는 것. ⑶희무량(喜無量). 중생에게 즐거움이 있는 것을 시샘하지 않는 것이 한이 없는 것. ⑷사무량(捨無量). 원한 등으로 인한 차별의 상을 버리고 평등하게 이롭게 하는 것이 한이 없는 것. 간단히 말하면, 자애・동정・기쁨・평등심의 네 가지.

⑶사선사(四禪事) ; 사선정(四禪定). 사선(四禪). 색계(色界)에 있어서 네 가지의 단계적 경지. ⑴초선(初禪)은 각(覺)・관(觀)・희(喜)・락(樂)・일심(一心)의 다섯 가지로 이루어짐. ⑵제2선은, 내정(內淨)・희(喜)・락(樂)・일심(一心) 네 가지로 이루어짐. ⑶제3

㉮수보리야, ㉯보살은 모든 중생을 이롭게 하기 위하여 /

- 179 -

No. 180 ⇨ 원문 p.22 ℓ.5 [離相寂滅分 第十四]

<전> 菩薩은 心不應住色布施라하니라 須菩提야 菩薩은 爲利益一切衆

	1	날	생	生	⎫
	2			하여	
㉮	3	응할 응당 ~해야한다	응	應	1
	4	같을	여	如	⎫ 3
	5	올	시	是	⎭
	6	베, 펼 '포' 보시	보	布	⎫ 4
	7	베풀	시	施	⎭
	8			니	
⑬㉯	9	같을	여	如	⎫ 1
	10	올	래	來	⎭
	11	말씀	설	說	5
	12	한	일	一	⎫
	13	온통	체	切	⎬ 2
	14	모두	제	諸	⎭
	15	서로 모양	상	相	
	16			이	
	17	곧	즉	卽	3
	18	이	시	是	4
	19	아닐	비	非	⎫ 5
	20	서로 모양	상	相	⎭
	21			이며	
㉰	22	또	우	又	1
	23	말씀	설	說	6
	24	한	일	一	⎭ 2

선은 사(捨)·염(念)·혜(慧)·락(樂)·일심(一心)의 다섯 가지로 이루어짐. (4)제4선은 불고불락(不苦不樂)·사(捨)·염(念)·일심(一心)의 네 가지로 이루어짐.

㉮응당 이렇게 보시하여야 하나니, ㉯여래는 온갖 감각의 대상이 곧 진정한 대상이 아니라 하며 ㉰또는 온갖 중생이 곧 중생이 아니라 하느니라.」 /

[離相寂滅分 第十四] No. 181 ⇨ 원문 p.22 ℓ.6

<후> 며 如語者며 不誑語者며 不異語者니라 須菩提야 如來所得法

1	온통	체	切	
2	무리	중	衆	
3	날	생	生	
4			이	
5	곧	즉	卽	3
6	아닐	비	非	5
7	무리	중	衆	4
8	날	생	生	
9			이란 하노 라	
⑭㉮ 10	모름지기	수	須	1
11	보살	보	菩	
12	끝 '제' 들 '제'	리	提	
13			야	
14	같을	여	如	2
15	올	래	來	
16			는	
17	이	시	是	3
18	참	진	眞	4
19	말씀	어	語	
20	놈	자	者	5
21			며	
22	열매	실	實	6
23	말씀	어	語	
24	놈	자	者	7

⊙진어자(眞語者) ; 중생 누구에게나 불성(佛性)이 있음을 말씀하신 분.
無我相

⊙실어자(實語者) ; 사제법(四諦法) 등 인과의 법칙 등 여실한 진리를 말씀하신 분.

㉮수보리야, 여래는 참된 말을 하는 이이며, 실다운 말을 하는 이 이며, /

- 181 -

No. 182 ⇨ 원문 p.22 ℓ.7 [離相寂滅分 第十四]

<전> 切衆生이 卽非衆生이라하노라 須菩提야 如來는 是眞語者며 實語者

㉮	1			며	
	2	같을	여	如	1
	3	말씀	어	語	
	4	놈	자	者	2
	5			며	
	6	아닐	불	不	
	7	속일	광	誑	3
	8	말씀	어	語	
	9	놈	자	者	4
	10			며	
	11	아닐	불	不	
	12	다를	이	異	5
	13	말씀	어	語	
	14	놈	자	者	6
	15			니라	
⑮㉯	16	모름지기	수	須	
	17	보살	보	菩	
	18	끝'제' 들'제'	리	提	
	19			야	
㉰	20	같을	여	如	1
	21	올	래	來	
	22	바	소	所	3
	23	얻을	득	得	2
	24	법	법	法	4

⊙여어자(如語者) ; 대승에 진여의 법이 있다고 말씀하신 분.

⊙불광어자(不誑語者) ; 중생은 마침내 부처를 이룰 수 있음을 말씀하시는 분.

⊙불이어자(不異語者) ; 이상의 말씀을 번복하는 일이 없으신 분.

㉮여실한 말을 하는 이 이며, 속이지 않는 말을 하는 이 이며, 다르지 않은 말을 하는 이 이니라. ㉯수보리야, ㉰여래가 얻은 법은 /

[離相寂滅分 第十四] №. 183 ⇨ 원문 p.22 ℓ.8

<후> 布施하면 如人이 入闇하야 卽無所見이요 若菩薩이 心不住法하야 而

	1			은	
㉮	2	이	차	此	1
	3	법	법	法	
	4			이	
	5	없을	무	無	3
	6	열매	실	實	2
	7	없을	무	無	5
	8	빌	허	虛	4
	9			하니라	
⑯㉯	10	모름지기	수	須	
	11	보살	보	菩	
	12	끌 '제' 들 '제'	리	提	
	13			야	
㉰	14	만약	약	若	1
	15	보살	보	菩	2
	16	보살	살	薩	
	17			이	
	18	마음	심	心	3
	19	머물	주	住	6
	20	어조사	어	於	4
	21	법	법	法	5
	22			하여	
㉱	23	말이을	이	而	1
	24	행할	행	行	3

㉮이 법이 실다운 것도 아니요 허망한 것도 아니니라. ㉯수보리야, ㉰어떤 보살이 ㉱마음이 법에 머물러 ㉲보시하는 것은, /

- 183 -

No. 184 ⇨ 원문 p.22 ℓ.9 [離相寂滅分 第十四]

<전> 은 此法이 無實無虛하니라 須菩提야 若菩薩이 心住於法하여 而行

㉮	1	베, 펼 '포' 보시	보	布	2
	2	베풀	시	施	
	3			하면	
	4	같을	여	如	8
	5	사람	인	人	1
	6			이	
	7	들	입	入	3
	8	숨을 어두울	암	闇	2
	9			하야	
	10	곧	즉	卽	4
	11	없을	무	無	7
	12	바	소	所	6
	13	볼	견	見	5
	14			이요	
㉯	15	만약 같을	약	若	1
	16	보살	보	菩	2
	17	보살	살	薩	
	18			이	
㉰	19	마음	심	心	1
	20	아닐	부	不	4
	21	머물	주	住	3
	22	법	법	法	2
	23			하여	
	24	말이을	이	而	5

㉮사람이 어두운 곳에 들어감에 아무 것도 볼 수 없는 것과 같고, ㉯어떤 보살이 ㉰마음이 법에 머물지 않고 보시하면 /

- 184 -

[離相寂滅分 第十四] No. 185 ⇨ 원문 p.22 ℓ.10

<후> 當來之世에 若有善男子善女人이 能於此經에 受持讀誦하면

	1	행할	행	行	7
	2	베, 펼 '포' 보시	보	布	6
	3	베풀	시	施	
	4		하면		
㉮	5	같을	여	如	8
	6	사람	인	人	1
	7		이		
	8	있을	유	有	3
	9	눈	목	目	2
	10		에		
	11	날	일	日	4
	12	빛	광	光	
	13	밝을	명	明	5
	14	비출	조	照	
	15		하야		
	16	볼	견	見	7
	17	가지	종	種	6
	18	가지	종	種	
	19	빛	색	色	
	20		이니라		
17 ㉯	21	모름지기	수	須	
	22	보살	보	菩	
	23	끌 '제' 들 '제'	리	提	
	24		야		

㉮사람이 [건강한] 눈이 있고, 햇빛이 밝게 비침에 가지가지 모습을 보는 것과 같느니라. ㉯수보리야, /

- 185 -

No. 186 ⇨ 원문 p.23 ℓ.1 [離相寂滅分 第十四]

<전> 行布施하면 如人이 有目에 日光明照하야 見種種色이니라 須菩提야

㉮	1	마땅 곧 ~하려 하다	당	當	1
	2	올	래	來	
	3	갈	지	之	2
	4	인간	세	世	3
	5			에	
㉯	6	같을	약	若	1
	7	있을	유	有	2
	8	착할	선	善	
	9	사내	남	男	
	10	아들	자	子	3
	11	착할	선	善	
	12	계집 '여'	여	女	
	13	사람	인	人	
	14			이	
㉰	15	능할	능	能	1
	16	어조사	어	於	3
	17	이	차	此	2
	18	글	경	經	
	19			에	
㉱	20	받을	수	受	1
	21	가질	지	持	
	22	읽을	독	讀	2
	23	외울	송	誦	
	24			하면	

⊙당래(當來) ; 미래(未來). 다음에 곧 올 세상(世上).

㉮오는 세상에 ㉯선남자나 선여인이 ㉰이 경을 ㉱받아 지니고, 읽고 외운다면

- 186 -

[離相寂滅分 第十四] №187 ⇨ 원문 p.23 ℓ.2

<후> 無量無邊功德하나니라

㉮	1	곧	즉	卽	1
	2	할	위	爲	11
	3	같을	여	如	2
	4	올	래	來	
	5			ㅣ	
	6	써	이	以	4
	7	부처	불	佛	3
	8	지혜	지	智	
	9	지혜	혜	慧	
	10			로	
	11	다	실	悉	6
	12	알	지	知	7
	13	이	시	是	5
	14	사람	인	人	
	15			하며	
	16	다	실	悉	9
	17	볼	견	見	10
	18	이	시	是	8
	19	사람	인	人	
	20			하나니	
㉯	21	다	개	皆	1
	22	얻을	득	得	
	23	이룰	성	成	3
	24	나아갈 이룰	취	就	

※『화엄경』「세주묘엄품(世主妙嚴品)」의 내용 가운데 다음과 같은 것이 있으며, 이 내용은《칠성유치》에 그대로 인용되고 있다.

<u>如來智慧</u>不思議　悉知一切衆生心
能以種種方便力　滅彼群生無量苦
　　　　　　　『華嚴經』世主妙嚴品 ㈐10-18a

↓

《七星由致(칠성유치)》

仰唯 熾盛光如來 與 北斗七星尊,
智慧<u>神通</u>不思議(지혜신통부사의)
　　밝은지혜 신통력은 헤아릴수 없사오니
悉知一切衆生心(실지일체중생심)
　　중생마다 지닌마음 빠짐없이 아십니다.
能以種種方便力(능이종종방편력)
　　익숙하게 가지가지 방편력을 쓰시어서
滅彼群生無量苦(멸피군생무량고)
　　뭇중생의 많은고통 사라지게 하십니다.
　　　　　　　『釋門儀範』하권 22쪽

위 『화엄경』세주묘엄품(世主妙嚴品)에 보이는 내용과 『석문의범』의《칠성유치》의 내용 사이에는 밑줄 친 부분만 제외하면 완전히 일치하고 있다.
　이것이 곧 치성광여래를 서가여래나 대일여래의 교령윤신(敎令輪身)과 동일시하는 이유다. 또, 위 『화엄경』의 게송은 길상주약신(吉祥主藥神)이 석존의 위신력에 힘입어 모든 주약신(主藥神)에게 여래의 위대하심을 설한 것으로서, 이를 <유치(由致)>의 내용으로 삼음은 곧 칠성신앙의 바탕과 목적이 모두 화엄신앙에 있음을 대변하는 것이다.

㉮곧 여래는 부처의 지혜로써 ㉰이 사람을 다 아시고 ㉱다 보시나니 ㉯[그들은] 모두 한량없고 끝없는 공덕을 이루느니라.」/

- 187 -

No. 188 ⇨ 원문 p.23 ℓ.3 [離相寂滅分 第十四]

<전> 卽爲如來ㅣ以佛智慧로 悉知是人하며 悉見是人하나니 皆得成就

1	없을	무	無	⎫
2	헤아릴	량	量	⎪
3	없을	무	無	⎬ 2
4	가	변	邊	⎪
5	공	공	功	⎪
6	큰 덕	덕	德	⎭
7			하나니라	
8				
9				
10				
11				
12				
13				
14				
15				
16				
17				
18				
19				
20				
21				
22				
23				
24				

[持經功德分 第十五] No. 189 ⇨ 원문 p.23 ℓ.5

<후> 須菩提야 若有善男子善女人이 初日分에 以恒河沙等身으로

1			
2			
3			
4		◎	
5	가질	지 持	⎫ 1
6	글	경 經	⎭
7	공	공 功	⎫ 2
8	큰 덕	덕 德	⎭
9	나눌	분 分	3
10			
11	차례	제 第	
12	열	십 十	
13	다섯	오 五	
14			
15			
16			
17			
18			
19			
20			
21			
22			
23			
24			

제15분,
   경(經)을 지님으로써 얻는 공덕(功德)

≪개요≫

 이 경이 가르치는 바 내용이 무위(無爲)의 것임은 이미 여러 차례 언급되었다. 따라서 누구라도 이 경전의 내용을 이해하고 깊이 믿으며, 다른 이에게도 일러주고 실천에 옮긴다면 경전의 내용과 같이 무위의 공덕을 얻게 됨을 밝히신 부분이다.

★소명태자(昭明太子)의 '32분(分)'
1.法會因由分 2.善現起請分 3.大乘正宗分 4.妙行無住分 5.如理實見分 6.正信希有分 7.無得無說分 8.依法出生分 9.一相無相分 10.莊嚴淨土分 11.無爲福勝分 12.尊重正敎分 13.如法受持分 14.離相寂滅分 15.持經功德分 16.能淨業障分 17.究竟無我分 18.一體同觀分 19.法界通化分 20.離色離相分 21.非說所說分 22.無法可得分 23.淨心行善分 24.福智無比分 25.化無所化分 26.法身非相分 27.無斷無滅分 28.不受不貪分 29.威儀寂滅分 30.一合理相分 31.知見不生分 32.應化非眞分

No. 190 ⇨ 원문 p.23 ℓ.6 [持經功德分 第十五]

<전> 持經功德分 第十五

㉮	1	모름지기	수	須
	2	보살	보	菩
	3	끝 '제' 들 '제'	리	提
	4			야
㉯	5	같을	약	若
	6	있을	유	有
	7	착할	선	善
	8	사내	남	男
	9	아들	자	子
	10	착할	선	善
	11	계집 '여'	여	女
	12	사람	인	人
	13			이
㉰	14	저음	초	初
	15	날	일	日
	16	나눌	분	分
	17			에
㉱	18	써	이	以
	19	항상	항	恒
	20	물	하	河
	21	모래	사	沙
	22	무리	등	等
	23	몸	신	身
	24			으로

⊙초일분(初日分) ; 하루를 초·중·후 등 세 때로 나눈 가운데 첫 번째. 즉, 아침 나절.

◆ 六祖口訣
① 193-1 / 若復有人 聞此經典 信心不逆 其福勝彼 何況書寫受持讀誦 廣爲人說
①佛說末法之時 得聞此經 信心不逆 四相不生 卽是佛之知見 此人功德 勝前多劫捨身功德 百千萬億不可譬喩 一念聞經 其福尙多 何況便能書寫受持讀誦 爲人解說 ②當知此人 決定成就阿耨多羅三藐三菩提 所以種種方便 爲說如是甚深經典 俾離諸相 得阿耨多羅三藐三菩提 所得福德 無有邊際 ③蓋緣多劫捨身 不了諸相本空 有能捨所捨心在 元未離衆生之見 如能聞經悟道 我人頓盡 言下卽佛 ④將彼捨身有漏之福 比持經無漏之慧 實不可及 雖十方聚寶 三世捨身 不如持經四句偈也

①부처님께서 말씀하시기를 '말법시대에 이 경(經)을 듣고 신심이 그대로이며 네 가지 상(相)을 내지 않으면 이것이 곧 불지견(佛知見)이니라. 이 사람의 공덕은 앞에서 수많은 겁을 두고 몸을 버린 공덕보다 백천만억배 수승하여 비유할 수 없나니, 일념으로[혹, '한 순간'] 경을 듣기만 해도 그 복이 오히려 많을 텐데 하물며 경을 수지독송하여 남을 위해 해설하는 것이겠는가. ②마땅히 알라. 이 사람은 반드시 아뇩다라삼먁삼보리를 성취할 것이니라. 그래서 갖가지 방편으로 이와 같이 정말 깊은 경전을 연설하여 모든 상을 여의고 아뇩다라샴막삼보리를 얻게 되리니 그렇게 하여 얻은 공덕은 가없이 많으니라. ③대저 오랜 겁을 두고 몸을 버린 인연이라도 모든 상이 본래 공한 줄을 요달하지 못하면 마음에 능히 버린다던가 버릴 바가 있다던가 하는 마음이 있음이니 무엇보다도 중생의 소견을 여의지 못한 것이다. 능히 경을 듣고 도를 깨달아서 아상과 인상이 단번에 없어지면 그 즉시 부처니라. ④몸을 버려서 얻은 유루의 복으로 이 경을 지니는 무루의 지혜에 비교한다면 실로 가히 미칠 수 없나니 비록 시방세계의 많은 보배와 삼세의 몸을 버릴지라도 이 경의 네 글귀 게송을 지닌 것만 못하다'고 하셨다.

② 194-12 / 須菩提 以要言之 是經 有不可思議不可稱量無邊功德 如來 爲發大乘者說 爲發最上勝者說
持經之人 心無我所 無我所故 卽是佛心 佛心功德 無有邊際故 言不可稱量

경을 지니는 사람은 마음에 내 것이 없나니 내 것이

㉮「수보리야, ㉯어떤 선남자나 선여인이 ㉰아침나절에 ㉱항하사 수효 같은 몸으로 /

- 190 -

[持經功德分 第十五] No. 191 ⇨ 원문 p.23 ℓ.7

<후> 恒河沙等身으로 布施하야 如是無量百千萬億劫에 以身布施하야도

㉮		베, 펼 '포' 1 보시	보	布		없으므로 곧 이것이 부처의 마음이며, 불심의 공덕이 가없고 끝없으므로 불가칭량(不可稱量)이라 한 것이다.
	2	베풀	시	施		
	3			하고		③ 195-14 / 如來 爲發大乘者說 爲發最上勝者說
㉯	4	가운데	중	中		①大乘者 智慧廣大 善能建立一切法 取⁽¹⁾上乘者 不見垢法可厭 不見淨法可求 不見衆生可度 不見涅槃可證 不作度衆生之心 亦不作不度衆生之心 是名最上乘 亦名一切智 亦名無生忍 亦名大般若 ②有人發心 求無上道 聞此無相無爲甚深之法 聞已即便信解受持 爲人解說 令其深悟 不生毀謗 得大忍力 大智慧力 大方便力 即能流通此經
	5	날	일	日		
	6	나눌	분	分		
	7			에		
㉰	8	다시	부	復	1	①대승이라 함은 지혜가 광대하여 능히 온갖 법을 잘 건립하는 것이며, 최상승이라 함은 싫어해야 할 때묻은 속된 법이라 보지 않고, 구해야 할 청정한 법이라고도 보지 않으며, 제도해야 할 중생이라고 보지 않고, 증득해야 할 열반이라고도 보지 않으며, 중생을 제도했다는 마음도 짓지 않고, 중생을 제도하지 않았다는 마음도 짓지 않나니 이를 이름하여 최상승이라 하며, 또한 일체지라 하며, 또한 무생인이라 하며, 대반야라 하느니라. ②누구라도 발심하여 위없는 도를 구하고자 하면 이 상(相)없고 함이 없는 깊고 깊은 법을 듣고, 듣고 나서는 곧 믿고 이해하고 받아 지녀 남을 위해 해설하며, 그들로 하여금 깊이 깨달아서 헐뜯고 비방하는 마음을 내지 않게 하여 크게 참는 힘과 큰 지혜의 힘과 큰 방편의 힘을 얻게 한다면 능히 이 경을 유통시키는 것이니라.
	9	써	이	以	3	
	10	항상	항	恒		
	11	물	하	河		
	12	모래	사	沙	2	
	13	무리	등	等		
	14	몸	신	身		
	15			으로		
㉱	16	베, 펼 '포' 보시	보	布		⑴ '最'의 오식인 듯
	17	베풀	시	施		
	18			하고		④ 196-8 / 若有人 能受持讀誦 廣爲人說 如來 悉知是人 悉見是人 皆得成就不可量不可稱無有邊不可思議功德 如是人等 即爲荷擔如來阿耨多羅三藐三菩提
㉲	19	뒤	후	後		①上根之人 聞此經典 得悟佛意 持自心經 見性究竟 復能起利他之行 爲人解說 令諸學者 自悟無相之理 得見本性如來 成無上道 當知說法之人 所得功德 無有邊際 不可稱量 ②聞經解義 如教修行 復能廣爲人說 令諸衆生得悟修行無相無著之行 以能行此行 即有大智慧光明 出離塵勞 雖離塵勞 不作離塵勞之念 即得阿耨多羅三藐三菩提 故名荷擔如來 當知持經之人 自有無量無邊 不可思議功德
	20	날	일	日		
	21	나눌	분	分		
	22			에		
㉳	23	또	역	亦	1	①상근기의 사람은 이 經을 듣고 부처님의 뜻을 깨달아서 자기 마음의 經을 지녀 성품의 究竟을 보고는 다시 능히 남을 위한 行을 하고 남을 위해 해설하여 모든 배우는 이들로 하여금 스스로 무상의 이
	24	써	이	以	3	

㉮보시하고, ㉯점심나절에도 ㉰항하사 수효 같은 몸으로 ㉱보시하고, ㉲저녁나절에도 ㉳항하사 수효 같은 몸으로 /

No. 192 ⇨ 원문 p.23 ℓ.8 [持經功德分 第十五]

<전> 布施하고 中日分에 復以恒河沙等身으로 布施하고 後日分에 亦以

㉮	1	항상	항	恒	⎫
	2	물	하	河	⎪
	3	모래	사	沙	2
	4	무리	등	等	⎪
	5	몸	신	身	⎭
	6			으로	
	7	베, 펼 '포' 보시	보	布	
	8	베풀	시	施	
	9			하야	
㉯	10	같을	여	如	⎫ 1
	11	이	시	是	⎭
	12	없을	무	無	
	13	헤아릴	량	量	
	14	일백	백	百	⎫
	15	일천	천	千	2
	16	일만	만	萬	⎪
	17	억	억	億	⎭
	18	겁	겁	劫	
	19			에	
㉰	20	써	이	以	2
	21	몸	신	身	1
	22	베, 펼 '포' 보시	보	布	⎫ 3
	23	베풀	시	施	⎭
	24			하야도	

치를 깨닫게 하여 본성인 여래를 보고 위없는 도를 이루게 하나니라. 마땅히 알라. 설법하는 사람이 얻는 공덕은 끝이 없어서 일컬을 수 없고 헤아릴 수 없는 것이다. ②經을 듣고 뜻을 알아 그 가르침대로 수행하고 다시 남을 위해 널리 연설하여 모든 중생들로 하여금 무상무착(無相無著)의 행을 깨닫고 수행하게 하는, 이런 行을 능히 行할 수만 있게되면 대지혜광명이 있게되고 번뇌를 여의게 되거니와, 번뇌를 여의더라도 번뇌를 여의었다는 생각을 내지 않으면 곧 아뇩다라삼먁삼보리를 얻은 것이므로 여래를 업어 모시고 다니는 것과 같다고 한 것이니라. 마땅히 알라. 이 經을 지니는 사람은 한량없고 가없는 불가사의한 공덕을 스스로 지니고 있느니라.

⑤ 199-5 / 何以故 須菩提 若樂小法者 着我見人見 衆生見壽者見 卽於此經 不能聽受讀誦 爲人解說

樂小法者 爲二乘聲聞人樂小果 不發大心 以不發大心故 卽於如來深法 不能受持讀誦 爲人解說

작은 법을 좋아한다 함은, 이승(二乘)의 성문같은 이들이 작은 과(果)를 즐겨하여 큰마음을 일으키지 못함을 이른다. 큰마음을 일으키지 못하기 때문에 곧 여래의 깊은 법을 능히 수지독송하여 남을 위해 연설하지 못하는 것이다.

⑥ 200-24 / 須菩提 在在處處 若有此經 一切世間 天人阿修羅 所應供養 當知此處 卽爲是塔 皆應恭敬 作禮圍繞 以諸華香 而散其處

①若人 口誦般若 心行般若 在在處處 常行無爲無相之行 此人所在之處 如有佛塔 感得一切人天 各持供養 作禮恭敬 與佛無異 ②能受持經者 是人心中 自有世尊 故云如佛塔廟 當知是人 所作福德 無量無邊

①어떤 사람이 입으로는 반야를 외우고, 마음으로는 반야를 행하여 있는 곳마다 항상 무위무상(無爲無相)의 행을 항상 행한다면, 이 사람이 있는 곳은 불탑이 있는 것과 같아서, 감득(感得)한 모든 사람과 하늘이 각각 공양을 가지고 예배하고 공경하기를 부처님에 견주어 다름없을 것이다. ②능히 經을 받아 지닌다 함은, 이 사람 마음 가운데 자연히 세존이 계신 것이므로 부처님의 탑묘와 같다고 한 것이다. 마땅히 알라. 이 사람은 그 지은 바 복덕은 무량무변하다.

㉮보시하여 ㉯이렇게 한량없는 백 천 만겁 동안 ㉰보시하더라도 /

[持經功德分 第十五] №. 193 ⇨ 원문 p.23 ℓ.9

<후> 寫受持讀誦하야 廣爲人說이야따녀 須菩提야 以要言之컨대 是經은 有

1				
㉮	1	만약	약	若
	2	다시	부	復
	3	있을 어떤	유	有
	4	사람	인	人
	5			이
㉯	6	들을	문	聞
	7	이	차	此
	8	글	경	經
	9	법	전	典
	10			하고
㉰	11	믿을	신	信
	12	마음	심	心
	13	아닐	불	不
	14	거스릴	역	逆
	15			하면
㉱	16	그	기	其
	17	복	복	福
	18			이
	19	이글	승	勝
	20	저	피	彼
	21			어늘
㉲	22	어찌	하	何
	23	하물며	황	況
	24	글	서	書

1 ※판탑(版塔)과 지탑(紙塔)!

  탑은 사리(舍利)를 봉안하고 신앙하려는 데서 비롯한 불교 특유의 조형물이다. 탑은 탑파(塔婆)로도 부르는데, 원래 고대 인도 범어(梵語)로 '무덤'을 가리키는 '스투파(stupa)'에서 유래했다.
  4세기 후반 불교가 중국을 거쳐 한반도에 들어오며 탑 건립 기술도 함께 이전됐다. 그러나 탑의 재료에는 지역마다 차이가 있다. 우리나라는 질 좋은 화강암이 풍부하고 건축기술이 뛰어나 석탑과 목탑이 주류를 이루는데, 불에 취약한 목탑은 전란을 겪으며 대부분 없어졌고 현존하는 1000여기의 탑 가운데 대다수가 석탑이다. 그래서 우리나라는 석탑, 중국은 전탑(塼塔. 점토로 구워 만든 벽돌 탑), 일본은 목탑이 주류를 이루고 있다.
  그런데 항상 곁에 모실 수 있는 기막힌 탑이 있음에도 제대로 실감하지 못하는 탑이 있다. 일반적으로 '탑다라니'라 불리는 '금강탑다라니(金剛塔陀羅尼)'다. 즉, 한역 『금강경』의 전문(全文) 5,149자(字)를 다라니(陀羅尼)로 간주하고 동시에 탑(塔)의 재료로 삼아 7층탑의 형태로 목판(木板) 위에 조성하니 다름 아닌 '판탑(版塔)'이다. 다시 목판인쇄술(木板印刷術)과 결합하며 종이에 인쇄함으로써 이른바 '지탑(紙塔)'이 탄생하였고, 오늘날까지 꾸준히 보급·사용되어오고 있다.
  『금강경』의 전문을 재료로 탑을 조성한데는 그만한 사상적·시대적 배경이 있다. 부파불교(部派佛敎) 시대 각 교단은 자신들의 학설만을 주장한 나머지 중생구제(衆生救濟)라는 부처님의 본회(本懷)와는 멀어져만 갔다. 따라서 이런 교단(敎團)으로부터 활로를 모색하던 일반 신도들은 교단이 아닌 불탑을 중심으로 모였다. 특히 일반 신도들은 분묘의 형식을 띠고 있는 탑을 매우 신성시했다. 탑에 대한 예배를 곧 부처님에 대한 예배와 동일시했기 때문이었다.
  급기야 불멸 후 500년경에는 중생구제에 대한 열망이라는 거대한 에너지가 응축되어 있는 불탑을 중심으로 이른바 불교의 르네상스(Renaissance)라 불리는 대승불교운동이 일어났고, 이런 운동의 요람이었던 불탑에 대한 신앙은 대승경전에서 강조되며 대승경전의 특징이 되었다.
  뿐만 아니라 『석문의범』 소수 ≪대예참례(大禮懺禮)≫ 제9항에서는, 부처님 성상(聖像)의 시초로서 우전왕(優塡王)이 우두전단(牛頭栴檀)으로 모신 성상을 위시해 시방 허공계에 모셔진 무량한 성상과 다보여래(多寶如來)의 전신보탑(全身寶塔) 서가여래(釋迦如來)의 정골치아(頂骨齒牙)를 모신 자비보탑(慈悲寶塔)

㉮다른 사람이 ㉯이 경전을 듣고 ㉰믿는 마음으로 그르다고 하지만 아니하여도 ㉱그 복이 저 보시한 복보다 더 많거늘 ㉲하물며 이 경을 쓰고 받아 지니고 읽고 외워 /

- 193 -

No. 194 ⇨ 원문 p.23 ℓ.10 [持經功德分 第十五]

<전> 若復有人이 聞此經典하고 信心不逆하면 其福이 勝彼어늘 何況書

1	베낄	사	寫	
2	받을	수	受	3
3	가질	지	持	
4	읽을	독	讀	4
5	외울	송	誦	
6			하야	
㉮ 7	넓을	광	廣	1
8	위할	위	爲	3
9	사람	인	人	2
10	말씀	설	說	4
11			이야 따녀	
㉯ 12	모름지기	수	須	
13	보살	보	菩	
14	끝 '제' 늘 '제'	리	提	
15			야	
㉰ 16	써	이	以	2
17	요긴할	요	要	1
18	말씀	언	言	3
19	어조사	지	之	
20			컨대	
㉱ 21	이	시	是	1
22	글	경	經	
23			은	
24	있을	유	有	5

등 가지가지 보탑(寶塔)을 소례(所禮)로 하고 있다.
 이렇듯 탑에 대한 신앙은 점차 고조되고 정형화되었다. 탑의 양식도 분화·발달하고 재료도 다양해져 돌·벽돌·금속·나무 등 여러 가지를 탑의 건축 자재로 썼다. 앞서 언급했듯 중국에서는 벽돌로 만든 전탑(塼塔)이, 우리나라에서는 석탑(石塔)이, 일본에서는 목조탑(木造塔)이 그 주류를 이루고 있음이 그 예다. 신라시대 '탑돌이'가 성행했음도 같은 맥락에서 이해할 수 있다.
 결론적으로 탑은 대승불자(大乘佛子)의 귀의처이자 고향(故鄕)이며, 탑다라니는 분화·발달한 많은 종류의 탑 가운데 하나다. 따라서 차제에 판탑(板塔)과 지탑(紙塔)으로 명명(命名)하고자 한다.
 무엇보다도 위에서 말한 여러 종류의 탑은 개인이 모시거나 운반하기 어려운데 비해 판탑과 지탑인 금강탑다라니는 이런 문제점을 슬기롭게 극복했다는 점에서 그 가치를 나타내기에 필설(筆舌)이 부족하다. 항상 곁에 모시고 예배·공양할 수 있으며, 심지어 임종시는 물론 이 몸이 다하는 순간까지 모실 수 있기 때문이다. 또, 그 내용이 불모(佛母)인 반야(般若)를 주제로 이루어진 것으로서 초기 대승경전의 정화(精華)이며 그간 한국불교에서 소의경전(所衣經典)으로 모셔온 『금강경』임에랴?! 따라서 그곳이 어디든 탑다라니를 걸어 모시면 그 순간 부처님께서 자리하신 불국토가 되고, 삼보님를 소례(所禮)로 거행하는 모든 의식(儀式)이 가능한 도량으로 변화하게 되는 것이다. 정말 매력적인 탑이 아닐 수 없다.

※건탑(建塔)의 조건과 장소
 『법원주림(法苑珠林)』 경탑편 홍조부(敬塔篇 興造部)에 이르기를, 탑을 세움에는 세 가지 뜻이 있다.
 一은, 사람의 훌륭함을 나타내고,
 二는, 남을 믿게 하며,
 三은, 은혜를 갚기 위해서이다.
 만일 그가 범상한 비구일지라도 덕망이 있으면 탑을 세울 수 있으나 그렇지 않으면 옳지 않다.
 또, 지제(支提)를 세움에는 네 군데 장소가 있다.
 一은, 그가 난 곳이요,
 二는, 도를 얻은 곳이며,
 三은, 法輪을 굴린 곳이요,
 四는, 열반한 곳이다. 『大正藏』卷53 p. 580a

※회발게(回鉢偈) ㉄111-547상11
 佛生迦毘羅 成道摩竭陀 說法波羅奈 入滅俱尸羅
 불생가비라 성도마갈타 설법바라나 입멸구시라

㉮널리 사람들을 위해 일러 주기까지 함이겠느냐?! ㉯수보리야, ㉰중요한 뜻만을 들어 말하건대 ㉱이 경에는, 말할 수 없고 생각할 수 없고 측량할 수도 없는 많은 공덕이 있나니 /

- 194 -

[持經功德分 第十五] №. 195 ⇨ 원문 p.24 ℓ.1

<후> 發最上勝者說이니라 若有人이 能受持讀誦하야 廣爲人說하면 如來

1	아닐	불	不		
2	옳을	가	可	2	
3	생각	사	思		
4	의논할	의	議		
5	아닐	불	不		
6	옳을	가	可	3	
7	일컬을 저울질할	칭	稱		
8	헤아릴	량	量		
9	없을	무	無		
10	가	변	邊	4	
11	공	공	功		
12	큰 덕	덕	德		
13			하니		
㉮ 14	같을	여	如	1	
15	올	래	來		
16			ㅣ		
17	위할	위	爲	5	
18	필	발	發	3	
19	큰	대	大	2	
20	탈 수레	승	乘		
21	놈	자	者	4	
22	말씀	설	說	6	
23			이며		
㉯ 24	위할	위	爲	5	

⊙불가사의(不可思議) ; 언어로 나타내거나 마음으로 헤아리기 어려운 것.

⊙불가칭량(不可稱量) ; 헤아리기 어려운 것.

⊙대승(大乘) ; 부파(部派)불교가 지나치게 학문화된 나머지 중생제도라는 불교의 본분을 멀리한 채 자신의 학설에 집착하고 논쟁(論爭)만을 일삼게 되었다. 이러한 현실을 자각하고 반성하는 기운이 생기고 급기야는 불교 본연의 면목을 찾으려는 운동이 일어나게 되었는데 이러한 운동을 일으킨 사람들은 스스로를 대승이라 칭하고 이전의 불교를 소승이라 하였다. 경의 내용 가운데 대승이라는 말이 보임은 곧 이 경이 대승불교 초기의 경전임을 말해주는 것이다.

※삼승(三乘)과 삼거(三車)
'삼거(三車)'란 세 종류의 수레를 말한다. 수레는 물건을 실어 옮기는 도구로, 불법이 중생을 교화 제도하여 열반에 이르게 함을 비유한 것이다.
삼거는 양거(羊車)·녹거(鹿車)·우거(牛車) 등이다. 여기에 대백우거(大白牛車)를 합하면 사거(四車)가 된다. 『법화경』 비유품의 화택유(火宅喩)에서,
⑴양거(羊車)는 양이 끄는 수레로 성문(聲聞)을 비유한 것이다. 사제(四諦)를 닦아 삼계(三界)를 벗어 나려하는 것으로, 다만 자신의 득도만을 생각하고 다른 사람을 돌보지 않음이 마치 양(羊)이 달아날 때 무리를 돌아보지 않는 것과 같다하여 그렇게 부른다.
⑵녹거(鹿車)는 사슴이 끄는 수레로 연각(緣覺)을 비유한 것이다. 십이인연(十二因緣)을 닦아 삼계를 벗어 나려하는 것으로, 조금은 다른 이를 위하는 마음이 있음이 마치 사슴이 달리면서 뒤의 무리를 돌아보는 것과 같다하여 그렇게 부른다.
⑶우거(牛車)는 소가 끄는 수레로 보살을 비유한 것이다. 육바라밀(六波羅蜜)을 닦아 사람들을 삼계로부터 구제하려하되 자신만이 벗어나려 하지 않음이 마치 소가 짐을 짊어지듯 안전하게 운반함과 같다하여 그렇게 부른다.
또, 달리 대백우거(大白牛車)가 있다고도 하니 이는 일불승(一佛乘)을 비유한 것이다.
예로부터 삼거(三車)와 사거(四車)에 관련하여 크게 두 부류가 있어왔다. 하나는, 보살승(菩薩乘)에서 말하는 우거(牛車)와 대승(大乘)에서 말하는 대백우거가 동일하다고 보는 것이다. 삼론종(三論宗)·법상종(法相宗) 등이 대표로 삼승가(三乘家) 혹은 삼거가(三車家)라 불린다.

㉮여래는 대승의 마음을 낸 이를 위하여 [이 경을] 말했으며 ㉯가장 높은 마음을 낸 이를 위하여 [이 경을] 말했느니라. /

- 195 -

No. 196 ⇨ 원문 p.24 l.2 [持經功德分 第十五]

<전> 不可思議不可稱量無邊功德하니 如來ㅣ 爲發大乘者說이며 爲

	1	필	발	發	
	2	가장	최	最	3
	3	위	상	上	
	4	탈 수레	승	乘	1
	5	놈	자	者	4
	6	말씀	설	說	6
	7			이니라	
④㉮	8	만약	약	若	1
	9	있을 어떤	유	有	2
	10	사람	인	人	
	11			이	
	12	능할	능	能	3
	13	받을	수	受	
	14	가질	지	持	4
	15	읽을	독	讀	
	16	외울	송	誦	
	17			하야	
㉯	18	넓을	광	廣	1
	19	위할	위	爲	3
	20	사람	인	人	2
	21	말씀	설	說	4
	22			하면	
㉰	23	같을	여	如	
	24	올	래	來	

3 다른 하나는, 우거 외에 달리 대백우거를 말하는데 천태종(天台宗)·화엄종(華嚴宗)이 그 대표로 일승가(一乘家) 혹은 사거가(四車家)라 불린다.

1 ⊙**최상승자(最上乘者)**；승(乘)에는 '탈것'이라는 의미 외에 '길[道]'이라는 의미도 있다. 즉 최상승이란 곧 최상의 도, 최고의 도를 뜻하는 것으로 대승을 가리키는 말이다. 따라서 최상승자란 곧 가장 수승한 가르침을 가진 사람이라는 뜻이다.

㉮만일 어떤 사람이 이 경전을 받아 지니고 읽고 외워 ㉯널리 사람들을 위해 일러 주면 ㉰여래가 /

[持經功德分 第十五] No. 197 ⇨ 원문 p.24 ℓ.3

<후> 不可思議功德하리니 如是人等은 卽爲荷擔如來阿耨多羅三藐

㉮	1		ㅣ	2	⊙실지시인 실견시인(悉知是人 悉見是人) ; 여래께서 증인이 되어 주신다는 뜻.
	2	다	悉		
	3	알	知		
	4	이	是	1	※이상적멸분 제십사(離相寂滅分 第十四) 말미에서도 '卽爲如來ㅣ以佛智慧로 悉知是人하며 悉見是人하나니' 하고 언급하신 적이 있다.
	5	사람	人		
	6		하며		
㉯	7	다	悉	2	
	8	볼	見		
	9	이	是	1	
	10	사람	人		
	11		하나니		
㉰	12	다	皆	1	
	13	얻을	得		
	14	이룰	成	7	
	15	나아갈 이룰	就		
	16	아닐	不	2	
	17	옳을 가히(=능히)	可		
	18	헤아릴	量		
	19	아닐	不	3	
	20	옳을 가히(=능히)	可		
	21	일컬을 저울질할	稱		
	22	없을	無	4	
	23	있을	有		
	24	가	邊		

㉮여래가 이 사람을 다 알고 ㉯이 사람을 보아 ㉰모두가 한량없고 말할 수 없고 끝없고 생각할 수 없는 공덕을 이루니 /

No. 198 ⇨ 원문 *p.24 ℓ.4* [持經功德分 第十五]

<전> | 悉知是人하며 悉見是人하나니 皆得成就不可量不可稱無有邊

	1	아닐	불	不	
	2	옳을	가	可	5
	3	생각	사	思	
	4	의논할	의	議	
	5	공	공	功	6
	6	큰 덕	덕	德	
	7			하리니	
㉮	8	같을	여	如	1
	9	이	시	是	
	10	사람	인	人	2
	11	무리	등	等	3
	12			은	
㉯	13	곧	즉	卽	1
	14	힐	위	爲	5
	15	멜	하	荷	4
	16	멜	담	擔	
	17	같을	여	如	2
	18	올	래	來	
	19	언덕	아	阿	
	20	김맬 '누'	녹	耨	
	21	많을	다	多	3
	22	새그믈	라	羅	
	23	석	삼	三	
	24	아득할 '막'	먁	藐	

⊙하담(荷擔) ; 짐을 짐. 감당해 냄. / 하(荷)는 어깨에 메는 일. 담(擔)은 등에 지는 일.

㉮이런 사람은 ㉯여래의 아뇩다라삼먁삼보리를 감당할 것이니라. /

[持經功德分 第十五] № 199 ⇨ 원문 p.24 ℓ.5

<후> 生見壽者見일새 卽於此經에 不能聽受讀誦하야 爲人解說하리라 須

	1	석	삼	三	
	2	보리	보	菩	
	3	끝	리	提	
	4			니라	
⑤㉮	5	어찌	하	何	
	6	써	이	以	
	7	연고	고	故	
	8			오	
㉯	9	모름지기	수	須	
	10	보살	보	菩	
	11	끝 '제' 들 '제'	리	提	
	12			야	
㉰	13	만약	약	若	1
	14	즐길	요	樂	3
	15	작을	소	小	
	16	법	법	法	2
	17	놈	자	者	4
	18			는	
㉱	19	붙을	착	着	2
	20	나	아	我	
	21	볼	견	見	
	22	사람	인	人	1
	23	볼	견	見	
	24	무리	중	衆	

⊙요소법자(樂小法者); 소승을 가리키는 말. 자신의 학설에 집착하고 안주하여 스스로 좁아지고 작아진 때문에 자연히 사상(四相)에 벗어시게 된다.

㉮무슨 까닭이겠는가? ㉯수보리야, ㉰소승법을 좋아하는 이는 ㉱아견·인견·중생견·수자견 등의 소견에 집착되므로 /

- 199 -

No. 200 ⇨ 원문 p.24 ℓ.6 [持經功德分 第十五]

〈전〉 三菩提니라 何以故오 須菩提야 若樂小法者는 着我見人見衆

1	날	생	生
2	볼	견	見
3	목숨	수	壽
4	놈	자	者
5	볼	견	見
6			일새
7 (㉮)	곧	즉	卽
8	어조사	어	於
9	이차	차	此
10	글	경	經
11			에
12 (㉯)	아닐	불	不
13	능할	능	能
14	들을	청	聽
15	받을	수	受
16	읽을	독	讀
17	외울	송	誦
18			하야
19	할	위	爲
20	사람	인	人
21	풀	해	解
22	말씀	설	說
23			하리라
24 (㉰)	모름지기	수	須

※석존께 대결을 신청한 손오공

중국의 4대기서(四大奇書. 삼국지연의·수호전·서유기·금병매) 가운데 하나인 『서유기(西遊記)』는 현장법사가 17년에 걸친 구법 기간에 겪고 본 내용을 기술한 견문록 『대당서역기(大唐西域記)』를 저본(底本)으로 명나라 때 오승은(吳承恩, 1500-1582)이 지은 장편 소설이다.

소설의 주인공은 삼장법사(三藏法師), 손오공(孫悟空), 저팔계(豬八戒), 사오정(沙悟淨)인데 이 가운데 가장 독특한 개성을 지닌 손오공의 성격과 행위를 크게 세 단계로 분류해 보면 다음과 같다.

첫째는 미후왕(美猴王, 잘생긴 원숭이 왕)의 시기이다. 이때의 손오공은 단지 돌원숭이에 지나지 않았다. 그러나 원숭이 특유의 호기심과 리더십으로 화과산(花果山) 원숭이의 왕이 된다. 이 시기에 그는 우마왕(牛魔王) 등과 형제의 예를 맺게 된다.

두 번째는 제천대성(齊天大聖, 하늘의 제왕, 위대한 성인)이라 불리는 시기이다. 이 시기에 손오공은 일흔 두 가지 변화를 익히고, 근두운(觔斗雲. 사람을 태우고 단번에 10만 8천리를 날 수 있는 구름모양의 비행체)과 여의봉(如意棒. 자기 뜻대로 늘어나게도 오므라들게도 하여 마음대로 쓸 수 있다는 몽둥이) 등을 가지게 된다. 또한 천궁과 용궁 그리고 염부(閻浮)를 오가며, 자신의 존재를 온 세상에 드러낸다. 그러나 마지막에 가서는 서가여래와의 법력 대결에 져서 오행산(五行山)에 갇히게 된다. 그리고 무려 500년 동안이나 갇히게 된다.

세 번째는 삼장법사와 함께 불경을 구하러 가는 시기이다. 이 시기에 그는 자기가 하고싶은 대로 살던 이전의 모습과는 다른 책임감과 인내심을 겸비하게 되며, 다른 이와의 협력과 협동을 추구하게 된다.

훗날 삼장법사가 불경을 무사히 구한 이후에 손오공은 그 보상으로 투전승불(鬪戰勝佛)이 된다. 삼장법사를 모시러 다니는 도중 만난 요괴들을 거의 전부 손오공 혼자 해치운 공로로 손오공은 부처의 전사로서 거듭나게 되었다.

이 가운데 두 번째, 손오공이 제천대성으로 있으면서 서가여래와 벌인 대결 방법이 세상 끝까지 다녀오는 것이었다. 근두운을 지닌 손오공은 자신이 있었다. 과연 세상 끝처럼 보이는 곳에 도착했다. 그래서 그곳에다 '제천대성이 다녀가다'라 표시를 남기고 돌아왔다. 하지만 그곳은 서가여래의 손가락이었다.

이 이야기는 '유위(有爲)'와 '무위(無爲)'의 차이가 어떤 것인가를 보인 것이다. 아무리 많은 보시를 하

㉮이 경을 ㉯듣지도 못하고 읽고 외우지도 못하여 ㉰사람들을 위해 일러주지도 못하느니라. ㉱수보리야 /

- 200 -

[持經功德分 第十五] No. 201 ⇨ 원문 p.24 ℓ.7

<후> 應供養이니 當知此處는 卽爲是塔이라 皆應恭敬하야 作禮圍繞하야

			한글	한자	
㉮	1	보살	보	菩	
	2	끝 '제' 들 '제'	리	提	
	3			야	
	4	있을	재	在	
	5	있을	재	在	
	6	곳	처	處	
	7	곳	처	處	
	8			에	
㉯	9	같을	약	若	1
	10	있을	유	有	3
	11	이	차	此	2
	12	글	경	經	
	13			하면	
㉰	14	한	일	一	1
	15	온통	체	切	
	16	인간	세	世	2
	17	사이	간	間	
	18	하늘	천	天	
	19	사람	인	人	
	20	언덕	아	阿	3
	21	닦을	수	修	
	22	벌일	라	羅	
	23			의	
㉱	24	바	소	所	3

더라도 유위적인 것이라면, 서가여래와 손오공의 대결이 그랬듯 애초부터 무위를 당해낼 수가 없다.

'뛰어보았자 부처님 손바닥'이란 속담은 이렇게 생겨났다.

※존중정교분 제십이(尊重正敎分 第十二)에서도 '復次須菩提야 隨說是經하대 乃至四句偈等하면 當知此處는 一切世間天人阿修羅ㅣ皆應供養하되 如佛塔廟어늘'이라 말씀하신 대목이다.

㉮어디에나 ㉯이 경이 있으면 ㉰온갖 하늘사람·세상사람·아수라들이 ㉱공양을 올리리니 /

- 201 -

No. 202 ⇨ 원문 p.24 ℓ.8 [持經功德分 第十五]

<전> 菩提야 在在處處에 若有此經하면 一切世間天人阿修羅의 所

㉮	1	응할	응	應	1
	2	이바지 할	공	供	2
	3	기를	양	養	
	4			이니	
	5	마땅	당	當	1
	6	알	지	知	
	7	이	차	此	2
	8	곳	처	處	
	9			는	
㉯	10	곧	즉	卽	1
	11	할	위	爲	4
	12	이	시	是	2
	13	탑	탑	塔	3
	14			이라	
㉰	15	다	개	皆	1
	16	응할	응	應	2
	17	이바지 할	공	恭	3
	18	공경	경	敬	
	19			하야	
㉱	20	지을	작	作	1
	21	예도	례	禮	
	22	에워쌀 두를	위	圍	2
	23	두를	요	繞	
	24			하야	

※ 위요(圍繞)

인도에서는 부처님이나 부처님의 사리(舍利)를 모신 탑 쪽으로 오른 쪽 어깨를 향하게 하고 도는데 이것을 우요(右繞)·선우(旋右)·선잡(旋匝)이라 한다.

단지 한 번만 돌기도 하지만, 보통은 세 번을 돌며 이것을 우요삼잡(右繞三匝)이라 한다. 이와 같은 요불(繞佛)을 행도(行道)라고도 한다.

이렇게 하는 것은 고대 인도에서 귀인에게 존경을 표시할 때의 예법이었으며, 군대가 개선(凱旋)하고 돌아오면 성벽(城壁)을 오른쪽으로 세 번 돌고 성안으로 들어왔다고 한다. 이런 풍속이 불교에 받아들여지고 부처님께 대한 수행승의 예법이 되었다. 또 의식화(儀式化)되어 각종 법요시 거행하게 되었다. 뿐만 아니라 보다 발전하여 행도(行道)하면서 경을 지송하거나 범패를 행하는 등 법요를 장엄스럽게 하는 역할을 담당하게 되었다.

㉮이곳은 ㉯곧 부처님의 탑과 같으므로 ㉰모두가 공경히 ㉱예배하고 돌면서 /

[持經功德分 第十五] No. 203 ⇨ 원문 p.24 ℓ.9

<후> 能淨業障分 第十六

㉮	1	써	이	以
	2	모두	제	諸
	3	빛날 꽃(=花)	화	華
	4	향기	향	香
	5			으로
㉯	6	말이을	이	而
	7	흩을	산	散
	8	그	기	其
	9	곳	처	處
	10			하리라
	11			
	12			
	13			
	14			
	15			
	16			
	17			
	18			
	19			
	20			
	21			
	22			
	23			
	24			

2 ※공양물로서 꽃의 의미
산화공양의 유래와 의의는 무엇일까.
첫째, 신앙적인 의미에서 볼 때, 꽃이 피면 그 향기와 빛깔을 따라 불·보살님과 선신(善神)께서 강림(降臨)하신다고 한다. 반면 악귀(惡鬼)들은 꽃의 향기와 빛깔을 분예(糞穢)를 대하듯 싫어한다고 한다. 따라서 꽃을 뿌리면 악귀들의 접근을 막고, 불·보살님과 선신을 초청할 수 있다고 보는 것이다. 이러한 인도인(印度人)들의 믿음이 예법(禮法) 및 법요의식에 그대로 받아 들여졌음을 유래와 의의로 들 수 있다.

1 둘째, 일반적인 의미에서 살펴보면, 꽃의 아름다운
3 모습과 향기로운 내음은 사람이 애호(愛好)하는 것인 바, 고금을 통해 존경하는 상대에게 자신의 마음
2 을 전달하는 매개체로 사용되어 왔음을 유래로 들 수 있다. 또, 이러한 예(例)야말로 먼저 살핀 신앙적인 의의로 하여금 보편타당성(普遍妥當性)을 갖게 한다고 하겠다.

또, 거룩한 이에게는 하늘에서 청·황·적·백 네 가지의 꽃과 향을 뿌려 공양한다 하는데, 이를 천우사화(天雨四華)라 한다. .

※공양물로서 향(香)의 의미
여기서 '향'은 『대방광불화엄경』입부사의해탈경계보현행원품(入不思議解脫境界普賢行願品)의 내용을 참고로 할 때, 궁전(宮殿)·원장(垣牆)·누각(樓閣) 등을 포함 내지는 대표하는 의미로서 이해해야 할 것이다.
-주(註)-
『大正藏』卷10 p. 712a / 善男子 我欲供養然此香時 從一一香 出無量香 遍滿十方一切法界一切如來道場海中 化爲種種 香宮殿 香垣牆 香樓閣 香欄楯 香却敵 香門戶 香窓牖 香半月 香羅網 香形像 香圓光 香嚴具 香光明 香雲雨 香幢 香帳 香幡 香蓋 莊嚴十方一切法界 處處充滿 以爲供養

㉮꽃과 향으로 ㉯그 곳에 흩으리라. /

No. 204 ⇨ 원문 p.25 ℓ.1 [能淨業障分 第十六]

<전> 以諸華香으로 而散其處하리라

㉮	1			
㉯	2			
㉰	3			
㉱	4			◎
	5	능할	능	能
	6	깨끗할	정	淨
	7	업	업	業
	8	막을	장	障
	9	나눌	분	分
	10			
	11	차례	제	第
	12	열	십	十
	13	여섯	륙	六
	14			
	15			
	16			
	17			
	18			
	19			
	20			
	21			
	22			
	23			
	24			

1 제16분, 이 경(經)의 공덕은
3 　능히 모든 업장(業障)을 청정히 한다.

2 (능淨業障)
4 (分)

≪개요≫
　이 부분에서 갑자기 유위(有爲)의 업과 죄 그리고 복을 말씀하신 듯하지만, 사실은 경의 내용을 제대로 이해하고 현재 자신의 처지를 아상(我相)·인상(人相) 등의 상을 조복(調伏) 받는 계기로 삼으라고 가르치신 것이다. 그리하여 불가사의한 무위(無爲)의 과보를 얻을 때 참으로 일체의 업장(業障)이 소멸됨을 일깨워주신 부분이다.

★소명태자(昭明太子)의 '32분(分)'
1.法會因由分 2.善現起請分 3.大乘正宗分 4.妙行無住分 5.如理實見分 6.正信希有分 7.無得無說分 8.依法出生分 9.一相無相分 10.莊嚴淨土分 11.無爲福勝分 12.尊重正敎分 13.如法受持分 14.離相寂滅分 15.持經功德分 16.能淨業障分 17.究竟無我分 18.一體同觀分 19.法界通化分 20.離色離相分 21.非說所說分 22.無法可得分 23.淨心行善分 24.福智無比分 25.化無所化分 26.法身非相分 27.無斷無滅分 28.不受不貪分 29.威儀寂滅分 30.一合理相分 31.知見不生分 32.應化非眞分

[能淨業障分 第十六] No. 205 ⇨ 원문 p.25 ℓ.2

<후> 賤하면 是人은 先世罪業으로 應墮惡道언마는 以今世人이 輕賤故로

1				
㉮	1	다시	부	復
	2	버금	차	次
	3	모름지기	수	須
	4	보살	보	菩
	5	끝 '제' 들 '제'	리	提
	6			야
㉯	7	착할	선	善
	8	사내	남	男
	9	아들	자	子
	10	착할	선	善
	11	계집 '여'	여	女
	12	사람	인	人
	13			이
㉰	14	받을	수	受
	15	가질	지	持
	16	읽을	독	讀
	17	외울	송	誦
	18	이	차	此
	19	글	경	經
	20			호대
㉱	21	만약	약	若
	22	할	위	爲
	23	사람	인	人
	24	가벼울	경	輕

◆ 六祖口訣

① 205-1 / 復次須菩提 善男子善女人 受持讀誦此經 若爲人輕賤 是人 先世罪業 應墮惡道 以今世人 輕賤故 先世罪業 卽爲消滅 當得阿耨多羅三藐三菩提

①佛言 持經之人 合得一切天人 恭敬供養 爲多生有重業障故 今生 雖得受持諸佛如來甚深經典 常被人輕賤 不得人恭敬供養 ②自以受持經典故 不起人我等相 不問寃親 常行恭敬 心無惱恨 蕩然無所計較 念念常行般若波羅蜜 曾無退轉 以能如是修行 故得從無量劫 以至今生 所有極重惡障 悉皆消滅 ③又約理而言 先世者 卽是前念妄心 今世者 卽是後念覺心 以後念覺心 輕賤前念妄心 妄不能住 故云先世罪業 卽爲消滅 妄念旣滅 罪業不成 卽得菩提也

①부처님께서 말씀하시기를, 「경을 지닌 사람은 마땅히 모든 하늘과 사람들의 공경·공양을 받아야 하지만, 다생의 무거운 업장이 있음으로 금생에 비록 제불여래의 매우 깊은 경전을 받아 지녔음에도 항상 남에게 업신여김을 받고 사람들로부터 공경·공양을 받지 못하더라도, ②스스로 경전을 받아 지니고 남이 다 나다하는 생각을 일으키지 않으며, 원수와 친한 이를 가리지 않고 항상 공경을 행하여 마음에 번뇌가 없어, 아무것도 없이 텅 비어 계교하는 바 없이, 생각 생각 항상 반야바라밀을 행하여 물러서지 않아 능히 이와 같이 수행함으로써 한량없는 겁으로부터 금생에 이르기까지 있는 바 지극히 무거운 나쁜 업장이 다 소멸할 것이다.」고 하셨다. ③또 이치로 말한다면, '선세(先世)'라 함은 곧 앞에 생각했던 망심이고, 금세라 함은 곧 이 뒤에 생각하는 각심(覺心)이다. 뒷생각인 각심으로 앞생각의 망심을 업신여긴 것이니, 망령됨이 능히 머무를 수가 없는 것이므로 선세의 죄업이 곧 소멸된다 하신 것이다. 망령된 생각이 이미 소멸된다면 죄업이 성립될 수 없는 것이므로 곧 보리를 얻는다고 하신 것이다.

② 209-22 / 若復有人 於後末世 能受持讀誦此經 所得功德 於我所供養諸佛功德 百分不及一 千萬億分乃至算數譬喩 所不能及

①供養恒沙諸佛 施寶滿三千界 捨身如微塵數 種種福德 不及持經 ②一念悟無相理 息希望心 遠離衆生 顚倒知見 卽到波羅彼岸 永出三塗苦 證無餘涅槃

①항하의 모래 수 같은 부처님께 공양하며, 삼천세계를 보배로 채워 보시하며, 몸을 버림도 미진수 같이 한 가지가지 복덕도 경을 지님에 미치지 못한다. ②일념으로 무상의 이치를 깨달아 바라는 마음을 쉬고

㉮「또 수보리야, ㉯선남자나 선여인이 ㉰이 경을 받아 지니고 읽고 외우면서도 ㉱남에게 천대를 받는다면 /

- 205 -

No. 206 ⇨ 원문 p.25 ℓ.3 [能淨業障分 第十六]

<전> 復次須菩提야 善男子善女人이 受持讀誦此經호대 若爲人輕

㉮	1	천할	천	賤	) 」
	2			하면	
	3	이	시	是	) 1
	4	사람	인	人	
	5			은	
	6	먼저	선	先	) 2
	7	인간	세	世	
	8	허물	죄	罪	) 3
	9	업	업	業	
	10			으로	
㉯	11	마땅	응	應	) 1
	12	떨어질	타	墮	3
	13	나쁠	악	惡	) 2
	14	길	도	道	
	15			언마는	
㉰	16	써	이	以	5
	17	이제	금	今	) 1
	18	인간	세	世	
	19	사람	인	人	2
	20			이	
	21	가벼울	경	輕	) 3
	22	천할	천	賤	
	23	연고	고	故	4
	24			로	

중생의 전도된 지견을 멀리 여의어야 곧 바라밀의 저 언덕에 도달하여 영원히 삼악도의 고통을 벗어나 무여열반을 증득한다.

③ 212-5 / 須菩提 若善男子善女人 於後末世 有受持讀誦此經 所得功德 我若具說者 或有人聞 心卽狂亂 狐疑不信

①佛言 末法衆生 德薄垢重 嫉妬彌深 衆聖潛隱 邪見熾盛 於此時中 如有善男子善女人 受持讀誦此經 圓離諸相 了無所得 念念常行 慈悲喜舍 謙下柔和 究竟成就無上菩提 ②或有聲聞小見 不知如來正法 常住不滅 聞說如來滅後 後五百歲 有人能成就無相心 行無相行 得阿耨多羅三藐三菩提 則必心生驚怖 狐疑不信

①부처님께서 말씀하시기를,「말법의 중생들이 덕은 얇고 업은 무거우며 질투가 아주 깊어서 뭇 성인은 숨고 사된 소견이 치성할 따름이다. 이런 때에 어떤 선남자 선여인이 이 경을 받아 지니어 독송하면 원만히 모든 상(相)을 여의고 무소득의 이치를 요달하여 생각 생각에 항상 자·비·희·사와 겸손하여 마음을 낮추고 부드럽고 화목한 마음을 행하면, 마침내 위없는 보리를 성취하게 된다.」하시니라. ②혹 성문의 작은 소견은, 여래의 정법이 상주불멸함을 알지 못하고 여래께서 입멸하신 뒤 다섯 번째 오백 년에 어떤 사람이 능히 무상심을 성취하여 무상행을 행하고 아뇩다라삼먁삼보리를 얻으리라 하면 곧 반드시 마음에 놀라고 두려움을 내어 여우같은 의심으로 믿지 않을 것이다.

④ 214-9 / 須菩提 當知 是經義 不可思議 果報 亦不可思議

是經義者 卽是無著無相行 云不可思議者 讚歎無著無相行 能成就阿耨多羅三藐三菩提也

'이 경의 뜻(是經義)'이라 함은 곧 무착무상행이고, 불가사의라 함은 무착무상행이 아뇩다라삼먁삼보리를 능히 성취함을 찬탄한 것이다.

㉮이 사람은 지난 세상에 지은 죄업으로 ㉯악도에 떨어질 것이지만 ㉰금생에 남의 천대를 받는 탓으로 /

[能淨業障分 第十六] №. 207 ⇨ 원문 p.25 ℓ.4

<후> 提야 我念過去無量阿僧祇劫하니 於燃燈佛前에 得值八百四

㉮	1	먼저	선	先	1
	2	인간	세	世	
	3	허물	죄	罪	2
	4	업	업	業	
	5			이	
	6	곧	즉	卽	3
	7	될	위	爲	5
	8	사라질	소	消	4
	9	멸할	멸	滅	
	10			하고	
㉯	11	마땅	당	當	1
	12	얻을	득	得	3
	13	언덕	아	阿	
	14	김맬 '누'	녹	耨	
	15	많을	다	多	
	16	새그물	라	羅	
	17	석	삼	三	2
	18	아득할 '먁'	먁	藐	
	19	석	삼	三	
	20	보리	보	菩	
	21	끌 '제'	리	提	
	22			하리라	
㉰	23	모름지기	수	須	
	24	보살	보	菩	

㉮전생의 죄업이 모두 소멸하고 ㉯마땅히 아뇩다라삼먁삼보리를 얻으리라.
㉰수보리야 /

No. 208 ⇨ 원문 p.25 ℓ.5 [能淨業障分 第十六]

<전> 先世罪業이 卽爲消滅하고 當得阿耨多羅三藐三菩提하리라 須菩

㉮	1	끝 '제' 들 '제'	리	提	
	2			야	
	3	나	아	我	1
	4	생각	념	念	4
	5	지날	과	過	2
	6	갈	거	去	
	7	없을	무	無	
	8	헤아릴	량	量	
	9	언덕	아	阿	3
	10	중	승	僧	
	11	토지신	기	祇	
	12	겁	겁	劫	
	13			하니	
㉯	14	어조사	어	於	2
	15	탈	연	燃	1
	16	등	등	燈	
	17	부처	불	佛	
	18	앞	전	前	3
	19			에	
㉰	20	얻을	득	得	3
	21	값 만날	치	値	
	22	여덟	팔	八	1
	23	일백	백	百	
	24	넉	사	四	

⊙아승기겁(阿僧祇劫) ; '아승기'는 범어 아상꺄 asaṁkhya의 음역. 무수(無數), 무앙수(無央數) 등으로 번역되고, '겁'은 깔파kalpa의 음역으로 장시(長時)라 번역된다. 즉 아승기는 셈 수의 단위로서 무한한 숫자이고, 겁은 시간의 단위로서 무한히 긴 시간이므로 아승기겁이란 상상하기조차 어려운 긴 세월을 의미한다.
1.항하사(恒河沙)의 만 배인 수. 10^{56}
2.예전에, 항하사의 억 배인 수. 10^{104}

㉮나는 지나간 세상 한량없는 아승지겁 동안을 생각해 보니, ㉯연등불을 뵙[고 수기 받]기 전에 ㉰팔백 사천만 억 나유타 부처님을 뵙고서 /

[能淨業障分 第十六] No. 209 ⇨ 원문 p.25 ℓ.6

<후> 人이 於後末世에 能受持讀誦此經하여 所得功德은 於我所供

	1 일천	천	千		
	2 일만	만	萬		
	3 억	억	億		
	4 어찌	나	那		⊙나유타(那由他) ; 범어 나유따nayuta의 음역. 천만(千萬)이라고도 하고 또는 천억(千億)에 상당한다고도 한다.
	5 말미암을	유	由		
	6 다를	타	他		
	7 모두	제	諸	2	
	8 부처	불	佛		
	9		하야		
㉮	10 다	실	悉	1	
	11 다	개	皆		
	12 이바지 할	공	供	2	
	13 기를	양	養		
	14 이을	승	承	3	⊙승사(承事) ; 받들어 섬김.
	15 일 섬길	사	事		
	16		호대		
㉯	17 없을	무	無	3	
	18 빌	공	空	1	
	19 지날	과	過		
	20 놈	자	者	2	
	21		니라		
㉰	22 만약	약	若	1	
	23 다시	부	復	2	
	24 있을 어떤	유	有	3	

㉮모두 공양 올리고 받들어 섬김에 ㉯모르고 지나친 적이 없었느니라. ㉰만일 어떤 사람이 /

No. 210 ⇨ 원문 p.25 ℓ.7 [能淨業障分 第十六]

<전> 千萬億那由他諸佛하야 悉皆供養承事호대 無空過者니라 若復有

㉮	1	사람	인	人	
	2			이	
	3	어조사	어	於	3
	4	뒤	후	後	1
	5	끝	말	末	2
	6	인간	세	世	
	7			에	
㉯	8	능할	능	能	1
	9	받을	수	受	
	10	가질	지	持	3
	11	읽을	독	讀	
	12	외울	송	誦	
	13	이	차	此	2
	14	글	경	經	
	15			하여	
㉰	16	바	소	所	1
	17	얻을	득	得	
	18	공	공	功	2
	19	큰 덕	덕	德	
	20			은	
㉱	21	어조사	어	於	2
	22	나	아	我	1
	23	바	소	所	5
	24	이바지	공	供	4

⊙말세(末世) ; 말법세상(末法世上)이란 뜻. 부처님께서 열반에 드신 후 시대가 지남에 따라 부처님의 교설이 여법하게 실행되지 않는다는 역사관에 입각해서, 시대를 정(正)·상(象)·말(末)의 삼시(三時)로 나누고, 말법이 끝나면 교(敎)조차 들을 수 없는 법멸(法滅)의 시대가 있다고 한다. 말세에 관해서는 『대승동성경(大乘同性經)』 등에 설해지고 있는데 삼시의 시간에 대해서는 통일되어 있지 않으나 대개는 정법 5백년, 상법 1천년, 말법 1만년 설과 정법 1천년, 상법 1천년, 말법 1만년 등의 설을 취하고 있다.

㉮이 다음 말법 세상에 ㉯이 경을 받아 지니고 읽고 외워서 ㉰얻는 공덕은 ㉱내가 부처님께 공양 올린 공덕으로는 /

[能淨業障分 第十六] No. 211 ⇨ 원문 p.25 ℓ.8

<후> 不能及이니라 須菩提야 若善男子善女人이 於後末世에 有受持

		훈	한자	
	1 기를	양	養	
	2 모두	제	諸	3
	3 부처	불	佛	
	4 공	공	功	6
	5 큰 덕	덕	德	
	6		으론	
㉮	7 일백	백	百	1
	8 나눌	분	分	
	9 아닐	불	不	3
	10 미칠	급	及	
	11 한	일	一	2
	12		이며	
㉯	13 일천	천	千	
	14 일만	만	萬	1
	15 억	억	億	
	16 나눌	분	分	
	17 이에	내	乃	2
	18 이를	지	至	
	19 셈	산	算	
	20 셈	수	數	3
	21 비유할	비	譬	
	22 비유할	유	喻	
	23		로	
㉰	24 바	소	所	4

※주리반특(周利槃特) 존자

장군죽비(將軍竹篦)에 다음과 같은 글이 쓰여있다.

守口攝意身莫犯 如是行者能得道
수구섭의신막범 여시행자능득도

신구의(身口意) 삼업을 잘 다스리면 도를 얻는다는 내용이다. 간단하지만 불법수행의 대의가 오롯이 들어있다.

죽비(竹篦)는 말을 가급적 삼가는 선가에서 말 대신 사용하는 도구다. 불립문자 교외별전 직지인심 견성성불(不立文字 敎外別傳 直指人心 見性成佛)을 주장하는 선가에서는 문자 또한 언어이상으로 탐탁하게 생각하지 않는다. 그런 죽비 표면에 이런 글귀가 쓰여 있다함은 우리에게 시사하는 바가 적지 않다.

▶주리반특 존자는 누구인가?

16나한 가운데 16번째에 자리하신 분이 주리반특(周利槃特. 小路. Cūḍapanthaka) 존자이시다. 이 분은 부처님 재세시 사위성(舍衛城)의 한 바라문 가문에 태어났다. 뒷날 16나한 가운데 10번째 자리하시게 된 마하반특(摩訶槃特. Mahābanthaka) 존자와는 형제지간이시다. 이처럼 형제가 나란히 아라한과를 증득한 경우도 흔하지 않은 일이다.

하지만 일찍이 동생인 주리반특은 품성(稟性)이 우둔하여 가르쳐 주어도 곧 잊어버렸다. 그래서 사람들은 '바보 주리반특[愚路]'이라 불렀다. 급기야 무리로부터 쫓겨나게 되었다. 그것이 오히려 부처님께서 친히 돌보시며 가르치시는 행운을 얻는 계기가 되었다. 부처님께서는 '털어야지 닦아야지[拂塵除垢]'라는 간단한 가르침만 주셨다. 주리반특은 비구들의 신발을 털고 닦으며 이 짧은 구절을 반복해 염송하였다. 점차 모든 업장을 없애고 어느 날 홀연히 깨달아 아라한과를 증득했다. 대신통력도 구비하였으니 갖가지 형상을 나타내 보이기도 하였으며, 큰 위신력으로 육군비구니(六群比丘尼)에게 설법하기도 하였다. 일반인들은 지금도 주리반특 존자가 1,500아라한을 권속으로 지축산(持軸山)에 머물며 정법(正法)을 호지(護持)하고 중생을 요익(饒益)되게 한다고 믿고있다.

▶장군죽비에 위 게송을 적어놓은 유래

부처님 당시 비구니는 비구의 처소에서 멀지도 가깝지도 않은 곳에 자리해야 했다. 비구로부터 보호를 받는 한편 너무 가까이 있음으로 야기될 수 있는 부작용을 방지하려는 배려였다. 그런데 초하루 보름 포살(布薩)에는 부처님이나 부처님께서 지정하시는 제자를 모셔 법회를 보았다.

㉮[그의 공덕] 백 분에 일에도 미치지 못하며 ㉯천 분의 일, 만 분의 일, 억 분의 일에도 미치지 못하며, 내지는 산수나 비유로도 ㉰미칠 수 없느니라. /

№ 212 ⇨ 원문 p.25 ℓ.9 [能淨業障分 第十六]

<전> 養諸佛功德으론 百分不及一이며 千萬億分乃至算數譬喩로 所

	1	아닐	불	不
	2	능할	능	能
	3	미칠	급	及
	4			이니라
③㉮	5	모름지기	수	須
	6	보살	보	菩
	7	끝 '제' 들 '제'	리	提
	8			야
㉯	9	만약	약	若
	10	착할	선	善
	11	사내	남	男
	12	아들	자	子
	13	착할	선	善
	14	계집 '여'	여	女
	15	사람	인	人
	16			이
㉰	17	어조사	어	於
	18	뒤	후	後
	19	끝	말	末
	20	인간	세	世
	21			에
㉱	22	있을	유	有
	23	받을	수	受
	24	가질	지	持

3 어느 날 포살을 위해 비구니 대표가 부처님께 왕림해 주실 것을 부탁드렸고, 부처님께서는 주리반특을 보내마고 하셨다. 비구니는 내심 매우 놀랐다. 주리반특은 천하가 아는 바보였기 때문이었다. 하지만 부처님 말씀이고 보니 그 내용을 자신의 무리에게 그대로 전했다. 다른 비구니들도 매우 놀라며 서로 의논하기를, 주리반특이 오면 모른 채 하자고 결의했다. 이른바 '왕따작전'이었다. 그러나 정작 정해진 날 주리반특 존자께서 등장하자 모두 그 법력에 전날의 약속을 잊은 채 존자의 말씀에 귀를 기울이며 감탄했다 한다. 그때 존자께서 하신 말씀이 다름 아닌 '수구섭의 운운'하는 그것이었다는 것이다. 얼마나 그 말씀이 중요했으면 죽비 위에 그것도 장군죽비 위에 써놓고 오늘날에도 염송하고 있겠는가.

▶비구니는 설법(說法)이나 시식(施食)을 거행할 수 없다는데?

1 여기서 또 한 가지 챙길 이야기가 있다. 즉, 비구니는 '법문(法門)을 하면 안 된다'거나 '시식을 거행할 수 없다'는 것이다.

2 일견 남녀차별이라는 생각을 할 수 있다. 하지만 아미타불의 <사십팔원(四十八願)>에도 '영리여신원(永離女身願)'이 있음을 보면 그런 차원의 문제는 아닌 듯 싶다. 여자는 도를 닦는데 있어서 여러 가지로 불리한 점이 있음을 말씀한 것이다. 그런데 이처럼 불리한 여자의 몸을 얻게된 것은 자신의 업력에 의한 것이라는 것이다.

일체중생 개유불성(一切衆生 皆有佛性)을 말하는 불교에 성차별이 있을 리 만무하다. 다만 여자의 몸을 받은 것은 곧 자신의 업인 만큼 업장소멸(業障消滅)에 힘쓰라는 의미라 하겠다. 시간의 무한함과 윤회를 믿는다면, 금생에서의 시간은 그리 긴 것이 아니다.

1 때문에 순서 상 이타행(利他行)의 하나인 설법을 할 때가 아니라는 말이며, 시식에는 '착어(着語)'라는 대목이 있으니 이것은 곧 법어라는 의미이기에 이 역시 삼가게 하였던 것이다.

문제는 시대의 변화다. '성현도 종시속(從時俗)'한다는 말이 있고, 여성으로서 못 하는 일이 없는 시대이고 보니 부처님 말씀일지라도 재고의 필요가 있지 않을까 하는 점이다.

3 다만 자의적 해석은 금해야 할 것이다. 종단적인 차원에서 공론화 하여 화합을 생명으로 하는 승가와 자신의 성불에 지장이 없도록 해야 할 것이다.

2

▶주리반특이 바보로 태어난 인연

㉮수보리야, ㉯어떤 선남자 선여인이 ㉰이 다음 말법 세상에서 ㉱이 경을 받아 지니고 읽고 외워 /

[能淨業障分 第十六] №. 213 ⇨ 원문 p.25 ℓ.10

<후> 狂亂하야 狐疑不信하리니 須菩提야 當知하라 是經은 義도 不可思議

1	읽을	독	讀	
2	외울	송	誦	⎤ ⎦
3	이	차	此	⎤ 1
4	글	경	經	⎦
5			하여	
㉮ 6	바	소	所	⎤ 1
7	얻을	득	得	⎦
8	공	공	功	⎤ 2
9	큰 덕	덕	德	⎦
10			을	
㉯ 11	나	아	我	1
12	만약	약	若	2
13	갖출	구	具	3
14	말씀	설	說	4
15	놈 ~면(접속사)	자	者	5
16			인댄	
㉰ 17	혹	혹	或	1
18	있을 어떤	유	有	⎤ 2
19	사람	인	人	⎦
20			이	
21	들을	문	聞	3
22			하면	
㉱ 23	마음	심	心	1
24	곧	즉	卽	2

또, 한가지는 주리반특이 갑자기 아라한과를 증득한 것으로 생각한 나머지 의심을 갖고 그 연유를 부처님께 여쭈었다. 부처님의 말씀에 의하면, 주리반특은 과거 전생에 훌륭한 스승이었다는 것이다. 어느 날 설법을 마치고 피곤한 몸을 쉬려는데 제자가 찾아와 궁금한 것을 물었고, 존자는 피곤하다는 이유로 답변을 다음으로 미루었다는 것이다. 그리고 그만 그 약속을 잊어버리고 대답을 안 해 주었기 때문에 그 과보로 금생에 바보로 지내게 되었고, 타인으로부터 놀림을 받기도 했다는 것이다. 하지만 다겁의 선연으로 불회상(佛會上)을 만나게 되어 깨달음을 얻게 되었다 하셨다.

㉮얻는 공덕을 ㉯내가 모두 말하면, ㉰이 말을 듣는 이는 ㉱마음이 미친 듯 어지럽고 /

No. 214 ⇨ 원문 p.26 ℓ.1 [能淨業障分 第十六]

<전> 讀誦此經하여 所得功德을 我若具說者인댄 或有人이 聞하면 心卽

	1	미칠	광	狂	3
	2	어지러울	란	亂	
	3			하야	
㉮	4	여우	호	狐	1
	5	의심할	의	疑	
	6	아닐	불	不	2
	7	믿을	신	信	
	8			하리니	
④㉯	9	모름지기	수	須	
	10	보살	보	菩	
	11	끝'제' 들'제'	리	提	
	12			야	
㉰	13	마땅	당	當	
	14	알	지	知	
	15			하라	
㉱	16	이	시	是	1
	17	글	경	經	
	18			은	
	19	뜻	의	義	2
	20			도	
	21	아닐	불	不	3
	22	옳을	가	可	
	23	생각	사	思	
	24	의논할	의	議	

㉮믿지 아니하리라. ㉯수보리야 ㉰이 경은 이치도 불가사의하고 /

- 214 -

[能淨業障分 第十六] №. 215 ⇨ 원문 p.26 ℓ.2

<후> 究竟無我分 第十七

	1		며	
㉮	2	열매	과	果	1
	3	갚을	보	報	
	4			도	
	5	또	역	亦	2
	6	아닐	불	不	
	7	옳을	가	可	3
	8	생각	사	思	
	9	의논할	의	議	
	10			니라	

※以~故 ; '~를 이유로'라는 뜻. 즉, 以와 故에는 괄호(括弧)와 같은 역할이 있고, 괄호 안의 내용을 이유로 한다는 말이다.

㉮과보도 또한 불가사의하니라.」/

No. 216 ⇨ 원문 p.26 ℓ.4 [究竟無我分 第十七]

<전> 며 果報도 亦不可思議니라

1			
2			
3			
4		◎	
5	궁구할	구	究
6	다할	경	竟
7	없을	무	無
8	나	아	我
9	나눌	분	分
10			
11	차례	제	第
12	열	십	十
13	일곱	칠	七
14			
15			
16			
17			
18			
19			
20			
21			
22			
23			
24			

1 제17분, 궁극에는 자신도 없다.

2

3

≪개요≫
　나와 남 혹은 나와 법(法)이라는 능소(能所)의 구별이 있기에 보리심을 발하기도 하고 중생을 제도하기도 하며 성불하고 불국토를 건립하기도 한다. 그러나 이런 사실은 현실을 인정하는 위에서 말하여지는 것일 뿐이다. 능소의 구별이 있기 이전[父母未生前]의 상태나 이후 [涅槃]의 입장에서 본다면 현실 역시 가유(假有)임이 분명하며 이런 위에서 일으키는 분별은 부질없는 일이다. 때문에 능(能)과 소(所)라는 현실에 임하되 그 마음은 능소의 차별이 없는데 머물고 또 다스려야 비로소 실제 (實際)에 상응할 수 있음을 보이신 것이다. 소명태자는 능소 가운데 능이 주(主)가 된다고 보아 구경무아분(究 竟無我分)이라 하였으나 여기서 아(我)는 일체법(一切法) 을 가리킨다.

★소명태자(昭明太子)의 '32분(分)'
1.法會因由分　2.善現起請分　3.大乘正宗分　4.妙行無住分　5.如理實見分　6.正信希有分　7.無得無說分　8.依法出生分　9.一相無相分　10.莊嚴淨土分　11.無爲福勝分　12.尊重正敎分　13.如法受持分 14.離相寂滅分　15.持經功德分　16.能淨業障分　17.究竟無我分　18.一體同觀分　19.法界通化分　20.離色離相分　21.非說所說分　22.無法可得分　23.淨心行善分　24.福智無比分　25.化無所化分　26.法身非相分　27.無斷無滅分　28.不受不貪分　29.威儀寂滅分　30.一合理相分　31.知見不生分　32.應化非眞分

[究竟無我分 第十七] No. 217 ⇨ 원문 p.26 ℓ.5

<후> 多羅三藐三菩提心하니는 云何應住며 云何降伏其心하리이까 佛告須

㉮		너 1 그	이	爾	
		2 때	시	時	
		3		에	
㉯		4 모름지기	수	須	
		5 보살	보	菩	
		6 끝 '제' 들 '제'	리	提	
		7		ㅣ	
㉰		8 흰 고할	백	白	2
		9 부처	불	佛	1
		10 말씀	언	言	3
		11		하대	
㉱		12 대(代) 세상	세	世	
		13 높을	존	尊	
		14		하	
㉲		15 착할	선	善	
		16 사내	남	男	
		17 아들	자	子	
		18 착할	선	善	
		19 계집 '여'	여	女	
		20 사람	인	人	
		21		이	
㉳		22 필	발	發	2
		23 언덕	아	阿	
		24 김맬 '누'	녹	耨	1

◆ 六祖口訣

① 218-22 / 佛告須菩提 善男子善女人 發阿耨多羅三藐三菩提心者 當生如是心 我應滅度一切衆生 滅度一切衆生已 而無有一衆生 實滅度者

須菩提 問佛 如來滅後 後五百歲 若有人發阿耨多羅三藐三菩提心者 依何法而住 如何降伏其心 佛言 當發度脫一切衆生心 度脫一切衆生 盡得成佛已 不得見有一衆生是我度者 何以故 爲除能所心也 除有衆生見也 亦除我見也

수보리 존자가 부처님께 「여래께서 멸도하신 뒤 다섯 번째 오백세에 누군가 아뇩다라삼먁삼보리심을 일으킨 이는 어떤 법에 의지하여 머물며 어떻게 그 마음을 항복 받아야 하나이까.」고 여쭈었다. 부처님께서 말씀하시기를, 「일체 중생을 내가 다 제도하여 해탈시키겠다는 마음을 일으킬 것이며, 일체 중생을 제도하여 해탈하게 하여 모두 다 부처를 이루고 나서는 한 중생도 내가 제도한 중생이 있다고 보지 말라.」고 하셨다. 왜냐하면 능소심이 없어야 하고, 중생이라는 소견을 없어야 하며, 또 나라는 생각도 없애야 하기 때문이다.

② 221-12 / 何以故 須菩提 若菩薩 有我相人相衆生相壽者相 卽非菩薩

菩薩若見 有衆生可度者 卽是我相 有能度衆生心 卽是人相 謂涅槃可求 卽是衆生相 見有涅槃可證 卽是壽者相 有此四相 卽非菩薩也

보살이 만일 제도할 중생이 있다고 보았다면 곧 이것이 아상이고, 중생을 제도하려는 마음이 있으면 곧 이것이 인상이고, 가히 구해야 할 열반이 있다고 하면 곧 이것이 중생상이고, 증득할 열반이 있다고 본다면 곧 이것이 수자상이니 이 네 가지 생각이 있으면 곧 보살이 아니니라.

③ 222-17 / 所以者何 須菩提 實無有法 發阿耨多羅三藐三菩提心者

有法者 我人衆生壽者四法也 若不除四法 終不得菩提 若言我不發菩提心者 亦是我人等法 我人等法 卽是煩惱根本

'법이 있다(有法)' 함은 아·인·중생·수자 등 네 가지 법이다. 이 네 가지 법을 없애지 못하면 마침내 보리를 얻지 못한다. 만일 나는 보리심을 일으키지 않았노라고 말해도 역시 아·인 등의 법이 있는 것이니, 아·인 등의 법 곧 이것이 번뇌의 근본이다.

㉮그때 ㉯수보리가 ㉰부처님께 사뢰었다. ㉱「세존이시여, ㉲선남자 선여인이 ㉳아뇩다라삼먁삼보리의 마음을 내고는 /

- 217 -

№ 218 ⇨ 원문 p.26 ℓ.6 [究竟無我分 第十七]

<전> 爾時에 須菩提ㅣ 白佛言하대 世尊하 善男子善女人이 發阿耨

	1	많을	다	多	
	2	새그믈	라	羅	
	3	석	삼	三	
	4	아득할 '막'	막	藐	
	5	석	삼	三	
	6	보리	보	菩	
	7 끝 '제'	리	提	
	8	마음	심	心	
	9			하야는	
㉮	10	응할	응	應	1
	11	이를	운	云	2
	12	어찌	하	何	
	13	살	주	住	3
	14			며	
㉯	15	이를	운	云	1
	16	어찌	하	何	
	17	항복할	항	降	3
	18	엎드릴	복	伏	
	19	그	기	其	2
	20	마음	심	心	
	21			하리이까	
㉰	22	부처	불	佛	1
	23	알릴	고	告	3
	24	모름지기	수	須	2

④ 225-3 / 不也世尊 如我解佛所說義 佛於燃燈佛所 無有法得阿耨多羅三藐三菩提

佛告須菩提 我於師處 不除四相 得授記不 須菩提深解無相之理 故言不也

부처님께서 수보리에게 말씀하시기를, 「내가 스승이 계신 곳에서 네 가지 관념을 없애지 않았다면 수기를 얻을 수 있었겠는가.」하셨고, 수보리 존자는 무상의 이치를 깊이 이해하고 있었기에 아니라고 여쭈었다.

⑤ 226-15 / 佛言 如是如是

善契佛意 故言如是 如是之言 是印可之辭

부처님의 뜻을 잘 계합했으므로 「그러니라.」하셨으니, '여시(如是)'라는 말씀은 곧 인가하신 말씀이다.

⑥ 227-20 / 須菩提 若有法如來得阿耨多羅三藐三菩提者 燃燈佛 卽不與我授記 汝於來世 當得作佛 號釋迦牟尼 以實無有法得阿耨多羅三藐三菩提 是故 燃燈佛 與我授記 作是言 汝於來世에 當得作佛하리니 號를 釋迦牟尼

佛言 實無我人衆生壽者 始得授菩提記 我若有發菩提心 燃燈佛卽不與我授記 以實無所得 燃燈佛始與我 授菩提記 此一段文 總成須菩提無我義

부처님께서 말씀하시기를 「실로 아·인·중생·수자 등의 상이 없었기 때문에 비로소 보리의 수기를 얻은 것이니라. 만일 내가 보리심을 일으켰다는 마음이 있었다면 연등불께서 나에게 수기를 주시지 않으셨을 것이니, 실로 얻은 바가 없기에 연등불께서 비로소 나에게 수기를 주셨느니라.」하셨다. 이 일단의 글로 수보리 존자가 '무아의 뜻'을 성취한 것이 되었다.

⑦ 231-21 / 何以故 如來者 卽諸法如義

言諸法如義者 諸法卽是色聲香味觸法 於此六塵中 善能分別 而本體湛然 不染不著 曾無變異 如空不動 圓通瑩澈 歷劫常存 是名諸法如義 菩薩瓔珞經云 毁譽不動 是如來行[1] 入佛境界經云 諸欲不染故 敬禮無所觀[2]

'모든 법이 진여라는 뜻이라(諸法如義)'는 말씀은, 모든 법, 바로 이 색·성·향·미·촉·법이 여섯 가지 경계 가운데서는 잘 분별되지만, 본체는 맑고 고요하여 물들지 않고 집착하지도 않으며, 일찍이 변하거나 달라진 적도 없고, 허공처럼 움직임도 없으며, 원만하게 통하여 속까지 환하게 비치고, 겁을 지내도 항상 그대로 있기에 '모든 법이 진여라는 뜻이라'고 하

㉮어떻게 머물러야 되며 ㉯어떻게 그 마음을 항복시키오리까?」㉰부처님께서 수보리에게 말씀하셨다. /

[究竟無我分 第十七] №. 219 ⇨ 원문 p.26 ℓ.7

<후> 當生如是心호대 我應滅度一切衆生하리라하라 滅度一切衆生已하야는 而

		한자		
	1 보리	보	菩	
	2 끝 '제'	리	提	
㉮	3		하사대	1
	4 만약 같을	약	若	
	5 착할	선	善	
	6 사내	남	男	
	7 아들	자	子	2
	8 착할	선	善	
	9 계집 '여'	여	女	
	10 사람	인	人	
	11		이	
㉯	12 필	발	發	2
	13 언덕	아	阿	
	14 김맬 '누'	녹	耨	
	15 많을	다	多	
	16 새그물	라	羅	
	17 석	삼	三	
	18 아득할 '막'	막	藐	1
	19 석	삼	三	
	20 보리	보	菩	
	21 끝 '제'	리	提	
	22 마음	심	心	
	23 놈 ~면(접속사)	자	者	3
	24		는	

신 것이다. 『보살영락경』에 「헐뜯고 칭찬함에 움직이지 않는 것 이것이 여래의 행이니라」하셨으며, 『입불경계경』에는 「모든 욕망에 물들지 않으므로 보는 바 없는데다 예경하느니라」고 하셨다.

- (1) 일치하는 내용을 발견하지 못했음.
- (2) 『大正藏』卷12 p. 262b / 世間諸欲不染心 無所緣尊今讚禮

⑧ 234-1 / 須菩提 如來所得阿耨多羅三藐三菩提 於是中 無實無虛

佛言實無所得心 而得菩提 以所得心不生 是故得菩提 離此心外 更無菩提可得 故言無實也 所得心寂滅 一切智本有 萬行悉圓滿 恒沙德性 用無乏少 故言無虛也

부처님께서 말씀하시기를 「실로 얻을 바 없는 마음이기에 보리를 얻는다.」하셨으니, 얻었다는 마음을 내지 않으므로 보리를 얻은 것이며, 이 마음을 여의는 것 말고 달리 보리를 얻을 길이 없으므로 실다움이 없다고 말씀하셨던 것이다. 얻었다는 마음이 적멸하기만 하면 일체지는 본래 있고 만행도 모두 원만하여 항하의 모래 수와 같은 덕성이 있으니 써도 모자람이 없으므로 헛됨이 없다고 하신 것이다.

⑨ 235-19 / 須菩提 所言一切法者 卽非一切法 是故名一切法

能於諸法 心無取捨 亦無能所 熾然建立一切法 而心常空寂 故知一切法 皆是佛法 恐迷者貪著一切法 以爲佛法 爲遣此病 故言卽非一切法 心無所能 寂而常照 定慧齊行 體用一致 是故名一切法也

능히 모든 법에는 마음으로 취하고 버릴 것이 없고 능소도 없다. 온갖 법을 치성하게 세우지만 마음은 항상 공적하나니 일체 법이 다 불법(佛法)임을 알아야 한다. 미혹한 사람이 일체법을 탐착하여 불법을 삼을까 염려하시어 이 병을 없애고자 '곧 일체법이 아니라'고 말씀하셨던 것이다. 마음에 능소가 없이 고요한 가운데 항상 비추고 정과 혜를 가지런히 행하면 체와 용이 일치하니 그래서 일체법이라고 말씀하신 것이다.

⑩ 236-20 / 須菩提 譬如人身長大 須菩提言 世尊 如來說人身長大卽爲非大身 是名大身

①如來說人身長大 卽爲非大身者 以顯一切衆生 法身不二 無有限量 是名大身 法身本無處所 故言卽非大身
②又以色身雖大 內無智慧 卽非大身也 色身雖小 內有智慧 得名大身 雖有智慧 不能依行 卽非大身 依教修

㉮「선남자 선여인이 ㉯아뇩다라삼먁삼보리의 마음을 내었거든 /

No. 220 ⇨ 원문 p.26 ℓ.8 [究竟無我分 第十七]

<전> 菩提하사대 若善男子善女人이 發阿耨多羅三藐三菩提心者는

		한글	한자	
㉮	1 마땅	당	當	1
	2 날	생	生	4
	3 같을	여	如	2
	4 이	시	是	
	5 마음	심	心	3
	6		하대	
㉯	7 나	아	我	1
	8 응할 / 응당 ~해야한다	응	應	2
	9 멸할	멸	滅	4
	10 법도 / 건넬	도	度	
	11 한	일	一	3
	12 온통	체	切	
	13 무리	중	衆	
	14 날	생	生	
	15		하라/하리라	
㉰	16 멸할	멸	滅	2
	17 법도 / 건넬	도	度	
	18 한	일	一	1
	19 온통	체	切	
	20 무리	중	衆	
	21 날	생	生	
	22 이미 / 마칠	이	已	3
	23		하야는	
㉱	24 말이을	이	而	1

1 行 悟入諸佛無上知見 心無能所限量 是名大身

①여래께서 말씀하신 '사람의 몸이 아주 크다'하심은 곧 큰 몸이 아님을 일체중생에게 들어내신 것이다. 법신은 둘이 아니기에 한량이 없어 큰 몸이라 이름한 것이고, 법신은 본래 처소가 없기에 곧 큰 몸이라 할 것도 없다. ②또, 색신이 비록 크더라도 안으로 지혜가 없으면 곧 큰 몸이 아니고, 색신이 비록 작더라도 안으로 지혜가 있으면 큰 몸이라 이름한다. 비록 지혜가 있으나 그대로 수행하지 못하면 곧 큰 몸이라 할 수 없으니, 가르침에 의지하여 수행하고 모든 부처님의 위없는 지견에 깨달아 들어가 마음에 능소와 헤아림이 없으면 이를 이름하여 큰 몸이라 한다.

⑪ 240-10 / 是故 佛說一切法 無我無人無衆生無壽者

菩薩若言因我說法 除得彼人煩惱 卽是法執 若言我能度得衆生 卽有我所 雖度脫衆生 心有能所 我人不除 不得名爲菩薩 熾然說種種方便 化度衆生 心無能所 卽是菩薩也

보살이 말하기를 '나의 설법으로 말미암아 저 사람이 번뇌를 없앴다'고 한다면 이것이 곧 법에 집착하는 것이다. 만일 '내가 능히 중생을 제도하겠다'고 말한다면 곧 나와 상대가 있는 것이다. 그러므로 비록 중생을 제도했다 하더라도 마음에 능소(能所)가 있어서 아상과 인상을 없애지 못하면 보살이라 이름하지 못한다. 갖가지 방편을 치성하게 설하여 중생을 교화·제도하더라도 마음에 능소가 없어야 곧 이 사람이 보살이다.

⑫ 242-7 / 何以故 如來說莊嚴佛土者 卽非莊嚴 是名莊嚴

①菩薩若言 我能建立世界者 卽非菩薩 雖能建立世界 心有能所 卽非菩薩 熾然建立世界 能所心不生 是名菩薩 ②最勝妙定經⁽¹⁾云 假使有人 造得白銀精舍 滿三千大千世界 不如一念禪定心 心有能所 卽非禪定 能所不生 是名禪定 禪定卽是淸淨心也

①보살이 만일 '내가 능히 세계를 건립했다'는 말을 한다면 곧 보살이 아니다. 비록 세계를 건립하더라도 마음에 능소가 있으면 곧 보살이 아니다. 세계를 치성하게 건립하더라도 능소심이 생기지 않아야 이를 보살이라 한다. ②『최승묘정경』에 「가령 어떤 사람이 백은으로 지은 정사를 삼천대천세계에 가득하게 채웠다 하더라도, 한 생각의 선정심(禪定心)만 같

㉮마땅히 이런 마음을 낼지니, ㉯'내가 온갖 중생을 열반에 이르도록 제도하리라.'하라 ㉰온갖 중생을 모두 제도한다지만 ㉱실제에는 한 중생도 제도될 이가 없나니,

[究竟無我分 第十七] № 221 ⇨ 원문 p.26 ℓ.9

<후> 我相人相衆生相壽者相이면 即非菩薩이니라 所以者何오 須菩提

1	없을	무	無	7
2	있을	유	有	6
3	한	일	一	2
4	무리	중	衆	
5	날	생	生	
6			도	
7	열매	실	實	3
8	멸할	멸	滅	4
9	법도 건넬	도	度	
10	놈	자	者	5
11			니	
12	어찌	하	何	
13	써	이	以	
14	연고	고	故	
15			오	
16	모름지기	수	須	
17	보살	보	菩	
18	끌 '제' 들 '제'	리	提	
19			야	
20	만약 같을	약	若	1
21	보살	보	菩	2
22	보살	살	薩	
23			이	
24	있을	유	有	4

7 지 못하다.」 하셨으니 마음에 능소가 있으면 곧 선정
6 이 아니고, 능소가 일어나지 않아야만 이것을 선정이
라 이름할 것이다. 선정은 곧 청정한 마음이다.
• (1) 일치하는 경명(經名)을 발견하지 못했음.

13 243-6 / 須菩提 若菩薩 通達無我法者 如來說名
眞是菩薩

於諸法相 無所滯礙 是名通達 不作解法心 是名無我法
無我法者 如來說名眞是菩薩 隨分行持 亦得名爲菩薩
然未爲眞菩薩 解行圓滿 一切能所心盡 方得名爲眞是
菩薩也

3 모든 법상(法相)에 막히거나 걸릴 바가 없음을 통달
이라 이름한다. 법을 안다는 마음을 짓지 않아야 이
4 를 이름하여 '나도 법도 없는 것'이라 이름할 것이다.
'나도 법도 없는 것'을 여래께서 '참으로 이것이 보살
이니라' 하셨으니, 분수에 따라 행하고 지니는 것을
또한 보살이라 이름한다. 그러나 참된 보살은 되지
5 못하니 아는 것과 행하는 것이 원만하여 일체의 능
소에 대한 마음이 다해야 바야흐로 참된 보살이라
이름할 것이다.

㉮무슨 까닭인가? ㉯수보리야 ㉰만일 보살이 아상·인상·중생상·수자상이 있으면 /

No. 222 ⇨ 원문 p.26 ℓ.10 [究竟無我分 第十七]

<전> 無有一衆生도 實滅度者니 何以故오 須菩提야 若菩薩이 有

1	나	아	我	
2	서로, 모양 생각	상	相	
3	사람	인	人	
4	서로, 모양 생각	상	相	
5	무리	중	衆	
6	날	생	生	
7	서로, 모양 생각	상	相	
8	목숨	수	壽	
9	놈	자	者	
10	서로, 모양 생각	상	相	
11			이면	
㉮ 12	곧	즉	卽	1
13	아닐	비	非	3
14	보살	보	菩	
15	보살	살	薩	2
16			이니라	
③ ㉯ 17	바	소	所	1
18	써	이	以	
19	놈 이[주격조사]	자	者	2
20	어찌	하	何	3
21			오	
㉰ 22	모름지기	수	須	
23	보살	보	菩	
24	끌 '제' 들 '제'	리	提	

※ 제행무상(諸行無常) -포스트잇과 총명지(聰明紙)-

요즈음 '포스트잇(Post-it)'은 책을 보거나 서류를 사용하는 사람에게 필수품이다. 붙이고 떼는 것이 간편할 뿐 아니라 자국이 남지 않는다는 장점이 있다. 포스트잇이 일반화되자 우리말로 이름을 붙일 필요를 느꼈던지 국립국어연구원이 운영하는 '모두가 함께 하는 우리말 다듬기'는 포스트잇의 다듬은 말로 '붙임쪽지'를 최종 선정했다고 한다.

그런데 한자어(漢字語)이기는 하지만 사찰에서는 일찍부터 그 '붙임쪽지'를 '총명지(聰明紙)'라 불러왔다. 그 이름이 매우 기발한데 이치가 이렇다.

많은 대중이 한 절에 머무는 경우 각자 능력에 따라 직책을 맡게 된다. 일종의 분업이다. 이때 직책명과 담당자 이름을 적힌 방(榜)을 만들어 붙이는데 그 규모가 만만치 않다. 대체로 하판(下版. 아랫목)의 길이만큼 창호지를 가로로 이어놓고, 가로 세로 약 10cm 안팎의 큰 글씨로 직책 명을 차례로 적어 놓는다. 이를 '용상방(龍象榜)'이라 부른다.

그런데 직책을 맡은 담당자 이름은 용상방에 직접 쓰는 것이 아니라 가로 3cm 세로 5cm 정도의 색지(色紙)에 써서 직책 밑에 붙인다. 붙일 때, 색지 상단에 풀칠을 조금만 한다. 언제든지 힘 안들이고 떼어낼 수 있도록 말이다. 포스트잇과 너무도 닮아있다. 빨강, 파랑, 노랑 등 물감을 들인 것이 그렇고, 끝에만 살짝 풀칠하는 것도 그렇다.

앞에서 기발하다 한 것은 이 색지의 이름을 총명지라 명명(命名)한 것을 두고 한 말이다. 불교에는 진리의 여부를 가리는 세 가지 기준이 있다. 삼법인(三法印)이 그것인데, 제행무상(諸行無常), 제법무아(諸法無我), 열반적정(涅槃寂靜) 세 가지를 그 덕목으로 한다. 이 기준에 맞으면 나찰(羅刹)의 말이라도 진리로 인정하고, 그렇지 않으면 설사 부처님 말씀일지라도 마설(魔說)로 간주한다는 말이다. 그래서 불교는 대도무문(大道無門)을 외치고 무문위문(無門爲門)을 주장한다.

자! 그 가운데 첫 번째 덕목이 제행무상이다. 시간 위에 존재하는 것은 예외 없이 덧없다는 말씀이다. 그 이치를 '총명지'는 일깨워 주고 있는 것이다. 산(山)은 언제나 제자리에 있겠지만 물이야 흘러가는 것. 직책은 산과 같고 담당자는 물과 같음을 시사하는 것이다.

그래서 이 이치를 알면 총명하고, 그렇지 못하면 무지한 것이 된다. 용상방에 붙어 있는 각 소임자의 법명이 곱게 물들인 색종이만큼 예쁘게 붙어 있지만

㉮보살이 아니기 때문이니라. ㉯그 까닭이 무엇인가? ㉰수보리야, /

[究竟無我分 第十七] № 223 ⇨ 원문 p.27 ℓ.1

<후> 云何오 如來ㅣ 於燃燈佛所에 有法得阿耨多羅三藐三菩提

㉮	1			야	
	2	열매	실	實	
	3	없을	무	無	17
	4	있을	유	有	6
	5	법	법	法	5
	6	필	발	發	3
	7	언덕	아	阿	
	8	김맬 '누'	녹	耨	
	9	많을	다	多	
	10	새그물	라	羅	
	11	석	삼	三	2
	12	아득할 '막'	먁	藐	
	13	석	삼	三	
	14	보리	보	菩	
	15	끝 '제'	리	提	
	16	마음	심	心	
	17	놈	자	者	4
	18			니라	
㉯	19	모름지기	수	須	
	20	보살	보	菩	
	21	끝 '제' 들 '제'	리	提	
	22			야	
㉰	23	어조사	어	於	2
	24	뜻	의	意	1

언제까지 그 자리에 있을지?! 예전의 총명지는 붙였다 떼면 자국이라도 조금은 남아 있었는데, 요즈음 포스트잇은 그나마도 없다. 총명도 그처럼 진화하면 그만큼 성불의 시기가 앞당겨 지련만…

-주(註)-

(1)총명(聰明) ; 썩 영리하고 재주가 있음.

(2)하판(下版) ; 아랫목. ↔ 상판(上版. 윗목)

(3)용상방(龍象榜) ; 사찰에서 대중의 소임(所任)을 정하여 붙이는 방(榜)이다. 대중 모두에게 능력에 맞는 임무를 부여함으로써 화합된 가운데 수행의 원만을 기하고, 전대중의 능력을 점검 및 평가하는 계기도 된다. 특이한 것은 용상방 양쪽 끝 부분부터 높은 소임을, 그리고 중앙으로 갈수록 하위의 소임을 배열한다. 이는 어린 사미를 용상대덕(龍象大德)이 보호한다는 의미와 보호받는 사람으로 하여금 분발심(奮發心)을 갖게 하려는 교육적 배려에서이다.

㉮실제에는 아뇩다라삼먁삼보리의 마음을 냈다할 것이 없기 때문이니라. ㉯수보리야, ㉰네 뜻이 어떠하냐? /

- 223 -

No. 224 ⇨ 원문 p.27 ℓ.2 [究竟無我分 第十七]

<전> 야 實無有法發阿耨多羅三藐三菩提心者니라 須菩提야 於意

㉮	1	이를	운	云	4
	2	어찌	하	何	
	3			오	
	4	같을	여	如	
	5	올	래	來	
	6			ㅣ	
㉯	7	어조사	어	於	2
	8	탈	연	燃	
	9	등	등	燈	1
	10	부처	불	佛	
	11	바	소	所	
	12			에	
㉰	13	있을	유	有	4
	14	법	법	法	3
	15	얻을	득	得	1
	16	언덕	아	阿	
	17	김맬 '누'	녹	耨	
	18	많을	다	多	
	19	새그물	라	羅	
	20	석	삼	三	2
	21	아득할 '막'	먁	藐	
	22	석	삼	三	
	23	보리	보	菩	
	24	끌 '제'	리	提	

㉮여래가 ㉯연등부처님 회상에서 ㉰얻은 아뇩다라삼먁삼보리라는 법이 있느냐?」 /

※승선교(昇仙橋)와 강선루(降仙樓)

 유서 깊은 사찰 입구에는 대체로 개울이 있고, 그 위에 다리가 놓여져 있다. 순천 선암사(仙巖寺)에도 들어가는 초입에 승선교(昇仙橋)와 강선루(降仙樓)가 있다.
 화강암으로 조성한 반달형 모습의 승선교는 규모 면에서나 아름다움에서 보는 이들의 감탄을 자아내기에 부족함이 없다. 더구나 이 다리는 석수(石手)의 솜씨가 아니라 예전 이 절 스님들의 솜씨와 정성으로 조성된 것이라는 점이 더욱 마음에 와 닿는다.
 승선교의 모습을 좀더 감상해 보자. 당연한 일이지만 다리 밑으로 물이 흐른다. 그리고 그 물에는 다리의 모습이 거꾸로 비친다. 물위의 다리와 물아래 그림자가 합해지면서 하나의 원(圓)이 형성된다. 주변의 경관과 어우러지며 빚어내는 그 모습! 선경(仙境)이 따로 없다. 하지만 이는 어디까지나 외적인 모습일 뿐, 그 의미를 알면 진정한 탄성은 그때부터 나온다.
 불교의 세계로 들어가는 문(門)을 나타내는 표현 가운데 공문(空門)이라는 말이 있다. 공의 세계로 들어가는 문이라는 뜻이다. 한데, 방금 말한 다리와 그림자가 하나가 되면서 형성한 원(圓)이 다름 아닌 그런 의미를 지니고 있다. 인연에 의해 이루어진 주관과 객관은 예외 없이 모두 공(空)하다는 이치를 깨닫게 하는 다리라는 말이다.
 그리고 보니 선암사 승선교는 하나가 아니고 둘이다. 처음 만나는 다리를 왼쪽으로 건너면서 자기 자신이 공하다는 아공(我空)을, 그리고 다시 몇 걸음 더 옮겨 만나는 두 번째 다리를 오른쪽으로 건너면서 삼라만상 모두가 공하다는 법공(法空)의 이치를 깨닫게 하려는 선조사 스님들의 교육적 배려이시다.

應無所住(응무소주) 마땅히 머무는 바 없이
而生其心(이생기심) 그 마음을 내야 하느니라.
  -『금강경』장엄정토분 제십-

 장차 제오조(第五祖) 홍인(弘仁) 스님의 맥을 잇게 될 노행자(盧行者)의 가슴을 두드렸던 게송(偈頌)이다. 그 게송을 듣는 순간 두방망이질 치던 노행자의 심장소리를 들을 수 있는 곳이 바로 이곳이다. 신선의 세계 그것도 금선(金仙)이신 부처님의 세계로 올라가는 다리이기 때문이다. 그래서 이름이 '승선교(昇仙橋)'다.
 어디 그뿐이랴 몇 걸음 옮기면 다리를 건너오는 사람을 언제나 반가이 맞이하는 강선루(降仙樓)를 만날 수 있다. 금선(金仙)께서 내려오시는 누각(樓閣)! 그렇다. 부처를 알아볼 수 있고 마중할 수 있는 것은

- 224 -

[究竟無我分 第十七] No. 225 ⇨ 원문 p.27 ℓ.3

<후> 無有法得阿耨多羅三藐三菩提니이다 佛言하사대 如是如是니라 須菩

			한글	한자
㉮		1	아닐	부	不
		2			야	也
		3	아닐	불	不
		4	이끼 어조사	야	也
		5			니이다
㉯		6	대(代) 세상	세	世
		7	높을	존	尊
		8			아
㉰		9	같을 좇다, 따르다	여	如
		10	나	아	我
		11	알	해	解
		12	부처	불	佛
		13	바	소	所
		14	말씀	설	說
		15	뜻	의	義
		16			컨대
㉱		17	부처	불	佛
		18			이
㉲		19	어조사	어	於
		20	탈	연	燃
		21	등	등	燈
		22	부처	불	佛
		23	바	소	所
		24			에

5 부처뿐! 그렇다면 아름다운 자태로 우뚝 선 강선루는 이미 그 자체로 두 팔을 벌리고 새 부처를 맞이하시려는 부처님이시다.
　이런 사연이 알려져서일까?! 화가(畫家)나 사진작가들의 승선교와 강선루에 대한 사랑은 대단하다. 그 가운데서도 다리 아래 공간을 통해 보이는 강선루를 화폭이나 필름에 다투어 담는다. 공간의 제약을 극복하고 두 가지를 함께 담으려는 멋진 발상이다. 그런데 그림이나 사진에는 으레 두 번째 다리만 들어가 있다. 그렇다고 아쉬워 할 일은 아니다. 첫 번째 다리는 아공(我空)을 일러주려는 것인 만큼 자신의 마음 속에서 찾으면 된다.
　승선교와 강선루에 담긴 가르침은 생각하는 것만으로도 이미 열반의 문고리를 잡은 것 같은 착각에 빠지게 한다. 하지만 자칫 느낌만으로 그칠 수 있는 위험이 있다. 다리는 건너기 위한 구조물이다. 건너봐야 한다. 그래야 승선교 건너 피안(彼岸)의 누각 강선루에 태고로부터 마중 나와 계신 부처님을 만나 뵐 수 있지 않겠는가?!

7
1

6 -주(註)-
(1)선암사(仙巖寺) ; 전라남도 순천시 승주읍 죽학리 조계산 동쪽에 있는 절. 신라 진흥왕 3년(542)에 아도 화상이 창건하였다. 현재 한국불교 태고종 총본산이다.
(2)금선(金仙) ; 금빛 나는 신선. 부처님을 달리 이르는 말.

2
4
3
5

2
1

㉮「그렇지 않나이다. ㉯세존이시여, ㉰제가 부처님께서 말씀하신 바 뜻을 이해함에 따르오면 ㉱부처님께서는 ㉲연등부처님 회상에서 /

- 225 -

No. 226 ⇨ 원문 *p.27 l.4* [究竟無我分 第十七]

<전> 不아 不也니이다 世尊아 如我解佛所說義컨대 佛이 於燃燈佛所에

㉮	1	없을	무	無	5
	2	있을	유	有	4
	3	법	법	法	3
	4	얻을	득	得	1
	5	언덕	아	阿	
	6	김맬 '누'	녹	耨	
	7	많을	다	多	
	8	새그믈	라	羅	
	9	석	삼	三	2
	10	아득할 '먁'	먁	藐	
	11	석	삼	三	
	12	보리	보	菩	
	13	끌 '제'	리	提	
	14			니이다	
⑤ ㉯	15	부처	불	佛	
	16	말씀	언	言	
	17			하사대	
㉰	18	같을	여	如	
	19	이	시	是	
	20	같을	여	如	
	21	이	시	是	
	22			니라	
㉱	23	모름지기	수	須	
	24	보리	보	菩	

㉮얻으신 아뇩다라삼먁삼보리라는 법이 없나이다.」 ㉯부처님께서 말씀하셨다.
㉰「그러하니라. 그러하니라. ㉱수보리야, /

[究竟無我分 第十七] №. 227 ⇨ 원문 p. 27 ℓ. 5

<후> 有法如來得阿耨多羅三藐三菩提者인대 燃燈佛이 卽不與我授記

	1	끝 '제'	리	提	
	2			야	
㉮	3	열매	실	實	1
	4	없을	무	無	7
	5	있을	유	有	6
	6	법	법	法	5
	7	같을	여	如	2
	8	올	래	來	
	9		득	得	3
	10	언덕	아	阿	
	11	김맬 '누'	녹	耨	
	12	많을	다	多	
	13	새그물	라	羅	
	14	석	삼	三	4
	15	아득할 '막'	막	藐	
	16	석	삼	三	
	17	보리	보	菩	
	18	끝 '제'	리	提	
	19			니라	
⑥ ㉯	20	모름지기	수	須	
	21	보살	보	菩	
	22	끝 '제' 들 '제'	리	提	
	23			야	
㉰	24	만약	약	若	1

㉮진실로 여래는 아뇩다라삼먁삼보리를 얻지 않았느니라. ㉯수보리야, ㉰만일 여래가 아뇩다라삼먁삼보리라는 것을 얻었다면, /

No. 228 ⇨ 원문 p.27 ℓ.6 [究竟無我分 第十七]

<전> 提야 實無有法如來得阿耨多羅三藐三菩提니라 須菩提야 若

1	있을	유	有	6
2	법	법	法	5
3	같을	여	如	⎫ 2
4	올	래	來	⎭
5	얻을	득	得	3
6	언덕	아	阿	⎫
7	김맬 '누'	녹	耨	
8	많을	다	多	
9	새그물	라	羅	
10	석	삼	三	4
11	아득할 '막'	막	藐	
12	석	삼	三	
13	보리	보	菩	
14	끝 '제'	리	提	⎭
15			인댄	
㉮ 16	탈	연	燃	
17	등	등	燈	
18	부처	불	佛	
19			이	
㉯ 20	곧	즉	卽	1
21	아닐	불	不	12
22	더불줄	여	與	4
23	나	아	我	2
24	줄	수	授	⎫ 3
25	기록할	기	記	⎭

※제법무아(諸法無我) -뒤바뀐 몸-

　요즈음 과학과 의학의 발전은 눈부시다는 말도 부족하다. 하루가 다르게 발전해 나가는 양상은 신세대는 물론 전문가조차도 숨가쁘게 여기는 것 같다.
　예컨대 의학에서 장기이식은 이제 더 이상 신기한 일이 아니다. 난자(卵子)를 이용해 배아줄기세포를 배양하는 것을 배아줄기 세포배양이라 말한다는데, 신체의 일부가 배양되어 성장하면 불치의 난치병 환자들에게 이식하여 생명을 살리는데 기여하는 단계에 이르고 있다고 한다.
　더 이상의 언급은 문외한에게는 무리이지 싶고, 『중경찬잡비유경(衆經撰雜譬喩經)』에 다음과 같은 내용이 있기로 살펴보기로 한다.
　옛날 어떤 사람이 먼 길을 가다 빈집에서 혼자 잤다. 한밤중에 귀신 하나가 죽은 사람의 시체를 메고 와 그의 앞에 내려놓았다. 그 뒤에 또 다른 귀신이 쫓아와 화를 내며 먼저 온 귀신을 꾸짖었다.
　「이 시체는 내게 있었는데 왜 네가 메고 왔는가.」
　두 귀신은 각기 한 팔씩 잡고 서로 다투더니, 먼저 온 귀신이 말하였다.
　「여기 사람이 있으니 물어보자. 이 시체를 누가 메고 왔는지"라고,
　그는 생각하였다. '이 두 귀신은 모두 힘이 세다. 바른 말을 해도 죽을 것이요, 거짓말을 해도 죽을 것이다. 어차피 죽음을 면치 못할 바에야 왜 거짓말을 하겠는가' 하고. 그리고는,
　「먼저 온 귀신이 메고 왔다」고 말하였다.
　뒤에 온 귀신은 매우 화를 내며 그의 팔을 뽑아 땅에 내던졌다. 그러자 먼저 온 귀신은 곧 죽은 사람의 한 팔을 뽑아 보충시켜 주었다. 이와 같이 두 다리, 머리, 옆구리 등이 모두 뽑히자 곧 죽은 사람의 그것들로 붙여주어 본래와 같이 되었다. 이리하여 두 귀신은 바뀐 사람의 몸을 같이 먹고 입을 닦으며 떠났다.
　그 사람은 생각하였다. '우리 부모께서 내 몸을 낳아주셨는데, 저 두 귀신이 내 몸을 모두다 먹는 것을 내 눈으로 보았다. 지금 나의 이 몸은 모두 다른 사람의 몸이다. 지금 내게는 과연 몸이 있는 것인가 없는 것인가. 만일 몸이 있다면 그것은 모두 남의 몸이요, 없다면 지금 이와 같은 현재의 몸은 무엇인가'고.
　이와 같이 생각하자 그 마음이 헷갈리고 어지러워 마치 미친 사람 같았다. 이튿날 아침에 길을 찾

㉮연등불께서 ㉯제게 '네가 오는 세상에 부처가 되어 이름을 서가모니라 하리라.'고 수기하시지 않으셨으련만 /

- 228 -

[究竟無我分 第十七] No. 229 ⇨ 원문 p.27 ℓ.7

<후> 得阿耨多羅三藐三菩提일새 是故로 燃燈佛이 與我授記하사 作是

1			하사대
2	너	汝 여	
3	어조사	於 어	
4	올	來 내	
5	인간	世 세	
6			에
7	마땅	當 당	
8	얻을	得 득	
9	지을	作 작	
10	부처	佛 불	
11			하리니
12	이름	號 호	
13			를
14	풀	釋 서	
15	막을	迦 가	
16	소 우는 소리	牟 모	
17	중	尼 니	
18			희리라하시련마는
19			
㉮ 20	써	以 이	
21	열매	實 실	
22	없을	無 무	
23	있을	有 유	
24	법	法 법	

아 앞의 나라로 가서 불탑과 스님들이 있는 것을 보고,
「다른 일은 여쭙지 않겠습니다. 다만 내 몸이 있나 없나를 여쭙니다.」고 하니, 비구들이 묻기를,
「그대는 누구인가.」라 하니 답하기를,
「나도 사람인지 아닌지 모르겠습니다.」라 하며, 많은 스님들에게 지금까지 있었던 일을 자세히 말하였다.
그러자 모든 비구가 말하였다.
「이 사람은 스스로 나 없음을 안다. 쉬이 제도될 수 있다.」고 하고 그에게 말하였다.
「그대 몸에는 본래부터 언제나 '나'가 없다. 지금만이 아니다. 다만 네 가지 요소가 모였기 때문에 '내 몸'이라고 헤아리는 것이다.」
그는 곧 제도되어 도를 닦아 모든 번뇌를 끊고 아라한의 도를 얻었다.

제법무아(諸法無我)! 공간 위에 자리한 것은 모두가 인연에 의해 이루어진 것이라는 말씀으로 삼법인(三法印)의 두 번째 덕목이다. 인연으로 이루어진 것은 어느 것을 막론하고 본래부터 고정적 실체가 아니다. 애초부터 그럴 수가 없는 것이다. 예컨대 지금의 자신을 나라고 생각한다면 생각 자체가 오해다. 호흡을 계속하면서, 용변을 늘 보면서, 땀을 흘리면서, 심지어는 수술과 같은 일로 자신의 일부를 적출하면서도 나라고 믿는 것은 집착일 뿐이다.

과학과 의학의 발달이 하루가 다른 근자에 들리는 소식은 더욱 놀라운 것이 있다. 컴퓨터의 도움을 받아 동물이나 기계를 자신의 의지대로 움직이는 일이 가능해졌다고 한다. 2010년 독일 하노버에서 열린 국제 IT전시회 세빗(CeBIT)에선 장애인이 생각만으로 휠체어를 움직이고 모니터에 글자를 입력할 수 있는 장비들이 선보였다.

이를 가능케 하는 기술이 '뇌-컴퓨터 인터페이스접속기'(BCI-Brain Computer Interface)이다. 이렇게 입력된 내용을 기계나 동물, 심지어는 사람에게 옮기는 단계인 '컴퓨터-뇌 인터페이스'(CBI)에 이르렀다는 것이다. 이런 단계를 좀더 성숙시키면 '뇌-뇌 인터페이스(BBI-Brain Brain Interface)'로 발전이 가능하다고 한다. 그래서 미래학자 커즈와일(Ray Kurzwail)은 머지 않은 미래에 '뇌 스캐닝(뇌에 저장된 정보를 읽어들이는 것)'을 통해 사람의 뇌에 담긴 정보를 그대로 컴퓨터에 보관할 수 있을 것이라는 예측을 내놓고 있다.

그렇다고 이런 정보 덩어리를 '나'라고 믿어서는 안

㉮실로 얻은 아뇩다라삼먁삼보리라는 법이 없기에 /

No. 230 ⇨ 원문 p. 27 ℓ. 8 [究竟無我分 第十七]

<전> 하사대 汝於來世에 當得作佛하리니 號를 釋迦牟尼라하리라하시련마는 以實無有法

1	얻을	득	得	
2	언덕	아	阿	
3	김맬 '누'	녹	耨	
4	많을	다	多	
5	새그믈	라	羅	
6	석	삼	三	4
7	아득할 '막'	먁	藐	
8	석	삼	三	
9	보리	보	菩	
10	끌 '제'	리	提	
11			일새	
㉮ 12	이	시	是	
13	연고	고	故	
14			로	
㉯ 15	탈	연	燃	
16	등	등	燈	
17	부처	불	佛	
18			이	
㉰ 19	더불 줄	여	與	3
20	나	아	我	1
21	줄	수	授	2
22	기록할	기	記	
23			하사	
㉱ 24	지을	작	作	2
25	이	시	是	1

3 된다. 그것 역시 인연에 의해 시간과 공간 위에 자리하고 있는 것에 지나지 않기 때문이다.

-주(註)-

『중경찬잡비유경(衆經撰雜譬喩經)』卷上 대4-531c25

㉮이런 까닭에 ㉯연등불께서 ㉰제게 수기하사 ㉱말씀 하시기를

[究竟無我分 第十七] No. 231 ⇨ 원문 p.27 ℓ.9

<후> 來者는 卽諸法如義니라 若有人이 言하대 如來ㅣ得阿耨多羅三藐

	1	말씀	언	言	)
	2			하사대	
㉮	3	너	여	汝	1
	4	어조사	어	於	3
	5	올	내	來	) 2
	6	인간	세	世	
	7			에	
㉯	8	마땅	당	當	1
	9	얻을 시러금	득	得	
	10	지을	작	作	} 3
	11	부처	불	佛	
	12			하리니	
㉰	13	이름	호	號	
	14			를	
	15	풀	서	釋	
	16	막을	가	迦	
	17	소 우는 소리	모	牟	
	18	중	니	尼	
	19			라하 라하 시니 라	
	20				
㉱	21	어찌	하	何	
	22	써	이	以	
	23	연고	고	故	
	24			오	
㉲	25	같을	여	如	) 1

㉮'네가 오는 세상에 ㉯마땅히 부처가 되리니 ㉰호를 서가모니라 하리라.'하셨느니라. ㉱어찌하여 그러한가? ㉲여래란 것은 /

No. 232 ⇨ 원문 p.27 ℓ.10 [究竟無我分 第十七]

<전> 言하사대 汝於來世에 當得作佛하리니 號를 釋迦牟尼라하라하시니라 何以故오 如

	1	올	래 來	2
	2	놈 ~것	자 者	
	3		는	
㉮	4	곧	즉 卽	1
	5	모두	제 諸	2
	6	법	법 法	
	7	같을	여 如	3
	8	뜻	의 義	4
	9		니라	
㉯	10	만약	약 若	1
	11	있을 어떤	유 有	2
	12	사람	인 人	
	13	말씀	언 言	3
	14		하대	
㉰	15	같을	여 如	1
	16	올	래 來	
	17		ㅣ	
	18	얻을	득 得	3
	19	언덕	아 阿	2
	20	김맬 '누'	뇩 耨	
	21	많을	다 多	
	22	새그믈	라 羅	
	23	석	삼 三	
	24	아득할 '막'	먁 藐	

㉮모든 법이 진여라는 뜻이니라. ㉯어떤 사람은 말하기를 ㉰'여래가 아뇩다라 삼먁삼보리를 얻었다.'하거니와 /

- 232 -

[究竟無我分 第十七] №. 233 ⇨ 원문 p.28 ℓ.1

<후> 須菩提야 如來所得阿耨多羅三藐三菩提는 於是中에 無實

	1	석	삼	三
	2	보리	보	菩
	3	끝 '제'	리	提
	4			라하나
㉮	5	모름지기	수	須
	6	보살	보	菩
	7	끝 '제' 들 '제'	리	提
	8			야
㉯	9	열매	실	實	1
	10	없을	무	無	7
	11	있을	유	有	6
	12	법	법	法	5
	13	부처	불	佛	2
	14	얻을	득	得	3
	15	언덕	아	阿	
	16	김맬 '누'	뇩	耨	
	17	많을	다	多	
	18	새그물	라	羅	
	19	석	삼	三	4
	20	아득할 '막'	먁	藐	
	21	석	삼	三	
	22	보리	보	菩	
	23	끝 '제'	리	提	
	24			니라

㉮수보리야 ㉯실로 부처는 아뇩다라삼먁삼보리를 얻지 않았느니라. /

No. 234 ⇨ 원문 *p. 28 ℓ. 2* [究竟無我分 第十七]

<전> 三菩提라하나 須菩提야 實無有法佛得阿耨多羅三藐三菩提니라

⑧					
㉮	1	모름지기	수	須	
	2	보살	보	菩	
	3	끌 '제' 들 '제'	리	提	
	4			야	
㉯	5	같을	여	如	⎫ 1
	6	올	래	來	⎭
	7	바	소	所	⎫ 2
	8	얻을	득	得	⎭
	9	언덕	아	阿	
	10	김맬 '누'	뇩	耨	
	11	많을	다	多	
	12	새그물	라	羅	
	13	석	삼	三	⎫ 3
	14	아득할 '막'	먁	藐	
	15	석	삼	三	
	16	보리	보	菩	
	17	끌 '제'	리	提	⎭
	18			는	
㉰	19	어조사	어	於	⎫ 2
	20	이	시	是	⎫ 1
	21	가운데	중	中	⎭
	22			에	
㉱	23	없을	무	無	⎫ 1
	24	열매 참될	실	實	⎭

㉮수보리야, ㉯여래가 얻은 아뇩다라삼먁삼보리는 ㉰그 가운데 ㉱참된 것도 없고 허망한 것도 없느니라. /

※ 열반적정(涅槃寂靜) -유토피아(Utopia)-

머리나 무릎이 아픈 사람이 원하는 것은 통증이 사라지고 재발되지 않기를 바라는 것이지 머리나 무릎이 없어지길 원하는 것이 아니다. 불교의 이상(理想)인 열반(涅槃)은 범어 니르바나(nirvāṇa)의 음역이다. 이를 의역하면 적멸(寂滅)이 되는데 이때의 적(寂)은 중생으로서 지니고 있는 사고팔고(四苦八苦)라는 고통이 가라앉음을 의미하고, 멸(滅)은 고통의 원인을 발본색원하여 다시 반복됨이 없음을 말하는 것이다.

혹자는 열반을 아무 것도 없는 허무(虛無)와 혼동하기도 하는데, 그렇게 인식하면서도 열반을 구한다면 이런 사람에게 열반은 두통이 있다해서 머리 자체가 없어지기를 원하는 것과 무엇이 다르겠는가.

이상향(理想鄕)을 나타내는 Utopia는 원래 '토마스 모어'가 그리스어(語)의 '없는(ou-)', '장소(toppos)'라는 두 말을 결합하여 만든 용어라 한다. 영역하면 'no where'가 된다. 그런데 재치 있는 사람이 'where'에서 'w'자(字)를 앞의 'no' 뒤쪽으로 옮겨 놓았다. 그랬더니 'now here'가 된 것이다. 머리나 무릎 등 아픈 부분을 그대로 두고 치료로써 행복이라는 이상을 실현한 것이다. 정말이지 참된 행복이란 통증과 그 원인만 없어지면 되는 것이다. 우리에게 필요한 것은 'w'자(字)를 옮겨놓는 그런 지혜다.

실제로 불자들이 염송(念誦)하는 말씀 가운데,

頓捨貪嗔癡 독중의독 삼독심은 미련없이 버리시고
돈사탐진치
常歸佛法僧 한결같이 삼보님께 지성귀의 하시오며
상귀불법승
念念菩提心 일구월심 생각만다 깨달음을 향하시면
염념보리심
處處安樂國 처하신곳 어디시든 안락국토 이옵니다.
처처안락국

이라는 게송이 있다. 초기경전에서는 열반을 '탐욕의 사라짐, 분노의 사라짐, 어리석음의 사라짐, 이것을 이름하여 열반이라 한다'고 설명하고 있다. 열반을 탐욕, 분노, 어리석음 등 삼독인 번뇌의 불을 끈 상태를 의미한다. 그래서 '취소(吹消)'라고도 한다.

지금까지 열반에 대한 설명이 다소 소극적이었다면, 다음과 같이 적극적인 방법을 생각해도 좋다. 이른바 열반사덕(涅槃四德)인 상락아정(常樂我淨)이 그것이다. 다시 말해 시공(時空) 위에 자리한 유위법(有爲法)은 무상(無常)하고 개고(皆苦)이며 무아(無我)이고 부정(不淨)하다. 그런데 달디단 감의 맛은 떫은맛이 변한 것이듯, 유위법(有爲法)이 무위법(無爲法)으로 변하면 무상(無常)·개고(皆苦)·무아(無我)·부정(不淨)이 상·락·아·정으로 변한다는 말이다.

[究竟無我分 第十七] №. 235 ⇨ 원문 p.28 ℓ.3

<후> 一切法者는 卽非一切法일새 是故로 名一切法이니라 須菩提야 譬

	1 없을	무	無	2
	2 빌	허	虛	
	3		니라	
㉮	4 이	시	是	
	5 연고	고	故	
	6		로	
㉯	7 같을	여	如	1
	8 올	래	來	
	9 말씀	설	說	6
	10 한	일	一	2
	11 온통	체	切	
	12 법	법	法	
	13		이	
	14 다	개	皆	3
	15 이	시	是	4
	16 부처	불	佛	5
	17 법	법	法	
	18		이라 하라	
⑨㉰	19 모름지기	수	須	
	20 보살	보	菩	
	21 끌 '제' 들 '제'	리	提	
	22		야	
㉱	23 바	소	所	2
	24 말씀	언	言	1

㉮그러므로 ㉯여래는 말하기를 '온갖 법이 모두 불법이라.'하노라. ㉰수보리야, ㉱말한 바 온갖 법이란 것은 /

No. 236 ⇨ 원문 p.28 ℓ.4 [究竟無我分 第十七]

<전> 無虛니라 是故로 如來說一切法이 皆是佛法이라하노라 須菩提야 所言

	1	한	일	一	
	2	온통	체	切	3
	3	법	법	法	
	4	놈 ~것	자	者	4
	5			는	
㉮	6	곧	즉	卽	1
	7	아닐	비	非	3
	8	한	일	一	
	9	온통	체	切	2
	10	법	법	法	
	11			일새	
㉯	12	이	시	是	
	13	연고	고	故	
	14			로	
㉰	15	이름	명	名	2
	16	한	일	一	
	17	온통	체	切	1
	18	법	법	法	
	19			이니라	
⑩㉱	20	모름지기	수	須	
	21	보살	보	菩	
	22	끝'제' 들'제'	리	提	
	23			야	
㉲	24	비유할	비	譬	1

※달마대사(達磨大師)

달마(Bodhidharma. ?~528)대사께서 중국에 오시기 전, 중국의 선(禪)을 대승선(大乘禪)이라 하였지만 언어와 문자에 집착한 것으로 교외별전(敎外別傳)의 선지(禪指)는 없었다.

양무제 보통원년(梁武帝 普通元年. 520) 9월 달마대사께서 중국에 오심으로 해서 이른바 조사선(祖師禪)이 전해지게 되는데, 대사께서는 인도(印度) 전등(傳燈)으로는 제28조(祖)이시고 중국 선종으로는 초조(初祖)이시다.

남천축 향지왕(香至王)의 제3왕자로 탄생하신 대사께서는 부왕께서 서거하신 뒤 반야다라(般若多羅) 존자께 출가하셨다. 아명(兒名)은 보리다라(菩提多羅)이셨으나 사휘(師諱)인 반야다라의 다라(多羅)를 피하여 보리달마(菩提達摩)로 개명하셨다.

인도에서의 교화활동도 활발하셨으니, 바라문교에 심취해있던 조카 이견왕(異見王)을 개종케 하심이 대표적인 예다. 후일 대사께서 중국으로 오시게 된 것은 스승이신 반야다라 존자의 유명(遺命)에 따르신 것이라 한다.

중국 양(梁)나라 광주(廣州)에 도착하시니, 당시 자사(刺史) 소앙(蕭昻)이 무제(武帝)에게 상주(上奏)하였고 황제는 기쁜 마음으로 대사를 건강(建康)으로 초청하였다. 황제는 친히 정전(正殿)에서 대사를 영접하였다. 대사께서도 불심천자(佛心天子)라 칭송되는 양무제를 만나 '교외별전 직지인심 불립문자 견성성불(敎外別傳 不立文字 直指人心 見性成佛)'의 선법(禪法)을 전하실 생각으로 초청에 응하여 역사적인 두 사람의 만남이 드디어 이루어지게 되었다.

천축의 위승(偉僧)인 달마대사께 양무제가 여쭈었다.

「짐(朕)이 즉위한 이래로 조불(造佛)・조탑(造塔)・역경(譯經) 등 많은 불사를 행하였으니 그 공덕이 얼마나 되겠습니까?」 하였다. 대사께서는,

「소무공덕(少無功德. 조금도 공덕이 없습니다)입니다.」 하셨다. 양무제는 또,

「어떤 것이 성제제일의제(聖諦第一義諦. 대성 석존께서 전하신 불법의 참뜻)입니까?」라고 묻는다. 대사께서,

「확연무성(廓然無聖. 넓고 텅 비었으니 달리 聖이랄 것이 없습니다)입니다.」라 하시니 양무제는,

「짐을 대하는 이는 누구입니까?」 하였다. 대사께서는,

「불식(不識. 모릅니다)」이라 답하셨다.

여기서 '불식'이란 진정으로 모른다는 의미가 아니

㉮곧 온갖 법이 아니므로 ㉯이런 까닭에 ㉰온갖 법이라 이름하느니라. ㉱수보리야, ㉲비유컨대 어떤 사람의 몸이 매우 크다한 것과 같느니라. /

[究竟無我分 第十七] No. 237 ⇨ 원문 p.28 ℓ.5

<후> 非大身일새 是名大身이니이다 須菩提야 菩薩도 亦如是하야 若作是言

		한자	한글	
	1	같을 가령, 만일	如	여
	2	사람	人	인
	3	몸	身	신
	4	긴	長	장
	5	클	大	대
	6			니라
㉮	7	모름지기	須	수
	8	보살	菩	보
	9	끝 '제' 들 '제'	提	리
	10		言	언
	11			하대
㉯	12	대(代) 세상	世	세
	13	높을	尊	존
	14			하
㉰	15	같을	如	여
	16	올	來	래
	17	말씀	說	설
	18	사람	人	인
	19	몸	身	신
	20	긴	長	장
	21	클	大	대
	22			ㅣ
㉱	23	곧	卽	즉
	24	할	爲	위

니, 불식 그대로가 전체를 드러내 보인 것이다. 이러한 이치를 모르는 양무제는 오히려 대사를 푸대접하였으며, 대사께서는 아직 선법(禪法)을 전해 줄 때가 아님을 간파하시고 위(魏)나라 숭산 소림굴(崇山 少林窟)로 들어가시어 9년 동안 면벽관심(面壁觀心)하셨던 것이다.

이때 신광(神光)이라는 학승이 있었는데 매우 재지가 뛰어난 사람이었다. 그는 달마대사의 도(道)를 사모하여 소림굴(少林窟)로 달마대사를 뵈러갔다. 신광은 굴 문 밖에서 정중하게 예를 올리고 법을 물었으나 대사께서는 미동도 하지 않으신 채 아무 대답도 없으셨다. 신광은 무어라 더 여쭐 수도 없어 그 자리에 서서 합장을 한 채 밤을 지새우게 되었다. 밤이 되자 함박눈이 내리기 시작하였는데 이튿날 아침에는 허리까지 눈이 쌓였다. 아침이 되자 대사께서는 이윽고 머리를 돌려 신광을 바라보시며 말씀하셨다.

「너는 무엇 때문에 이 추운 밤을 한데서 새고 서 있었는가?」라고 물으셨다.

「문법성불(聞法成佛. 법을 들어 성불함)코자 함입니다.」하였다. 대사께서는,

「과거 부처님들께서는 인행시(因行時)에 불도를 구하시고자 나찰(羅刹)에게 몸을 주시기도 하였고, 몸이 찢겨짐을 당하시면서도 참고 공부하셨는데, 너는 하룻밤 눈 속에 서있는 정도로 쉽게 도를 구하고자 하는가?」하셨다.

신광은 차고 있던 계도(戒刀)를 빼들더니 자신의 왼팔을 끊어 신(信)을 표시하였다. ―일설에는 팔이 절단되어 떨어지자 눈 속에서 파초 잎이 솟아 나와 피가 흐르는 팔을 바쳤다고 함― 이에 대사께서는 고개를 끄덕이시며 제자로 받아주실 것과 공부하는 방법을 신광에게 일러주셨다.

外息諸緣　밖으로는 일체의 인연을 쉬고,
외식제연

內心無喘　안으로는 헐떡이는 마음이 없을지니라.
내심무천

心如牆壁　마음이 장벽과 같아야
심여장벽

可以入道　가히 도에 들게 되리라.
가이입도

그러자 신광은,

「소승의 마음이 불안합니다. 스승께서 소승에게 마음을 편케 하는 법을 가르쳐 주시옵소서.」하였다. 대사께서는,

「너의 그 불안한 마음을 이리 가져오너라」하셨다.

㉮수보리가 여쭈었다. ㉯「세존이시여, ㉰여래께서 말씀하시기를 '어떤 사람의 몸이 매우 크니라.'하신 것은 ㉱큰 몸이 아니므로 /

- 237 -

No. 238 ⇨ 원문 p.28 ℓ.6 [究竟無我分 第十七]

<전> 如人身長大니라 須菩提言하대 世尊하 如來說人身長大ㅣ卽爲

㉮	1	아닐	비	非	3
	2	클	대	大	⎫ 2
	3	몸	신	身	⎭
	4			일새	
	5	이	시	是	1
	6	이름	명	名	3
	7	클	대	大	⎫ 2
	8	몸	신	身	⎭
	9			이니 이다	
㉯	10	모름지기	수	須	
	11	보살	보	菩	
	12	끝 '제' 들 '제'	리	提	
	13			야	
㉰	14	보살	보	菩	
	15	보살	살	薩	
	16			도	
㉱	17	또	역	亦	1
	18	같을	여	如	⎫ 2
	19	이	시	是	⎭
	20			하야	
㉲	21	만약	약	若	1
	22	지을	작	作	3
	23	이	시	是	⎫ 2
	24	말씀	언	言	⎭

3 신광은 불안한 마음을 찾으려 하였으나 찾을 수 없었다. 그래서,
「멱심불가득(覓心不可得. 마음을 찾아보았으나 얻을 수가 없나이다)이로소이다.」한즉 대사께서는,
「여여안심경(與汝安心竟. 네게 안심을 주어 마쳤노라)이니라.」하셨다. 이 말씀이 떨어지자 신광은 언하(言下)에 대오(大悟)하고,
1 「아기식제연(我旣息諸緣. 제가 이미 모든 인연을 쉬었습니다)입니다.」하였다. 대사께서 이르시되,
3 「혹시 단멸(斷滅)에 떨어진 것이 아니냐?」하시자 신광이,
2 「불성단멸(不成斷滅. 단멸에 떨어지지 않았습니다)입니다.」하니 대사께서 다시 물으시길,
「어찌 그런 줄 아느냐?」하시니 신광이
「요요상지(了了常知)하여 언불가급(言不可及)입니다.」하였다. 달마대사께서 이르시되,
「이것이 곧 제불의 소증심체(所證心體)요 너의 불성(佛性)이니 다시 의심치 말라.」하시고 이름을 혜가(慧可)로 고쳐 주셨다.

㉮큰 몸이라 하시나이다.」 ㉯「수보리야, ㉰보살도 ㉱역시 그러하여 ㉲만일 말하기를 /

- 238 -

[究竟無我分 第十七] No. 239 ⇨ 원문 p.28 ℓ.7

<후> 實無有法名爲菩薩일새니라 是故로 佛說一切法이 無我無人無衆

	1			하대
㉮	2	나	아	我
	3	마땅	당	當
	4	멸할	멸	滅
	5	법도 건넬	도	度
	6	없을	무	無
	7	헤아릴	량	量
	8	무리	중	衆
	9	날	생	生
	10			이라 하면
㉯	11	곧	즉	卽
	12	아닐	불	不
	13	이름	명	名
	14	보살	보	菩
	15	보살	살	薩
	16			이니 라
㉰	17	어찌	하	何
	18	써	이	以
	19	연고	고	故
	20			오
㉱	21	모름지기	수	須
	22	보살	보	菩
	23	끝 '제' 들 '제'	리	提
	24			야

※불심천자(佛心天子) 양무제의 전생

1 양무제(464~549)는 위무제(魏武帝)와 함께 중국 불교에 많은 업적을 남긴 사람이다.

2 그런 그가 말년에 충직한 신하였던 재상(宰相)에게 유폐(幽閉) 당해 결국 최후를 맞게 되었다. 그러나 그는 유폐생활을 좌선으로 일관하여 숙명통(宿命通)을 얻어 자신의 전생을 알았고 모든 것이 자업자득임을 꿰뚫어 절대로 복수하지 말 것을 자손들에게 당부하였다.

  그가 살핀 자신의 전생은 다음과 같다.

3 양무제는 전생에 포수였다. 하루는 산에 올라 산천을 헤집고 다니는데 날이 저물도록 별 성과 없이 몸만 지쳐 있었다. 잠깐 쉬면서 목도 축일 겸 개울이 있는 쪽을 향하여 가다가 옛 절터인 듯한 곳에서 두상뿐인 부처님 한 분이 땅에 뒹굴고 있는 것을 보았다. 처음에는 무의식중에 발로 한번 차 보았으나 얼굴이 드러나자 죄송함을 느꼈다. 혹시 하는 마음에 주위를 살피니 흙에 반쯤 묻힌 부처님의 본신(本身)을 발견할 수 있었다. 포수는 조심스레 본신을 흙 속에서 파내고 그 위에 두상을 올려놓아 보았다. 부절(符節)을 맞춘 듯 들어맞았고 거룩하신 모습에 그는 자신도 모르는 사이에 두 손을 모았다. 그곳 지리를 잘 아는 그는 멀지 않은 곳에 아늑한 동굴이 하나 있음을 생각해 내고 그 곳으로 옮겨 모셨다. 물을 떠다 목욕을 시켜드렸고, 들꽃이지만 정성껏 꺾어다 부처님께 올렸다. 왠지 신심이 솟구쳐 나는 듯 했다. 사냥을 못해 아쉬워했던 마음은 오 간데 없고 기쁜 마음으로 충만하여 집으로 돌아왔다.

4 집에 돌아온 포수는 잠자리에 들었다. 여느 때 같으면 놓친 짐승들에 대한 생각으로 가득하련만 그 날은 그렇지 않았다. 어머님과도 같으신 거룩한 부처님의 모습이 눈에 어려 사라지지 않았다. 다음 날, 포수는 일찍 일어나 동굴 속의 부처님을 찾아뵈었다. 부처님께서도 반가이 맞아주시는 듯 했다. 부처님께서 편안하신 것을 확인한 그는 사냥하러 나갔다. 사냥을 마치고 돌아오는 길에도 그는 꽃을 꺾어 부처님께 올렸다. 어느 때는 사냥할 생각은 않고 부처님 앞에 앉아 시간 가는 줄도 모르고 하루를 보내는 일도 있었다. 부처님을 뵙는 일이 이제는 그의 일상이 되고 말았다. 어느 날, 부처님께 화공양(華供養)을 올리며 기원했다.

「부처님, 제가 가난하여 이렇듯 누추한 곳에 모시고 꽃만 올리옵니다. 하오나 내세에는 힘있고 신심(信心)있는 황제가 되어 많은 절과 탑을 건립하고 부

㉮'내가 한량없는 중생을 제도하리라.'하면 ㉯보살이라고 이름하지 못할지니 ㉰무슨 까닭이겠느냐? ㉱수보리야, /

No. 240 ⇨ 원문 *p.28 ℓ.8* [究竟無我分 第十七]

<전> 하대 我當滅度無量衆生이라하면 卽不名菩薩이니라 何以故오 須菩提야

㉮	1	열매	실	實	1
	2	없을	무	無	7
	3	있을	유	有	6
	4	법	법	法	5
	5	이름	명	名	2
	6	할	위	爲	4
	7	보살	보	菩	3
	8	보살	살	薩	
	9			일새니라	
㉯	10	이	시	是	
	11	연고	고	故	
	12			로	
㉰	13	부처	불	佛	1
	14	말씀	설	說	
	15	한	일	一	4
	16	온통	체	切	2
	17	법	법	法	
	18			이	
	19	없을	무	無	
	20	나	아	我	
	21	없을	무	無	3
	22	사람	인	人	
	23	없을	무	無	
	24	무리	중	衆	

1 처님과 많은 스님들께 마음껏 공양 올리게 되길 발원하옵니다.」

7 그러던 어느 날 이상한 일이 생겼다. 동굴에 가보니 자신이 올린 꽃은 동굴 밖으로 나와 있고, 부처님 앞에는 몇 개의 과일이 놓여있는 것이었다. 또 이런 일은 그 후로도 여러 번 계속되었다. 처음에는 무심하였으나 어느 날 사냥을 하고 돌아오는 길에 동굴 앞을 지나려니 이상한 소리가 들려 가까이 가보았다. 원숭이 한 마리가 부처님 앞에서 무어라 깩깩거리며 포수가 바친 꽃을 동굴 입구로 내놓고 자신이 가져온 과일을 부처님 앞에 올리는 것이었다. 그리고 원숭이는 포수의 흉내를 내며 깩깩거리고 있었다. 후일 숙명통을 얻고 알게된 일이지만 원숭이도 부처님께 기원을 하고 있었던 것이었고 그 내용은,

「포수님께서 말씀하신 대로 소원을 이루시게 되면, 이 몸도 원숭이의 보(報)를 벗고 재상(宰相)이 되어 그분을 돕게 되어지이다.」하고 발원하는 것이었다.

그러나 이런 서원을 사람인 그가 어떻게 알아들을 수 있겠는가?! 포수는 다만 자신이 올린 꽃을 내려놓고 다른 과일을 올렸다는 것만 괘씸하게 생각하였다.

「요 괘씸한 것, 네가 내가 올린 꽃을 내려놓고 네 것을 따로 올려!」

하고는 즉시 뛰어가서 그가 올린 열매를 내려 두 발로 지근지근 밟아 버렸다. 그리고 다시 산에 올라 꽃을 꺾어 부처님 앞에 올려놓고 내려왔다.

포수의 이런 모습을 지켜본 원숭이도 화가 나 포수가 사라지기를 기다려 그 꽃을 온 몸으로 짓밟더니 다시 열매를 가져다 올려놓았다.

다음날 이를 발견한 포수는 흥분한 나머지, 마침 열매를 올리고 기도하는 원숭이를 그대로 놓아두고 커다란 바위를 굴려 동굴 입구를 막아버렸다. 그리고 집으로 내려와서는 그 일을 잊어버리고 말았다.

그런 일이 있은 지 16일째 되는 날 이었다. 사냥을 안나가고 별 생각 없이 방에 누워 있는데 원숭이의 소리가 들려왔다.

"깩— 깩, 깩— 깩,"

시끄럽기도 하고 이상하기도 하여 돌아 누웠으나 그럴수록 더 큰소리로 들려왔다. 포수는 불현듯 일어나 산으로 뛰어올라갔다. 동굴로 가 입구를 막은 바위를 치우고 보니 원숭이가 주림에 지쳐 죽어 있었다. 아무리 사냥꾼이라고는 하지만 가엾게 생각하여 땅에 묻어주고 부처님께 참회하였다.

「사람이나 짐승이나 살기를 좋아하고 죽기를 싫어하는 것은 같사온데 잠깐 잘못 생각으로 죄 없는 한

㉮진실로 이름하여 보살이라 할 법이 없기 때문이니라. ㉯그러므로 ㉰부처가 말하기를 '온갖 법은 ㉱아상·인상·중생상·수자상이 없다.'하느니라.

[究竟無我分 第十七] No. 241 ⇨ 원문 p.28 ℓ.9

<후> 是不名菩薩이니 何以故오 如來說莊嚴佛土者는 卽非莊嚴일새

	1	날	생	生	
	2	없을	무	無	
	3	목숨	수	壽	
	4	놈	자	者	
	5				라하노라
㉮	6	모름지기	수	須	
	7	보살	보	菩	
	8	끝 '제' 들 '제'	리	提	
	9				야
㉯	10	만약	약	若	
	11	보살	보	菩	
	12	보살	살	薩	
	13				이
㉰	14	지을	작	作	2
	15	이	시	是	1
	16	말씀	언	言	
	17				하대
㉱	18	나	아	我	1
	19	마땅	당	當	2
	20	씩씩할 꾸밀	장	莊	4
	21	엄할	엄	嚴	
	22	부처	불	佛	3
	23	흙	토	土	
	24				라하면

생명을 굶어 죽게한 죄 참회하옵니다.」

이렇게 참회하고 돌아와 느낀 바 있어 사냥을 그만두고 오직 남의 농사일이나 도와가며 남은 생을 보냈다.

그런데 그 때 부처님 앞에서 서원한 대로 사냥꾼은 죽어서 양씨(梁氏) 집안에 태어나 황제가 되었고, 원숭이는 다시 태어나 재상이 되었다. 나면서부터 이 재상은 무제를 좋아하며 늘 보호하고 공경하였다. 한편 무제는 전생에 익힌 습(習)때문인지 어려서부터 글공부는 좋아하지 않고 사냥을 즐겼다. 매일 산으로 돌아다니며 토끼, 꿩, 돼지, 노루 등을 잡아 포식하고 힘을 기르더니 마침내 황제가 되어서도 그 버릇을 버리지 못하였다. 그래도 서원(誓願)의 덕이었던지 불법을 좋아하여 사탑(寺塔)을 건립하여 부처님 조성해 모시고 수천 수만의 스님들께 공양하여 부족함이 없이 하였다.

훌륭한 일이기는 하였으나 이 같은 황제의 신행(信行)은 유루(有漏)의 복업을 짓는 것에 그치고 말았다. 달마대사 같은 훌륭한 스님께서 인도(印度)로부터 와서 법을 전해주려 하였으나 상(相)에 집착한 나머지 오히려 달마대사를 홀대하는 과오를 저지르고 말았다.

어쨌거나 황제가 일생을 통해 모신 불상의 수는 3십만 구(軀)가 넘고, 파괴된 불상을 보수한 것은 백만 구가 훨씬 넘었으며, 이십 여 개의 사찰을 짓고 수륙재, 방생재, 천도재를 지내는 것은 거르는 날이 거의 없었다.

그러나 약(藥)도 지나치면 독소(毒素)가 생긴다 했다. 양무제의 지나친 신앙행위는 백성들의 원성을 불렀고 마침내 궁중에서도 양무제를 정신이상자로 취급하는 경향이 생기게 되었다. 그 일례로 반승(飯僧)을 위해 절에 올라가면 스님들의 공양을 손수 마련하였고 또 후원에 나와 설거지도 하는 것이었다. 정사(政事)를 거정한 신하들이 황궁(皇宮)으로 돌아가기를 간하면 자기를 돈을 주고 사가라 하여 신하들의 마음이 안정될 날이 없게 되었다.

하는 수 없이 중의(衆意)를 따라 대왕을 동굴 속에 연금(軟禁)하여 치료키로 하였는데 그 뜻을 발의한 사람이 바로 전생의 원숭이였던 재상이었다.

양무제는 말년에 그 곳에 갇혀 160일 동안 수행하다 숙명통(宿命通)을 얻고 자기가 전생에 포수였던 사실을 깨닫고 그의 자손들에게 유칙(遺勅)을 남겼다.

「일찌기 전생 일을 알지 못해 이런 슬픈 일을 당하기에 이르렀다. 그러나 부처님께서 인과응보(因果應報)를 강조하셨듯, 금생의 일은 모두 내 스스로 지

㉮수보리야, ㉯만일 보살이 ㉰말하기를 ㉱'내가 불국토를 장엄하리라.'하면, /

- 241 -

No. 242 ⇨ 원문 p.28 ℓ.10 [究竟無我分 第十七]

<전> 生無壽者라하노라 須菩提야 若菩薩이 作是言하대 我當莊嚴佛土라하면

㉮	1	이	시	是	1
	2	아닐	불	不	4
	3	이름	명	名	3
	4	보살	보	菩	2
	5	보살	살	薩	
	6			이니	
⑫ ㉯	7	어찌	하	何	
	8	써	이	以	
	9	연고	고	故	
	10			오	
㉰	11	같을	여	如	1
	12	올	래	來	
	13	말씀	설	說	2
	14	씩씩할 꾸밀	장	莊	
	15	엄할	엄	嚴	3
	16	부처	불	佛	
	17	흙	토	土	
	18	놈 ~것	자	者	4
	19			는	
㉱	20	곧	즉	卽	1
	21	아닐	비	非	3
	22		장	莊	2
	23	씩씩할 꾸밀	엄	嚴	
	24	엄할		일새	

1 어 받은 것이다. 누구도 원망할 일이 아니다. 내 원숭이를 16일 동안 가두어 죽인 과보로 160일을 이곳에서 지내고 가지만 원망할 것은 도리어 이 어리석은 마음이니 조금도 그를 해치거나 손상시켜서는 안된다. 명심하라.」

이 글을 본 자손들은 도리어 그 원숭이 재상을 부모 섬기듯 하였다 한다.

※불신론(佛身論) 약설

용수(龍樹.Nāgārjuna B.C. 2~3세기)는 불타(佛陀)의 본질을 고찰하였는데, 생신(生身)과 법신(法身) 즉 이신(二身)에 의해 대승경전에서 설하고 있는 불타관(佛陀觀)을 정리하였다. 생신이란 부모님으로부터 몸을 받아 80세가 되어 구시나가라에서 입멸(入滅)한 육신의 석가불을 말한다. 『아함경(阿含經)』이나 부파불교(部派佛敎)에서 생각하여진 불타는 이 생신불이다. 이 불타를 초절적(超絶的)으로 보아, 32상(相)을 갖추고, 하고자 한다면 1겁(劫)까지도 생존할 수 있다고 말 한데 지내지 않는다. 아직 그 속에 있는 '이불(理佛)'은 생각지 못한 것이다.

그런데 대승경전(大乘經典)에서는 이를 초월한 불타가 말하여지고 있다. 『무량수경(無量壽經)』등에서는 수명무량(壽命無量) 광명무량(光明無量)의 아미타불(阿彌陀佛)이 말하여지고 『화엄경』에서는 일체처(一切處)에 변만한 비로자나불이 말하여지며, 『법화경』에는 이 세상에서 깨달음을 얻은 석가불 이외에 구원겁전(久遠劫前)에 이미 성불한 구원실성(久遠實成)의 불(佛)을 말하고 있다.

이러한 불(佛)을 용수는 법신불(法身佛)이라 불렀다. 즉 부처가 부처다울 수 있는 점은 깨달은 진리(眞理=理)에 있다. 이 진리를 법·법성·법계(法·法性·法界)라 하는데 이 진리는 영원한 것이다. 그러나 이(理)만으로는 부처이라 할 수 없다. 깨달음의 지(智)가 이(理)와 합체하는 곳에 인격자로서의 부처가 현성(現成)된다. 이 인격은 '이지불이(理智不二)'인 것이다. 또한 이(理)가 영원하다면 이 것과 합체된 지(智) 역시 영원성을 획득했다고 해야 할 것이다.

예컨대 육체가 죽음에 의해 없어졌다 해도, 진리와 합체된 지(智)의 영원성은 없어지지 않는다고 할 수 있다. 이 이지불이(理智不二)의 법신불(法身佛)이 생신(生身)인 부처를 부처답게 하는 근거인 것이다. 때

㉮보살이라 이름하지 못할지니 ㉯무슨 까닭이겠느냐? ㉰여래가 말하는 불국토의 장엄은 ㉱장엄이 아니므로 /

[究竟無我分 第十七] No. 243 ⇨ 원문 p.29 ℓ.1

<후> 眞是菩薩이니라

㉮	1	이	시	是	1
	2	이름	명	名	3
	3	씩씩할 꾸밀	장	莊	
	4	엄할	엄	嚴	2
	5			이니라	
㉯ ⑬	6	모름지기	수	須	
	7	보살	보	菩	
	8	끝 '제' 들 '제'	리	提	
	9			야	
㉰	10	만약	약	若	1
	11	보살	보	菩	2
	12	보살	살	薩	
	13			이	
㉱	14	통할	통	通	2
	15	통달할	달	達	
	16	없을	무	無	
	17	나	아	我	1
	18	법	법	法	
	19	놈 ~면(접속사)	자	者	3
	20			는	
㉲	21	같을	여	如	1
	22	올	래	來	
	23	말씀	설	說	6
	24	이름	명	名	2

문에 생신불(生身佛)은 이 법신(法身)으로부터 나타난 것이라고도 생각 할 수 있다. 또 법신불을 보신불이라고도 한다. 깨달음의 지(智)는 하루아침에 이루어지는 것이 아니라, 과거로부터의 긴 수행 결과 실현된 것이기 때문에, 과거의 수행에 '응보로서의 몸'인 것이다. 때문에 보불·보신불(報佛·報身佛)이라 한다. 후세의 법·보·응 삼신설(法·報·應 三身說)에서는 법신과 보신이 구별되지만 용수는 아미타불이나 비로자나불을 법신 혹은 법성신(法性身)이라 불러, 이것과 생신 즉 이신설(二身說)로써 불타를 해석하고 있다.

후에 출현한 미륵(彌勒. Maitreya 270?~350?)에 의해 불타의 본질에 대한 고찰도 심화되어 '삼신설(三身說)'이 성립되었다. 미륵이나 무착(無着. Asaṅga 4~5세기)은 깨닫는 지(智)와 깨달아지는 이(理)를 하나로 보아 '법신(法身)의 불'이라 했고, 교화의 대상을 둘로 나누어 초지(初地)이상의 보살에게 법을 설하는 '응신'과 범부에게 법을 설하는 '화신'을 세워 법·응·화(法·應·化) 삼신설을 설하였다. 이것을 <u>개응합진(開應合眞)</u>의 삼신설이라 한다.

그러나 세친(世親. Vasubandhu)은 법신의 이(理)와 지(智)를 나누어, 이(理)만을 법신이라 했고, 지(智)는 자수용신(自受用身)과 타수용신(他受用身)으로 나누는 이른바 <u>개진합응(開眞合應)의</u> 삼신설을 주장했다.

※ 보신(報身) 아미타불
부처님께서 아난과 위제희에게 말씀하셨다.
「이 생각이 이루어진 다음에는 다시 무량수부처님의 몸과 광명을 관하라.

아난아, 무량수부처님의 몸은 백천만억 야마천을 장식한 잠부우강의 황금빛 같고, 부처님의 키는 육십만억 나유타 항하사 유순이다. 미간의 백호는 오른쪽으로 우아하게 돌아 수미산이 다섯 개 가지런히 있는 것 같고 부처님의 눈은 네 바다의 물처럼 푸르고 흰 것이 분명하다. 온몸의 모공에서 광명이 나와 수미산 같고, 부처님의 원광(圓光)은 백억 삼천대천세계와 같다. 그 원광 속에 백만억 나유타 항하사 화신불이 계신데, 그 화신불마다 무수한 화신보살이 시자로 있다. 무량수부처님에게는 팔만 사천 상이 있고, 낱낱 상에는 각각 팔만 사천 수형호(隨形好)가 있으며, 낱낱 수형호에는 또 팔만 사천 광명이 있는데, 그 광명은 시방세계를 두루 비추어 염불하는 중생들을 섭수하여 버리지 않는다. 그 광명과 상호와 화신불은 이루다 말할 수 없고, 다만 생각하여 마음의 눈으로 볼 수밖에 없다.

㉮장엄이라 하느니라. ㉯수보리야. ㉰만일 보살이 ㉱나와 법이 없음을 통달하면 ㉲여래가 이름하여 바로 이 사람이 보살이라 말하느니라.」 /

No. 244 ⇨ 원문 p.29 ℓ.2 [究竟無我分 第十七]

<전> 是名莊嚴이니라 須菩提야 若菩薩이 通達無我法者는 如來說名

1 참	진	眞
2 이	시	是
3 보살	보	菩
4 보살	살	薩
5		이니라
6		
7		
8		
9		
10		
11		
12		
13		
14		
15		
16		
17		
18		
19		
20		
21		
22		
23		
24		

3 이것을 보는 사람은 곧 시방세계의 모든 부처님을 보게 된다. 부처님을 보기 때문에 '염불삼매(念佛三昧)'라고 한다. 이 관을 하는 것을 '모든 부처님의 몸을 본다'고 한다. 부처님의 몸을 본다는 것은 또한 부처님의 마음을 보는 것이다. 부처님의 마음은 큰 자비심이다. 이 무연(無緣)의 자비로써 중생을 섭수한다. 이 관을 하는 사람은 죽은 뒤 부처님 회상에 태어나 무생법인(無生法忍)을 얻을 것이다. 그러므로 지혜로운 사람은 마음을 집중하여 무량수부처님을 보아야 한다.

무량수부처님을 관하려는 사람은 한 가지 상호로부터 들어가야 한다. 다만 미간 백호를 생각하여 그 영상이 분명하도록 할 것이다. 미간 백호를 관하는 사람에게는 그밖에 팔만 사천 상호가 저절로 생각 속에 나타난다. 무량수부처님을 보는 사람은 곧 시방세계의 무수한 부처님을 보게 될 것이다. 그리고 무수한 부처님을 볼 수 있으므로 부처님 앞에서 미래의 부처가 될 거라는 예언을 듣게 된다. 이것이 부처님의 몸과 형상을 생각하는 아홉째 관이다. 이와 같이 관하는 것을 바른 관이라 하고, 이밖에 달리 관하는 것은 잘못된 관이다."

『관무량수경(觀無量壽經)』대12-343b

[一體同觀分 第十八] No. 245 ⇨ 원문 p.29 ℓ.4

<후> 須菩提야 於意云何오 如來有肉眼不아 如是니이다 世尊하 如來

1			
2			
3			
4		◎	
5	한	일	一 ⎫ 1
6	몸	체	體 ⎭
7	한가지	동	同 ⎫ 2
8	볼	관	觀 ⎭
9	나눌	분	分 3
10			
11	차례	제	第
12	열	십	十
13	여덟	팔	八
14			
15			
16			
17			
18			
19			
20			
21			
22			
23			
24			

1 제18분, 모든 것을 한결같이 보심

≪개요≫

부처님께서는 일체 중생의 온갖 마음을 다 아신다고 했다. 그 비결은 부처님께 갖추어진 오안(五眼)이 있기 때문이라는데, 이러한 불지견(佛知見)으로 중생들의 마음을 일일이 살피신 부처님께서는 과거·현재·미래의 마음이 모두 그 실체가 없다는 점과, 실체가 없기에 오히려 참 마음은 변함이 없어 이른바 마음·부처·중생이 일체라는 것을 이시고, 중생으로 하여금 그 마음을 무주(無住)에 머물도록 일깨우신 부분이다.

★소명태자(昭明太子)의 '32분(分)'
1.法會因由分 2.善現起請分 3.大乘正宗分 4.妙行無住分 5.如理實見分 6.正信希有分 7.無得無說分 8.依法出生分 9.一相無相分 10.莊嚴淨土分 11.無爲福勝分 12.尊重正敎分 13.如法受持分 14.離相寂滅分 15.持經功德分 16.能淨業障分 17.究竟無我分 18.一體同觀分 19.法界通化分 20.離色離相分 21.非說所說分 22.無法可得分 23.淨心行善分 24.福智無比分 25.化無所化分 26.法身非相分 27.無斷無滅分 28.不受不貪分 29.威儀寂滅分 30.一合理相分 31.知見不生分 32.應化非眞分

No. 246 ⇨ 원문 p.29 ℓ.5 [一體同觀分 第十八]

<전> 一體同觀分 第十八

①			수	須
㉮	1	모름지기		
	2	보살	보	菩
	3	끝 '제' 들 '제'	리	提
	4			야
㉯	5	어조사 / ~에, ~에서[처소격]	어	於
	6	뜻	의	意
	7	이를	운	云
	8	어찌	하	何
	9			오
㉰	10	같을	여	如
	11	올	래	來
	12		유	有
	13	고기	육	肉
	14	눈	안	眼
	15	아닐	부	不
	16			아
㉱	17	같을	여	如
	18	이	시	是
	19			니이다
	20	대(代) 세상	세	世
	21	높을	존	尊
	22			하
㉲	23	같을	여	如
	24	올	래	來

◆ 六祖口訣

① 246-1 / **須菩提 於意云何 如來有佛眼不 如是世尊 如來有佛眼**

①一切人盡有五眼 爲迷所覆 不能自見故 佛敎除却迷心 卽五眼圓明 念念修行般若波羅蜜法 初除迷心 名爲肉眼 見一切衆生 皆有佛性 起憐憫心 是名天眼 癡心不生 名爲慧眼 著法心除 名爲法眼 細惑永盡 圓明徧照 名爲佛眼 ②又云見色身中有法身 名爲肉眼 見性明澈 能所永除 名位天眼 見一切衆生 各具般若性 名爲慧眼 見一切佛法 本來自備 名爲法眼 見般若波羅蜜 能生三世一切法 名爲佛眼也

①모든 사람에게는 모두 다섯 가지 눈이 있다. 미혹함이 덮여있기 때문에 스스로 볼 수 없을 따름이다. 부처님께서 이 미혹한 마음을 제거하면 곧 다섯 눈이 열리고 밝아지게 됨으로 생각 생각 반야바라밀법을 수행토록 가르치셨다. 처음, 미혹한 마음을 벗기는 것을 육안(肉眼)이라 하고, 일체 중생이 다 불성이 있음을 보고 가련하게 여기는 마음을 일으키는 것을 천안(天眼)이라 하며, 어리석은 마음을 내지 않는 것을 혜안(慧眼)이라 하고, 법에 집착하는 마음을 제거하는 것을 법안(法眼)이라 하며, 미세한 미혹까지 영원히 없어져서 원만하게 밝고 두루 비치는 것을 불안(佛眼)이라 한다. ②또 색신 가운데 법신이 있음을 보는 것을 육안이라 하고, 성품의 명철함을 보아 능소를 영원히 제거함을 천안이라 하고, 일체중생이 반야성품을 갖추고 있음을 보는 것이 혜안이라 하고, 일체의 불법이 본래 자신에 갖추어져 있음을 보는 것을 법안이라 하고, 반야바라밀이 능히 삼세의 일체법을 냄을 보는 것을 불안이라 한다.

② 254-10 / **是諸恒河所有沙數佛世界 如是 寧爲多不 甚多世尊**

恒河者 西國祇園精舍側近之河也 如來說法 常指此河 爲喩 佛說此河中沙 一沙況一佛世界 以爲多不 須菩提 言 甚多世尊 佛擧此衆多國土者 欲明其中 所有衆生 一一衆生 皆有爾許心數

'항하'라 함은 인도의 기원정사 근처에 있는 강이다. 여래께서 설법하심에 항상 이 강을 비유하여 말씀하셨다. 부처님께서 이 항하 가운데 있는 모래 한 알마다 한 세계에 비유하여 이 불세계가 많으냐고 물으셨다. 수보리 존자가 '매우 많사옵니다. 세존이시여.' 하고 대답했다. 이에 부처님께서 이 많은 국토를 비유로 드신 것은 그 가운데 있는 모든 중생들의 마음의 수를 말씀하시고자 함이다.

㉮「수보리야, ㉯네 생각에 어떠하냐. ㉰여래가 육안(肉眼)을 갖추었느냐?」
㉱「그러하옵니다. 세존이시여, ㉲여래께서는 육안을 갖추시었나이다.」 /

[一體同觀分 第十八] No. 247 ⇨ 원문 p.29 ℓ.6

<후>尊하 如來有天眼이니이다 須菩提야 於意云何오 如來有慧眼不아

				한자	
	1	있을	유	有	3
	2	고기	육	肉	
	3	눈	안	眼	2
	4			이니이다	
㉮	5	모름지기	수	須	
	6	보살	보	菩	
	7	끌 '제' 들 '제'	리	提	
	8			야	
㉯	9	어조사 / ~에, ~에서[처소격]	어	於	2
	10	뜻	의	意	1
	11	이를	운	云	3
	12	어찌	하	何	
	13			오	
㉰	14	같을	여	如	1
	15	올	래	來	
	16	있을	유	有	3
	17	하늘	천	天	2
	18	눈	안	眼	
	19	아닐	부	不	4
	20			아	
㉱	21	같을	여	如	1
	22	이	시	是	
	23			니이다	
	24	인간	세	世	2

③ 256-15 / 何以故 如來說諸心 皆爲非心 是名爲心

爾所國土中所有衆生 ——衆生 皆有若干差別心數 心數雖多 總名妄心 識得妄心非心 是名爲心 此心卽是眞心 常心佛心 般若波羅蜜心 淸淨菩提涅槃心也

저 많은 국토 가운데 있는 바 중생들, 중생마다 약간씩 차별이 있는 마음은 비록 한량없겠지만 한 마디로 모두 망령된 마음이다. 그 망령된 마음이 곧 마음이 아닌 줄만 알면 이것을 곧 마음이라 이름할 것인바, 이 마음이 참된 마음이고, 항상하는 마음이며, 부처님 마음이며, 반야바라밀의 마음이고, 청정한 보리·열반의 마음이다.

④ 257-11 / 所以者何 須菩提 過去心不可得 現在心不可得 未來心不可得

過去心不可得者 前念妄心 瞥爾已過 追尋無有處所 現在心不可得者 眞心無相 憑何得見 未來心不可得者 本無可得 習氣已盡 更不復生 了此三心不可得 是名爲佛也

과거심을 얻을 수 없다는 것은 전념인 망심이 언뜻 지나감에 찾아봐도 있는 데가 없고, 현재심을 얻을 수 없다는 것은 참된 마음은 그 모양이 없으니 무엇을 의지해 볼 것이며, 미래심을 얻을 수 없다는 것은 본래 얻을 수 없음이다. 습기가 다해서 다시는 생기지 않아 삼세의 마음은 얻을 수 없는 것임을 요달하면 이것을 곧 부처라 이름한다.

㉮「수보리야, ㉯네 생각에 어떠하냐. ㉰여래가 천안(天眼)을 갖추었느냐?」
㉱「그러하옵니다. 세존이시여, /

No. 248 ⇨ 원문 p.29 ℓ.7 [一體同觀分 第十八]

<전> 有肉眼이니이다 須菩提야 於意云何오 如來有天眼不아 如是니이다 世

	1	높을	존	尊	⟩
	2			하	
㉮	3	같을	여	如	⟩1
	4	올	래	來	
	5	있을	유	有	⟩3
	6	하늘	천	天	⟩2
	7	눈	안	眼	
	8			이니이다	
㉯	9	모름지기	수	須	
	10	보살	보	菩	
	11	끝'제' 들'제'	리	提	
	12			야	
㉰	13	어조사 / ~에, ~에서[처소격]	어	於	⟩2
	14	뜻	의	意	⟩1
	15	이를	운	云	⟩3
	16	어찌	하	何	
	17			오	
㉱	18	같을	여	如	⟩1
	19	올	래	來	
	20	있을	유	有	⟩3
	21	지혜	혜	慧	⟩2
	22	눈	안	眼	
	23	아닐	부	不	⟩4
	24			아	

⊙육안(肉眼) ; Ⓢmāṃsa-cakṣua. 맨눈. 육체적인 눈으로 일정한 한계 내에서의 모양이나 빛깔을 보되 장애가 있으면 볼 수 없는 눈.

⊙천안(天眼) ; Ⓢdivya-cakṣus. 초인적인 눈으로 가려진 곳이나 먼 세계를 꿰뚫어 볼 수 있는 눈. 천도(天道)에 나거나 선정(禪定)을 닦아서 얻게 되는 눈이다. 중생들이 미래에 생사하는 모양도 미리 알 수 있다. 그러나 인연(因緣)·인과(因果)의 원리에 의해 이루어진 가상적인 것·현상적인 것만을 볼 뿐 실상(實相)을 볼 수 없는 눈.

⊙혜안(慧眼) ; Ⓢprajñā-cakṣus. 근본지(根本智)로써 진리를 분명히 밝혀 보는 지혜의 눈. 우주 사물의 진리를 꿰뚫어 보는 눈. 만유의 현상은 모두 공(空)·무상(無常)·무작(無作)·무생(無生)·무멸(無滅)임을 깨달아 모든 집착을 여의고, 차별적인 현상 세계를 비추어 보는 지혜의 눈. 이는 성문·연각 이승(二乘)의 지혜에 머물러 있는 까닭에 아직 중생을 제도하기에는 부족한 눈이다.

⊙법안(法眼) ; Ⓢdharma-cakṣus. 후득지(後得智)로써 중생을 교화할 수 있는 방편의 눈. 일체법을 분명하게 비추어 보는 눈으로서 보살은 이 법안으로 법의 실상을 요달(了達)해 알고 중생들을 제도한다.

⊙불안(佛眼) ; Ⓢbuddha-cakṣus. 이상 네 가지 눈의 공능을 모두 초월한 눈으로서 부처님만이 지니실 수 있는 눈. 법의 참 모습을 밝히 보며 지혜롭고 자비로우신 부처님의 눈. 즉 모든 것을 보고 모든 것을 다 아는 눈.

※십안(十眼) ; 위 오안(五眼)에 다음의 오종의 눈을 더한 것. ⑴지안(智眼). 모든 법을 보는 눈. ⑵광명안(光明眼). 부처님의 광명을 보는 눈. ⑶출생사안(出生死眼). 열반을 보는 눈. ⑷무애안(無礙眼) 무애자재함을 보는 눈. ⑸일체지안(一切智眼). 보문(普門)의 법계(法界)를 보는 눈.

※천안(千眼) ; 천수(千手)나 천안은 자비광대(慈悲廣大)하사 일체 중생을 제도하시는 불·보살님의 위대하신 모습을 형상으로 나타낸 것이다.
예)일천수안(一千手眼) ; [⇒천수관음(千手觀音)] 갖추어 말하면 천수천안관세음보살(千手千眼觀世音菩薩) 혹은 천안천비관세음보살(千眼千臂觀世音菩薩)이라 함. 전신이 황금색으로 27면(面) 42수(手)의 형상이신데, 중앙의 2수(手)를 제하고 좌우 각 20수는 자

㉮여래께서는 천안을 갖추시었나이다.」 ㉯「수보리야, ㉰네 생각에 어떠하냐. ㉱여래가 혜안(慧眼)을 갖추었느냐?」/

[一體同觀分 第十八] No. 249 ⇨ 원문 p.29 ℓ.8

<후> 法眼不아 如是니이다 世尊하 如來有法眼이니이다 須菩提야 於意云何

㉮	1	같을	여	如	⎫ 1
	2	이	시	是	⎭
	3		니이다		
	4	인간	세	世	⎫ 2
	5	높을	존	尊	⎭
	6		하		
㉯	7	같을	여	如	⎫ 1
	8	올	래	來	⎭
	9	있을	유	有	3
	10	지혜	혜	慧	⎫ 2
	11	눈	안	眼	⎭
	12		이니이다		
㉰	13	모름지기	수	須	
	14	보살	보	菩	
	15	끌 '제' 들 '제'	리	提	
	16		야		
㉱	17	어조사 / ~에, ~에서[처소격]	어	於	2
	18	뜻	의	意	1
	19	이를	운	云	⎫ 3
	20	어찌	하	何	⎭
	21		오		
㉲	22	같을	여	如	⎫ 1
	23	올	래	來	⎭
	24	있을	유	有	3

비의실천으로 1수(手) 마다 이십오유(二十五有 ; 중생이 윤회하는 생사의 세계를 25종으로 나눈 것)를 구제하시므로 40수에 25를 곱하면 천수(千手)가 되며, 매수(每手)에 1안(眼)을 갖추고 계시므로 총 천안(千眼)이 된다. 때문에 천수천안(千手千眼)이라 일컫는 것이다.

※무진안(無盡眼) ; 무위법(無爲法)을 보는 눈. 108삼매의 하나인 무진삼매(無盡三昧)도 무진의 법 즉 무위법을 아는 선정(禪定)을 말한다.

㉮「그러하옵니다. 세존이시여, ㉯여래께서는 혜안을 갖추시었나이다.」

㉰「수보리야, ㉱네 생각에 어떠하냐. ㉲여래가 법안(法眼)을 갖추었느냐?」

- 249 -

No. 250 ⇨ 원문 p.29 ℓ.9 [一體同觀分 第十八]

〈전〉 如是니이다 世尊하 如來有慧眼이니이다 須菩提야 於意云何오 如來有

		한글	한자		*점안의식에서의 〈점안(點眼)〉
㉮	1	법	법 法	}2	肉眼成就相 아름다운 육신의눈 성취하신 님의모습、육안성취상
	2	눈	안 眼		肉眼淸淨相 아름다운 육신눈이 청정하신 님의모습、육안청정상
	3	아닐	부 不	}4	肉眼圓滿相 아름다운 육신눈이 원만하신 님의모습。육안원만상
	4		아		肉眼成就淸淨圓滿相 육안성취청정원만상
	5	같을	여 如	}1	天眼成就相 두루보는 마음의눈 성취하신 님의모습、천안성취상
	6	이	시 是		天眼淸淨相 두루보는 마음눈이 청정하신 님의모습、천안청정상
	7		니이다		天眼圓滿相 두루보는 마음눈이 원만하신 님의모습。천안원만상
	8	인간	세 世	}2	天眼成就淸淨圓滿相 천안성취청정원만상
	9	높을	존 尊		慧眼成就相 진리읽는 지혜의눈 성취하신 님의모습、혜안성취상
	10		하		慧眼淸淨相 진리읽는 지혜눈이 청정하신 님의모습、혜안청정상
㉯	11	같을	여 如	}1	慧眼圓滿相 진리읽는 지혜눈이 원만하신 님의모습。혜안원만상
	12	올	래 來		慧眼成就淸淨圓滿相 혜안성취청정원만상
	13	있을	유 有	}3	法眼成就相 實相살필 진리의눈 성취하신 님의모습、법안성취상
	14	법	법 法	}2	法眼淸淨相 실상살필 진리눈이 청정하신 님의모습、법안청정상
	15	눈	안 眼		法眼圓滿相 실상살필 진리눈이 원만하신 님의모습。법안원만상
	16		이니이다		法眼成就淸淨圓滿相 법안성취청정원만상
㉰	17	모름지기	수 須		佛眼成就相 眞性아는 부처님눈 성취하신 님의모습、불안성취상
	18	보살	보 菩		佛眼淸淨相 진성아는 부처님눈 청정하신 님의모습、불안청정상
	19	끌 '제' 들 '제'	리 提		佛眼圓滿相 진성아는 부처님눈 원만하신 님의모습。불안원만상
	20		야		佛眼成就淸淨圓滿相 불안성취청정원만상
㉱	21	어조사 / ~에, ~에서[처소격]	어 於	}2	十眼成就相 五眼오안 열가지눈 성취하신 님의모습、십안성취상
	22	뜻	의 意	}1	十眼淸淨相 오안오안 열가지눈 청정하신 님의모습、십안청정상
	23	이를	운 云	}3	十眼圓滿相 오안오안 열가지눈 원만하신 님의모습。십안원만상
	24	어찌	하 何		十眼成就淸淨圓滿相 십안성취청정원만상

㉮「그러하옵니다. 세존이시여, ㉯여래께서는 법안을 갖추시었나이다.」
㉰「수보리야, ㉱네 생각에 어떠하냐. /

- 250 -

[一體同觀分 第十八] №. 251 ⇨ 원문 p.29 ℓ.10

<후> 於意云何오 如恒河中所有沙를 佛說是沙不아 如是니이다 世尊하

	1			오	千眼成就相 중생돌볼 일천의눈 성취하신 님의모습、 천안성취상
㉮	2	같을	여	如	千眼淸淨相 중생돌볼 일천눈이 청정하신 님의모습、 천안청정상
	3	올	래	來	千眼圓滿相 중생돌볼 일천눈이 원만하신 님의모습。 천안원만상
	4	있을	유	有	千眼成就淸淨圓滿相 천안성취청정원만상
	5	부처	불	佛	無盡眼成就相 無爲法을 살피는눈 성취하신 님의모습、 무진안성취상
	6	눈	안	眼	無盡眼淸淨相 무위법을 살피는눈 청정하신 님의모습、 무진안청정상
	7	아닐	부	不	無盡眼圓滿相 무위법을 살피는눈 원만하신 님의모습。 무진안원만상
	8			아	無盡眼成就淸淨圓滿相 무진안성취청정원만상
㉯	9	같을	여	如	※ 위 의식의 구성 및 내용
	10	이	시	是	존상의 안(眼)을 육안(肉眼)·천안(天眼)·혜안(慧眼)·법안(法眼)·불안(佛眼)·십안(十眼)·천안(千眼)·무진안(無盡眼) 등 모두 8종으로 구분하고, 각기 한가지씩 순차적으로 들어 외적 내적 내지는 이 두 가지가 원만하기를 발원한다.
	11			니이다	
	12	인간	세	世	이렇듯 총 8종의 안(眼)을 드는 것은 모든 중생의 근기(根機)에 수순하기 위함이며, 외적인 모습이 존상의 조건인 상호에 부합하기를 'ㅇ안성취상(ㅇ眼成就相)'으로, 내적인 충실도를 'ㅇ안청정상(ㅇ眼淸淨相)'으로, 다시 이 두 가지 조건이 원만하기를 'ㅇ안원만상(ㅇ眼圓滿相)'으로 기원한다.
	13	높을	존	尊	
	14			하	
㉰	15	같을	여	如	이상의 내용을 『석문의범』에서 인용하고 있는 『복장경(腹藏經)』에 의하여 정리하면, 증명법사는 법주(法主)가 오안(五眼)을 차례로 창(唱)할 때,
	16	올	래	來	
	17	있을	유	有	육신의 눈인 육안(肉眼)에서는 '캄(坎)'자를 양 눈 밑에 안치하고,
	18	부처	불	佛	천인의 눈인 천안(天眼)에서는 '함(含)'자를 눈동자에 안치하고,
	19	눈	안	眼	
	20			이니 이다	이승(二乘)의 눈인 혜안(慧眼)에서는 '남(喃)'자를 양 눈 위에 안치하고,
㉱	21	모름지기	수	須	보살의 눈인 법안(法眼)에서는 '밤(鍐)'자를 양 눈썹 위에 안치하고,
	22	보살	보	菩	부처님의 눈인 불안(佛眼)에서는 '암(唵)'자를 백호상(白毫相)에 안치한다.
	23	끌 '제' 들 '제'	리	提	이와 같이 함은 모든 중생의 근기(根機)에 수순(隨順)하시는 분이시게 하기 위함이다.
	24			야	여기에 다시 아밤남함캄[혹 아바라하카] 5자를 순서에 따라 신체의 다섯 부위에 배치함으로써 자신의

㉮여래가 불안(佛眼)을 갖추었느냐?」 ㉯「그러하옵니다. 세존이시여, ㉰여래께서는 불안을 갖추시었나이다.」 ㉱수보리야, /

No. 252 ⇨ 원문 p.30 ℓ.1 [一體同觀分 第十八]

<전> 오 如來有佛眼不아 如是니이다 世尊하 如來有佛眼이니이다 須菩提야

㉮	1	어조사 / ~에, ~에서[처소격]	어	於	2
	2	뜻	의	意	1
	3	이를	운	云	3
	4	어찌	하	何	
	5			오	
㉯	6	같을	여	如	1
	7	항상	항	恒	2
	8	물	하	河	
	9	가운데	중	中	3
	10	바	소	所	5
	11	있을	유	有	4
	12	모래	사	沙	6
	13			를	
㉰	14	부서	불	佛	1
	15	말씀	설	說	4
	16	이	시	是	2
	17	모래	사	沙	3
	18	아닐	부	不	5
	19			아	
㉱	20	같을	여	如	1
	21	이	시	是	
	22			니이다	
	23	인간	세	世	2
	24	높을	존	尊	

2 몸을 장엄가지(莊嚴加持)하여 대솔도파(大率都婆)로 삼는 오자엄신관(五字嚴身觀)의 내용을 대입할 수 있다. 대입하는 근거는, 점안작법이 여타의 상호가 이미 완성된 것으로 간주하고 거행하는 의식이기 때문이다.

3 '오자엄신관'의 내용을 정리하면,
 '아'자는 방형이며 금색으로, 금강륜(金剛輪)을 지어 관하여, 하체(下體)에 가지(加持)하니, 유가좌(瑜伽座)라 이름하며, 금강처럼 견고한 보리심지(菩提心地)에 주(住)함이다.
 '밤'자는 원형이며 백색으로, 수륜(水輪)을 지어 관하여, 배꼽 위에 가지하니, 대비수(大悲水)라 이름하며, 능히 대비삼매(大悲三昧)를 얻는다.
 '람'자는 삼각형이며 빛깔은 떠오르는 아침해와 같고, 화륜(火輪)을 지어 관하여, 본심(本心)에 가지하니, 지화광(智火光)이라 이름하며, 능히 번뇌(煩惱. 垢穢)를 제거한다.
 '함'자는 반월형이며 백색으로, 풍륜(風輪)을 지어 관하여, 미간(眉間)에 가지하니, 자재력(自在力)이라 이름하며, 능히 악마를 퇴치한다.
 '캄'자는 물방울형태이며 잡색(雜色)으로, 공륜(空輪)을 지어 관하여, 정수리 위에 가지하니, 대공(大空)이라 이름하며, 능히 자신과 법계가 하나이게 한다.
 결론적으로 금강처럼 견고한 본유법신(本有法身)이 소례이신 존상에 오롯이 구현(具現)되도록 하려는 의식이다.

1 의식은, 십안(十眼)·천안(千眼)·무진안(無盡眼) 등 3종 안(眼)에 대한 작법을 보태 그 완성도를 더한다.
4 역시 『석문의범』에서 인용한 『복장경』과 『간당론(看堂論)』에 의하면, 증명법사는 법주(法主)가 삼안(三眼)을 차례로 창할 때,
2 십안(十眼)에서 '훔(吽)'자를 가슴 가운데 안치하니, 이로써 삼업(三業) 가운데 의업(意業)인 탐·진·치(貪·嗔·癡)를 대치하는 의금강(意金剛)을 성취하고,
3 천안(千眼)에서 '아(阿)'자를 입 안에 안치하니, 이로써 구업인 기어·망어·양설·악구(綺語·妄語·兩舌·惡口)를 대치하는 어금강(語金剛)을 성취하고,
5 무진안(無盡眼)에서 '옴(唵)'자를 정수리 위에 안치하니, 이로써 신업인 살·도·음(殺·盜·婬)을 대치하는 신금강(身金剛)을 성취하게 하려는 것이다.

- 주(註) -
2 『간당론(看堂論)』의 해당내용
亦以十統으로 對治十惡之機關이니 以初三統으로 對

㉮네 생각에 어떠하냐. ㉯항하(恒河)에 있는 모래를 ㉰부처가 모래라 말하느냐?」 ㉱「그러하옵니다. 세존이시여, /

- 252 -

[一體同觀分 第十八] No. 253 ⇨ 원문 p.30 ℓ.2

<후> 하야 有如是沙等恒河하고 是諸恒河所有沙數佛世界ㅣ如是이면

				하	
㉮	1		여	如	
	2	같을	여	如	1
	3	올	래	來	
	4	말씀	설	說	4
	5	이	시	是	2
	6	모래	사	沙	3
	7			니이다	
㉯	8	모름지기	수	須	
	9	보살	보	菩	
	10	끝 '제' / 들 '제'	리	提	
	11			야	
㉰	12	어조사 / ~에, ~에서[처소격]	어	於	2
	13	뜻	의	意	1
	14	이를	운	云	3
	15	어찌	하	何	
	16			오	
㉱	17	같을	여	如	7
	18	한	일	一	1
	19	항상	항	恒	2
	20	물	하	河	
	21	가운데	중	中	3
	22	바	소	所	5
	23	있을	유	有	4
	24	모래	사	沙	6

其身三殺盜婬하야 以身金剛 唵字로 觀想하면 三過ㅣ 卽滅하고 以中一統으로 對其口四綺妄兩惡하야 以語金剛 吽字로 觀想하면 四過ㅣ卽滅하고 以後三統으로 對其意三貪嗔癡하야 以意金剛 吽字로 觀想하면 三毒이 卽滅하며 以放禪時三統으로 打其能所治解碍也오

㉮여래께서 모래라고 말씀하셨나이다.」 ㉯「수보리야, ㉰네 생각에 어떠하냐. ㉱하나의 항하에 있는 모래 수처럼 /

- 253 -

No. 254 ⇨ 원문 *p.30 ℓ.3* [一體同觀分 第十八]

<전> 如來說是沙니이다 須菩提야 於意云何오 如一恒河中所有沙

㉮	1			하야	
	2	있을	유	有	5
	3	같을	여	如	1
	4	이	시	是	
	5	모래	사	沙	2
	6	무리	등	等	3
	7	항상	항	恒	4
	8	물	하	河	
	9			하고	
②㉯	10	이	시	是	1
	11	모두	제	諸	2
	12	항상	항	恒	3
	13	물	하	河	
	14	바	소	所	4
	15	있을	유	有	
	16	모래	사	沙	5
	17	셈	수	數	
	18	부처	불	佛	6
	19	인간	세	世	
	20	지경	계	界	
	21			ㅣ	
	22	같을	여	如	7
	23	이	시	是	
	24			이면	

㉮그렇게 많은 항하가 있고, ㉯이 여러 항하에 있는 모래 수 같은 불세계(佛世界)가 있다면 /

[一體同觀分 第十八] №. 255 ⇨ 원문 p.30 ℓ.4

<후> 衆生의 若干種心을 如來ㅣ 悉知하나니 何以故오 如來說諸心이

㉮	1	편안할 어찌	영	寧	1
	2	할	위	爲	3
	3	많을	다	多	2
	4	아닐	부	不	4
	5			아	
㉯	6	심할	심	甚	1
	7	많을	다	多	
	8			니이다	
	9	대(代) 세상	세	世	2
	10	높을	존	尊	
	11			하	
㉰	12	부처	불	佛	1
	13	알릴	고	告	3
	14	모름지기	수	須	2
	15	보살	보	菩	
	16	끌 '제' 들 '제'	리	提	
	17			하사대	
㉱	18	너 그(彼), 이(是·此)	이	爾	1
	19	바	소	所	
	20	나라	국	國	2
	21	흙	토	土	
	22	가운데	중	中	3
	23	바	소	所	4
	24	있을	유	有	

㉮많지 않겠느냐?」 ㉯「매우 많겠나이다, 세존이시여.」 ㉰부처님께서 수보리에게 말씀하셨다. ㉱「그렇게 많은 세계에 있는 중생들의 /

No. 256 ⇨ 원문 p.30 ℓ.5 [一體同觀分 第十八]

<전> 寧爲多不아 甚多니이다 世尊하 佛告須菩提하사대 爾所國土中所有

	1	무리	중	衆	)5
	2	날	생	生	
	3			의	
㉮	4	만약	약	若	)1
	5	방패	간	干	
	6	가지	종	種	2
	7	마음	심	心	3
	8			을	
㉯	9	같을	여	如	)1
	10	올	래	來	
	11			ㅣ	
	12	다	실	悉	2
	13	찰	지	知	3
	14			하나니	
㉰	15	어찌	하	何	
	16	써	이	以	
	17	연고	고	故	
	18			오	
㉱	19	같을	여	如	)1
	20	올	래	來	
	21	말씀	설	說	2
	22	모두	제	諸	)3
	23	마음	심	心	
	24			이	

※덕산(德山) 스님의 『금강경소(金剛經疏)』

옛적에 덕산(德山. 782-865)이라는 스님이 있었다. 처음에는 서촉(西蜀)에 있으면서 교학을 연구하였는데, 특히 『금강경』의 깊은 뜻에 자타가 인정할 만큼 통달하여 세상에서는 스님의 속성(俗姓)이 주(周)씨였기에 '주금강(周金剛)'이라는 호칭으로 존경하였다. 그런데 그 때 스님에게 '남방(南方)에는 교외별전 불립문자 직지인심 견성성불(敎外別傳 不立文字 直指人心 見性成佛)이라 주장하며 교학을 전적으로 무시하는 선가(禪家)가 성하고 있다'는 말이 들려왔다. 덕산스님은 이를 듣고 매우 분개하였다.

「표월지지(標月之指. 달 가리키는 손가락)에 불과하다니, 선림(禪林)의 마구니 떼를 모조리 소탕시켜 버리겠다.」

이런 결심을 하고 대단한 기세로 평생 심혈을 기울여 연구한 『금강경소(金剛經疏)』를 짊어지고 남쪽을 향해 출발하였다.

어느 날 '예양'이라는 곳에 당도하였다. 다리도 쉴 겸 마침 점심때도 되고 해서 길가에 있는 떡집으로 들어갔다. 떡이 먹음직스러워 보였다. 해서 떡장수인 노파에게 떡을 주문하였다. 그러나 노파는 주문에 신경도 쓰지 않고 엉뚱하게 그에 걸망 속에 무엇이 들었느냐고 물었다. 불쾌하기는 하였지만 상대가 노파인 만큼 순순히 대답해 주었다.

「'금강경소(金剛經疏)'가 들었소이다.」

이 말을 들은 노파는 예상이라도 했다는 듯,

「아 그러시군요. 스님께서는 금강경을 많이 연구하셨나보군요.」

「그렇소.」

「그러면 제가 한마디만 여쭈어 보겠습니다. 『금강경』 가운데 '과거심불가득(過去心不可得)이요, 현재심불가득(現在心不可得)이며, 미래심불가득(未來心不可得)'이라 하셨는데, 스님께서는 방금 점심(點心)을 하시겠다 하셨으니 어느 마음에 점을 찍으시렵니까? 만일 대답해 주신다면 이 떡을 그냥 올리고, 못 하시면 천만금을 주신대도 드릴 수 없습니다.」

참으로 범상한 노파가 아니었다. 덕산스님은 예기치 못한 질문에 대답할 말을 잃어버리고 말았다. 오늘날까지 '주금강'이라고 불리우며 『금강경』에 관한 한 타의 추종을 불허한다고 자부하던 자신이 일개 떡장수 노파의 질문에 응답을 못하니, 참으로 하늘이 무너지는 듯하였다. 이 놀라운 사실에 그는 앞이 캄캄해지며 낙망과 참괴(慚愧)로 가슴이 미여지는 것 같았다. 그렇다고 이 난국을 어름어름 넘긴다는 것은

㉮갖가지 마음을 ㉯여래가 다 아느니 ㉰무슨 까닭이겠는가? ㉱여래가 말한 모든 마음은 /

[一體同觀分 第十八] №257 ⇨ 원문 p.30 ℓ.6

<후> 得이요 現在心不可得이요 未來心不可得이니라

㉮	1	다	개	皆	1
	2	할	위	爲	3
	3	아닐	비	非	2
	4	마음	심	心	
	5			일새	
㉯	6	이	시	是	1
	7	이름	명	名	2
	8	할	위	爲	4
	9	마음	심	心	3
	10			이니라	
④㉰	11	바	소	所	1
	12	써	이	以	
	13	놈 이[주격조사]	자	者	
	14	어찌	하	何	2
	15			오	
㉱	16	모름지기	수	須	
	17	보살	보	菩	
	18	끝 '세' 들 '제'	리	提	
	19			야	
㉲	20	지날	과	過	1
	21	갈	거	去	
	22	마음	심	心	2
	23	아닐	불	不	5
	24	옳을 가히	가	可	3

1 더욱더 용납하기 어려운 일이었다. 잠시 정신을 가다듬은 덕산스님은,
「여보시오 노인께서는 어느 선지식(善知識)의 교화를 받으셨으며, 그분은 어디에 주석(駐錫)하고 계십니까?」
「네, 이 길로 곧장 올라가시면 용담원(龍潭院)이라는 선원(禪院)이 있는데 그곳에 숭신선사(崇信禪師)라는 아주 거룩한 선지식이 계십니다.」
 이 말을 듣자 덕산스님은 노파와 작별을 하고 용담원 숭신선사를 찾아갔다. 선원에 들어선 덕산스님은 숭신선사를 뵙자,
「용담(龍潭)이라고 오래 전부터 소문은 들었으나 와서보니 용도 없고 못[潭]도 안 보이는군.」
 그러자 숭신선사는,
「참으로 자네가 용담에 왔네.」라고 응대하였다.
 덕산스님은 또 말문이 막혔다. 그는 비로소 제자로서의 예(禮)를 올리고 유현(幽玄)한 선지(禪旨)를 여쭈었다.
 덕산스님은 숭신선사께 참문(參問)하다가 밤이 이슥해서야 자기의 침소로 돌아가려 하였다. 그러나 문을 열고 나오려니 어두운 밤이라 지척을 분간할 수 없었다. 하는 수 없이 다시 들어갔더니 숭신선사는 등불을 건네 주었다. 덕산스님이 등불을 막 받으려는 순간 숭신선사는 갑자기 훅 불어 불을 꺼버렸다.
 이때 덕산스님은 문득 심지(心地)가 환하게 열렸다. 시금까지 괴롭고 답답하게 짓누르든 의심 덩이리인 미암(迷闇)이 일시에 걷히며 청천(晴天)과도 같이 되었다. 그야말로 천변공령(天邊空靈)의 달이 삼천대천(三千大千) 세계를 환히 비쳤다고나 할까? 그 감격은 무엇이라 표현할 수 없었다. 다만 묵묵히 예배로서 노은사(老恩師)께 보답할 뿐이었다.
「너는 무슨 도리를 보았기에 절을 하느냐?」
「이제부터는 소승은 천하 노화상들의 말씀을 의심하지 않겠나이다.」
 지금까지의 일체의 의심 덩어리는 모두 해소되어 일체법을 대오하였던 것이다.
 숭신선사는 매우 기뻐하며 덕산스님에게 법상승(法相承)함을 대중에게 선언하였다. 그리고 법을 이어받은 덕산스님은 그토록 소중히 짊어지고 온 『금강경소』를 법당 앞에 가져다가 불에 사루며,
「모든 현변(玄辯)을 다할지라도 이는 마치 터럭하나를 허공에 견줌과 같고 이 세상의 추기(樞機. 몹시 중요한 사물이나 부분)를 다 가져다 견주어도 이 역시

㉮모두가 마음이 아니므로 ㉯마음이라 이름할 뿐이기 때문이니라. ㉰그 까닭이 무엇이겠는가? ㉱수보리야, 과거의 마음도 얻을 수 없고, /

No. 258 ⇨ 원문 p.30 ℓ.7 [一體同觀分 第十八]

<전> 皆爲非心일새 是名爲心이니라 所以者何오 須菩提야 過去心不可

㉮	1	얻을	득	得	4
	2			이요	
	3	나타날 이제	현	現	
	4	있을	재	在	1
	5	마음	심	心	
	6	아닐	불	不	3
	7	옳을 가히	가	可	
	8	얻을	득	得	2
	9			이요	
㉯	10	아닐	미	未	
	11	올	래	來	1
	12	마음	심	心	
	13	아닐	불	不	
	14	옳을 가히	가	可	2
	15	얻을	득	得	
	16			일새 니라	
	17				
	18				
	19				
	20				
	21				
	22				
	23				
	24				

4 마치 한 방울의 물을 깊은 골짜기에 떨어트림과 같도다」라고 하였다.

　이렇게 해서 덕산스님은 사교입선(捨敎入禪)하고 대자재(大自在)의 묘법을 증득하였다 하며, 건네주던 등불을 꺼버린 숭신선사의 일을 뒷날 '용담지촉(龍潭之燭)'이라 부르게 되었다.

㉮현재의 마음도 얻을 수 없고, ㉯미래의 마음도 얻을 수 없기 때문이니라.」 /

[法界通化分 第十九] №259 ⇨ 원문 p.30 ℓ.9

<후> 須菩提야 於意云何오 若有人이 滿三千大千世界七寶로 以

1		
2		
3		
4		◎
5	법	法 법
6	경계	界 계
7	통할 두루	通 통
8	될 교화할	化 화
9	나눌	分 분
10		
11	차례	第 제
12	열	十 십
13	아홉	九 구
14		
15		
16		
17		
18		
19		
20		
21		
22		
23		
24		

1 제19분, 법계(法界)를 두루 교화함.

2 ⊙법계(法界) ; 여러 가지 의미가 있으나 여기서는 '전우주(全宇宙)'의 뜻으로 쓰였음.

3

4

≪개요≫

앞에서 여러 차례 삼천대천세계의 칠보(七寶)를 예로 하여 이 경의 공덕을 찬탄하였고, 그때의 보시는 유위(有爲)의 보시로서 규정되었다. 그러나 여기서는 보시 자체의 복덕이 문제시되는 것이 아니라 유위의 보시를 인연으로 하여 얻어질 무위(無爲)의 복덕에 초점이 있다. 즉 무주상보시(無住相布施)의 공덕이야말로 자리이타(自利利他), 온 법계를 이룩하게 하는 것임을 일깨워주신 부분이다.

★소명태자(昭明太子)의 '32분(分)'
1.法會因由分 2.善現起請分 3.大乘正宗分 4.妙行無住分 5.如理實見分 6.正信希有分 7.無得無說分 8.依法出生分 9.一相無相分 10.莊嚴淨土分 11.無爲福勝分 12.尊重正敎分 13.如法受持分 14.離相寂滅分 15.持經功德分 16.能淨業障分 17.究竟無我分 18.一體同觀分 19.法界通化分 20.離色離相分 21.非說所說分 22.無法可得分 23.淨心行善分 24.福智無比分 25.化無所化分 26.法身非相分 27.無斷無滅分 28.不受不貪分 29.威儀寂滅分 30.一合理相分 31.知見不生分 32.應化非眞分

- 259 -

No. 260 ⇨ 원문 p.30 ℓ.10 [法界通化分 第十九]

<전> 法界通化分 第十九

			한글	한자	
㉮	1	모름지기	수	須	
	2	보살	보	菩	
	3	끝 '제' 들 '제'	리	提	
	4			야	
㉯	5	어조사 / ~에, ~에서[처소격]	어	於	2
	6	뜻	의	意	1
	7	이를	운	云	3
	8	어찌	하	何	
	9			오	
㉰	10	만약	약	若	1
	11	있을 어떤	유	有	2
	12	사람	인	人	
	13			이	
㉱	14	찰	만	滿	2
	15	석	삼	三	
	16	일천	천	千	
	17	클	대	大	1
	18	일천	천	千	
	19	인간	세	世	
	20	경계	계	界	
	21	일곱	칠	七	3
	22	보배	보	寶	
	23			로	
㉲	24	써	이	以	1

◆ 六祖口訣

① 262-14 / 須菩提 若福德有實 如來不說得福德多 以福德無故 如來說福德多

七寶之福 不能成就佛果菩提 故言無也 以其在量數 故名曰多 如能超過量數 卽不說多也

칠보인 (有爲의) 복으로는 불과인 (無爲의) 보리를 성취할 수 없는 것이므로 그래서 없다고 한 것이다. 헤아린 수가 많으므로 많다 한 것인데 그 헤아린 수를 초월하고 보면 곧 많다는 말을 할 수 없을 것이다.

⊙以(이) ; 연사로서 순승(順承)을 나타내는 '而(이)'자와 비슷. 해석하지 않아도 됨.

㉮「수보리야, ㉯어떻게 생각하느냐? ㉰어떤 사람이 ㉱삼천대천세계에 가득한 칠보로 ㉲보시한다면 /

[法界通化分 第十九] No. 261 ⇨ 원문 p.31 ℓ.1

<후> 人이 以是因緣으로 得福이 甚多니이다 須菩提야 若福德이 有實인댄

	1	쓸	용	用	3
	2	베, 펼 '포' 보시	보	布	2
	3	베풀	시	施	
	4			하면	
㉮	5	이	시	是	1
	6	사람	인	人	
	7			이	
㉯	8	써	이	以	3
	9	이	시	是	1
	10	인할	인	因	2
	11	인연	연	緣	
	12			으로	
㉰	13	얻을	득	得	2
	14	복	복	福	1
	15	많을	다	多	3
	16	아닐	부	不	4
	17			아	
㉱	18	같을	여	如	1
	19	이	시	是	
	20			니이다	
	21	인간	세	世	2
	22	높을	존	尊	
	23			하	
㉲	24	이	차	此	1

㉮이 사람이 ㉯이 인연을 ㉰받는 복이 많겠느냐?」㉱「그러하나이다. 세존이시여, ㉲이 사람이 /

No. 262 ⇨ 원문 p.31 ℓ.2 [法界通化分 第十九]

<전> 用布施하면 是人이 以是因緣으로 得福多不아 如是니이다 世尊하 此

		訓	音	
㉮	1 사람	인	人	2
	2		이	
	3 써	이	以	3
	4 이	시	是	1
	5 인할	인	因	2
	6 인연	연	緣	
	7		으로	
㉯	8 얻을	득	得	2
	9 복	복	福	1
	10		이	
	11 심할	심	甚	3
	12 많을	다	多	4
	13		니이다	
①㉰	14 모름지기	수	須	
	15 보살	보	菩	
	16 끝 '제' 들 '제'	리	提	
	17		야	
㉱	18 만약	약	若	1
	19 복	복	福	2
	20 덕	덕	德	
	21		이	
	22 있을	유	有	4
	23 열매	실	實	3
	24		인댄	

㉮이 인연으로 ㉯받는 복이 매우 많겠나이다.」 「수보리야, ㉱만일 복덕이 있는 것이라면 /

[法界通化分 第十九] No. 263 ⇨ 원문 p.31 ℓ.3

<후> 離色離相分 第二十

㉮	1	같을	여	如	1
	2	올	래	來	
	3	아닐	불	不	6
	4	말씀	설	說	5
	5	얻을	득	得	3
	6	복	복	福	2
	7	덕	덕	德	
	8	많을	다	多	4
	9			어니와	
㉯	10	써	이	以	1
	11	복	복	福	2
	12	덕	덕	德	
	13			이	
	14	없을	무	無	3
	15	연고	고	故	4
	16			로	
㉰	17	같을	여	如	1
	18	올	래	來	
	19			ㅣ	
	20	말씀	설	說	4
	21	복	복	福	2
	22	덕	덕	德	
	23	많을	다	多	3
	24			니라	

※ 동전 두 닢의 보시공덕
 어떤 장자가 공양할 물건을 가득 싣고 주암산으로 가는 것을 보고 여자 거지가,
「저 사람은 전생에 선행을 쌓아 저런 부자가 된 것이다. 내가 지금 공덕을 쌓지 않는다면, 내세에는 더욱 가난해질 것이다」하며 슬퍼하다 간직해 둔 동전 두 닢을 아낌없이 보시하였다.
 원래 보시하는 사람에게는 유나(維那)가 발원문(發願文)을 외우기로 되어 있었지만, 이때는 상좌(上座) 스님이 직접 나서 발원문을 외웠다. 하좌(下座)의 스님들은 이를 보고 의아해했지만, 상좌는 아랑곳하지 않았다.
 보시를 마친 여자 거지는 기쁜 마음으로 내려오다 길에서 잠이 들었는데 마침 지나가던 왕이 이를 보고 반하여 왕궁으로 데리고 가 왕비로 맞아들였다.
「제가 비천한 몸으로 전하의 사랑을 받게 된 것은 저를 인도해 주신 스님의 덕이니 시주케 해 주십시오」
 그녀는 왕에게 간청하여 보물을 가득 싣고 스님에게 찾아갔다.
 그러나 스님은 이번에는 일어나지도 않고 유나에게 발원문을 외우게 하였다. 그녀는 이상하여 상좌스님에게 물어보았다.
「지난날 동전 두 닢을 보시했을 때 스님께서는 직접 발원문을 외어 주셨습니다. 오늘 제가 왕비가 되어 수많은 재보를 보시했는데 발원문을 외워 주시지 않으시니 무슨 까닭입니까?」
 상좌스님은 왕비를 위해 정법을 가르쳐 주었다.
「왕비께서 이전에 동전 두 닢을 보시하셨을 때에는 갸륵한 선심만이 충만했습니다. 그러나 지금은 자랑스러운 마음이 도사리고 있습니다. 불법에서는 재보(財寶)를 중요하게 여기지 않습니다」고.

※ '많다' '적다'라는 표현자체가 상대의 세계에서 하는 말이다. 절대의 세계라면 있을 수 없는 표현이다. 즉, 복덕을 운운한 것이 상대의 세계에서 있는 일이니 다소(多少)를 말한 것도 역시 그렇다.
 예컨대, 왼손이 오른 손을 도왔다면 결국 그 이익은 누구의 것인가? 그렇기 때문에 도왔다는 개념이 성립되지 않으며, 그 도움은 적극적이고 절대적이 되는 것이다.ⓢ

㉮여래가 복덕이 많다고 말하지 아니하려만 ㉯복덕이 없는 것이므로 ㉰여래가 복덕이 많다고 말하였느니라.」/

No. 264 ⇨ 원문 p.31 ℓ.5 [離色離相分 第二十]

<전> 如來不說得福德多어니와 以福德이 無故로 如來ㅣ說福德多니라

1				
2				
3				
4			◎	
5	여읠	이	離	2
6	빛	색	色	1
7	여읠	이	離	4
8	모양	상	相	3
9	나눌	분	分	5
10				
11	차례	제	第	
12	두	이	二	
13	열	십	十	
14				
15				
16				
17				
18				
19				
20				
21				
22				
23				
24				

제20분, 여래는 색신(色身)과
　　　모든 상호(相好)를 여읜다.

≪개요≫
　법신(法身)과 색신(色身)의 차이를 보이신 대목이다. 즉, 무위(無爲)이신 법신불은 유위(有爲)이신 화신불과 같이 32상(相) 혹은 80종호(種好)로써 그 존재를 확인할 수 있는 대상이 아님을 설파하신 대목이다.

★소명태자(昭明太子)의 '32분(分)'
1.法會因由分　2.善現起請分　3.大乘正宗分　4.妙行無住分　5.如理實見分　6.正信希有分　7.無得無說分　8.依法出生分　9.一相無相分　10.莊嚴淨土分　11.無爲福勝分　12.尊重正敎分　13.如法受持分　14.離相寂滅分　15.持經功德分　16.能淨業障分　17.究竟無我分　18.一體同觀分　19.法界通化分　20.離色離相分　21.非說所說分　22.無法可得分　23.淨心行善分　24.福智無比分　25.化無所化分　26.法身非相分　27.無斷無減分　28.不受不貪分　29.威儀寂滅分　30.一合理相分　31.知見不生分　32.應化非眞分

[離色離相分 第二十] No. 265 ⇨ 원문 p.31 ℓ.6

<후> 世尊하 如來를 不應以具足色身으로 見이니 何以故오 如來ㅣ說

①				
㈎	1	모름지기	수	須
	2	보살	보	菩
	3	끌 '제' 들 '제'	리	提
	4			야
㈏	5	어조사 / ~에, ~에서[처소격]	어	於
	6	뜻	의	意
	7	이를	운	云
	8	어찌	하	何
	9			오
㈐	10	부처	불	佛
	11			을
	12	옳을 가히(=능히)	가	可
	13	써	이	以
	14	갖출	구	具
	15	발 넉넉할	족	足
	16	빛	색	色
	17	몸	신	身
	18			으로
	19	볼	견	見
	20	아닐	부	不
	21			아
㈑	22	아닐	부	不
	23	이끼 어조사	야	也
	24			니이다

◆ 六祖口訣

① 265-1 / 須菩提 於意云何 佛可以具足色身見不 不也 世尊 如來不應以具足色身見 何以故 如來說具足色身 卽非具足色身 是名具足色身

①佛意恐衆生不見法身 但見三十二相八十種好紫磨金軀 以爲如來眞身 爲遺此迷故 問須菩提 佛可以具足色身見不 三十二相 卽非具足色身 內具三十二淸淨行 是名具足色身 ②淸淨行者 卽六波羅蜜是也 於五根中 修六波羅蜜 於意根中 定慧雙修 是名具足色身 徒愛如來 三十二相 內不行三十二淸淨行 卽非具足色身 不愛如來色相 能自持淸淨行 亦名得具足色身

①부처님의 뜻은 중생들이 법신을 보지 않고 다만 삼십이상 팔십종호의 자마금빛의 몸만을 보고 그것으로 여래의 진신(眞身)이라 여김을 염려하시어, 이런 미혹을 없애주시고자 수보리 존자에게 '부처님을 구족한 몸매로 볼 수 있겠느냐?'고 물으셨던 것이다. 삼십이상은 곧 구족한 몸매가 아니고 안으로 서른 두 가지 청정행을 갖추어야만 이것을 구족한 몸매라 할 것이다. ②청정행이라 함은 곧 육바라밀을 일컫는다. 오근(五根)으로는 육바라밀을 닦고, 의근(意根)으로는 정과 혜를 함께 닦으면 이것을 색신을 구족했다고 한다. 한갓 여래의 서른 두 가지 몸매만을 사랑할 뿐, 안으로 (정과 혜) 두 가지 청정한 행을 닦지 않으면 곧 구족한 몸매가 아니며, 여래의 색신을 사랑함도 아니니 능히 스스로 청정행을 지녀야 색신을 구족했다 할 것이다.

② 267-20 / 須菩提 於意云何 如來可以具足諸相見不 不也世尊 如來不應以具足諸相見 何以故 如來說諸相具足 卽非具足 是名諸相具足

①如來者 卽無相法身是也 非肉眼所見 慧眼乃能見之 慧眼未明 具足我人等相 以觀三十二相 爲如來者 卽不名爲具足也 ②慧眼明徹 我人等相不生 正智光明常照 是名諸相具足 三毒未泯 言如來眞身者 固無此理 縱有見者 秖是化身 非眞實無相之法身也

①'여래(如來)'라 함은, 곧 상(相)이 없는 법신이다. 육안으로는 볼 수 없고 혜안으로야 능히 볼 수 있다. 혜안이 밝지 않아 아상·인상 등의 상이 생기고, 서른 두 가지 상을 보는 것으로 여래를 삼는다면 곧 [혜안을] 갖추었다 할 수 없다. ②혜안이 밝게 사무쳐서 아상·인상 등이 생기지 않고 바른 지혜의 광명이 항상 비치면 이를 일러 모든 상을 구족했다 한다. 삼독이 없어지지 않고서 여래의 진신을 보았다고 하는 자! 결코 이런 이치는 없으니 비록 몸을 보았다 하더라도 그것은 화신(化身)을 본 것이요 참되고 실

㈎「수보리야. ㈏네 생각에 어떠하냐. ㈐부처를 '갖추어진 거룩한 모습'으로써 볼 수 있겠느냐?」 ㈑「못하옵니다. 세존이시여, /

- 265 -

No. 266 ⇨ 원문 p.31 ℓ.7 [離色離相分 第二十]

<전> 須菩提야 於意云何오 佛을 可以具足色身으로 見不아 不也니이다 다운 무상(無相)의 법신을 본 것은 아니다.

		한글	한자1	한자2	순
㉮	1	인간	세	世	2
	2	높을	존	尊	
	3			하	
	4	같을	여	如	1
	5	올	래	來	
	6			를	
	7	아닐	불	不	7
	8	응할	응	應	2
	9	써	이	以	5
	10	갖출	구	具	3
	11	넉넉할	족	足	
	12	빛	색	色	4
	13	몸	신	身	
	14			으로	
	15	볼	견	見	6
	16			이니	
㉯	17	어찌	하	何	
	18	써	이	以	
	19	연고	고	故	
	20			오	
	21	같을	여	如	1
	22	올	래	來	
	23				
㉰	24	말씀	설	說	2

⊙색신(色身) ; Ⓢrūpa-kāya.(1)물질적인 신체. 육신. 육체. 지수화풍(地水火風) 등의 물질적 요소로 만들어진 몸. (2)형체로서 나투신 부처님의 신체. 중생들의 육안으로 볼 수 있는 부처님의 육신. 32상 80종호를 지니신 화신불의 유형생신(有形生身). (3)단려한 신체.

㉮여래를 '갖추어진 거룩한 모습'으로는 볼 수 없사오니, ㉯왜냐하오면, ㉰여래께서 말씀하신 '갖추어진 거룩한 모습'은 /

[離色離相分 第二十] № 267 ⇨ 원문 p.31 ℓ.8

<후> 意云何오 如來를 可以具足諸相으로 見不아 不也니이다 世尊하 如

	1 갖출	구	具	
	2 넉넉할(발)	족	足	3
	3 빛	색	色	
	4 몸	신	身	
	5		은	
㉮	6 곧	즉	卽	1
	7 아닐	비	非	3
	8 갖출	구	具	
	9 넉넉할(발)	족	足	2
	10 빛	색	色	
	11 몸	신	身	
	12		일새	
㉯	13 이	시	是	1
	14 이름	명	名	3
	15 갖출	구	具	
	16 넉넉할(발)	족	足	2
	17 빛	색	色	
	18 몸	신	身	
	19		이니/이다	
㉰	20 모름지기	수	須	
	21 보살	보	菩	
	22 끌 '제'/들 '제'	리	提	
	23		야	
㉱	24 어조사	어	於	2

㉮'갖추어진 거룩한 모습'이 아니기에 ㉯'갖추어진 거룩한 모습'이라 하옵니다.」 ㉰「수보리야. ㉱네 생각에 어떠하냐. /

№ 268 ⇨ 원문 *p.31 ℓ.9* [離色離相分 第二十]

<전> 具足色身은 卽非具足色身일새 是名具足色身이니이다 須菩提야 於

	1	뜻	의	意	1
	2	이를	운	云	3
	3	어찌	하	何	
	4			오	
㉮	5	같을	여	如	1
	6	올	래	來	
	7			를	
	8	옳을 가히(=능히)	가	可	2
	9	써	이	以	4
	10	갖출	구	具	
	11	발 넉넉할	족	足	3
	12	모두	제	諸	
	13	서로 모양	상	相	
	14			으로	
	15	볼	견	見	5
	16	아닐	부	不	
	17			아	
㉯	18	아닐	부	不	1
	19	이끼 어조사	야	也	
	20			니이다	
	21	대(代) 세상	세	世	2
	22	높을	존	尊	
	23			하	
㉰	24	같을	여	如	1

⊙ **제상(諸相)** ; 몸의 모습이라는 뜻. 여기서는 32상(相)과 80종호(種好)를 지니신 부처님의 외모(外貌)를 가리키는 것이다. 그러나 이러한 외모는 인연에 의해 이루어진 것으로 육신(肉身) 위에 나타나는 모습이니 곧 색신(色身)이다. 때문에 유한적일 수밖에 없으니 불변인 진리와는 거리가 있다.

※ **팔십종호(八十種好)** ; 팔십수형호(八十隨形好). 부처님의 80종류의 뛰어난 모습. 32상이 현저하여 보기 쉬운데 비해, 미세하여 보기 어려운 신체적 특징을 말함.

㉮여래를 '갖추어진 거룩한 특징들'로써 볼 수 있겠느냐?」 ㉯「못하옵니다. 세존이시여, ㉰여래를 '갖추어진 거룩한 특징들'로써는 뵐 수 없사오니, /

[離色離相分 第二十] No. 269 ⇨ 원문 p.31 ℓ.10

<후> 이 卽非具足일새 是名諸相具足이니이다

			한자	
	1	올	래	來
	2			를
다	3	아닐	불	不
라	4	응할	응	應
	5	써	이	以
	6	갖출	구	具
	7	발 넉넉할	족	足
	8	모두	제	諸
	9	서로 모양	상	相
	10			으로
	11	볼	견	見
	12			이니
가	13	어찌	하	何
	14	써	이	以
	15	연고	고	故
	16			오
나	17	같을	여	如
	18	올	래	來
	19			ㅣ
	20	말씀	설	說
	21	모두	제	諸
	22	모양	상	相
	23	갖출	구	具
	24	발 넉넉할	족	足

㉮왜 냐하오면, ㉯여래께서 말씀하신 '갖추어진 거룩한 특징들'은 /

※문수보살(文殊菩薩)을 후려친 무착선사(無着禪師)
< 1 >

무착선사는 어려서 출가하여 계율과 교학을 열심히 닦았다. 그러다가 문수보살을 친견코자 발심하여 문수보살의 영지(靈地)인 중국 오대산의 중턱에 있는 외딴 암자인 금강굴에서 용맹정진을 하고 있었다. 하루는 양식이 떨어져 마을로 가서 탁발을 하고 오다가 소를 몰고 가는 범상치 않은 한 노인을 만났는데 그 노인의 모습이 보통 사람 같지 않아, 자석에 끌리는 쇠붙이처럼 그 노인의 뒤를 따라갔다. 노인은 산 속으로 가더니, 지금까지 본적이 없는 어떤 절 앞에 가더니 안으로 들어갔다.

선사도 뒤를 따라 들어가서 그 노인에게 인사를 드렸다. 노인이 선사에게 물었다.

「자네는 무엇하러 오대산에 왔는가?」

「저는 문수보살을 친견하고 그 가호를 받고자 왔습니다.」

「과연 자네가 문수를 만나 볼 수 있을까? 자네 절에는 대중이 몇 사람이 되는가?」

「약 삼백 명이 됩니다. 이곳에는 몇 명이나 됩니까?」

「용과 뱀이 뒤섞여 있고, 범부와 성인이 함께 사는데, 전삼삼후삼삼(前三三後三三)일세.」

선사는 노인의 말이 도대체 무슨 말인지 알 수가 없었다. 그러다 날이 어두워지자 노인은, 애착이 남아있는 사람은 여기 머물 수 없으니 어서 가라 하였다. 배웅하는 동자에게

「노인이 말한 '전삼삼후삼삼'이란 말이 무슨 뜻인가?」고 물었다. 그러자 동자가 갑자기 큰소리로

「대덕아!」하였다. 갑작스런 그 소리에 놀라 선사는 저도 모르게

「네!」하고 대답했다 그러자

「그 숫자가 얼마나 되는가?」 선사는 또다시 말문이 막혀버렸다. 그리고 다시 동자를 바라보니, 동자도 사라지고, 절도 사라져 아무 것도 없었다.

선사는 문수보살을 직접 친견하고서도 알아보지 못한 자신의 어리석음을 한탄하며, 더욱 열심히 수행에 힘을 썼다. 그리하여 스승인 앙산(仰山) 선사의 법을 이어받아 무상의 보리를 이루어 무엇에도 거리낄 것 없는 대 자유인이 되었다.

어느 해 겨울, 선사는 동짓날 팥죽을 쑤고 있는데, 김이 무럭무럭 나는 죽 솥에서 문수보살의 거룩한 모습이 나타났다. 그러자 선사는 들고 있던 주걱으로 힘껏 문수보살을 후려쳤다. 문수보살은 깜짝 놀라 말을 했다.

「여보게 내가 바로 자네가 그렇게 만나고자 하던 문수일세!」

No. 270 ⇨ 원문 p. 32 ℓ. 1 [離色離相分 第二十]

<전> 來를 不應以具足諸相을 見이니 何以故오 如來ㅣ說諸相具足

	1			이
㉮	2	곧	즉	卽	1
	3	아닐	비	非	3
	4	갖출	구	具	
	5	발 넉넉할	족	足	2
	6			일새
㉯	7	이	시	是	1
	8	이름	명	名	3
	9	모두	제	諸	
	10	서로 모양	상	相	2
	11	갖출	구	具	
	12	발 넉넉할	족	足	
	13			이니 이다
	14			
	15			
	16			
	17			
	18			
	19			
	20			
	21			
	22			
	23			
	24			

「문수는 문수이고, 무착은 무착일세! 문수가 아니라 서가라 해도 내 주걱 맛을 보여주겠네!」

「내 삼대겁(三大劫)을 수행해 오다가 오늘같이 괄시받은 일은 처음이다.」 하시며 문수보살은 사라져버렸다.

깨달음을 얻기 전에는 문수보살을 친견하려 했지만, 깨달음을 얻은 다음에는 문수보살이 몸소 나타나도 오히려 호되게 후려친 것이다.

이것이 바로 진리를 깨달은 선사들의 당당한 기백인 것이다.

< 2 >

역시 문수보살과 무착선사에 얽힌 이야기다.

무착선사는 문수보살을 친견하기 위해 천신만고 끝에 문수보살이 머물고 계시다는 오대산에 당도하였다. 한 절에 머물게 되었는데 선사는 법회 때 음식을 나누어주는 소임을 맡게 되었다. 어느 날, 어린 두 아이를 데려 온 남루한 여인이 네 사람의 몫을 요구했다. 아이들을 합쳐야 셋인데 왜 4몫이냐고 했더니, 뱃속에 아기가 있다고 했다. 선사는 그만 화를 버럭 내면서 염치가 없다고 나무랐다. 그러자 그 여인은 머리카락 35개를 남긴 후 황금빛을 남기면서 사라졌다. 문수보살께서 선사의 수행정도를 알아보신 것이었다. 문수보살의 진신을 만나고도 화를 내는 바람에 그간의 수행이 물거품이 되는 순간이었다. 선사는 많은 후회는 했지만 포기는 하지 않았다. 다시 뼈를 깎는 수행을 하여 한 게송을 남겼으니, 지금도 많은 사람들에게 회자되고 있다.

面上無瞋供養具(면상무진공양구)
　　성안내는 그 얼굴이 참다운 공양구요
口裡無瞋吐妙香(구리무진토묘향)
　　부드러운 말 한마디 미묘한 향이로다.
心裡無瞋是眞實(심리무진시진실)
　　깨끗해 티가 없는 진실한 그 마음이
無染無垢是眞常(무염무구시진상)
　　언제나 한결같은 부처님 마음일세.

<如如偈(여여게)>

報化非眞了妄緣(보화비진요망연)
　　보신화신 참아니니 거짓인줄 바로알면
法身淸淨廣無邊(법신청정광무변)
　　법신만이 청정하고 허공처럼 무변하네.
千江流水千江月(천강유수천강월)
　　천개의강 흐르는물 모든강에 달비추고
萬里無雲萬里天(만리무운만리천)
　　구름없는 저허공은 그대로가 하늘이라.

㉮'갖추어진 거룩한 특징들'이 아니옵기로 ㉯'갖추어진 거룩한 특징들'이라 하옵니다.」 /

[非說所說分 第二十一] No. 271 ⇨ 원문 p.32 ℓ.3

<후> 須菩提야 汝勿謂如來作是念하되 我當有所說法이라하라 莫作是念

㉮	1			
㉯	2			
㉰	3			
㉱	4		◎	
	5	아닐	비	非	3
	6	말씀	설	說	1
	7	바	소	所	2
	8	말씀	설	說	
	9	나눌	분	分	4
	10				
	11	차례	제	第	
	12	두	이	二	
	13	열	십	十	
	14	한	일	一	

제21분, 법을 설하는 사람도
설(說)해진 바 법도 없다.

≪개요≫

「무득무설분(無得無說分) 제7」에서 이미 밝혔듯 법(法. 진리)은 언설로써 표현할 수 없는 것임을 밝히신 부분이다. 불교에서 후학을 위해 설하는 것을 '법문(法門)을 설한다'고 하는 것도 법(法) 그 자체는 설할 수도 또 설해 질 수도 없는 것이기 때문이다.

다만 이 부분은 앞의 「이색이상분(離色離相分) 제20」에 이어 법신(法身)이 주제가 되고 있음에 주의할 필요가 있다.

★소명태자(昭明太子)의 '32분(分)'
1.法會因由分 2.善現起請分 3.大乘正宗分 4.妙行無住分 5.如理實見分 6.正信希有分 7.無得無說分 8.依法出生分 9.一相無相分 10.莊嚴淨土分 11.無爲福勝分 12.尊重正敎分 13.如法受持分 14.離相寂滅分 15.持經功德分 16.能淨業障分 17.究竟無我分 18.一體同觀分 19.法界通化分 20.離色離相分 21.非說所說分 22.無法可得分 23.淨心行善分 24.福智無比分 25.化無所化分 26.法身非相分 27.無斷無滅分 28.不受不貪分 29.威儀寂靜分 30.一合理相分 31.知見不生分 32.應化非眞分

㉮㉯㉰㉱

No. 272 ⇨ 원문 p.32 ℓ.4 [非說所說分 第二十一]

<전> 非說所說分 第二十一

㉮	1	모름지기	수	須	
	2	보살	보	菩	
	3	끝'제' 들'제'	리	提	
	4			야	
㉯	5	너	여	汝	1
	6	말	물	勿	11
	7	이를	위	謂	10
	8	같을	여	如	2
	9	올	래	來	
	10	지을	작	作	4
	11	이	시	是	3
	12	생각	념	念	
	13			하되	
	14	나	아	我	5
	15	마땅	당	當	6
	16	있을	유	有	9
	17	바	소	所	8
	18	말씀	설	說	7
	19	법	법	法	
	20			이라 하라	
㉰	21	말.~하지 말라	막	莫	3
	22	지을	작	作	2
	23	이	시	是	1
	24	생각	념	念	

◆ 六祖口訣

1 274-5 / 須菩提 說法者 無法可說 是名說法

①凡夫說法 心有所得故 佛告須菩提 如來說法 心無所得 凡夫作能解心說 如來語默皆如 所發言辭 如響應聲 任用無心 不同凡夫生滅心說 若言如來說法 心有生滅者 卽爲謗佛 ②維摩經云 夫說法者 無說無示 聽法者 無聞無得[1] 了萬法空寂 一切名言 皆是假立 於自空性中 熾然建立一切言辭 演說諸法 無相無爲 開導迷人 令見本性 修證無上菩提 是名說法

①범부의 설법은 마음에 얻는 것이 있으므로 부처님께서 수보리 존자에게 말씀하시기를 '여래의 설법은 마음에 얻는 바가 없느니라. 범부는 아는 마음으로 설법을 하지만 여래는 말하는 것이나 잠잠한 것이나 다 같아 말을 일으키는 것이 메아리처럼 무심하게 하는 것이어서 범부가 생멸하는 마음으로 설법하는 것과는 다르다. 만일 여래의 설법이 그 마음에 생멸이 있다고 말한다면 곧 부처를 비방하는 것이니라.' 하셨다. ②『유마경』에 이르시기를 「대저 설법(說法)은 말도 없고 보여주는 것도 없으며, 청법(聽法)은 듣거나 얻는 것이 없느니라.」하셨다. 만가지 법이 공적해서 온갖 이름과 말이 다 거짓으로 성립된 것임을 요달하면, 스스로 공한 성품 가운데 일체의 말을 부산하게 세워서 설법하지만, 상도 없고 행위도 없이 미혹한 사람을 계몽해서 근본성품을 보게 하고 무상의 보리를 닦아서 증득하도록 하는 것 이것이 설법이다.

• (1)『維摩詰所說經』(大正藏, 卷14 p. 540a) / 夫說法者無說無示 其聽法者無聞無得

⊙설법(說法) ; 사바세계를 음성교체세계(音聲敎體世界)라 하듯 부처님께서는 정각을 성취하신 후 열반에 이르시기까지 45년이라는 장구한 세월 동안 많은 말씀으로 중생을 제도하셨다. 그 자취가 오늘날 팔만대장경(八萬大藏經)에 수록된 수많은 경전이다. 즉, 이와 같이 진리의 말씀을 중생들에게 드리우시는 형식을, 그리고 후일 경전의 내용을 주제로 불제자에 의해 설해지는 것까지 포함해서 통칭 설법(說法)이라 한다.

영명지각수선사(永明智覺壽禪師. 904-975)는 『팔일성해탈문(八溢聖解脫門)』에서는 '說法者 滿佛之願也 (설법자 만불지원야 / 설법이란 부처님의 원을 채움이다)'라 하였다.

㉮「수보리야. ㉯여래가 생각하기를 '내가 말한 법이 있다.'하리라고 너는 생각지 말라. ㉰그런 생각을 말지니 /

[非說所說分 第二十一] No. 273 ⇨ 원문 p.32 ℓ.5

<후> 所說故니라 須菩提야 說法者는 無法可說일새 是名說法이니라 爾時

	1			이니	
㉮	2	어찌	하	何	
	3	써	이	以	
	4	연고	고	故	
	5			오	
㉯	6	만약	약	若	
	7	사람	인	人	
	8			이	
㉰	9	말씀	언	言	4
	10	같을	여	如	⎫ 1
	11	올	래	來	⎭
	12	있을	유	有	3
	13	말씀	설	說	⎫ 2
	14	법	법	法	⎭
	15			이라 하면	
㉱	16	곧	즉	卽	1
	17	할	위	爲	3
	18	힐뜯을 비방할	방	謗	⎫ 2
	19	부처	불	佛	⎭
	20			이니	
㉲	21	아닐	불	不	5
	22	능할	능	能	1
	23	알	해	解	4
	24	나	아	我	2

※다음 게송은 관세음보살을 소례로 거행하는 권공의식(勸供儀式)의 '가영(歌詠)'이다.

<歌詠(가영)>
白衣觀音無說說(백의관음무설설)
　　대성자모 백의관음 말씀없이 이르시고
南巡童子不聞聞(남순동자불문문)
　　시봉드는 남순동자 들음없이 듣습니다.
瓶上綠楊三際夏(병상녹양삼제하)
　　감로수병 푸른버들 일년내내 여름이요
巖前翠竹十方春(암전취죽시방춘)
　　바위앞쪽 비취빛대 온세상이 봄이라네.
-주(註)-
가영(歌詠) ; 소례이신 불·보살님의 공덕을 찬탄한 게송.

※다음 내용은 설법의식 가운데 '거량(擧揚)' 가운데 일부분이다.
我有一卷經 不因紙墨成 展開無一字 常放大光明 上來
아유일권경 불인지묵성 전개무일자 상방대광명 상래
召請 諸佛子等 各列位靈駕 還會得 此常放光明底 一句
소청 제불자등 각열위영가 환회득 차상방광명저 일구
麼 此一着子 釋迦未出世 人人鼻孔撩天 達磨未到時 個
마 차일착자 서가미출세 인인비공요천 달마미도시 개
個脚跟點地
개각근점지

나에게 한 권의 경이 있나니 / 종이나 먹으로 이루어진 것이 아니라네 // 펼쳐 보면 한 글자도 없지만 / 언제나 위대한 광명을 놓는다네.

지금까지 청해 모신 불법과 인연 있는 모든 영가시여! / 여쭙거니와 언제나 위대한 광명을 놓는다는 이 치를 깊이 깨달으셨습니까? 이 소식은, 석존께서 세간에 나오시기 전에 사람사람이 갖춘 것이요, 달마께서 이 땅에 오시기 전에 모든 사람이 지닌 것입니다.
-주(註)-
'거량(擧揚)'이라 함은, 고측(古則)·공안(公案)을 들어 대중에게 불교의 진수(眞髓)를 보임이니, 이는 곧 일반대중은 물론 영가로 하여금 본 법회에 참예하도록 명분을 제공함이다. 『불본행집경(佛本行集經)』 권50 설법의식품(說法儀式品)에는 설법자의 자질과 설법 장소·장엄·법좌(法座)·결계(結界)·가영(歌詠) 등이 자세히 설해져 있다. 이는 모두 진리에 보다 효과적으로 접근하기 위한 방편으로 설해진 것이며, 여기서 말하는 거량이란 곧 이를 제도화한 것이다.

㉮무슨 까닭이겠는가? ㉯어떤 사람이 ㉰'여래께서 말씀하신 법이 있다.'한다면 ㉱곧 부처님을 비방하는 것이니, ㉲나의 말뜻을 모르기 때문이니라. /

- 273 -

No. 274 ⇨ 원문 p.32 ℓ.6 [非說所說分 第二十一]

<전> 이니 何以故오 若人이 言如來有說法이라하면 卽爲謗佛이니 不能解我

			한글	한자	
		1	바	소	所 ⎫
		2	말씀	설	說 ⎬ 3
		3	연고	고	故 ⎭ 6
		4			니라
①	㉮	5	모름지기	수	須
		6	보살	보	菩
		7	끝'제' 들'제'	리	提
		8			야
	㉯	9	말씀	설	說 ⎫ 1
		10	법	법	法 ⎬
		11	놈 ~것	자	者 ⎭ 2
		12			는
	㉰	13	없을	무	無 ⎫ 1
		14	법	법	法 ⎬
		15	옳을 가히(=능히)	가	可 ⎭ 2
		16	말씀	설	說 3
		17			일새
	㉱	18	이	시	是 1
		19	이름	명	名 2
		20	말씀	설	說 ⎫ 3
		21	법	법	法 ⎬
		22			이니라
	㉲	23	너 그	이	爾 ⎫
		24	때	시	時 ⎭

㉮수보리야, ㉯법을 말한다는 것은 ㉰법이 없음을 말하는 것이니 ㉱이를 이름하여 설법이라 하느니라.」 ㉲그때 /

[非說所說分 第二十一] No. 275 ⇨ 원문 p.32 ℓ.7

<후> 聞說是法하고 生信心不잇가 佛言하사대 須菩提야 彼非衆生이며 非不

	1		에	
㉮	2 지혜	혜	慧	⊙혜명(慧命) ; 수보리(須菩提. subūhti) 존자.
	3 목숨	명	命	
	4 모름지기	수	須	
	5 보살	보	菩	
	6 끌 '제' 들 '제'	리	提	
	7		ㅣ	
㉯	8 흰 고할	백	白	2
	9 부처	불	佛	⎫1
	10 말씀	언	言	⎭
	11		하대	
㉰	12 대(代) 세상	세	世	
	13 높을	존	尊	
	14		하	
㉱	15 자못	파	頗	1 ⊙파 … 부(頗 … 不) ; '…까? 아닐까?' 파(頗)는 의문을 나타냄. / 頗(자못 '파')
	16 있을	유	有	2
	17 무리	중	衆	⎫3
	18 날	생	生	⎭
	19		이	
㉲	20 어조사	어	於	2
	21 아닐	미	未	⎫
	22 올	래	來	1
	23 인간	세	世	⎭
	24		에	

㉮혜명 수보리가 ㉯부처님께 사뢰었다. ㉰「세존이시여, ㉱어떤 중생이 ㉲오는 세상에 /

No. 276 ⇨ 원문 p.32 ℓ.8 [非說所說分 第二十一]

＜전＞에 慧命須菩提가 白佛言하대 世尊하 頗有衆生이 於未來世에

		한글	한자(한글)	한자	
㉮	1	들을	문	聞	3
	2	말씀	설	說	2
	3	이	시	是	1
	4	법	법	法	
	5			하고	
㉯	6	날	생	生	2
	7	믿을	신	信	1
	8	마음	심	心	
	9	아닐	부	不	3
	10			잇가	
㉰	11	부처	불	佛	
	12	말씀	언	言	
	13			하사대	
㉱	14	모름지기	수	須	
	15	보살	보	菩	
	16	끝 '제' 들 '제'	리	提	
	17			야	
㉲	18	저	피	彼	1
	19	아닐	비	非	3
	20	무리	중	衆	2
	21	날	생	生	
	22			이며	
㉳	23	아닐	비	非	3
	24	아닐	불	不	2

※ 다음 내용은 설법의식 가운데 '입정(入定)' 및 '무설설 불문문(無說說 不聞聞)'에 관한 이해를 돕기 위한 것이다.

입정(入定)이란 선정에 듦을 말한다. 즉, 마음을 한 곳에 머물게 해서 신·구·의 삼업(三業)의 번뇌스러운 작용을 멈추게 하는 것인데, 여기서는 곧 이어질 설법을 경청하고 법사의 의도대로 법문의 내용을 수지(受持)하기 위해 삼업을 고요히 하는 것이다. 즉 새것을 담기 위해 먼저 것을 비우는 작업이라 하겠다.

한편 이렇듯 삼업의 작용을 멈춤은 곧 그릇에 담긴 물을 고요히 하는 것과 같다. 즉 정지된 맑은 물에는 만상(萬狀)이 드러나듯 청법자(聽法者)가 상근기(上根機)라면 이미 이때 이심전심으로 설법의 요지를 전해 받아 더 이상 말하고 들을 것이 없다 할 것이다.

이와 같은 내용을 『작법귀감(作法龜鑑)』 소수 「대령정의(對靈正儀)」의 주에는 법주(法主)가 행하는 일련의 의식에 대해 다음과 같이 언급하였다.

次法主 良久運觀 待上根 振鈴三下 待中根 次着語
차법주 양구운관 대상근 진령삼하 대중근 차착어
待下根也
대하근야

다음, 법주가 양구하며 관(觀)을 운용하는 것은 상근기를 대함이요, 요령을 세 번 흔드는 것은 중근기를, 그리고 착어(着語)하는 것은 하근기를 대하는 것이다.

또, 이를 전제로 '양구운관 대상근(良久運觀 待上根)'이라는 대목에 대해 상설하기를,

何以運觀 次良久處 高提祖令 則如倚天長劍 纖塵不
하이운관 차양구처 고제조령 즉여의천장검 섬진불
立 寸草不生 則本無生死之一着子 覿面提持此一着子
립 촌초불생 즉본무생사지일착자 적면제지차일착자
人人本具 箇箇圓成 誰爲說者 誰爲聽者 今日之事 無
인인본구 개개원성 수위설자 수위청자 금일지사 무
風起浪也 此達摩所傳 無紋印字也
풍기랑야 차달마소전 무문인자야

어찌하여 관(觀)을 하는가? 이 양구하는 도리는, 조사의 가르침을 높이 받듦이 곧 하늘을 의지한 긴 칼 —반야대지의 비유— 과 같아서 잔 먼지[=번뇌]도 있을 수 없고, 띠[=망상] 조차 생기지 않는다. 즉 본래 생사가 없다는 일구[=일착자]는 당장에 일체 번뇌를 없앤다. 이 일구는 사람사람이 본래 갖추고

㉮이런 법문을 듣잡고 ㉯믿음을 낼 이가 있겠나이까?」 ㉰부처님께서 대답하셨다. ㉱「수보리야, ㉲저들은 중생도 아니오 ㉳중생 아님도 아니니 /

- 276 -

[非說所說分 第二十一] №. 277 ⇨ 원문 p.32 ℓ.9

<후> 是名衆生이니라

㉮	1	무리	중	衆 ⎫
㉯	2	날	생	生 ⎬ 1
㉰	3			이니
㉱	4	어찌	하	何
	5	써	이	以
	6	연고	고	故
	7			오
	8	모름지기	수	須
	9	보살	보	菩
	10	끌 '제' 들 '제'	리	提
	11			야
	12	무리	중	衆 ⎫
	13	날	생	生 ⎬ 1
	14	무리	중	衆 ⎫
	15	날	생	生 ⎬ 2
	16	놈 ~것	자	者 ⎬ 3
	17			는
	18	같을	여	如 ⎫
	19	올	래	來 ⎬ 1
	20	말씀	설	說 ⎬ 4
	21	아닐	비	非 ⎬ 3
	22	무리	중	衆 ⎫
	23	날	생	生 ⎬ 2
	24			일새

있으며, 누구의 것이라도 원만한 것이니 누가 설하는 자이며 누가 듣는 자이리요?! 오늘의 일[=법회]도 바람 없이 일어난 파도일 뿐이니. 이러한 도리야말로 달마가 전한 그림자 없는 도장[印]의 글자[=내용]이니라.

하였다. 즉, 설법 전에 행하는 입정은 두 가지 목적에서 거행하는 것으로 정리할 수 있다. 하나는, 입정 이전의 다소 들 뜬 마음[도거(掉擧)]을 가라앉히고 문법(聞法)의 자세를 갖추게 하려는 것이고, 다른 하나는, 상근기 중생에게 법을 전하는 것이라 하겠다.

⊙중생중생(衆生衆生) ; '중생'을 반복함으로 해서 음악적인 효과와 그 수가 많음을 강조한 것이다.

㉮무슨 까닭이겠는가? ㉯수보리야 ㉰중생이라 중생이라 한 것은 ㉱여래가 말하기를 중생이 아니므로 /

No. 278 ⇨ 원문 p.32 l.10 [非說所說分 第二十一]

<전> 衆生이니 何以故오 須菩提야 衆生衆生者는 如來說非衆生일새

㉮			
1	이	시 是	1
2	이름	명 名	3
3	무리	중 衆	2
4	날	생 生	
5		이니라	
6			
7			
8			
9			
10			
11			
12			
13			
14			
15			
16			
17			
18			
19			
20			
21			
22			
23			
24			

㉮이를 이름하여 중생이라 하느니라.」 /

[無法可得分 第二十二] No. 279 ⇨ 원문 p.33 ℓ.1

<후> 須菩提ㅣ 白佛言하대 世尊하 佛이 得阿耨多羅三藐三菩提는

㉮	1			
㉯	2			
㉰	3			
㉱	4		◎	
	5	없을	무	無	4
	6	법	법	法	1
	7	옳을 가히(=능히)	가	可	2
	8	얻을	득	得	3
	9	나눌	분	分	5
	10				
	11	차례	제	第	
	12	두	이	二	
	13	열	십	十	
	14	두	이	二	
	15				
	16				
	17				
	18				
	19				
	20				
	21				
	22				
	23				
	24				

제22분, 진리는 얻어지는 것이 아니다.

≪개요≫
　얻는다 함은 자신에게 없는 것을 외부로부터 취함을 의미한다. 그런데 '아뇩다라삼먁삼보리'는 본래 일체중생에게 구족(具足)해 있는 것이다. 따라서 '얻는다'함은 옳지 않음을 일깨워 주신 것이다.

★소명태자(昭明太子)의 '32분(分)'
1.法會因由分　2.善現起請分　3.大乘正宗分　4.妙行無住分　5.如理實見分　6.正信希有分　7.無得無說分　8.依法出生分　9.一相無相分　10.莊嚴淨土分　11.無爲福勝分　12.尊重正敎分　13.如法受持分　14.離相寂滅分　15.持經功德分　16.能淨業障分　17.究竟無我分　18.一體同觀分　19.法界通化分　20.離色離相分　21.非說所說分　22.無法可得分　23.淨心行善分　24.福智無比分　25.化無所化分　26.法身非相分　27.無斷無滅分　28.不受不貪分　29.威儀寂滅分　30.一合理相分　31.知見不生分　32.應化非眞分

- 279 -

No. 280 ⇨ 원문 *p.33 ℓ.2* [無法可得分 第二十二]

<전> 無法可得分 第二十二

①						
㉮	1	모름지기	수	須	}	1
	2	보살	보	菩		
	3	끝 '제' 들 '제'	리	提		
	4			ㅣ		
	5	고할	백	白		3
	6	부처	불	佛		2
	7	말씀	언	言		4
	8			하대		
㉯	9	인간	세	世	}	1
	10	높을	존	尊		
	11			하		
	12	부처	불	佛		2
	13			이		
	14	얻을	득	得		4
	15	언덕	아	阿	}	
	16	김맬 '누'	녹	耨		
	17	많을	다	多		
	18	새그물	라	羅		
	19	석	삼	三		3
	20	아득할 '막'	먁	藐		
	21	석	삼	三		
	22	보리	보	菩		
	23	끝	리	提		
	24			는		

◆ 六祖口訣

① 280-1 / 須菩提白佛言 世尊 佛得阿耨多羅三藐三菩提 爲無所得也 佛言 如是如是 須菩提 我於阿耨多羅三藐三菩提 乃至 無有少法可得 是名阿耨多羅三藐三菩提

須菩提言 所得心盡 卽是菩提 佛言如是如是 我於菩提 實無希求心 亦無所得心 以如是故 得名爲阿耨多羅三藐三菩提也

수보리 존자가 '소득이 있다는 마음이 다 없어진 것이 곧 보리이옵니까?' 하니 부처님께서 '그러니라. 그러니라. 내가 보리를 실로 희구하는 마음이 없고, 또 얻었다는 마음이 없었으니 이렇기 때문에 아뇩다라삼먁삼보리라고 이름하였느니라.'고 말씀하셨다.

㉮수보리가 부처님께 사뢰었다. ㉯「세존이시여、부처님께서 아뇩다라삼먁삼보리를 얻으셨다 하시옴은 /

- 280 -

[無法可得分 第二十二] №281 ⇨ 원문 p.33 ℓ.3

<후> 三藐三菩提에 乃至無有少法可得일새 是名阿耨多羅三藐三

㉮	1	할	위	爲	2
	2	없을	무	無	
	3	바	소	所	1
	4	얻을	득	得	
	5	어조사	야	也	3
	6			이니까	
㉯	7	부처	불	佛	
	8	말씀	언	言	
	9			하사대	
㉰	10	같을	여	如	
	11	이	시	是	
	12	같을	여	如	
	13	이	시	是	
	14			니라	
㉱	15	모름지기	수	須	
	16	보살	보	菩	
	17	끝 '제' 들 '제'	리	提	
	18			야	
㉲	19	나	아	我	1
	20	어조사	어	於	3
	21	언덕	아	阿	
	22	김맬 '누'	녹	耨	2
	23	많을	다	多	
	24	새그물	라	羅	

㉮얻으신 바가 없음을 이르심이옵니까?」 ㉯부처님께서 말씀하셨다. ㉰「네 질문과 같으니라. ㉱수보리야, ㉲내가 아뇩다라삼먁삼보리는 물론이려니와 /

No. 282 ⇨ 원문 p.33 ℓ.4 [無法可得分 第二十二]

<전> 爲無所得也이니까 佛言하사대 如是如是니라 須菩提야 我於阿耨多羅

1	석	삼	三	
2	아득할 '막'	먁	藐	
3	석	삼	三	
4	보리	보	菩	
5	끝	리	提	
6			에	
㉮ 7	이에	내	乃	1
8	이를	지	至	
9	없을	무	無	6
10	있을	유	有	5
11	적을	소	少	2
12	법	법	法	
13	옳을 가히(=능히)	가	可	3
14	얻을	득	得	4
15			일새	
㉯ 16	이	시	是	1
17	이름	명	名	3
18	언덕	아	阿	
19	김맬 '누'	뇩	耨	
20	많을	다	多	
21	새그물	라	羅	2
22	석	삼	三	
23	아득할 '막'	먁	藐	
24	석	삼	三	

※ 열반(涅槃. nirvāṇa)

열반(涅槃)은 불교에서 말하는 최고의 이상향(理想鄕)이다. 그럼에도 많은 사람들이 죽음과 동의어로 생각하는 경향이 있다. 열반의 한역이 '적정(寂靜)' '적멸(寂滅)'인데서 오는, 혹은 석존이나 큰스님들께서 세연(世緣)을 마치신 상황을 열반이라 부른데 연유하기도 한다.

그렇게 오해될 수도 있다. 완전한 열반은 인연에 의해 이루어진 유위법(有爲法) 가운데서는 찾을 수 없다. 인연이 다하면 멸(滅)하기 때문이다. 주변에서 보듯 무엇이든 만들어지거나 생겨나면 당분간은 제 모습을 유지하는 듯 하지만 점차 모습이 변하고 성능도 떨어진다. 그러다 결국에는 폐기처분된다. 사람도 예외는 아니다. 사람이 겪는 생노병사(生老病死)가 방금 전 물건에서 본 그것과 전혀 다르지 않다. 오히려 물건에서는 볼 수 없는 헤아리기 어려울 만큼 많은 심리적 고통까지 더불어 지니고 있다.

불교에서 말하는 진정한 행복이란 이런 고통이 없는 상태를 말하는 것이다. 이때 반문(反問)이 '그렇다면 나(我)라는 자체가 없어야 하지 않는가?'라는 것이다. 전혀 잘못된 이야기라고는 하지 않겠다. 그러나 무릎 아픈 사람이 원하는 것은 무릎의 통증이 가라앉고 그 원인이 사라지는 것이지 무릎 자체가 없어지는 것이 아니듯 나 자신이 없어짐을 열반이라 하는 것이 아니다. 앞서 말한 사고팔고(四苦八苦)가 없어진 상황을 말하는 것이다.

그런데 그 사고팔고(四苦八苦)가 없어지려면 근본적으로 다스려야 하는 것이 있다. 방금 전 '나라는 자체가 없어야 하지 않는가?'라고 했던 그 질문에서와 같이 자기 존재에 대한 잘못된 인식부터 바꾸지 않으면 안 된다. 불교에서 요구하는 깨달음이 '본래 태어남이 없다는 이치[無生法忍]'다. 본래 생(生)이 아닌 것을 생(生)이라 오해하는데서 모든 어려움이 생긴 것이다.

흔히 인생을 꿈에다 비유하는데 그 꿈은 어떤 종류의 꿈이든 꿈일 뿐이다. 그 꿈에 연연하는 사람이 있다면 우리는 그 사람에게 어떤 조언을 해야하겠는가? 자! 이제 꿈하고는 전혀 상관없는 자기 자신을 찾아야 한다. 진정한 자아(自我)!

다음과 같은 일화는 자아를 찾는데 도움이 될 것 같아 소개한다.

옛날 어떤 수자(修者)가 선(禪)의 본체(本體)를 잡으려고 무던히 애를 썼다. 선의 본체는 무심(無心)이다. 무심만 잡히면 선의 본체가 파악된다고 생각

㉮내지 달리 조그만 법도 가히 얻음이 없기로 ㉯이를 이름하여 아뇩다라삼먁삼보리라 하느니라」 /

[無法可得分 第二十二] No. 283 ⇨ 원문 p.33 ℓ.5

<후> 淨心行善分 第二十三

			菩
㉮ 1	보리	보	提
㉯ 2	끝	리	
㉰ 3			니라
㉱ 4			
5			
6			
7			
8			
9			
10			
11			
12			
13			
14			
15			
16			
17			
18			
19			
20			
21			
22			
23			
24			

한 수자는 어느 날 장작을 패다가 '무심'이 바로 눈앞 나뭇가지 위에 앉아 알랑거리는 모습을 발견했다. 그래서 수자는 장작을 패는 척하면서 '무심'의 거동을 살폈다. 그러다가 영락없이 '무심'이란 놈을 찍을 수 있으리라 생각하며 얼른 도끼를 내던졌다.

그러나 '무심'은 옆가지에 벌써 옮겨 앉아 손뼉을 치면서 웃고 있었다. 수자는 다시 도끼를 집어들고 한동안 장작을 패다가 이번엔 틀림없이 하며 더욱 날쌔게 도끼를 던졌다.

그러나 이번에도 실패였다. '무심'은 훨씬 앞질러 수자의 마음을 읽고 있었다. '무심'의 그같이 눈치 빠른 행동은 계속되어 수자는 실패에 실패를 거듭하게 되었다.

아, 그런데 어느 순간 '무심'이 수자의 도끼에 걸리고 말았다. 수자가 아무 생각 없이 열심히 장작을 패고 있는 사이에 도끼 자루가 빠져서 '무심'의 정수리를 찍은 것이다. 아무 생각 없이, 그야말로 수자의 무심한 도끼질에 '무심'은 잡히고 만 것이다.

진정한 행복인 열반은 무위법(無爲法)이다. 무위법을 유위법으로 헤아려선 알 수도 얻을 수 없다. 의상스님께서는 이런 경지를 <법성게(法性偈)>에서 '증지소지비여경(證智所知非餘境. 깨달아야 알바로서 달리알수 없는경계)'이라 말씀하셨다. 맛을 본 사람만이 그 맛을 안다는 말씀이다.

No. 284 ⇨ 원문 p.33 ℓ.7 [淨心行善分 第二十三]

<전> 菩提니라

1			
2			
3			
4		◎	
5	깨긋할	정	淨 ⎫
6	마음	심	心 ⎬ 1
7	행할	행	行 ⎭ 3
8	착할	선	善 2
9	나눌	분	分 4
10			
11	차례	제	第
12	두	이	二
13	열	십	十
14	석	삼	三
15			
16			
17			
18			
19			
20			
21			
22			
23			
24			

제23분, 청정한 마음으로
　　　　　　선(善)을 행하라.

≪개요≫
　일체중생 모두에게 더함도 덜함도 없는 법 아뇩다라삼먁삼보리가 구족되어 있으므로 마치 한 손이 다른 한 손을 돕듯 일체의 상(相)을 떠나 선법(善法)을 행하면 모두가 함께 법락(法樂)을 즐기게 됨을 말씀하신 부분이다.

★소명태자(昭明太子)의 '32분(分)'
1.法會因由分　2.善現起請分　3.大乘正宗分　4.妙行無住分　5.如理實見分　6.正信希有分　7.無得無說分　8.依法出生分　9.一相無相分　10.莊嚴淨土分　11.無爲福勝分　12.尊重正敎分　13.如法受持分　14.離相寂滅分　15.持經功德分　16.能淨業障分　17.究竟無我分　18.一體同觀分　19.法界通化分　20.離色離相分　21.非說所說分　22.無法可得分　23.淨心行善分　24.福智無比分　25.化無所化分　26.法身非相分　27.無斷無滅分　28.不受不貪分　29.威儀寂滅分　30.一合理相分　31.知見不生分　32.應化非眞分

[淨心行善分 第二十三] №. 285 ⇨ 원문 p.33 ℓ.8

<후> 藐三菩提니 以無我無人無衆生無壽者로 修一切善法하면 即

㉮	1	돌아올 '복' 다시	부	復	1
	2	버금	차	次	
	3	모름지기	수	須	2
	4	보살	보	菩	
	5	끌 '제' 들 '제'	리	提	
	6			야	
㉯	7	이	시	是	1
	8	법	법	法	
	9			이	
	10	평평할	평	平	2
	11	가지런할	등	等	
	12			하야	
	13	없을	무	無	5
	14	있을	유	有	4
	15	높을	고	高	3
	16	아래	하	下	
	17			일새	
㉰	18	이	시	是	1
	19	이름	명	名	3
	20	언덕	아	阿	
	21	김맬 '누'	녹	耨	
	22	많을	다	多	2
	23	새그물	라	羅	
	24	석	삼	三	

◆ 六祖口訣

① 286-6 / 以無我無人無衆生無壽者 修一切善法 即得阿耨多羅三藐三菩提

①菩提法者 上至諸佛 下至昆蟲 盡含種智 與佛無異 故言平等 無有高下 以菩提無二故 但離四相 修一切善法 即得菩提 若不離四相 雖修一切善法 轉增我人 欲證解脫之心 無由可得 若離四相 而修一切善法 解脫可期 ②修一切善法者 於一切法 無有染著 對一切境 不動不搖 於世出世法 不貪不愛 於一切處 常行方便 隨順衆生 使之歡喜信服 爲說正法 令悟菩提 如是始名修行 故言修一切善法

①'보리법(菩提法)'이란 위로는 모든 부처님에 이르고 아래로는 곤충에 이르기까지 모두가 지니고 있는 근본지혜로 부처와 더불어 다름이 없다. 그래서 '평등해서 높고 낮음이 없다'고 말씀하신 것이고, 보리는 둘이 없으므로 사상(四相)을 여의고 일체의 선법을 닦으면 곧 보리를 얻는다. 만일 사상을 여의지 못하면 비록 일체의 선법을 닦을지라도 점점 아상·인상만 더하게 되어, 해탈을 증득하고자 하는 마음뿐 얻을 기약이 없다. 만일 네 가지 관념(相)을 여의고 일체의 선법을 닦으면 해탈을 가히 기약할 수 있을 것이다. ②일체의 선법을 닦는다는 것은 일체법에 물들거나 집착함이 없고, 일체의 경계를 대함에 움직이거나 흔들리지 않으며, 세간법과 출세간법을 탐하지도 애착하지도 않으며, 어느 곳에서나 항상 방편을 베풀어 중생을 따라주어 그들로 하여금 기쁜 마음으로 믿고 복종하게 하고 바른 법을 설해 보리를 깨닫도록 하는 것이니, 이래야 비로소 수행이라 할 수 있다. 그러므로 일체의 선법을 닦는다고 말한 것이다.

② 287-12 / 須菩提 所言善法者 如來說即非善法 是名善法

修一切善法 希望果報 即非善法 六度萬行 熾然俱作 心不望報 是名善法

일체의 선법을 닦되 과보를 희망하는 것은 곧 선법이 아니고, 육도만행을 열렬히 갖추어 짓더라도 마음에 과보를 바라지 않아야 이를 선법이라 이름하느니라.

㉮「또 수보리야, ㉯이 법은 평등하여 높은 것도 없고 낮은 것도 없으므로 ㉰아뇩다라삼먁삼보리라 이름하나니, /

No. 286 ⇨ 원문 p.33 ℓ.9 [淨心行善分 第二十三]

<전> 復次須菩提야 是法이 平等하야 無有高下일새 是名阿耨多羅三

		한글	한자	
	1	아득할 '막'	막	藐
	2	석	삼	三
	3	보리	보	菩
	4	끝	리	提
	5			니
㉮	6	써	이	以
	7	없을	무	無
	8	나	아	我
	9	없을	무	無
	10	사람	인	人
	11	없을	무	無
	12	무리	중	衆
	13	날	생	生
	14	없을	무	無
	15	목숨	수	壽
	16	놈	자	者
	17			로
㉯	18	닦을	수	修
	19	한	일	一
	20	온통	체	切
	21	착할	선	善
	22	법	법	法
	23			하면
㉰	24	곧	즉	卽

※ 其十은 居衆中하야 心常平等이어다
割愛辭親은 法界平等이니 若有親疎면 心不平等이니라 雖復出家나 何德之有리요 心中에 若無憎愛之取捨하면 身上에 那有苦樂之盛衰리요 平等性中에 無彼此하고 大圓鏡上에 絶親疎니라 三途出沒은 憎愛所纏이요 六道昇降은 親疎業縛이니라 契心平等하면 本無取捨니 若無取捨인댄 生死何有리요
　頌曰
欲成無上菩堤道인댄　也要常懷平等心이어다
若有親疎憎愛計하면　道加遠兮業加深하리라

　그 열째, 대중은 가운데 있음에 마음이 항상 평등할지어다.
사랑을 베고 어버이를 하직한 것은 / 법계가 평등한 때문이니 / 만일 친소가 있다면 / 마음이 평등치 못함이라. / 비록 다시 출가한들 / 어찌 얻음이 있으리요. / 마음 가운데 만일 미워하고 사랑하여 취하고 버림이 없으면 / 몸 위에 어찌 괴로움과 즐거움의 성하고 쇠함이 있으리요. / 평등한 성품 가운데는 / 저쪽 이쪽이 없고 / 끝없이 원만한 거울 위에는 / 친하고 성김이 끊어지느니라. / 삼악도에 [끊임 없이] 나고 죽는 것은 / 미워하고 사랑함에 얽힌 때문이요 / 육도에 오르내림은 / 친소의 업에 묶인 때문이니라. / 마음이 평등에 계합하면 / 본래 취하고 버릴 것이 없나니 / 만일 취하고 버릴 것이 없다면 / 나고 죽음이 어찌 있겠는가?!
게송으로 말하노라.
위없는 보리도를 이루고자 할진댄 / 또한 요컨대 항상 평등한 마음을 지닐지어다.
만일 친하고 멀고, 미워하고 사랑하는 헤아림이 있다면 / 도는 더욱 멀어지고 업은 더욱 깊어지리라.
　　　　　　　　－「자경문(自警文)」－

㉮아상이 없고 인상·중생상·수자상도 없이 ㉯온갖 좋은 법을 행하면 ㉰곧 아뇩다라삼먁삼보리를 얻느니라. /

[淨心行善分 第二十三] No. 287 ⇨ 원문 p.33 ℓ.10

<후> 卽非善法일새 是名善法이니라

	1	얻을	득	得
	2	언덕	아	阿
	3	김맬 '누'	뇩	耨
	4	많을	다	多
	5	새그물	라	羅
	6	석	삼	三
	7	아득할 '막'	먁	藐
	8	석	삼	三
	9	보리	보	菩
	10	끝	리	提
	11			하나니라
②㉮	12	모름지기	수	須
	13	보살	보	菩
	14	끝 '제' 들 '제'	리	提
	15			야
㉯	16	바	소	所
	17	말씀	언	言
	18	착할	선	善
	19	법	법	法
	20	놈	자	者
	21			는
㉰	22	같을	여	如
	23	올	래	來
	24	말씀	설	說

3

※<칠불통계게(七佛通戒偈)> 대2-551a
諸惡莫作 諸善奉行 自淨其意 是諸佛敎
나쁜 짓은 하지말고
착한 일만 행하여라.
스스로 그 뜻을 맑게 하는 것
이것이 모든 부처님의 가르침이시니라.

※<조과선사(鳥窠禪師)와 백낙천(白樂天)>

2   問[백낙천] : 어떤 것이 불법의 대의(大義)입니까?

답[조과선사] : 나쁜 일은 짓지 말고, 착한 일만 받들어 행하라. (諸惡莫作 衆善奉行)

問 : 그런 말은 세살 먹은 아이도 하는 말이 아닙니까?

답 : 세살 먹은 아이도 아는 일이로되 여든 된 노인도 행하기 어려운 일이니라. (三歲小孩兒雖道得 八十老人行不得)

*조과도림(鳥窠道林. 741~824) : 항주 부양사람. 9세 출가, 21세 형주 과원사에서 구족계를 받고 장안 사명사 복례(復禮)에게 화엄·기신을 배우고 경산의 도흠(道欽)을 찾아 심요(心要)를 깨닫다. 뒤에 진방산으로 돌아가 일산(日傘)과 같은 장송(長松)위에서 수행하였으므로 조과(鳥窠)선사라 하였다. 선종 제4조 도신(道信)선사의 문하 우두법융(牛頭法融)선사의 '우두종(牛頭宗)'제8세. 84세로 입적. / 窠(보금자리 과)

2 *백거이(白居易. 772~846) : 중국 당나라의 시인. 자는 낙천(樂天). 호는 향산거사(香山居士)·취음선생(醉吟先生). 일상적인 언어 구사와 풍자에 뛰어나며,
1 평이하고 유려한 시풍은 원진(元稹)과 함께 원백체(元白體)로 통칭된다. 작품에 '장한가', '비파행'이 유명하고, 시문집에 『백씨문집』 등이 있다.

3

4

5

㉮수보리야, ㉯[내가] 말한 바 좋은 법은 ㉰여래가 말하기를 좋은 법이 아니므로 /

No. 288 ⇨ 원문 p.34 ℓ.1 [淨心行善分 第二十三]

〈전〉 得阿耨多羅三藐三菩提하나니라 須菩提야 所言善法者는 如來說

1	곧	즉	卽	2
2	아닐	비	非	4
3	착할	선	善	3
4	법	법	法	
5			일새	
6	이	시	是	1
7	이름	명	名	3
8	착할	선	善	2
9	법	법	法	
10			이니라	

㉮ 착한 법이라 하느니라.」/

※ 지옥과 극락

염라대왕의 실수로 어떤 사람이 자신의 수명보다 일찍 염부(閻浮)에 가게 되었다. 장부 대조로 실수를 인정한 대왕은 사과했다. 그리고 이승으로 되돌려 보내기로 했다. 보내기에 앞서 사과의 의미로 무슨 소원이 있는지 물었다. 그러자 그 사람은 뜻밖에도,

「기왕에 여기까지 왔으니, 지옥과 극락을 살펴보고자 하옵니다.」하였다.

일찍이 없었던 일이나 대왕은 허락키로 했다. 그래서 사자(使者)를 따라 우선 지옥을 가보았다. 마침 점심때였는데 듣던 것과는 달리 잘 정돈되어 있었다. 뿐만 아니라 음식이 나오는데 한번도 보지 못한 산해진미가 가득했다. 그 사람은 속으로,

「이만하면 지옥도 괜찮은 곳이로군!」하였다.

그런데 모두 음식을 먹지 못하고 있었다. 양쪽 팔은 압박붕대로 고정되어 있었고, 수저는 보통 크기 그대로였다. 그래서 모습을 살펴보니 모두 피골이 상접해 있었고, 음식을 보고도 먹지 못하는 괴로움으로 얼굴은 일그러질 대로 일그러져 있었다.

이번에는 극락으로 가보았다. 그곳의 환경은 지옥과 별 차이가 없었다. 마침 그곳도 식사시간이었는데 음식이 나오자 즐거운 마음으로 웃으며 식사를 즐기기 시작하는 것이었다. 그렇다고 두 손이 자유롭다거나 수저의 길이가 적당히 길어진 것도 아니었다. 가만히 살펴보니 수저로 음식을 집어 본인이 먹는 것이 아니라 주위의 사람들에게 서로서로 제공하는 것이었다. 그래서 이 사람은 극락과 지옥의 차이가 어떤 것인지 생각했다.

※ 진정한 의미에서의 평등과 평화는 자신의 소중함만큼 상대의 소중함을 인정하고 존중할 때 가능하다. ⓢ

[福智無比分 第二十四] №289 ⇨ 원문 p.34 ℓ.3

<후> 須菩提야 若三千大千世界中에 所有諸須彌山王하여 如是等

1		
2		
3		
4		◎
5 복	복	福
6 지혜	지	智
7 없을	무	無
8 견줄	비	比
9 나눌	분	分
10		
11 차례	제	第
12 두	이	二
13 열	십	十
14 넉	사	四
15		
16		
17		
18		
19		
20		
21		
22		
23		
24		

1　제24분, [有爲인] 복(福)과
2　　　　[無爲인] 지혜는 비교할 수 없다.
4
3
5

≪개요≫
　경(經)의 공능(功能)은 비유컨대 거울과 같다. 즉 사람들이 거울을 애용하는 것은 거울 그 자체나 혹은 거울의 면(面)이 좋아서가 아니라 거울 안에 비친 자신의 모습을 보기 위함인 것이다. 경의 역할도 그와 같아서 자신의 심성(心性)을 보게 하고 또 깨닫게 하는데 그 공능이 있는 것이다.
　뿐만 아니라 개인 개인의 본래 심성은 무위(無爲)인 때문에 무위인 심성을 보고 깨우치게 하는 경의 공능 역시 무위이며, 무위인 경의 내용을 수지독송하고 다른 이를 위하여 가르쳐 주는 복덕 또한 무위인 것이다. 따라서 재시(財施)에 의한 유위(有爲)의 복덕과는 비교도 되지 않음을 일깨워주신 부분이다.

★소명태자(昭明太子)의 '32분(分)'
1.法會因由分　2.善現起請分　3.大乘正宗分　4.妙行無住分　5.如理實見分　6.正信希有分　7.無得無說分　8.依法出生分　9.一相無相分　10.莊嚴淨土分　11.無爲福勝分　12.尊重正敎分　13.如法受持分　14.離相寂滅分　15.持經功德分　16.能淨業障分　17.究竟無我分　18.一體同觀分　19.法界通化分　20.離色離相分　21.非說所說分　22.無法可得分　23.淨心行善分　24.福智無比分　25.化無所化分　26.法身非相分　27.無斷無滅分　28.不受不貪分　29.威儀寂滅分　30.一合理相分　31.知見不生分　32.應化非眞分

No. 290 ⇨ 원문 p.34 ℓ.4 [福智無比分 第二十四]

<전> 福智無比分 第二十四

①					
㉮	1	모름지기	수	須	
	2	보살	보	菩	
	3	끝 '제' 들 '제'	리	提	
	4			야	
㉯	5	만약	약	若	1
	6	석	삼	三	
	7	일천	천	千	
	8	큰	대	大	2
	9	일천	천	千	
	10	인간	세	世	
	11	지경	계	界	
	12	가운데	중	中	3
	13			에	
㉰	14	바	소	所	1
	15	있을	유	有	
	16	모두	제	諸	2
	17	모름지기	수	須	
	18	두루	미	彌	3
	19	뫼	산	山	
	20	임금	왕	王	
	21			하여	
㉱	22	같을	여	如	1
	23	이	시	是	
	24	무리	등	等	2

◆ 六祖口訣

① 290-1 / 須菩提 若三千大千世界中 所有諸須彌山王 如是等七寶聚 有人 持用布施 若人 以此般若波羅蜜經 乃至四句偈等 受持讀誦 爲他人說 於前福德 百分不及一 百千萬億分 乃至算數譬喩 所不能及

①大鐵圍山高廣 二百二十四萬里 小鐵圍山高廣 一百一十二萬里 須彌山高廣 三百三十六萬里 以此名爲三千大千世界 約理而言 卽貪嗔痴妄念 各具一千也 ②如爾許山盡如須彌 以況七寶數 持用布施 所得福德 無量無邊 終是有漏之因 而無解脫之理 摩訶般若波羅蜜多 四句經文雖少 依之修行 卽得成佛 ③是知持經之福 能令衆生 證得菩提 故不可比也

①대철위산의 높이와 폭은 224만리이고, 소철위산의 높이와 폭은 112만리이며, 수미산의 높이와 폭은 336만리이다. 그러므로 그 이름을 삼천대천세계라 하거니와 이치대로 말한다면, 곧 탐·진·치의 망령된 생각이 각각 천 가지씩 갖추고 있다. ②삼천대천세계에 있는 수미산 수대로 칠보의 무더기를 가지고 보시를 했다면 그렇게 해서 얻는 복덕도 무량무변할 것이다. 결국 이것은 유루의 인(因)이기에 해탈하는 이치는 없다. 위대한 지혜로 피안에 이르게 하는 네 글귀의 경문(經文)은 비록 적지만 이를 의지해서 수행하면 곧 부처를 이룰 수 있는 것이다. ③경을 지니는 복은 능히 중생으로 하여금 보리를 증득하게 함을 알 수 있으니 고로 가히 견줄 것이 없다.

㉮「수보리야, ㉯만일 누군가 ㉰삼천대천세계 안에 있는 여러 수미산들처럼 ㉱ 그렇게 거대한 칠보로 /

[福智無比分 第二十四] № 291 ⇨ 원문 p.34 ℓ.5

<후> 乃至四句偈等을 受持讀誦하고 爲他人說하면 於前福德으로는 百分

	번호	한글	한글2	한자	
	1	일곱		칠	七 ⎫ 3
	2	보배		보	寶 ⎬
㉮	3	모을		취	聚 ⎭ 4
	4				로
	5	있을	어떤	유	有
	6	사람		인	人
	7				이
㉯	8	가질		지	持 ⎫ 1
	9	쓸		용	用 ⎭ 3
	10	베, 펼 '포' 보시		보	布 ⎫ 2
	11	베풀		시	施 ⎭
	12				하여도
㉰	13	만약		약	若
	14	사람		인	人
	15				이
㉱	16	써		이	以 ⎫ 3
	17	이		차	此 ⎭ 1
	18	가지		반	般 ⎫
	19	만약 '약' 반야		야	若
	20	물결 '파'		바	波 ⎬ 2
	21	벌릴		라	羅
	22	꿀		밀	蜜
	23	글		경	經 ⎭
	24				과

※『반야심경』의 파워(power)
－손오공＋저팔계＋사오정－

『반야심경』이 동토에 전해진 유래로 다음과 같은 것이 있다.

현장삼장(玄奘三藏)이 당(唐)의 제2주 태종(太宗)에게 표(表)를 받들어 인도에 유학하기를 청하였으나 태종은 그 인재를 아껴 위험한 원지(遠地)에 유학함을 허락하지 않았다. 그러나 삼장법사는 뜻을 굽히지 않았다. 정관(貞觀) 3년 가만히 유학의 길에 올랐다. 산천이 워낙 험하여 발을 옮기는 것조차 곤란하였다. 계빈국(罽賓國)에 이르니 도로는 더욱 험난(險難)한 데다 운무(雲霧)가 항상 자욱하여 지척을 분간할 수 없었다. 호랑이나 표범 같은 맹수까지 출몰하여 더 이상 나갈 수가 없었으니, 가히 진퇴유곡(進退維谷)이었다.

근처에 인가는 없었으나 다행히 폐사(廢寺)가 있어 그곳에서 묵게 되었다. 그런데 그곳에 가보니 노스님 한 분이 먼저 와서 자리잡고 있었다. 온 몸이 만신창이(滿身瘡痍)로 옷은 온통 피고름이고 냄새는 코를 찔렀다. 그러나 그런 가운데 범상치 않음이 느껴지는 그런 스님이었다. 어찌됐건 현장스님은 연민의 정을 금치 못하여 본인이 지니고 있는 음식을 나누어주고, 상처를 치료해주는 한편 의복을 빨아주는 등 정성을 다해 간호했다.

노스님은 현장스님의 정성에 감동하였는지 매일『반야심경』을 전해 주었다. 그리고 장차 어려움이 있을 때면『반야심경』을 삼칠편(三七遍)씩 염송할 것을 당부하였다. 현장스님은 이 말을 명심하여 노스님과 헤어진 후, 어려운 일이 닥칠 때마다 그렇게 했다. 그리고 나면 거짓말처럼 도로가 열리고 사나운 짐승이 자취를 감추었으며 물과 식량이 없는 곳에서는 물과 식량을 얻을 수 있었다. 이렇게 해서 인도에 무사히 도착할 수 있었다.

나란타사(那蘭陀寺)에 도착하였더니 폐사에서 만났던 노스님이 먼저 와 있었다. 그리고 삼장을 반갑게 맞이하며 그간의 노고를 치하했다. 다시 헤어지는데 돌아서서 가는 모습이 다름 아닌 관세음보살이셨다.

다소 설화적 내용이기는 하지만『반야심경』의 주인공이 관세음보살이심을 생각할 때 시사하는 바가 있다 하겠다.

이리하여 17년을 유학하고 650여부의 경전과 및 심경을 가지고 정관 19년에 장안(長安)으로 돌아와서 동(同) 22년 9월 24일 종남산(終南山) 취미궁(翠微宮)에서 이 경을 번역하였다.

㉮어떤 사람이 ㉯보시하더라도, ㉰[또] 어떤 사람이 ㉱이『반야바라밀경』을, /

No. 292 ⇨ 원문 p.34 ℓ.6 [福智無比分 第二十四]

<전> 七寶聚로 有人이 持用布施하여도 若人이 以此般若波羅蜜經을

㉮	1	이에	내	乃	1
	2	이를	지	至	
	3	넉	사	四	2
	4	글귀	구	句	
	5	쉴 송(頌)	게	偈	
	6	무리	등	等	3
	7			을	
㉯	8	받을	수	受	2
	9	가질	지	持	
	10	읽을	독	讀	1
	11	외울	송	誦	
	12			하고	
㉰	13	위할	위	爲	2
	14	다를	타	他	1
	15	사람	인	人	
	16	말씀	설	說	3
	17			하면	
㉱	18	어조사	어	於	2
	19	앞	전	前	1
	20	복	복	福	3
	21	덕	덕	德	
	22			으로는	
㉲	23	일백	백	百	
	24	나눌	분	分	

㉮내지는 사구게(四句偈)만이라도 ㉯받아 지니고 읽고 외우고 ㉰남에게 일러 준다면, ㉱앞의 공덕으로는 ㉲백분의 /

이상의 내용은 『불교사상대전』에 소개되어 있다. 어쨌거나 당시의 교통 사정으로 보아 인도까지의 여정이 얼마나 어렵고 험난한 일이었는지는 의정(義淨) 삼장의 다음과 같은 게송에서도 알 수 있다.

晉宋齊梁唐代間(진송제양당대간)
　　진송제양 그로부터 당나라에 이르도록
高僧求法離長安(고승구법이장안)
　　구법일념 많은스님 장안땅을 떠나시니
去人成百歸無十(거인성백귀무십)
　　가신분이 백분이면 오신분은 열도안되
後者安知前者難(후자안지전자난)
　　뒷사람이 어찌알까 먼저어른 그고초를.

위 일화에서 볼 수 있듯 『반야심경』을 정성껏 염송하면 그 가피가 있음을 알 수 있다. 그런데 그 내용이 다소 피상적이라고 생각된다면 다음과 같이 생각해도 좋다.

7세기에 당나라의 현장삼장(玄奘三藏)이 17년 간에 걸친 구법여행(求法旅行)의 과정을 귀국한 이듬해에 태종황제(太宗皇帝)의 명으로 저술한 것이 『대당서역기(大唐西域記)』다. 투르키스탄·아프가니스탄·파키스탄·인도 등, 소개된 나라 수는 현장이 직접 가본 곳과 간접적으로 들은 곳을 합해 138개국이나 되며, 각 나라의 풍토·산물·정치·풍속·전설이 전해지고, 사찰과 승려의 수, 불탑·성적(聖蹟)의 유래 등이 서술되어 있다. 고난의 여정이었음은 물론이다.

그리고 이를 바탕으로 쓴 소설이 『서유기(西遊記)』다. 『서유기』에는 현장삼장의 종자(從者)로 손오공(孫悟空)·저팔계(豬八戒)·사오정(沙悟淨)이 등장하는데 모두 기상천외한 도술과 둔갑술 등 갖가지 비술(秘術)로 수 없는 난관과 고난을 극복하고 현장법사를 도와 마침내 목적을 달성한다.

『대당서역기(大唐西域記)』에서는 『반야심경』의 위신력이라 하고, 『서유기』에서는 손오공과 같은 조력자의 공(功)이라 한다. 그래서 여기서 도출한 공식이 다음과 같다.

『반야심경』의 위신력 = 손오공+저팔계+사오정
-주(註)-
(1)표(表) ; 마음에 품은 생각을 적어서 임금에게 올리는 글.
(2)의정(義淨) ; 635~713. 자는 문명(文明). 속성은 장(張). 제주 혹은 범양 사람으로 어려서 출가함. 법현(法顯)·현장(玄奘)을 사모하여 인도에 유학함. 27세에 해로로 인도에 가서 30여 국을 유람하면서 각 나라의 말을 배우고 성지를 순례함. 나란타사(那蘭陀寺)에서 대·소승을 연구하며 지내다 695년 經·律·

- 292 -

[福智無比分 第二十四] No. 293 ⇨ 원문 p.34 ℓ.7

<후> 化無所化分 第二十五

㉮	1			에	
	2	아닐	불	不	3
	3	미칠	급	及	2
	4	한	일	一	1
	5			이며	
㉯	6	일백	백	百	
	7	일천	천	千	1
	8	일만	만	萬	
	9	억	억	億	
	10	나눌	분	分	2
	11			과	
㉰	12	이에	내	乃	1
	13	이를	지	至	
	14	셈	산	算	
	15	셈	수	數	2
	16	비유할	비	譬	
	17	비유할	유	喩	
	18			로는	
㉱	19	바	소	所	4
	20	아닐	불	不	3
	21	능할	능	能	1
	22	미칠	급	及	2
	23			이니라	
	24				

論 4백부, 금강좌진용일포(金剛座眞容一鋪) 사리 3백과(顆)를 모시고 낙양(洛陽)에 돌아와 측천무후(則天武后)의 존숭을 받음. 『화엄경』 등 56부 230권을 번역, 특히 율부(律部)의 번역이 많음. 개원 1년에 입적. 세수 79. 저서로는 『남해기귀내법전(南海寄歸內法傳)』 4권, 『대당서역구법고승전』 2권 등이 있다.

<讚佛偈(찬불게)>

刹塵心念可數知(찰진심념가수지)
　　세상티끌 마음으로 헤아릴수 있다해도
大海中水可飲盡(대해중수가음진)
　　큰바다에 담긴물을 다마실수 있다해도
虛空可量風可繫(허공가량풍가계)
　　허공크기 알수있고 바람묶는 재주라도
無能盡說佛功德(무능진설불공덕)
　　부처님의 크신공덕 말로써는 다못하네.

※고기를 잡아주면 하루 양식이 되고, 고기 잡는 방법을 가르쳐주면 평생양식이 된다.

㉮일에도 미치지 못하고 ㉯천만억분[의 일] ㉰내지 셈으로나 비유로는 ㉱[도저히] 미칠 수 없느니라.」 /

No. 294 ⇨ 원문 p.34 ℓ.9 [化無所化分 第二十五]

<전> 에 不及一이며 百千萬億分과 乃至算數譬喩로는 所不能及이니라

◎ 化無所化分 第二十五

1 제25분, 교화했다고 하지만
3
2
4   교화한 바가 없다.

≪개요≫
 중생이라 함은, 오온(五蘊. 色受想行識)의 일시적인 집합체에다 붙인 거짓 이름이다. 따라서 이름도 공(空)하고 그 실체도 공할 수밖에 없다. 그런데 이 공의 본질은 법계(法界)와 부처님의 근원이며 동시에 중생의 바탕이다. 그렇다면 부처님과 중생은 본질적인 면에서 모두가 공이요, 따라서 평등하다. 즉 실제이지(實際理地)의 입장에서 보면 제도 할 이도 제도 받을 이도 없음을 일깨워 주신 대목이다.

★소명태자(昭明太子)의 '32분(分)'
1.法會因由分 2.善現起請分 3.大乘正宗分 4.妙行無住分 5.如理實見分 6.正信希有分 7.無得無說分 8.依法出生分 9.一相無相分 10.莊嚴淨土分 11.無爲福勝分 12.尊重正敎分 13.如法受持分 14.離相寂滅分 15.持經功德分 16.能淨業障分 17.究竟無我分 18.一體同觀分 19.法界通化分 20.離色離相分 21.非說所說分 22.無法可得分 23.淨心行善分 24.福智無比分 25.化無所化分 26.法身非相分 27.無斷無滅分 28.不受不貪分 29.威儀寂滅分 30.一合理相分 31.知見不生分 32.應化非眞分

가나다라

- 294 -

[化無所化分 第二十五] No. 295 ⇨ 원문 p.34 ℓ.10

<후> 衆生이라하라 須菩提야 莫作是念이니 何以故오 實無衆生을 如來度

㉮	1	모름지기	수	須	
	2	보살	보	菩	
	3	끝 '제' 들 '제'	리	提	
	4			야	
㉯	5	어조사 / ~에, ~에서[처소격]	어	於	2
	6	뜻	의	意	1
	7	이를	운	云	3
	8	어찌	하	何	
	9			오	
㉰	10		여	汝	
	11		등	等	
	12			은	
㉱	13		물	勿	9
	14		위	謂	8
	15	같을	여	如	1
	16	올	래	來	
	17			ㅣ	
	18		작	作	3
	19		시	是	2
	20		념	念	
	21			호대	
	22		아	我	4
	23		당	當	5
	24		도	度	7

◆ 六祖口訣

① 297-3 / 若有衆生 如來度者 如來卽有我人衆生壽者

①須菩提意謂 如來有度衆生心 佛爲遣須菩提如是疑心 故言莫作是念 一切衆生 本自是佛 若言如來度得衆生 成佛 卽爲妄語 以妄語故 卽是我人衆生壽者 此爲遣我 所心也 ②夫一切衆生 雖有佛性 若不因諸佛說法 無由 自悟 憑何修行 得成佛道

①수보리 존자의 생각에 '여래께서 중생을 제도했다는 마음이 있으실 것인가.'하므로 부처님께서 수보리의 이와 같은 의심을 없애주시기 위하여 짐짓 '그런 생각을 하지 말라.'고 말씀하신 것이다. 일체 중생이 본래 스스로 부처인데, 여래가 중생을 제도하여 성불시켰다고 말한다면 이것은 곧 망어다. 망어 때문에 곧 아상·인상·중생상·수자상을 두는 것이 되니 이는 아소심(我所心)을 버리기 위한 것이다. ②대저 일체중생이 비록 불성은 있으나 만일 모든 부처님의 설법에 말미암지 않으면 스스로 깨달을 수 없으니 무엇을 의지하여 수행하며 불도를 이루리요.

② 297-24 / 須菩提 如來說有我者 卽非有我 而凡夫 之人 以爲有我 須菩提 凡夫者 如來說卽非凡夫 是名 凡夫

①如來說有我者 是自性淸淨 常樂我淨之我 不同凡夫 貪嗔無明虛妄不實之我 故言凡夫之人 以爲有我 ②有 我人者 卽是凡夫 我人不生 卽非凡夫 心有生滅 卽是 凡夫 心無生滅 卽非凡夫 不悟般若波羅蜜多 卽是凡夫 若悟般若波羅蜜多 卽非凡夫 心有能所 卽是凡夫 心無 能所 卽非凡夫

①여래가 말씀하신 '나'는 자성이 본래 청정한 상·락·아·정의 '나'로서 범부의 탐진치 무명의 허망하고 실답지 못한 '나'와는 다르다. 그러므로 범부들이 '나'가 있는 것으로 여긴다고 말씀하신 것이다. ②'나'와 '남'이 있으면 곧 범부이고, '나'와 '남'이라는 생각을 내지 않으면 곧 범부가 아니며, 마음에 생멸이 있으면 곧 범부이고, 마음에 생멸이 없으면 곧 범부가 아니며, 반야바라밀을 깨닫지 못했으면 곧 범부이고, 반야바라밀을 깨달으면 곧 범부가 아니며, 마음에 능소가 있으면 범부이고, 마음에 능소가 없으면 범부가 아니리라.

㉮「수보리야, ㉯어떻게 생각하느냐? ㉰너희들은 ㉱여래가 생각하기를 '내가 마땅히 중생을 제도하리라'한다고 이르지 말라. /

No. 296 ⇨ 원문 p.35 ℓ.1 [化無所化分 第二十五]

<전> 須菩提야 於意云何오 汝等은 勿謂如來ㅣ 作是念호대 我當度

㉮	1	무리	중	衆	6
	2	날	생	生	
	3			이라 하라	
	4	모름지기	수	須	
	5	보살	보	菩	
	6	끝 '제' 들 '제'	리	提	
	7			야	
㉯	8		막	莫	3
	9		작	作	2
	10		시	是	1
	11		념	念	
	12			이니	
㉰	13	어찌	하	何	
	14	써	이	以	
	15	연고	고	故	
	16			오	
㉱	17		실	實	1
	18		무	無	5
	19		중	衆	4
	20		생	生	
	21			을	
	22	같을	여	如	2
	23	올	래	來	
	24		도	度	3

※ 참사랑 -정도전과 이완용-

한때 검사를 지낸 김일두(金一斗) 씨는 그의 저서 『명찰편액순력(名刹扁額巡歷)』(1979. 韓振出版社, p. 54)에서 봉원사 명부전에 '명부전(冥府殿)'이라 걸려있는 편액을 보고 다음과 같이 술회하였다.

[전략] (삼봉 정도전은) 성균관 대사성(정삼품)을 지냈던 철저한 유학자로서 불교를 이단시하여 배불숭유를 국시로 삼게 하였다는데도 어찌하여 사찰 편액글을 썼는지 이것은 의문스럽기도 하다.

그는 또 주련이 이완용의 글씨임에 대해서는 다시 다음과 같이 언급하였다.

[전략] 무릇 글씨는 묵적(墨蹟)의 외형만을 평가할 것이 아니다. 그보다도 쓴 사람의 정신이 더 중요한 평가의 대상이 될 것이기 때문이다. 그래서 글은 곧 사람이라고 한다. 우리는 어느 글이나 글을 대할 때마다 그 글을 쓴 사람의 인품이나 인격에 접하게 되는 것이다.

이완용이도 당대의 명필이었다. 하지만 한일 합방 조약을 체결하고만(1910. 8. 22) 매국의 원흉인 그의 글을 떳떳이 내걸 수 있을까. 우리의 민족감정이 도저히 용납할 수 없는 것이다. 그런데도 서울 신촌 안산 봉원사의 명부전 주련 글이 이완용 글씨인데는 아연실색하지 않을 수 없다.

(前揭書 p. 217~8)

과연 그의 지적과 같이 정도전은 불교 입장에서 본다면 참으로 용서하기 어려운 사람이다. 또, 이완용은 천인공노할 매국노다. 따라서 의문스럽고 아연실색할 수밖에 없다고 한 그의 지적은 당연하다. 그러나 다음과 같은 점을 이해한다면, 우리는 맹렬히 타오르는 불 속에서 한줄기 시원한 바람을 볼 수 있을 것이다.

사찰이란 부처님을 모신 곳이고 불법을 닦는 곳이다. 부처님께서는 자비와 지혜로써 중생을 제도하신다. 진정한 자비에는 버림이 없고, 참 지혜(摩訶般若)는 공(空)이다. 때문에 <사홍서원(四弘誓願)>의 첫 대목은 '중생무변서원도(衆生無邊誓願度)'이고 『반야심경』의 첫 대목은 '조견오온개공 도일체고액(照見五蘊皆空 度一切苦厄. 오온이 모두 空함을 비추어 보고, 일체의 고뇌와 재액을 건넜느니라)이다.

더구나 두 사람이 필적을 남긴 곳이 명부전이라는 점은 우리에게 시사하는 바가 크다. '지옥미제서불성불 중생도진방증보리(地獄未除誓不成佛 衆生度盡方證菩提. 지옥이 없어지지 않는 한 성불하지 않을 것을 서원하며, 중생을 제도해 마쳐야 바야흐로 보리를 증

㉮수보리야, ㉯그런 생각일랑 하지 말지니, ㉰무슨 까닭이겠는가? ㉱실은 여래가 제도할 중생이 없기 때문이니라. /

[化無所化分 第二十五] No. 297 ⇨ 원문 p.35 ℓ.2

<후> 菩提야 如來說有我者는 卽非有我언마는 而凡夫之人이 以爲有

	1		자	者	
	2			니라	
① ㉮	3	같을	약	若	1
	4	있을	유	有	5
	5	무리	중	衆	4
	6	날	생	生	
	7			을	
	8	같을	여	如	2
	9	올	래	來	
	10		도	度	3
	11		자	者	
	12			인댄	
㉯	13		여	如	1
	14		래	來	
	15		즉	卽	2
	16		유	有	4
	17		아	我	
	18		인	人	
	19		중	衆	3
	20		생	生	
	21		수	壽	
	22		자	者	
	23			니라	
② ㉰	24		수	須	

득하리라)'를 서원하신 어른이 지장보살(地藏菩薩)이시고 이분이 본 법전의 주인이심을 생각한다면 말이다. 전게서의 저자가 당시 검사였던 점을 감안하면, 죄인을 단죄하는 심정이었을 터이니 당연하다는 생각이 든다. 하지만 어언 30년이 넘은 지금 그분의 생각 역시 달라졌을 것이라 믿는다. 영가진각선사(永嘉眞覺禪師)의 「증도가(證道歌)」가운데 다음과 같은 내용이 있다.

有二比丘犯淫殺(유이비구범음살)
　　두 비구가 각기 음행과 살생 저지름에
波離螢光增罪結(바리형광증죄결)
　　우바리의 반딧불은 죄의 매듭을 더하였네.
維摩大士頓除疑(유마대사돈제의)
　　유마대사 단번에 의심을 없애줌이여
還同赫日消霜雪(환동혁일소상설)
　　빛나는 해가 서리 눈 녹임과 같도다.

참고로 부언한다면, 정도전은 이방원(李芳遠)에게 피살(被殺)되기 전, 현 연세대 자리에 있었던 반야사(般若寺. 現 奉元寺)에 와서, 그간 정책적이기는 하였으나 『척불론(斥佛論)』 등으로 불교 배척을 꾀했던 자신의 죄과(罪過)를 명부전이란 세 글자를 쓰며 참회하였고, 이완용 역시 명부전의 주련을 쓰면서 지장보살님의 품에 안기려 했었다고 한다. 그래서 봉원사에서는 지금도 참회를 원하는 중생을 위해 그 현판을 그리고 그 주련을 그대로 걸어두고 있는 것이다.

정도전이나 이완용 같은 사람도 진참회(眞懺悔)를 하면 용서받을 수 있고, 안길 수 있는 품이 부처님 품이다. 그들을 남겨두고 지장보살의 원이 성취될 수 없기에 더욱 그렇다. 참사랑이란 그런 것이다. 한 중생도 버림이 없는…

-주(註)-

⑴정도전(鄭道傳) ; 고려 말기·조선 전기의 문인·학자(1342~1398). 자는 종지(宗之). 호는 삼봉(三峯). 이색의 문인으로, 조선 개국 일등 공신이 되었으며 성리학을 지도 이념으로 내세워 불교를 배척하였다. 전략, 외교, 법제, 행정에 밝았으며 시와 문장에 뛰어나 ≪고려사≫ 37권을 개수하고, <납씨가>, <신도가> 따위의 악장을 지었다. 저서에 ≪조선경국전≫, ≪경제육전≫과 문집 ≪삼봉집≫ 등이 있다.

⑵이완용(李完用) ; 조선 고종 때의 친일파(1858~1926). 자는 경덕(敬德). 호는 일당(一堂). 1910년에 총리대신으로 정부의 전권 위원이 되어 한일 병합 조약을 체결하는 등 반역하였으며, 일본 정부로부터 백작(伯爵)을 받고 조선 총독부 중추원 고문을 지냈다.

㉮만일 여래가 제도할 중생이 있다면, ㉯여래가 아상·인상·중생상·수자상이 있다는 것이니라. ㉰ 수보리야, /

No. 298 ⇨ 원문 p.35 ℓ.3 [化無所化分 第二十五]

<전> 者니 若有衆生을 如來度者인댄 如來卽有我人衆生壽者니라 須

㉮	1	보	菩	
	2	리	提	
	3		야	
	4 같을	여	如	1
	5 올	래	來	
	6	설	說	2
	7	유	有	4
	8	아	我	3
	9	자	者	5
	10		는	
㉯	11	즉	卽	1
	12	비	非	4
	13	유	有	3
	14	아	我	2
	15		언마는	
㉰	16	이	而	1
	17	범	凡	
	18	부	夫	2
	19		之	
	20	인	人	
	21		이	
㉱	22	이	以	11
	23	위	爲	4
	24	유	有	34

※산은 산이요 물은 물이로다.
－입차문래막존지해(入此門來莫存知解)－

동래 범어사 불이문(不二門)에 주련(柱聯)[(1)]의 내용은 서산(西山)스님께서 지으신 『선가귀감(禪家龜鑑)』 말미에서 볼 수 있는 것이다. 원(元)나라 때 중봉명본(中峯明本)이란 스님의 게송이라고도 하는데 내용이 다음과 같다.

神光[(2)]不昧   중생들의 본마음은 제빛절대 잃지않네.
신광불매
萬古徽猷[(3)] 만고토록 변함없는 아름다운 도리로다.
만고휘유
入此門來[(4)] 누구라도 이문으로 들어오는 사람들은
입차문래
莫存知解   분별망상 보따리째 내려놓고 들어오소.
막존지해

설혹 입구에 이런 글귀가 없더라도 이런 마음으로 들어서야 하는 곳이 사찰이다. 세간(世間)에서의 마음을 그대로 들고 들어간다면 그 사람에게는 출세간(出世間)의 세계가 아무 의미가 없다.

동떨어진 이야기 같지만, 여행지에서의 산하(山河)가 아름다운 것은 마음을 비우고 바라보기 때문이다. 공항이나 터미널 혹은 집을 떠나면서 자신의 업(業)을 두고 떠났기 때문이라는 말이다. 예컨대 부동산에 관계하는 사람이 여행지에 가서까지 직업의식을 발동해 '아! 저기다 별장을 지으면, 저기에는 ○○을, 저기에는 △△를 만들었으면' 한다면, 이 사람에게는 산이 이미 산이 아니고, 물도 물이 아니다. 사업의 대상일 뿐이다.

그러나 부동산에 관계하는 사람일지라도 자신의 영역이 아닌 곳에 가면 자연히 직업의식을 내려놓게 마련이다. 그래서 눈에 들어오는 풍광이 아름다울 수 있는 것이다.

하물며 출세간의 경계를 넘어서면서까지 세간의 생각을 그대로 가져가거나 오히려 증폭시켜 세간에서 이루고자 하는 일을 그곳에서 이루고자 한다면, 노력이야 가상하지만 여행지에 가서까지 직업의식을 놓지 못하는 사람과 다르지 않다.

여행을 여행답게 잘 마치고 돌아오면 스트레스가 모두 날아가 돌아와서는 자기 본분에 충실을 기할 수 있듯, 사찰의 문턱을 넘을 때는 여행을 떠나는 사람처럼 세간에서의 모든 생각을 보따리 째 내려놓고 들어서야 한다.

그러다 보면 그간 복잡했던 세간에서의 마음을 비우게 되어 사물을 여여(如如)히 보는 안목이 생기게 된다. 그리고 마음을 비운 사람만이 누릴 수 있는 행

㉮여래가 말하기를 '나라는 것이 있다'한 것은 ㉯곧 내가 아니거늘 ㉰범부들은 ㉱내가 있다고 여기느니라. /

<후> 法身非相分 第二十六

			我	
㉮	1		아	
	2			라하니라
	3	모름지기	수	須
	4	보살	보	菩
	5	끝 '제' 들 '제'	리	提
	6			야
㉯	7		범	凡 ⎫ ⎬ 1
	8		부	夫 ⎭
	9		자	者 2
	10			는
㉰	11	같을	여	如 ⎫ ⎬ 1
	12	올	래	來 ⎭
	13		설	說 5
	14		즉	卽 2
	15		비	非 4
	16		범	凡 ⎫ ⎬ 3
	17		부	夫 ⎭
	18			일새
㉱	19		시	是 1
	20		명	名 3
	21		범	凡 ⎫ ⎬ 2
	22		부	夫 ⎭
	23			니라
	24			

㉮수보리야, ㉯범부라는 것은 ㉰여래는 말하기를 '곧 범부가 아니니라'하기에 ㉱이를 이름하여 범부라 하느니라.」/

[化無所化分 第二十五] № 299 ⇨ 원문 p.35 ℓ.4

2 복을 누릴 수 있게 된다. 산이 산으로 보이고, 물이 물로 보이는 그런 행복을…
「산은 산이요, 물은 물이로다.」

-주(註)-

(1)주련(柱聯) ; 기둥이나 벽 따위에 장식으로 써서 붙이는 글귀. 주로 한시(漢詩)의 연구(聯句)를 쓴다.
(2)신광(神光) ; 선종에서 자신의 본 마음을 이르는 말.
(3)휘유(徽猷) ; 아름다운 도리(道理). ※'猷'에는 길, 법칙(法則), 도리(道理) 등의 의미가 있다.
(4)래(來) ; 위 게송에서는 어세(語勢)를 강하게 하기 위한 어조사로 쓰였다.

No. 300 ⇨ 원문 *p.35 ℓ.6* [法身非相分 第二十六]

<전> 我라하나니라 須菩提야 凡夫者는 如來說卽非凡夫일새 是名凡夫니라

1		
2		
3		
4		◎
5	법	法
6	신	身
7	비	非
8	상	相
9	분	分
10		
11	제	第
12	이	二
13	십	十
14	륙	六
15		
16		
17		
18		
19		
20		
21		
22		
23		
24		

1 제26분, 법신(法身)은 모습이 없다.
3
2
4

≪개요≫
 어항(魚缸) 속의 물이나 창틀 너머로 보이는 하늘을 보고 물이나 허공의 모습으로 삼는 사람이 있다면 누구나 이 사람을 어리석다고 할 것이다. 마찬가지로 겉모습이 매우 훌륭하다 하여 부처님으로 오인해서는 안 된다는 것이니, 물이나 허공에 일정한 모습이 없듯 무위(無爲)인 여래법신(如來法身)을 겉모양에서 찾으려 함은 어리석은 것이라고 전륜성왕의 예를 드시며 일깨워 주신 부분이다.
 강조하거니와 형상이나 음성 등 외형적인 것에 마음을 빼앗기지[住] 말 것과 이런 경계를 당했을 경우 이를 극복해야 함을 강조하신 것이다.

★소명태자(昭明太子)의 '32분(分)'
1.法會因由分 2.善現起請分 3.大乘正宗分 4.妙行無住分 5.如理實見分 6.正信希有分 7.無得無說分 8.依法出生分 9.一相無相分 10.莊嚴淨土分 11.無爲福勝分 12.尊重正敎分 13.如法受持分 14.離相寂滅分 15.持經功德分 16.能淨業障分 17.究竟無我分 18.一體同觀分 19.法界通化分 20.離色離相分 21.非說所說分 22.無法可得分 23.淨心行善分 24.福智無比分 25.化無所化分 26.法身非相分 27.無斷無滅分 28.不受不貪分 29.威儀寂滅分 30.一合理相分 31.知見不生分 32.應化非眞分

가나다라

[法身非相分 第二十六] No. 301 ⇨ 원문 p.35 ℓ.7

<후> 言하대 如是如是니다 以三十二相으로 觀如來니이다 佛言하사대 須菩提야

㉮	1	모름지기	수	須	
	2	보살	보	菩	
	3	끝 '제' 들 '제'	리	提	
	4			提	
㉯	5	어조사 / ~에, ~에서[처소격]	어	於	2.1
	6	뜻	의	意	1
	7	이를	운	云	3
	8	어찌	하	何	
	9			오	
㉰	10		가	可	3
	11		이	以	3
	12		삼	三	
	13		십	十	2
	14		이	二	
	15		상	相	
	16			으로	
㉱	17		관	觀	2
	18	같을	여	如	1
	19	올	래	來	
	20		부	不	3
	21			아	
㉲	22	모름지기	수	須	1
	23	보살	보	菩	
	24	끝 '제' 들 '제'	리	提	

◆ 六祖口訣

① 303-23 / 須菩提 白佛言 世尊 如我解佛所說義 不應以三十二相觀如來

①世尊大慈 恐須菩提執相之病未除 故作此問 須菩提 未知佛意 乃言如是如是 早是迷心 更言以三十二相觀如來 又是一重迷心 離眞轉遠故 如來爲說除彼迷心 若以三十二相觀如來者 轉輪聖王 卽是如來 ②輪王雖有三十二相 豈得同如來也 世尊引此言者 以遣須菩提執相之病 令其所悟深徹 須菩提被問 迷心頓釋 故云如我解佛所說義 不應以三十二相觀如來 ③須菩提是大阿羅漢 所悟甚深 方便示其迷路 以冀世尊除遣細惑 令後世衆生所見不謬也

①세존께서 큰 자비로 수보리 존자가 상(相)에 집착하는 병을 미처 떨어버리지 못할까 걱정하시어 짐짓 이렇게 물으신 것이다. 수보리 존자는 부처님 뜻을 알지 못하고 이에 '그러하옵니다. 그러하옵니다.'하고 사뢰었던 것이니, 일찍이 미혹한 생각으로 문득 32가지 상으로 여래를 뵈올 수 있다고 사뢰었던 것이다. 또한 이것은 거듭 미혹한 마음으로서 참을 떠나 점점 멀어짐이니, 여래께서 그 미혹한 마음을 제거해 주시기 위해 말씀하시기를 '만일 32가지 상으로 여래를 볼 수 있다면 전륜성왕이 곧 여래이리라'고 하셨던 것이다. ②전륜성왕이 비록 32가지 상을 갖추었더라도 어찌 여래와 같으리요. 세존께서 이렇게 물으신 것은, 수보리 존자의 상에 집착한 병을 떼어내 깨달음을 깊이 사무치게 하시려는 뜻이시다. 수보리 존자가 부처님의 물으심을 받고 미혹한 마음이 단번에 풀렸으므로 부처님께 여쭈옵기를 '제가 부처님 말씀하시는 뜻을 이해하기로는 32가지 상으로는 여래를 뵐 수 없습니다.'고 하였던 것이다. ③수보리 존자는 큰 아라한이므로 그 깨달음이 아주 깊은데 방편으로 미혹한 것처럼 보인 것이고, 세존께서는 세밀하게 미혹을 제거해 없애주심으로써 후세의 중생들로 하여금 그 소견이 잘못되지 않기를 바라신 것이다.

② 305-6 / 爾時 世尊 而說偈言 若以色見我 以音聲求我 是人行邪道 不能見如來

①若以兩字 是發語之端 色者相也 見者識也 我者 是一切衆生身中 自性清淨 ②無爲無相眞常之體 不可高聲念佛 而得成就 會須正見分明 方得悟解 ③若以色聲二相求之 不可見也 是知以相中觀佛 聲中求法 心有生滅 不悟如來矣

①'약(若)'과 '이(以)' 두 글자는 말씀을 시작할 단서이고, '색(色)'은 모양이고, '견(見)'은 인식이며, '아(我)'는 일체 중생의 몸 가운데 있는 자성의 청정함

㉮「수보리야, ㉯네 생각은 어떠하냐? ㉰삼십이상으로 여래를 볼 수 있겠느냐?」 ㉱수보리가 사뢰었다. /

- 301 -

No. 302 ⇨ 원문 *p.35 ℓ.8* [法身非相分 第二十六]

<전> 須菩提야 於意云何오 可以三十二相으로 觀如來不아 須菩提

㉮	1		언	言	2
	2			하대	
	3		여	如	
	4		시	是	
	5		여	如	
	6		시	是	
	7			니다	
㉯	8		이	以	2
	9		삼	三	
	10		십	十	1
	11		이	二	
	12		상	相	
	13			으로	
	14		관	觀	4
	15	같을	여	如	3
	16	올	래	來	
	17			니이다	
㉰	18	부처	불	佛	1
	19	말씀	언	言	
	20			하사대	
	21	모름지기	수	須	
	22	보살	보	菩	2
	23	끌 '제' 들 '제'	리	提	
	24			야	

㉮「그러하옵니다. ㉯삼십이상으로 여래를 뵐 수 있사옵니다.」 ㉰부처님께서 말씀하셨다. ㉱「수보리야, /

2이다. ②함(行)이 없고 상(相) 없는 참답고 항상한 실체는 소리 높여 염불하는 것으로 성취할 수 없고, 모름지기 바른 지견이 분명해야만 바야흐로 깨달아 알 수 있는 것이다. ③만일 모양이나 목소리 두 가지 상으로 구하려면 가히 볼 수 없다. 모양으로 부처를 보려하거나 소리로 법을 구한다면 마음 가운데 생멸이 있는 것이므로 여래를 깨닫지 못함을 알 것이다.

[法身非相分 第二十六] №. 303 ⇨ 원문 p.35 l.9

<후> 提 ㅣ 白佛言하대 世尊하 如我解佛所說義컨댄 不應以三十二相

㉮	1		若	1
	2	이	以	3
	3	삼	三	
	4	십	十	2
	5	이	二	
	6	상	相	
	7		으로	
	8	관	觀	5
	9 같을	여	如	4
	10 올	래	來	
	11	자	者	6
	12		인댄	
㉯	13	전	轉	
	14	륜	輪	1
	15	성	聖	
	16	왕	王	
	17		이	
	18	즉	卽	2
	19	시	是	3
	20 같을	여	如	4
	21 올	래	來	
	22		니라	
① ㉰	23	수	須	1
	24	보	菩	

㉮만일 삼십이상으로 여래를 볼 수 있다면 ㉯전륜성왕도 여래라고 하겠구나.」
㉰수보리가 부처님께 사뢰었다. /

No. 304 ⇨ 원문 p.35 ℓ.10 [法身非相分 第二十六]

<전> 若以三十二相으로 觀如來者인댄 轉輪聖王이 卽是如來니라 須菩

	1		리	提	
	2				
	3	흰 고할	백	白	3
	4	부처	불	佛	1
	5	말씀	언	言	4
	6			하대	
㉮	7	대(代) 세상	세	世	
	8	높을	존	尊	
	9			하	
㉯	10		여	如	4
	11		아	我	1
	12		해	解	3
	13		불	佛	
	14		소	所	2
	15		설	說	
	16		의	義	
	17			컨대	
㉰	18		불	不	6
	19		응	應	1
	20		이	以	3
	21		삼	三	
	22		십	十	2
	23		이	二	
	24		상	相	

㉮「세존이시여, ㉯제가 부처님의 말씀하시는 뜻을 헤아리오니 ㉰삼십이상으로는 여래를 뵐 수 없겠나이다.」 /

※ 호미(虎眉) -호랑이 눈썹-

부처님께서 죽림정사에 계실 때 이야기라 전한다.

인도는 상하(常夏)의 나라라고 알고 있지만, 겨울도 있고 취사에도 필요하기 때문에 그곳에도 나무꾼이 있다. 지금부터 이야기의 주인공은 다름 아닌 나무꾼이다. 이 나무꾼이 어느 날 열심히 나무를 하고 있는데 왠지 등줄기가 서늘했다. 무심결에 돌아본 그는 그만 혼절(昏絶)하고 말았다. 집채만큼 큰 호랑이가 버티고 있었기 때문이었다.

얼마가 지났을까 간신히 정신을 차렸는데, 호랑이는 그 자리에 그대로 있었으며 움직일 기세를 보이지 않았다. 해치려는 마음은 없는 것 같아 나무꾼은 호랑이를 가만히 살펴보았다. 아까부터 입을 크게 벌리고 있는 모습이 이상해서다. 그리고 곧 호랑이가 입을 벌린 이유를 알게 되었다. 목에 큰 고통을 줄만한 것이 걸려 있었기 때문이었다.

말은 통하지 않았지만 호랑이가 버티고 있는 이유는 그것을 빼달라는 것 같았다. 나무꾼은 생각했다. '저걸 빼주자니 목이 편안해지면 나를 잡아먹을 것이고, 두고 보자니 달아날 길이 없고…'

그러다 결정했다. '이래 죽으나 저래 죽으나 죽기가 마찬가지라면 내 스스로 호랑이 입에 팔을 넣어보리라' 하고,

목에 걸린 것을 조심스럽게 빼주었다. 그러자 예상했던 대로 호랑이의 오른쪽 앞발이 나무꾼 얼굴로 날아오는 것이 느껴졌다. 그 다음 기억은 없다. 얼마 후, 정신이 돌아왔다. 살아있는 건지 아니면 저승에 와 있는 건지 가늠조차 되지 않았다. 시간이 조금 지나 정신을 차리고 보니, 호랑이는 온 간데 없고 본인은 살아있는 게 틀림없었다.

나무꾼은 벌떡 일어나 연장도 내버린 채 산 아래로 뛰기 시작했다. 집으로 돌아온 나무꾼은 집 안으로 들어서며 부인을 찾았다. 그러자 부인이 방안에서 나오는데 나무꾼은 또 기절할 뻔했다. 음성이나 모습은 분명 자기 부인이었으나 얼굴이 여우의 모습이었다. 대문을 박차고 나와 달아나면서 생각했다.

'산에서는 호랑이에게 혼이 났는데 집에 와서는 여우를 만나다니, 누구하고 의논을 해야하나' 하다가 마을에 지혜가 많은 노인을 생각했다. 인근 사람들도 어려운 일이 있으면 언제나 그 노인의 지혜를 빌려 해결하곤 했다.

'그래 그 어른이면 어찌된 영문인지 아실 거야'하고 그 댁으로 갔다. 노인을 찾았다. 그러자 문이 열리며, 「자네가 이 시간에 웬일인가?」하고 반기는데 나

[法身非相分 第二十六] No. 305 ⇨ 원문 p.36 ℓ.1

<후> 聲求我인댄 是人行邪道니 不能見如來니라

			훈	한자	
	1				으로
	2		관	觀	5
	3	같을	여	如	4
	4	올	래	來	
	5				니이다
㉮	6	너그	이	爾	1
	7	때	시	時	
	8				에
	9	대(代)세상	세	世	2
	10	높을	존	尊	
	11				이
	12		이	而	3
	13		설	說	5
	14		게	偈	4
	15		언	言	6
	16				하사대
㉯	17		약	若	1
	18		이	以	3
	19		색	色	2
	20		견	見	5
	21		아	我	4
	22				커나
㉰	23		이	以	2
	24		음	音	1

무꾼은 또 놀랐다. 그래도 이번에는 먼저처럼 기절할 지경은 아니었다. 여러 번 당하며 나름 단련이 된 모양이다. 노인 역시 음성이나 모습은 그대로인데 얼굴이 너구리의 모습을 하고 있었다. 그래서 다시 도망치듯 그 집을 뛰쳐나와 달아나며 생각했다.

'얼마 전 서가모니라는 부처님께서 출현을 하셨다는 소문을 들었는데 먹고사는데 급급해 뵙지는 못했지만 그 분이시라면 이 사태를 해결해 주실 수 있겠지' 하고 부처님께서 계신 기원정사(祇園精舍)를 향해 뛰기 시작했다. 길거리에서 만나는 사람들은 모두 짐승의 모습을 하고 있었다. 소, 말, 염소, 돼지, 뱀, 닭 등등…

드디어 기원정사에 도착했다. 무엇보다 다행스러운 것은 정사(精舍) 안의 스님들은 모두 온전한 사람의 모습을 하고있었다. 그래서 나무꾼은 스님 한 분께 여쭈었다.

「스님, 저 같은 사람도 부처님을 뵐 수 있습니까?」

「부처님은 모든 중생의 어버이이시니 누구라도 뵐 수 있습니다.」고 하였다.

그 스님의 안내로 부처님이 계신 곳까지 갔다. 그곳에 사자좌(獅子座)가 있는데, 스님은 나무꾼에게 그곳을 향해 예(禮)를 갖추라고 했다. 나무꾼 눈에는 아무도 보이지 않았다. 그래서 나무꾼이 말했다.

「스님, 아무도 보이지 않는데 누구에게 인사를 하라 하십니까?」

그러자 이번에는 그 스님이 이상하다는 듯이 나무꾼을 바라보더니 사자좌 쪽을 향해 말했다.

「세존이시여, 여기 한 중생이 뵙기를 청해 데리고 왔나이다.」

스님의 말이 끝나자 안개가 걷히듯 서서히 부처님의 거룩하신 모습이 나타났다. 나무꾼은 자신도 모르게 부처님께 오체투지(五體投地)를 했다. 뵙는 그 자체로 이미 귀의(歸依)의 뜻이 일어났기 때문이었다. 그러자 부처님께서 말씀하셨다.

「네가 나를 보고자 했느냐?」

그래서 나무꾼은 짧은 시간이지만, 산에서 호랑이를 만난 일부터 그간 겪은 일을 모두 말씀 올렸다. 말씀을 다 들으신 부처님께서는 놀란 나무꾼을 달래주시며 말씀하셨다.

「네 왼손으로 왼쪽 눈썹을 만져보거라.」

부처님 말씀대로 했다. 그랬더니 전에 없던 긴 눈썹 하나가 잡혔다. 이상해서 뽑으려니 뽑혀지지가 않았다. 부처님께서 다시 말씀하셨다.

「그냥 놔두어라. 호랑이가 고맙다고 네게 준 선물

㉮그때 세존께서 게로써 말씀하셨다.

㉯겉모습에서 나[석존]을 찾거나 ㉰목소리로서 나를 구한다면 /

- 305 -

No. 306 ⇨ 원문 p.36 ℓ.2 [法身非相分 第二十六]

<전> 으로 觀如來니이다 爾時에 世尊이 而說偈言하사대 若以色見我커나 以音

	1	성	聲
	2	구	求
㉣	3	아	我
㉤	4		인댄
㉮	5	시	是
	6	인	人
	7	행	行
	8	사	邪
	9	도	道
	10		니
㉯	11	불	不
	12	능	能
	13	견	見
	14 같을	여	如
	15 올	래	來
	16		니라
	17		
	18		
	19		
	20		
	21		
	22		
	23		
	24		

이니라. 그 눈썹에는 사람의 마음을 보는 신비한 힘이 있다. 네 집사람이 여우로 보였던 것은 넉넉잖은 살림에 나름대로 지혜를 짜다보니 꾀를 쓰게되고 그것이 여우의 그것과 같았기 때문이니라. 또, 존경을 받는 노인이 지혜가 있어 주변사람들을 도운 것은 사실이지만 나름대로 자신의 이익을 빠트리지 않았다. 그래서 너구리로 보였던 것이니라. 또 네가 본 길거리에 오가는 사람들의 모습도 모두 그 사람들의 마음이 그와 같음을 네가 본 것이니라.」

나무꾼이 다시 부처님께 여쭈었다.

「세존이시여 하온데 정사 안의 스님들께서는 모두 사람을 모습을 하고 있었습니다. 그리고 세존을 뵙고자 했을 때, 처음에는 안 보이시더니 스님께서 말씀을 올리자 안개가 걷히며 물체가 드러나듯 뵈올 수 있었습니다. 어찌된 연유이옵니까?」

부처님께서 말씀하셨다.

「도를 닦는 첫 순서는 우선 사람다운 사람이 되는 것이다. 해서 그들은 모두 사람답기 위해 늘 마음을 단속하고 수행에 전념하고 있다. 그러니 사람의 모습으로 보이는 것이 당연하지 않겠느냐?! 그리고 내 모습이 보이지 않았다고 했는데, 내 마음은 허공과 같기 때문이니라. 허공에는 모습과 소리가 없지 않느냐?!」

나무꾼이 다시 여쭈었다.

「세존이시여, 하온데 지금은 분명 뵙고 있질 않습니까?」

「네가 아직 범부이기로 이런 모습의 부처를 원하고 있지 않았더냐. 그래서 내가 이런 모습을 네게 보이고 있는 것이니라.」

나무꾼은 불법과 깊은 인연이 있었는지 부처님 이 말씀에 마음의 눈이 환히 열렸다. 그리고 가만히 눈을 감았다. 얼마가 지났을까?! 다시 눈을 떴을 때, 그곳에는 부처님의 모습이 보이지 않았고 음성도 들리지 않았다.

眞實語中宣密語 無爲心內起悲心
진실어중선밀어 무위심내기비심
- 『천수경』 계수문(稽首文) -

觀彼大聖兮 焉有種種心 應我衆生兮 卽現種種相
관피대성혜 언유종종심 응아중생혜 즉현종종상
위대한 성현이심을 관하오면 / 어찌 여러 마음이 있으시리오마는 / 저희 중생들[의 근기]에 응하심에 / 곧 가지가지의 모습을 나투십니다.
- 『작법귀감』 관음청(觀音請) -

㉮이 사람은 사(邪)된 도를 행함이니 ㉯능히 여래를 보지 못하리라. /

[無斷無滅分 第二十七] №. 307 ⇨ 원문 p.36 ℓ.4

<후> 須菩提야 汝若作是念하대 如來ㅣ 不以具足相故로 得阿耨多

㉮	1			
㉯	2			
㉰	3			
㉱	4		◎	
	5		무	無	2
	6		단	斷	1
	7		무	無	4
	8		멸	滅	3
	9		분	分	5
	10				
	11		제	第	
	12		이	二	
	13		십	十	
	14		칠	七	
	15				
	16				
	17				
	18				
	19				
	20				
	21				
	22				
	23				
	24				

제27분,

　　　단멸(斷滅)에 떨어지면 안 된다.

≪개요≫

'수불리파파시수(水不離波波是水)' 즉, 물은 파도를 떠나 존재하는 것이 아니요, 파도가 곧 물이라는 말씀이다. 현상(現象)과 본체(本體)의 관계 역시 그렇다. 만일 어느 한 쪽만을 진실이라고 고집한다면 양쪽을 모두 알지 못하는 치사인바 이런 입장을 니티내신 것이 중도(中道)이다.

앞의 '법신비상분(法身非相分)'에서 경계하신 바와 같이 현상에 집착해서도 안되지만, 현상을 떠나 다른 곳[무상공(無相空)]에 집착한다면 이는 또 하나의 그릇된 집착일 뿐이다. 때문에 여기서는 복덕을 떠나 달리 보리(菩提)를 얻으려는 허물을 막으신 것이니, 즉 무상보리(無上菩提)는 청정하여 유상(有相) 무상(無相)을 다 초월하고 동시에 포함하고 있음을 일깨워 주신 대목이다.

★소명태자(昭明太子)의 '32분(分)'
1.法會因由分 2.善現起請分 3.大乘正宗分 4.妙行無住分 5.如理實見分 6.正信希有分 7.無得無說分 8.依法出生分 9.一相無相分 10.莊嚴淨土分 11.無爲福勝分 12.尊重正敎分 13.如法受持分 14.離相寂滅分 15.持經功德分 16.能淨業障分 17.究竟無我分 18.一體同觀分 19.法界通化分 20.離色離相分 21.非說所說分 22.無法可得分 23.淨心行善分 24.福智無比分 25.化無所化分 26.法身非相分 27.無斷無滅分 28.不受不貪分 29.威儀寂滅分 30.一合理相分 31.知見不生分 32.應化非眞分

- 307 -

<전> 無斷無滅分 第二十七

		한글	한자	
㉮	1	모름지기	수	須
	2	보살	보	菩
	3	끝 '제' 들 '제'	리	提
	4			야
㉯	5	너	여	汝	1
	6	만약	약	若	2
	7	지을	작	作	4
	8	이	시	是	
	9	생각	념	念	3
	10			하대
㉰	11	같을	여	如	
	12	올	래	來	
	13			ㅣ	
㉱	14	아닐	불	不	7
	15	써	이	以	3
	16	갖출	구	具	1
	17	발 넉넉할	족	足	
	18	모양	상	相	2
	19	연고	고	故	4
	20			로	
	21	얻을	득	得	6
	22	언덕	아	阿	
	23	김맬 '누'	뇩	耨	5
	24	많을	다	多	

◆ 六祖口訣

① 311-24 / 何以故 發阿耨多羅三藐三菩提心者 於法不說斷滅相

須菩提 聞說眞身離相 便謂不修三十二淸靜行 得佛菩提 佛語須菩提 莫言如來不修三十二淸淨行 而得菩提 汝若言不修三十二淸淨行 得阿耨菩提者 卽是斷佛種 無有是處

수보리 존자가 진신(眞身)은 상(相)을 여의었다는 부처님의 말씀을 듣고 문득 이르되, 서른 두 가지의 청정행을 닦지 않고서 보리를 얻는 것이라 할까 하여 부처님께서 수보리에게 이렇게 말씀하셨다. '여래가 서른 두 가지 청정행을 닦지 않고서 보리를 얻었다고 말하지 말라. 네가 만일 서른 두 가지 청정한 행을 닦지 않고 아뇩다라삼먁삼보리를 얻는 것이라고 말한다면 이것은 곧 부처님의 종자를 끊는 것이니 그런 이치는 없느니라.'고

㉮「수보리야, ㉯너는 생각하기를 ㉰'여래께서 ㉱거룩한 몸매를 갖추고 계심이 아뇩다라삼먁삼보리를 얻으심[을 의미하는 것]은 아니다'라고 하느냐? /

[無斷無滅分 第二十七] № 309 ⇨ 원문 p.36 ℓ.6

<후> 故로 得阿耨多羅三藐三菩提라하라 須菩提야 汝若作是念하대 發

※우상(偶像)과 성상(聖像)
  －마음의 눈에도 안경이 필요하다－

　불교를 우상숭배(偶像崇拜)의 종교라 부르는 사람이 있다. 다음과 같은 조건 하에서라면 틀린 말도 아니다. 예컨대 돌이나 나무 혹은 쇠붙이로 불·보살님의 모습을 본떠 형상을 만들거나 그림을 그려놓고 그 앞에 절하며 복(福)이나 명(命)을 비는 사람에게는 그렇다. 더군다나 그 앞에 많은 음식을 차려놓고 흠향(歆饗)할 것을 권하고 믿는다면, 이 사람에게서 우상숭배자의 전형적인 모습을 볼 수 있다.

　그럼에도 많은 불자들은 불·보살님 형상 앞에 여전히 예배공양을 올리기를 그치지 않는다. 차제에 우상과 성상의 차이를 분명히 하고자 잠시 말을 바꾸어 시력(視力)에 관해 언급하기로 한다.

　'눈(眼)'에는 크게 두 가지가 있다. 하나는 육안(肉眼)이고 다른 하나는 심안(心眼)이다. 육안이 좋지 않을 때는 안경을 쓴다. 그렇다면 심안이 어두운 경우에는 어떻게 해야 할까? 마음의 눈이 어둡다는 말은 진리(眞理)나 도리(道理)를 제대로 알아보지 못함을 의미한다.

　예컨대 작고하신 어머니가 그리울 때 어떻게 하는 것이 효과적일까? 방법은 많을 것이다. 어머니께서 쓰시던 물건을 살펴본다거나 그분과 함께 추억이 담긴 장소를 찾아보거나 하는 것이 그것이다. 그런데 보다 효과적인 것이 있다. 어머님의 사진이나 영정(影幀)이 있다면, 어머님과 대화도 가능하지 않을까?!

　아마 이런 모습을 보고 우상숭배라 하는 사람은 없을 것이다. 불자들이 부처님의 성적(聖迹)을 찾아 순례를 하거나 성상을 모시고 예배를 올리는 것도 같은 맥락이다. 부처님의 성상은 진리나 도리에 어두운 심안(心眼)에 씌우는 안경이다.

　주의할 것은 눈이 나빠 안경을 쓰는 사람은 안경을 눈만큼이나 소중히 다루어야 한다는 점이다. 부처님의 성상도 그와 같다. 뿐만 아니라 안경을 통해 무언가를 보면서, 그때마다 '나는 안경을 통해 보고있다'고 생각하지 않는다. 다시 말해 성상을 통해 부처님께서 말씀하신 자비와 지혜를 생각하며 '아! 성상을 통해서 나는 부처님의 자비와 지혜를 생각한다'고는 하지 않는다는 말이다. 즉, 보는 나 자신과 안경 그리고 대경(對境)이 완벽하게 하나가 되면서 사물을 인식하는 이치와 같다.

　그렇다고 성상을 한낱 인형쯤으로 간주해서는 안 된다. 눈이 나쁜 사람에게 안경이 소중한 것처럼 성상을 소중히 해야한다. 그러나 안경을 인식하지 않고 대경을 보듯, 성상에 끄달리지 않고 그분의 가르침인

	1	새그물	라	羅
	2	석	삼	三
	3	아득할 '막'	막	藐
	4	석	삼	三
	5	보리	보	菩
	6	끌	리	提
	7			아
㉮	8	모름지기	수	須
	9	보살	보	菩
	10	끌 '제' 들 '제'	리	提
	11			야
㉯	12	말. ~하지 말라	막	莫 3
	13	지을	작	作 2
	14	이	시	是
	15	생각	님	念 1
	16			하대
㉰	17	같을	여	如
	18	올	래	來
	19			ㅣ
㉱	20	아닐	불	不 7
	21	써	이	以 3
	22	갖출	구	具
	23	발 넉넉할	족	足 2
	24	모양	상	相 1

㉮수보리야, ㉯그렇게 생각지 마라 ㉰'여래께서 거룩한 몸매를 갖추고 계심이 아뇩다라삼먁삼보리를 얻으심[을 의미하는 것]은 아니다'라고, /

- 309 -

No. 310 ⇨ 원문 p.36 ℓ.7 [無斷無滅分 第二十七]

<전> 羅三藐三菩提아 須菩提야 莫作是念하대 如來ㅣ不以具足相

	1	연고	고	故	4
	2			로	
	3	얻을	득	得	6
㉮	4	언덕	아	阿	
	5	김맬 '누'	녹	耨	
	6	많을	다	多	
	7	새그물	라	羅	
	8	석	삼	三	5
	9	아득할 '막'	먁	藐	
	10	석	삼	三	
	11	보리	보	菩	
	12	끌 '제'	리	提	
	13			라하라	
㉯	14	모름지기	수	須	
	15	보살	보	菩	
	16	끌 '제' 들 '제'	리	提	
	17			야	
㉰	18	너	여	汝	1
	19	만약	약	若	2
	20	지을	작	作	4
	21	이	시	是	
	22	생각	념	念	3
	23			하대	
㉱	24		발	發	2

지혜와 자비를 볼 수 있어야 한다. 이런 사람에게 불·보살님의 형상은 단연코 우상이 아닌 성상(聖像)이다.

다시 한 번 말하거니와 돌이나 쇠붙이 혹은 나무로 조성한 성상이 우리에게 복과 명을 점지한다고 믿는다면, 안경을 쓰되 안경 넘어 대경(對境)을 보지 않고 안경 렌즈만 보는 사람과 같아 피곤만 가중될 뿐이다.

천연단하선사(丹霞天然禪師)에 얽힌 다음과 같은 일화가 있다.

당나라 원화에 복우(伏牛)화상과 더불어 낙양(洛陽) 혜림사(慧林寺)에서 추운 겨울을 보내고 있을 때였다. 화상은 법당에서 목불(木佛)을 끌어내려 불을 땠다. 원주(院主)가 이것을 보고 놀라서 큰 소리로 꾸짖었다.
"어찌하여 부처님을 태우는가?"
단하는 막대기로 재를 헤치면서 말했다.
"사리(舍利)를 얻으려고 하오."
"목불인데 어찌 사리가 있겠는가."
"사리도 안나올 바에야 나무토막이지 무슨 부처이겠는가? 나머지 두 보처불(補處佛)도 마저 태워 버릴까보다"
하였다. 이 말을 들은 원주는 두 눈썹이 저절로 빠졌다고 한다.

그래서 이 이야기의 제목이 '단하소불(丹霞燒佛)'이다.

원불교를 신자 가운데 한 분이 다음과 같은 심경을 토로했다.

교당(教堂) 안에 들어가면, 일반 법당의 경우라면 의당 부처님께서 계셔야 할 자리에 '일원(一圓)'이 그려져 있다는 것이다. '일원상의 진리'를 나타내고자 함이란다. 얼마나 거룩한가?! 그런데 문제는 옷깃이 여며지지를 않는다는 것이다. 일반 사찰의 대웅전에 들어가 부처님 성상을 뵈면 저절로 옷깃을 여미게 되고 언행을 조심하게 되는데 그런 효과가 '일원(一圓)'에는 없다는 것이다. 철학적인 의미는 번뜩이는데 종교적인 영감(靈感)이 없다는 의미다. 말씀한 그분에 국한된 얘야기인지는 모르겠지만 불교에서 성상을 모시는 이유를 이해하는데 도움이 될 것 같아 소개해 본 것이다.

부산 태종대(太宗臺)는 신라 태종 무열왕이 들렀다는 곳으로 울창한 숲과 기암괴석이 유명하다. 절경인 이곳이 한때는 인생을 억지로 마감하는 장소로 유명

㉮수보리야, ㉯네가 생각하기를 ㉰'아뇩다라삼먁삼보리의 마음을 낸 사람은 /

- 310 -

[無斷無滅分 第二十七] No. 311 ⇨ 원문 p.36 ℓ.8

<후> 以故오 發阿耨多羅三藐三菩提心者는 於法에 不說斷滅相하나니라

	1	언덕	아	阿	
	2	김맬 '누'	뇩	耨	
	3	많을	다	多	
	4	새그물	라	羅	
	5	석	삼	三	
	6	아득할 '먁'	먁	藐	1
	7	석	삼	三	
	8	보리	보	菩	
	9	끌 '제'	리	提	
	10	마음	심	心	
	11	놈	자	者	3
	12			는	
㉮	13	말씀	설	說	3
	14	모두	제	諸	1
	15	법	법	法	
	16	끊을	단	斷	2
	17	멸할	멸	滅	
	18			가	
㉯	19	말. ~하지 말라	막	莫	3
	20	지을	작	作	2
	21	이	시	是	1
	22	생각	념	念	
	23			이니	
①㉰	24	어찌	하	何	

했던 적이 있다. 이를 막아보고자 많은 사람들이 노력을 기울였지만 별무효과(別無效果)였다고 한다. 그런데 어느 분의 아이디어인지 태종대 전망대 입구에 모자상(母子像)을 세워놓은 뒤 그런 일이 거의 없어졌다고 한다. 치마저고리를 입고 쪽을 찐 어머니가 두 아기를 안고 있는 모습이다. 바다보다 깊고 태산보다 높은 사랑으로 자식을 키워주신 어머니의 모습이다. 사람들은 돌로 조성한 그 모습에서 석상(石像)이 아닌 자신의 어머니 모습을 본다고 했다. 이런 노력에도 불구하고 그곳에서 억지로 생을 마감한 사람이 있다면 그는 어머니가 아닌 돌로 만든 조각만 본 사람임에 틀림없다.

거룩한 성상이 우상으로 보이는 사람은 우상이라는 안경부터 벗을 일이다. 나보다도 나를, 부모님보다도 나를 사랑하시는 분의 성상을 우상이라니…

참! 성상 앞에 차린 음식은 나무 끝이나 논밭에서 얻은 것이 아니다. 성상의 가르침을 가슴에 새기고 실천하려는 불자들의 신심과 정성이 여물고 익어서 이루어진 보리과(菩提果)요, 선열미(禪悅米)다.

-주(註)-

우상(偶像) ; 나무, 돌, 쇠붙이, 흙 따위로 만든 신불(神佛)이나 사람의 형상. / 偶(짝, 인형 '우')

㉮'모든 것이 [궁극적으로는] 없다고 설한다'라고 [그렇게 생각하느냐]? ㉯그렇게 생각하지 말 것이니, ㉰왜냐하면 /

No. 312 ⇨ 원문 p.36 ℓ.9 [無斷無滅分 第二十七]

<전> 阿耨多羅三藐三菩提心者는 說諸法斷滅가 莫作是念이니 何

	1	써	이	以	
	2	연고	고	故	
	3			오	
㉮	4	필	발	發	2
	5	언덕	아	阿	
	6	김맬 '누'	녹	耨	
	7	많을	다	多	
	8	새그믈	라	羅	
	9	석	삼	三	
	10	아득할 '막'	먁	藐	1
	11	석	삼	三	
	12	보리	보	菩	
	13	끌 '제'	리	提	
	14	마음	심	心	
	15	놈	자	者	3
	16			는	
㉯	17	어조사	어	於	2
	18	법	법	法	1
	19			에	
㉰	20	아닐	불	不	3
	21	말씀	설	說	2
	22	끊을	단	斷	
	23	멸할	멸	滅	1
	24	모양	상	相	
	25			하나니라	

※중도(中道) ; 대지를 딛고 일어서는 아기를 보라. 그 힘이 강해도 안되고 약해도 안 된다. 몇 번인가 실패를 거듭하며 걸음마를 익힌 뒤에는 스스로 자유롭다. ⓢ

㉮아녹다라삼먁삼보리의 마음을 낸 사람은 ㉯모든 것이 ㉰[궁극적으로는] 없다고는 말하지 않느니라.」 /

[不受不貪分 第二十八] № 313 ⇨ 원문 p.37 ℓ.1

<후> 須菩提야 若菩薩이 以滿恒河沙等世界七寶로 持用布施하야도

1			
2			
3			
4		◎	
5	불	不	2
6	수	受	1
7	불	不	4
8	탐	貪	3
9	분	分	5
10			
11	제	第	
12	이	二	
13	십	十	
14	팔	八	
15			
16			
17			
18			
19			
20			
21			
22			
23			
24			

제28분, 받지도 않고 탐내지도 않는다.

≪개요≫

앞의 '무단무멸분(無斷無滅分)'에서 복덕을 떠나 달리 보리(菩提)를 구하면 안됨을 말씀하신 바, 자칫 보리를 유루(有漏)의 복덕과 동일시할까 염려하시어 '나'와 '나를 중심으로 한 모든 것'의 실체가 없음과 바른 지혜와 복덕의 성품이 공함을 거듭 밝히시어 유루의 복덕에 탐착하지 않도록 일깨워주신 부분이다.

부언컨대 만일 복덕을 탐내거나 집착하면 유루보(有漏報)를 이루어 32상(相)을 갖춘 과보를 받는다해도 전륜성왕(轉輪聖王)밖에 될 수 없다. 그러나 보살은 법성(法性)이 공한 것을 통달하여 복덕에 탐착하지 않으므로 유루의 복덕을 받지는 않지만 오히려 성불하게 되는 것이다.

★소명태자(昭明太子)의 '32분(分)'

1.法會因由分 2.善現起請分 3.大乘正宗分 4.妙行無住分 5.如理實見分 6.正信希有分 7.無得無說分 8.依法出生分 9.一相無相分 10.莊嚴淨土分 11.無爲福勝分 12.尊重正敎分 13.如法受持分 14.離相寂滅分 15.持經功德分 16.能淨業障分 17.究竟無我分 18.一體同觀分 19.法界通化分 20.離色離相分 21.非說所說分 22.無法可得分 23.淨心行善分 24.福智無比分 25.化無所化分 26.法身非相分 27.無斷無滅分 28.不受不貪分 29.威儀寂滅分 30.一合理相分 31.知見不生分 32.應化非眞分

- 313 -

No. 314 ⇨ 원문 p.37 ℓ.2 [不受不貪分 第二十八]

<전> 不受不貪分 第二十八

①					
㉮	1	모름지기	수	須	
	2	보살	보	菩	
	3	끝 '제' 들 '제'	리	提	
	4			야	
㉯	5	만약	약	若	1
	6	보살	보	菩	2
	7	보살	살	薩	
	8			이	
㉰	9	써	이	以	4
	10	찰	만	滿	2
	11	물	항	恒	
	12	모래	하	河	
	13	무리	사	沙	1
	14	무리	등	等	
	15	인간	세	世	
	16	경계	계	界	
	17	일곱	칠	七	3
	18	보배	보	寶	
	19			로	
㉱	20	가질	지	持	1
	21	쓸	용	用	3
	22	베, 펼 '포' 보시	보	布	2
	23	베풀	시	施	
	24			하야 도	

◆ 六祖口訣

① 314-1 / 須菩提 若菩薩 以滿恒河沙等世界七寶 持用布施 若復有人 知一切法無我 得成於忍 此菩薩 勝前菩薩 所得功德

通達一切法 無能所心者 是名爲忍 此人所得福德 勝前七寶福也

일체법을 통달해서 능소심(能所心)이 없는 것을 인(忍)이라 한다. 이 사람이 얻는 바 복덕이 앞에서 칠보를 보시한 복덕보다 수승하다.

② 316-23 / 須菩提白佛言 世尊 云何菩薩 不受福德 須菩提 菩薩 所作福德 不應貪着 是故 說不受福德

菩薩所作福德 不爲自己 意在利益一切衆生 故言不受福德也

보살이 지은 바 복덕은 자기를 위하는 것이 아니고 그 뜻이 일체중생을 이롭게 하는데 있으므로 복덕을 받지 않는다고 하신 것이다.

㉮「수보리야, ㉯만일 어떤 보살이 ㉰항하의 모래 수효 같이 많은 세계에 칠보를 가득히 채워 ㉱보시하더라도 /

[不受不貪分 第二十八] №. 315 ⇨ 원문 p.37 ℓ.3

<후> 薩의 所得功德이니 須菩提야 以諸菩薩이 不受福德故니라 須菩

				약	若	1
㉮	1	만약		약	若	1
	2	다시		부	復	2
	3	있을 어떤		유	有	3
	4	사람		인	人	
	5				이	
㉯	6	알		지	知	3
	7	한		일	一	
	8	온통		체	切	1
	9	법		법	法	
	10	없을		무	無	2
	11	나		아	我	
	12				하야	
㉰	13	얻을		득	得	1
	14	이룰		성	成	4
	15	어조사		어	於	2
	16	참을 지혜		인	忍	3
	17				하면	
㉱	18	이		자	此	1
	19	보살		보	菩	2
	20	보살		살	薩	
	21				이	
㉲	22	이길 뛰어날		승	勝	5
	23	앞		전	前	1
	24	보살		보	菩	2

※오인(五忍); 보살이 계단을 5종으로 나눈 것.
　(1)복인(伏忍). 번뇌를 끊지 못하였으나, 관해(觀解)를 익혀 이를 굴복시키고, 일어나지 못하게 하는 지위. 곧 10주(住)·10행(行)·10회향(廻向)의 보살.
　(2)신인(信忍). 관하는 마음이 신선되어 증득할 법을 믿고 의심치 않는 지위. 곧 초지(初地)·이지·삼지의 보살.
　(3)순인(順忍). 전의 믿음에 의하여 다시 나은(勝) 지혜를 연마하여 무생(無生)의 증과(證果)에 순하는 지위. 곧 4지(地)·5지·6지의 보살.
　(4)무생인(無生忍). 제법무생의 진리를 깨달아 아는 지위. 곧 7지(地)·8지·9지의 보살.
　(5)적멸인(寂滅忍). 갖가지 번뇌를 끊어버리고 청정무위담연적정(淸淨無爲湛然寂靜)에 　안주(安住)하는 지위. 곧 10지(地)·등각(等覺)·묘각(妙覺)의 지위.

㉮또 다른 어떤 사람이 ㉯온갖 법이 '나' 없는 줄 알아 ㉰확실한 지혜를 이룬 다면, ㉱이 보살[의 공덕]은 ㉲앞서 말한 보살의 공덕보다 훨씬 수승하니 /

No. 316 ⇨ 원문 p.37 ℓ.4 [不受不貪分 第二十八]

<전> 若復有人이 知一切法無我하야 得成於忍하면 此菩薩이 勝前菩

	1	보살	살	薩	
	2			의	
	3	바	소	所	3
	4	얻을	득	得	
	5	공	공	功	4
	6	큰 덕	덕	德	
	7			이니	
㉮	8	모름지기	수	須	
	9	보살	보	菩	
	10	끝'제' 들'제'	리	提	
	11			야	
㉯	12	써	이	以	5
	13	모두	제	諸	
	14	보살	보	菩	1
	15	보살	살	薩	
	16			이	
	17	아닐	불	不	4
	18	받을	수	受	3
	19	복	복	福	2
	20	덕	덕	德	
	21	연고	고	故	6
	22			니라	
②㉰	23	모름지기	수	須	1
	24	보살	보	菩	

㉮수보리야, ㉯모든 보살들은 복덕을 받지 않기 때문이니라.」㉰수보리가 부처님께 사뢰었다. /

<후> 薩은 所作福德에 不應貪着일새 是故로 說不受福德이니라

	1	끌 '제' 들 '제'	리 提	⌉
	2		ㅣ	
	3	흰 고할	백 白	3
	4	부처	불 佛	2
	5	말씀	언 言	4
	6		하되	
㉮	7	대(代) 세상	세 世	
	8	높을	존 尊	
	9		하	
㉯	10	이를	운 云	⌉ 1
	11	어찌	하 何	⌋
	12	보살	보 菩	⌉ 2
	13	보살	살 薩	⌋
	14		이	
	15	아닐	불 不	3
	16	받을	수 受	2
	17	복	복 福	⌉ 1
	18	덕	넉 德	⌋
	19		이니 까	
㉰	20	모름지기	수 須	
	21	보살	보 菩	
	22	끌 '제' 들 '제'	리 提	
	23		야	
㉱	24	보살	보 菩	

㉮「세존이시여, ㉯어찌하여 보살은 복덕을 받지 않나이까. ㉰「수보리야, ㉱보살들은 /

No. 318 ⇨ 원문 p.37 ℓ.6 [不受不貪分 第二十八]

<전> 提ㅣ白佛言하되 世尊하 云何菩薩이 不受福德이니까 須菩提야 菩

1	보살	살	薩	
2			은	
㉮ 3	바	소	所	1
4	지을	작	作	
5	복	복	福	2
6	덕	덕	德	
7			에	
㉯ 8	아니f	불	不	3
9	응할	응	應	1
10	탐할	탐	貪	2
11	붙을	착	着	
12			일새	
㉰ 13	이	시	是	
14	연고	고	故	
15			로	
㉱ 16	말씀	설	說	3
17	아닐	불	不	2
18	받을	수	受	
19	복	복	福	1
20	덕	덕	德	
21			이니라	
22				
23				
24				

※무소유를 증득한 아육왕(阿育王)

최초의 가람은 죽림정사(竹林精舍). 죽림정사는 당시 장자인 가란타(迦蘭陀)가 죽림원(竹林園)을 시주하고, 중인도 마갈타국의 국왕 빈바사라(頻婆娑羅)가 건물을 시주함으로써 건립되었다.

다음은 기원정사(祇園精舍)이다. 사위국(舍衛國)의 장자인 수달다(須達多)가 이웃 나라인 마갈타국에 갔다가 신심을 발하여 귀국 후 기타(祈陀. Jeta)태자의 숲을 구입하고, 기타태자는 나무를 시주하여 7층으로 된 정사를 건립하였다고 한다.

아육왕은 우나굴다존자에게 대시주가 누군가를 물었고, 수달다장자라는 말을 들은 뒤 신심을 발하여 8만 4천의 사원(寺院)과 보탑(寶塔) 그리고 석주(石柱)를 세웠고 30만 승단(僧團)에 공양을 베푸는 등 호법왕(護法王)으로서 전력을 다하였다.

말년에 이르러 왕은 근심을 하였는데, 하나는 임종을 목전에 두고 많은 존자들과 헤어짐이고, 다른 하나는 일찍이 100억 금으로 불사를 하려했으나 아직 4억 금에 당하는 불사를 이루지 못한 것이었다.

재상 나타굴다의 도움으로 계두마사(鷄頭摩寺)에 시주하여 이를 채우게 되었다.

나라의 재산이 모두 없어짐을 걱정한 왕의 손자이자[아들 구나라는 요절하였음] 태자인 식마제가 창고의 열쇠를 모두 감추었다. 왕은 금으로 된 자신의 밥그릇을 계두마사에 시주하였고, 이어 은으로 된 밥그릇과 철로 된 밥그릇 마저 보시하였다.

마지막에 왕의 손에 남은 것은 암라과(果) 반쪽 뿐이었는데 이 마저 보시하였다. 계두마사의 상좌(上座)인 야사(耶舍)는 반쪽 암라과로 국을 끓여 공양하며 왕의 공덕을 칭송하였다.

임종에 처한 왕은 말하였다.
「오늘 이 염부제 가운데서 누가 자재를 얻었는가?」

재상 나타굴다는 대답했다.
「오직 대왕뿐이로소이다.」

왕은 일어나 합장하고 사방을 둘러본 뒤에
「나의 원은 인천(人天)의 낙(樂)을 구하고자 하는 것이 아니고, 오직 성과(聖果)를 얻는 것이다."라고 말하고 편안히 숨을 거두었다.」

※부모가 부모일 수 있는 까닭은 '무소주심'으로 자비를 베풀기 때문이고, 그 부모가 돌아가고 난 뒤 자식이 부모를 추모하여 제사를 지내는 것도 그 때문이다. 양자 사이에는 대차대조표(貸借對照表)가 없다.

㉮지은바 복덕을 ㉯탐내거나 애착을 갖지 않느니라. ㉰이런 까닭에 ㉱복덕을 받지 않는다 하느니라.」/

[威儀寂靜分 第二十九] No. 319 ⇨ 원문 p.37 l.8

<후> 須菩提야 若有人이 言하대 如來ㅣ 若來若去若坐若臥라하면 是人

1			
2			
3			
4		◎	
5	위엄	위 威	
6	거동	의 儀	1
7	고요할	적 寂	2
8	고요할	정 靜	
9	나눌	분 分	3
10			
11	차례	제 第	
12	두	이 二	
13	열	십 十	
14	아홉	구 九	
15			
16			
17			
18			
19			
20			
21			
22			
23			
24			

1 제29분, 여래의 위의(威儀)는 적정하다.

⊙위의(威儀) ; 본래는 예법에 맞는 태도를 말한다. 여기서는 일상의 행동으로 행(行)·주(住)·좌(坐)·와(臥) 등 사위의(四威儀)를 말한다.

⊙적정(寂靜) ; 번뇌를 여읜 것을 적(寂)이라 하고, 근심과 걱정이 끊어진 것을 정(靜)이라 한다. 곧 열반의 고요하고 편안한 모습. 또는 그 이치.

≪개요≫
허공에 달이 뜨면 천강만호(千江萬湖)에도 달이 뜨고, 잠시 달이 구름에 가리우면 천강만호의 달은 사라진다. 분명 달은 온 것 같았는데[如來] 잡을 수 없고, 분명 달은 없어진 것 같았는데[如去] 제 자리에 있다. 여기서 허공의 달은 법신(法身)의 비유이며 천강만호의 달은 화신(化身)의 비유이다. 이와 같이 법신은 가고 오는 위의가 아주 고요하여 그 자취를 찾아볼 수 없음을 일깨워 주신 부분이나.

★소명태자(昭明太子)의 '32분(分)'
1.法會因由分 2.善現起請分 3.大乘正宗分 4.妙行無住分 5.如理實見分 6.正信希有分 7.無得無說分 8.依法出生分 9.一相無相分 10.莊嚴淨土分 11.無爲福勝分 12.尊重正敎分 13.如法受持分 14.離相寂滅分 15.持經功德分 16.能淨業障分 17.究竟無我分 18.一體同觀分 19.法界通化分 20.離色離相分 21.非說所說分 22.無法可得分 23.淨心行善分 24.福智無比分 25.化無所化分 26.法身非相分 27.無斷無滅分 28.不受不貪分 29.威儀寂滅分 30.一合理相分 31.知見不生分 32.應化非眞分

가나다라

<전> 威儀寂靜分 第二十九

㉮	1	모름지기	수	須	
	2	보살	보	菩	
	3	끝 '제' 들 '제'	리	提	
	4			야	
㉯	5	만약	약	若	1
	6	있을 어떤	유	有	2
	7	사람	인	人	
	8			이	
	9	말씀	언	言	3
	10			하대	
㉰	11	같을	여	如	1
	12	올	래	來	
	13			ㅣ	
	14	만약	약	若	
	15	올	래	來	
	16	만약	약	若	
	17	갈	거	去	2
	18	만약	약	若	
	19	앉을	좌	坐	
	20	만약	약	若	
	21	누울	와	臥	
	22			라하면	
㉱	23	이	시	是	
	24	사람	인	人	

No. 320 ⇨ 원문 *p.37 ℓ.9* [威儀寂靜分 第二十九]

*六祖口訣
◆ 六祖口訣
① 321-9 / 何以故 如來者 無所從來 亦無所去 故名如來
如來者 非來非不來 非去非不去 非坐非不坐 非臥非不臥 行住坐臥 四威儀中 常在空寂 卽是如來也
여래는,
오는 것도 아니고 오지 않는 것도 아니며,
가는 것도 아니고 가지 않는 것도 아니며,
앉는 것도 아니고 앉지 않는 것도 아니며,
눕는 것도 아니고 눕지 않는 것도 아니다.
앉고 눕고 다니고 서는 네 가지 거동 가운데
항상 공적한데 자리하니 곧 이를 여래라 한다.

⊙여래(如來) ; 「善現起請分 第二」의 '※여래십호(如來十號)'를 참고할 것.

※아래 내용은 「관음예문(觀音禮文)」과 「대예참례(大禮懺禮)」에서 화신(化身)을 찬탄한 '가영(歌詠)'이다.

月磨銀漢轉成圓　　저기저달 은하수에
월마은한전성원　　　　　갈리면서 둥글더니
素面舒光照大千　　흰얼굴에 피어난빛
소면서광조대천　　　　　대천세계 비추도다.
猿臂山山空捉影　　팔을늘인 산산※이는
원비산산공착영　　　　　달건지려 애를쓰나
孤輪本不落靑天　　외로운달 청천에서
고륜본불낙청천　　　　　떨어진적 없었다네.
　　　※山山은 원숭이 종류라 함.

㉮「수보리야, ㉯만일 어떤 사람이 말하기를 ㉰'여래가 오기도 하고 가기도 하고 앉기도 하고 눕기도 한다'고 한다면 ㉱이 사람은 /

[威儀寂靜分 第二十九] No. 321 ⇨ 원문 p.37 ℓ.10

<후> 去일새 故名如來니라

㉮	1			은
	2	아닐	불	不
	3	알	해	解
	4	나	아	我
	5	바	소	所
	6	말씀	설	說
	7	뜻	의	義
	8			니
① ㉯	9	어찌	하	何
	10	써	이	以
	11	연고	고	故
	12			오
㉰	13	같을	여	如
	14	올	래	來
	15	놈~것	자	者
	16			는
㉱	17	없을	무	無
	18	바	소	所
	19	좇을	종	從
	20	올	래	來
	21			며
㉲	22	또	역	亦
	23	없을	무	無
	24	바	소	所

※다음 내용은 「다비문(茶毘文)」의 내용 가운데 <삭발(削髮)>의 일부다.

生從何處來　　태어남은 어느 곳으로부터 오는 것
생종하처래　　이며
死向何處去　　죽음은 어느 곳을 향하여 가는 것
사향하처거　　입니까?
生也一片浮雲起　난다는 것은 한 조각 뜬구름이 일
생야일편부운기　어나는 것이며
死也一片浮雲滅　죽는다는 것은 한 조각 뜬구름이
사야일편부운멸　스러지는 것입니다.
浮雲自體本無實　[그러나] 뜬구름 자체가 본래 실다
부운자체본무실　움이 없듯
生死去來亦如然　나고 죽음 가고 옴도 또한 그러합
생사거래역여련　니다.
獨有一物常獨露　다만 한 물건이 있어 항상 홀로 [초
독유일물상독로　연히] 드러나
湛然不隨於生死　침착하고 고요하며 나고 죽음에 따
담연불수어생사　르지 않습니다.

'함허당득통화상어록(涵虛堂得通和尙語錄)' 가운데 <위원경왕태후선가하어(爲元敬王太后仙駕下語)>에도 아래와 같이 유사한 내용이 보인다.

生夜一片浮雲起 死也一片浮雲滅 浮雲自體澈底空
생야일편부운기 사야일편부운멸 부운자체철저공

幻身生滅亦如然
환신생멸역여연

※다음 내용은 「다비문(茶毘文)」의 내용 가운데 차례대로 <세수(洗手)>와 <세족(洗足)>의 일부다.

來無所來　　　　오되 온 바가 없으니
내무소래
如朗月之影現千江　밝은 달의 그림자가
여낭월지영현천강　천 개의 강에 나타남과 같고,
去無所去　　　　가되 간 바도 없나니
거무소거
若澄空而形分諸刹　맑은 허공의 모습이
약징공이형분제찰　모든 세계에 나뉨과 같습니다.

㉮나의 말한바 뜻을 알지 못함이니, ㉯왜냐하면, ㉰여래란 ㉱어디로부터 오는 바도 없고 ㉲또한 어디로 가는 바도 없으므로 /

- 321 -

No. 322 ⇨ 원문 p.38 ℓ.1 [威儀寂靜分 第二十九]

<전> 은 不解我所說義니 何以故오 如來者는 無所從來며 亦無所

㉮	1 갈	거	去	2
	2		일새	
	3 연고	고	故	1
	4 이름	명	名	3
	5 같을	여	如	
	6 올	래	來	2
	7		니라	
	8			
	9			
	10			
	11			
	12			
	13			
	14			
	15			
	16			
	17			
	18			
	19			
	20			
	21			
	22			
	23			
	24			

生時的的不隨生　태어날 때에도 분명하여
생시적적불수생　남(生)을 따르지 않고
死去堂堂不隨死　죽어 세상을 떠남에도 당당하여
사거당당불수사　죽음을 따르지 아니합니다.
生死去來無干涉　나고 죽고 가고 옴에
생사거래무간섭　간섭됨이 없으니
正體堂堂在目前　본체는 [언제나] 당당히
정체당당재목전　눈앞에 있습니다.

『한국불교전서』 6-727중 '爲二僧下火'

㉮짐짓 여래라 이름하느니라.」/

[一合理相分 第三十] No. 323 ⇨ 원문 p.38 ℓ.3

<후> 須菩提야 若善男子善女人이 以三千大千世界로 碎爲微塵

1			
2			
3			
4		◎	
5	한	일	一 ⎫
6	합할	합	合 ⎬ 1
7	다스릴 이치	이	理 ⎫ 2
8	서로 모양	상	相 ⎬ 3
9	나눌	분	分 ⎭ 4
10			
11	차례	제	第
12	석	삼	三
13	열	십	十
14			
15			
16			
17			
18			
19			
20			
21			
22			
23			
24			

제30분, 진리와 현상은 둘이 아니다.
（一과 合의 이치와 모습）

≪개요≫

'티끌 모아 태산'이라는 말이 있다. 여기서 말하는 태산은 티끌의 집합체인 만큼 티끌을 떠나 존재할 수 없고, 티끌은 태산의 구성요소이기 때문에 태산을 떠나 생각할 수 없다.

그런데 이들은 모두 인연에 따라 취산(聚散)하는 유위법(有爲法)인 까닭에 그 존재 자체가 공(空)하다[體空]. 즉 공이 아닌 분별 위에서 나타나는 것이 태산이요 티끌인 것이며, 마찬가지로 법신과 화신의 구분 역시 분별심 위에서 나타나는 것이다.

따라서 공의 이치를 알면 태산 가운데서 티끌을, 티끌 가운데서 태산을 볼 수 있어야 하며, 법신 가운데서 화신을 그리고 화신 가운데서 법신을 볼 수 있어야 하니 이는 같다거나 혹은 다르다는 개념으로 이해될 성질의 것이 아님을 일깨워 주신 부분이다.

★소명태자(昭明太子)의 '32분(分)'

1.法會因由分 2.善現起請分 3.大乘正宗分 4.妙行無住分 5.如理實見分 6.正信希有分 7.無得無說分 8.依法出生分 9.一相無相分 10.莊嚴淨土分 11.無爲福勝分 12.尊重正敎分 13.如法受持分 14.離相寂滅分 15.持經功德分 16.能淨業障分 17.究竟無我分 18.一體同觀分 19.法界通化分 20.離色離相分 21.非說所說分 22.無法可得分 23.淨心行善分 24.福智無比分 25.化無所化分 26.法身非相分 27.無斷無滅分 28.不受不貪分 29.威儀寂滅分 30.一合理相分 31.知見不生分 32.應化非眞分

No. 324 ⇨ 원문 p.38 ℓ.4 [一合理相分 第三十]

<전> 一合理相分 第三十

			한글	한자	
㉮	1	모름지기	수	須	
	2	보살	보	菩	
	3	끝 '제' 들 '제'	리	提	
	4			야	1
㉯	5	만약 어떤	약	若	
	6	착할	선	善	
	7	사내	남	男	
	8	아들	자	子	2
	9	착할	선	善	
	10	계집 '여'	여	女	
	11	사람	인	人	
	12			이	
㉰	13	써	이	以	2
	14	석	삼	三	
	15	일천	천	千	
	16	큰	대	大	
	17	일천	천	千	1
	18	인간	세	世	
	19	경계	계	界	
㉱	20			로	
	21	부술	쇄	碎	1
	22	할	위	爲	3
	23	작을	미	微	2
	24	티끌	진	塵	

◆ 六祖口訣

① 325-23 / 何以故 若是微塵衆 實有者 佛卽不說 是微塵衆 所以者何 佛說微塵衆 卽非微塵衆 是名微塵衆

①佛說三千大千世界 以喩一一衆生性上妄念微塵之數 如三千大千世界中所有微塵 一切衆生性上妄念微塵 ②卽非微塵 聞經悟道 覺慧常照 趣向菩提 念念不住 常在淸淨 如是淸淨微塵 是名微塵衆也

①부처님께서 말씀하시는 삼천대천세계는 낱낱 중생의 성품 위에 망념의 티끌 수를 견준 것이니, 삼천대천세계 가운데 있는 티끌이 일체 중생의 성품 위에 있는 망념의 티끌과 같다. ②곧 티끌이 아니라 함은 경(經)을 듣고 도를 깨쳐서 깨달음의 지혜가 항상 비쳐 보리를 향해 나아가기 때문이니라. 생각 생각이 머물지 않아 항상 청정하니 이같이 청정한 티끌이기에 곧 티끌이라 하느니라.

② 330-11 / 須菩提 一合相者 卽是不可說 但凡夫之人 貪着其事

①三千者 約理而言 卽貪嗔痴妄念 各具一千數也 心爲善惡之本 能作凡作聖 動靜不可測度 廣大無邊故 名大千世界 ②心中明了 莫過悲智二法 由此二法 而得菩提 說一合相者 心有所得故 卽非一合相 心無所得 是名一合相 一合相者 不壞假名 而談實相 ③由悲智二法 成就佛果菩提 說不可盡 妙不可言 凡夫之人 貪著文字事業 不行悲智二法 而求無上菩提 何由得

①'삼천'을 이치로 따져 간략히 말하면, 곧 탐·진·치 등 망념에 각각 천 가지씩을 갖추고 있다. 마음은 선악의 근본으로 능히 범부도 짓고 성인도 짓는 바 그 움직이고 고요함을 헤아려 측량할 수 없으니 이렇게 광대무변하므로 대천세계라 한 것이다. ②마음 가운데 밝게 요달함이 자비와 지혜 두 가지 법을 지나칠 것이 없으니, 이 두 가지 법을 말미암아 보리를 얻는 것이다. 하나로 된 상이라 하는 것은 마음에 얻어진 것이므로 곧 하나로 된 상이 아니며, 마음에 얻음이 없어야[能所가 없어야] 이것을 하나로 된 상이라 할 수 있다. 하나로 된 상이란 거짓 이름을 허물지 않고 실다운 상을 말하려 한 것이다. ③자비와 지혜 두 가지 법을 말미암아 부처의 과보인 보리를 성취하는 것이다. 말로 설명해서는 다할 수 없으며 묘함은 가히 말할 수 없다. 범부들이 문자의 일만 탐착하고 자비와 지혜 두 가지 법은 행하지 않은 채 무상보리만을 구하나니 어떻게 얻을 수 있겠는가.

㉮「수보리야, ㉯어떤 선남자 선여인이 ㉰삼천대천세계를 ㉱부수어 티끌로 만든다면 /

[一合理相分 第三十] No. 325 ⇨ 원문 p.38 ℓ.5

<후> 故오 若是微塵衆이 實有者인댄 佛이 卽不說是微塵衆이니 所以

	1			하면	
㉮	2	어조사 / ~에, ~에서[처소격]	어	於	2
	3	뜻	의	意	1
	4	이를	운	云	3
	5	어찌	하	何	
	6			오	
㉯	7	이	시	是	1
	8	작을	미	微	2
	9	티끌	진	塵	
	10	무리	중	衆	3
	11			이	
	12	편안할 어찌	영	寧	1
	13	할	위	爲	3
	14	많을	다	多	2
	15	아닐	부	不	4
	16			아	
㉰	17	심할	심	甚	1
	18	많을	다	多	
	19			니이다	
	20	대(代) 세상	세	世	2
	21	높을	존	尊	
	22			하	
①㉱	23	어찌	하	何	
	24	써	이	以	

㉮네 생각은 어떠하냐 ㉯이 티끌들이 많지 않겠느냐.」 ㉰「매우 많겠나이다. 세존이시여, ㉱왜냐 하오면 /

No. 326 ⇨ 원문 p.38 ℓ.6 [一合理相分 第三十]

<전> 하면 於意云何오 是微塵衆이 寧爲多不아 甚多니이다 世尊하 何以

		한글	음	한자	
㉮	1	연고	고	故	
	2			오	
	3	만약	약	若	1
	4	이	시	是	2
	5	작을	미	微	3
	6	티끌	진	塵	
	7	무리	중	衆	4
	8			이	
	9	열매 참으로	실	實	5
	10	있을	유	有	6
	11	놈 ~면(접속사)	자	者	7
	12			인댄	
㉯	13	부처	불	佛	1
	14			이	
	15	곧	즉	卽	2
	16	아닐	불	不	5
	17	말씀	설	說	
	18	이	시	是	3
	19	작을	미	微	4
	20	티끌	진	塵	
	21	무리	중	衆	
	22			이니	
㉰	23	바	소	所	1
	24	써		이 以	

※ 지혜제일 사리불(舍利弗) 존자
-나비효과(butterfly effect)-

1 책상 위에 놓여있는 작은 종이 한 장과 하늘에 떠 가는 흰 구름 사이에 인과관계(因果關係)가 있을까? 어찌 보면 유아적 질문같이 들릴지 모르나 양자의 관계는 떼려야 뗄 수 없는 그런 사이다.

2

3 내용인 즉, 종이는 펄프에(pulp)서 얻고, 펄프는 나무에서 얻으며, 나무는 물을 먹고 자란다. 그런데 그 물은 하늘에 떠 있는 구름에서 만들어지는 것이다. 정리하면, 구름이 있기에 종이가 있다. 구름이 없으면 종이도 없는 것이다.

4 이런 관계가 어디 이것뿐이겠는가? 요즘 들어 익숙한 기상 언어 가운데 '엘리뇨(El Nino)'라는 것이 있다. 페루 앞 바다 적도 부근의 중부 태평양 해역의 해수면 온도가 급상승하는 현상을 말한다. 그런데 이 현상이 우리 밥상에 자주 등장하는 두부 값과 연결되어 있다면 이해가 되려는지? 엘리뇨 현상이 일어나면 페루의 어획량 가운데 주요 품목인 멸치의 양이 준다고 한다. 이 멸치는 가축의 사료로 대부분 쓰이는데, 줄어든 만큼의 사료를 콩으로 대체한다는 것이다. 따라서 세계적으로 콩이 품귀현상이 일어나며 두부 값이 오른다는 것이다.

1 티벳고원의 봄 적설량이 우리나라 여름 더위와 직접 관계가 있음도 이런 이치와 무관하지 않다. 때문에 부처님께서는 연기법을 말씀하신 것이다.

2
此有故彼有   이것이 있으므로 저것이 있고
차유고피유

此生故彼生   이것이 생하므로 저것이 생한다.
차생고피생

5

此無故彼無   이것이 없으므로 저것이 없고
차무고피무

此滅故彼滅   이것이 멸하므로 저것이 멸한다.
차멸고피멸

3
『雜阿含經』(大正藏 권2 p. 67a)

4 바라문족 출신인 사리불(舍利弗) 존자는 본래 육사외도(六邪外道)의 한 사람인 산자야(Sanjaya)를 스승으로 모시고 수행하였다. 어느날 라자그리하(王舍城) 마을에서 부처님의 제자로 5비구 가운데 한 분인 아설시(阿說示)로부터 부처님의 법을 전해 듣고 목건련과 함께 제자 2백명을 데리고 죽림정사(竹林精舍)로 가서 부처님께 귀의하고 제자가 되었다. 이런 대사건을 불러온 내용이 <법신게(法身偈)>라 불리우는 다음 게송이다.

㉮만일 이 티끌들이 참으로 있는 것이라면 ㉯부처님께서 이것을 티끌들이라 말씀하시지 않으셨을 것이기 때문입니다. ㉰왜냐 하오면 /

[一合理相分 第三十] No. 327 ⇨ 원문 p.38 ℓ.7

<후> 如來所說三千大千世界ㅣ 卽非世界일새 是名世界니이다 何以故

	1	놈 ~것	자	者
	2	어찌	하	何
	3			오
㉮	4	부처	불	佛
	5	말씀	설	說
	6	작을	미	微
	7	티끌	진	塵
	8	무리	중	衆
	9			이
㉯	10	곧	즉	卽
	11	아닐	비	非
	12	작을	미	微
	13	티끌	진	塵
	14	무리	중	衆
	15			일새
㉰	16	이	시	是
	17	이름	명	名
	18	작을	미	微
	19	티끌	진	塵
	20	무리	중	衆
	21			이니 이다
㉱	22	대(代) 세상	세	世
	23	높을	존	尊
	24			하

諸法從緣生 모든 것은 인연따라 생겨나고
제법종연생
諸法從緣滅 모든 것은 인연따라 없어지네.
제법종연멸
我佛大沙門 우리 세존 위대하신 스승님은
아불대사문
常作如是說 항상 이를 주제로 말씀하시네.
상작여시설

『大智度論』(大正藏 권25, p. 192b)

이야기를 바꿔 요즈음 회자되는 '나비효과(butterfly effect)'에 대해 살펴보기로 하자. 미국의 기상학자 에드워드 로렌츠(E. Lorentz)가 1961년 기상관측을 하다가 생각해낸 원리로서 브라질에 있는 나비의 날갯짓이 미국 텍사스에 토네이도를 발생시킬 수도 있다는 과학이론이다.

훗날 물리학에서 말하는 카오스 이론(Chaos Theory)의 토대가 되었다. 변화무쌍한 날씨의 예측이 힘든 이유를, 지구상 어디에서인가 일어난 조그만 변화로 인해 예측할 수 없는 날씨 현상이 나타났다는 것으로 설명한 것이다.

처음에 이 현상을 설명할 때는 나비가 아닌 갈매기를 사용했었지만, 시적(詩的)으로 표현하기 위해 나비로 바꾸었다 한다. 그런데 시적이어서가 아니라 모든 것은 상관관계를 지니고 있기 때문에 무엇으로 대신해도 같은 의미가 된다. 이 가상의 현상은 기존의 물리학으로는 설명할 수 없는 이른바 '초기 조건에의 민감한 의존성', 곧 작은 변화가 결과적으로 엄청난 변화를 초래할 수 있는 경우를 표현하고자 한 것이다.

디지털과 매스컴 혁명으로 정보의 흐름이 매우 빨라지면서 지구촌 한 구석의 미세한 변화가 순식간에 전세계적으로 확산되는 요즈음에 들어 '나비효과'는 더 이상 이론이 아니다.

하고싶은 말은, 앞서 말한 사리불존자, 석존의 제자 가운데 '지혜제일'이란 칭송을 듣던 그의 마음을 움직인 것이 다름 아닌 '나비효과' 였다는 것이다. 다시 말해 자의든 아니든 '나비효과'는 '법신게'를 리메이크(remake)한 것에 지나지 않는다. 진리는 그렇게 시간이 지나도 변하지 않는 것이어야 하는데, 영리한 말은 채찍 그림자만 보고도 뛴다 했듯 지혜가 출중하였던 사리불 존자는 아설시 존자의 한 마디에 필(feel)이 꽂혔던 것이다.

-주(註)-

(1)펄프(pulp) ; 기계적·화학적 처리에 의하여 식물체의 섬유를 추출한 것. 섬유나 종이 따위의 원료로

㉮부처님께서 말씀하신 티끌들이란 ㉯티끌들이 아니므로 ㉰이를 티끌들이라 이름하기 때문이옵니다. ㉱세존이시여, /

No. 328 ⇨ 원문 *p.38 ℓ.8* [一合理相分 第三十]

〈전〉者何오 佛說微塵衆이 卽非微塵衆일새 是名微塵衆이니이다 世尊하

㉮	1	같을	여	如	⎫ 1
	2	올	래	來	⎭
	3	바	소	所	⎫ 2
	4	말씀	설	說	⎭
	5	석	삼	三	⎫
	6	일천	천	千	⎪
	7	큰	대	大	⎬ 3
	8	일천	천	千	⎪
	9	인간	세	世	⎪
	10	경계	계	界	⎭
	11			ㅣ	
	12	곧	즉	卽	4
	13	아닐	비	非	6
	14	인간	세	世	⎫ 5
	15	경계	계	界	⎭
	16			일새	
㉯	17	이	시	是	1
	18	이름	명	名	3
	19	인간	세	世	⎫ 2
	20	경계	계	界	⎭
	21			니이다	
㉰	22	어찌	하	何	
	23	써	이	以	
	24	연고	고	故	

(2)카오스 이론(Chaos Theory) ; 무질서하게 보이는 혼돈 상태에도 논리적 법칙이 존재한다는 이론. 이 이론의 연구 목적은 무질서하고 예측이 불가능한 현상 속에 숨어 있는 정연한 질서를 밝혀내어 새로운 사고방식이나 이해 방법을 제시하는 것이다. 경제, 기상, 물리, 전기, 천문 등 여러 분야에서 다양하게 응용되고 있다.

㉮여래께서 말씀하신 삼천대천세계도 세계가 아니므로 ㉯세계라 이름하나이다. ㉰왜냐 하오면 /

[一合理相分 第三十] №. 329 ⇨ 원문 *p. 38 ℓ. 9*

<후> 一合相일새 是名一合相이니이다 須菩提야 一合相者는 卽是不可說

㉮	1		오	
	2	만약	약	若	1
	3	인간	세	世	2
	4	경계	계	界	
	5			ㅣ	
	6	열매	실	實	
	7	있을	유	有	3
	8	놈 ~면(접속사)	자	者	
	9			인댄	
㉯	10	곧	즉	卽	1
	11	이	시	是	2
	12	한	일	一	
	13	합할	합	合	3
	14	서로 모양	상	相	
	15			이어 니와	
㉰	16	같을	여	如	1
	17	올	래	來	
	18	말씀	설	說	3
	19	한	일	一	
	20	합할	합	合	2
	21	서로 모양	상	相	
	22			은	
	23	곧	즉	卽	4
	24	아닐	비	非	6

⊙일합상(一合相) ; 연(緣)에 의하여 몇 개의 법(法)이 합해서 일상(一相)을 형성하는 것.

㉮만일 세계가 참으로 있는 것이라면 ㉯그것은 곧 한 덩어리이려니와 ㉰여래께서 말씀하시는 한 덩어리는 ㉱한 덩어리가 아니므로 /

No. 330 ⇨ 원문 p. 38 ℓ. 10 [一合理相分 第三十]

<전> 若世界ㅣ實有者인댄 卽是一合相이어니와 如來說一合相은 卽非

1	한	一		
2	합할	合	}	5
3	서로 모양	相		
4		일새		
㉮ 5	이	是		1
6	이름	名		3
7	한	一		
8	합할	合	}	2
9	서로 모양	相		
10		이니 이다		
㉯ 11	모름지기	須		
12	보살	菩		
13	끌 '제' 들 '제'	提		
14		야		
㉰ 15	한	一		
16	합할	合		1
17	서로 모양	相		
18	놈 ~것	者		
19		는		
20	곧	卽		2
21	이	是		3
22	아닐	不		
23	옳을	可	}	4
24	말씀	說		

※ 부처님 귀와 다윈의 진화론

　절에 가서 부처님 성상(聖像)을 뵈면 겉모습에서부터 보통 사람들과 다른 점을 발견할 수 있다.
　이때 한 눈에 뵙는 전체의 모습을 '총관상(總觀相)'이라 하고, 부처님 옥체를 두상(頭狀)부터 차례로 내려오면서 뵙는 것을 '별관상(別觀相)'이라 한다. 이렇게 하나 하나 살피면서 현저히 눈에 띄는 32가지의 모습을 삼십이상(三十二相)이라 하고, 은밀하여 잘 띄지는 않으나 역시 일반인의 그것과 다른 점이 80가지나 있으시니 이를 팔십종호(八十種好)라 한다.
　이를 모두 합하면 '삼십이상 팔십종호', 줄여서 '상호(相好)'라 한다. 부처님의 상호 가운데 자신의 마음에 유난히 끌리는 부분이 있으면 그 부분을 집중적으로 생각하게 되는데, 사람마다 취향이 다르기에 부위도 다르겠기로 이를 '잡관상(雜觀相)'이라 한다.
　또, 한가지의 상호(相好)를 원만히 갖추기까지는 백가지 착한 생각을 일으키고 실천에 옮기어 원만히 성취함이 전제되기로 이를 백복장엄(百福莊嚴) 혹은 백사장엄(百思莊嚴)이라 한다. 따라서 상호를 뵐 때는 외모뿐 아니라 그분의 인행(因行)까지 함께 생각해야 하기로 '관(觀)한다'고 한다.
　이야기의 범위를 좁혀 상호 가운데 '귀'에 대해 살펴보고자 한다. 성상을 뵐 때 귀에 시선이 멈추는 순간 '아! 부처님 귀' 하고 느낄 수 있다. 귓밥이 거의 어깨에 닿아 계신 특징을 지니고 계시기 때문이다. 한편, 이와는 대조적으로 감로단(甘露壇. 영가에게 법식을 베풀기 위한 壇) 탱화에 보면, 중앙에서 약간 아래 부분에 왠지 거부감이 가는 한 쌍의 중생모습을 볼 수 있다. 부처님의 모습과 대조되어 매우 험상궂게 보이는 비호감(非好感)의 주인공은 다름 아닌 아귀(餓鬼)다. 그리고 아귀의 특징 가운데 가장 두드러진 것이 귀의 모습이다. 부처님의 귀에 비해 위쪽으로 매우 크게 발달해 있다.
　귀는 일종의 안테나 역할을 하는 것이다. 부처님의 경우 중생들의 원(願)을 들어주시려 애를 쓰시다보니 —이문제성상(耳聞諸聲相)— 자연히 아래쪽으로 발달할 수밖에 없으셨을 것이다. 즉 수행의 정도에 따라 진화되었다는 말이다.
　상대적으로 아귀는 물론 개, 돼지, 염소 등 축생(畜生)들의 경우에서는 한결같이 위쪽으로 발달하여 있음을 볼 수 있다. 자신의 이익을 위해 안테나를 세우기 때문임에 틀림없다. 부처님과는 다른 방향이지만 역시 진화된 모습이다. 그리고 보니 다윈의 진화론이 부처님이나 아귀의 모습에까지 적용되고 있었다.

㉮한 덩어리라 이름하나이다.」 ㉯「수보리야, ㉰한 덩어리란 것은 곧 말할 수 없는 것이어늘 /

<후> 知見不生分 第三十一

[一合理相分 第三十] № 331 ⇨ 원문 p.39 ℓ.1

				이어늘
㉮	1			
	2	다만	단	但
	3	무릇	범	凡
	4	지아비	부	夫
	5	갈	지	之
	6	사람	인	人
	7			이
	8	탐할	탐	貪
	9	붙을	착	着
	10	그	기	其
	11	일	사	事
	12			니라
	13			
	14			
	15			
	16			
	17			
	18			
	19			
	20			
	21			
	22			
	23			
	24			

그룹: 2 (3~6: 凡夫之人), 4 (8~9: 貪着), 3 (10~11: 其事)

-주(註)-

1 ⑴상호(相好) ; 부처님은 외모부터 일반인들과 다르시다. 특히 현저하게 뛰어난 서른 두 가지를 32상(相)이라 하고, 미세하고 은밀한 80가지의 모습은 80종호(種好)라 부른다. 이 두 가지의 끝 글자를 합해 상호(相好)라 한다. 삼십이상(三十二相)을 32대인상(大人相)·32대장부상(大丈夫相)·32대사상(大士相)이라고도 한다.

 부처님 귀에 대한 언급은 80종호의 42번째와 43번째 항에 있다. 42)耳厚廣大脩長輪埵成就(이후광대수장륜타성취). 귀가 두텁고 길고 귓불이 늘어짐. 43)兩耳齊平 離衆過失(양이제평 이중과실).두 귀 모양이 가지런함. / 大般若經卷三八一

⑵천이통(天耳通) ; 육신통(六神通) 가운데 하나. 세간의 모든 언어는 물론 짐승·귀신의 말에 이르기까지 듣지 못할 것이 없는 자재한 지혜의 작용.

⑶백복장엄(百福莊嚴) ; 부처님께서 과거세에 수행을 하실 때에 백가지 착한 생각을 일으키시고 실천에 옮기셨으며 원만히 성취하신 공덕으로 한가지 상호를 얻으신다고 한다. 그래서 이것을 백사장엄(百思莊嚴) 혹은 신엄백복(身嚴百福)이라고도 한다. '복'이라 함은 유루(有漏)인 선행을 말하고, 장엄(莊嚴)이라 함은 백복을 가지고 한 상호를 얻는다 의미다.

⑷다윈(Darwin, Charles Robert) ; 영국의 생물학자(1809~1882). 남반구를 탐사하여 수집한 화석 및 생물을 연구하여 생물의 진화를 주장하고, 1858년에 자연 선택에 의하여 새로운 종이 기원한다는 자연 선택설을 발표하였다. 저서에 『종(種)의 기원』, 『가축 및 재배 식물의 변이』 등이 있다.

㉮다만 범부들이 그것을 탐내고 집착하느니라.」/

No. 332 ⇨ 원문 p.39 ℓ.3 [知見不生分 第三十一]

<전> 이어늘 但凡夫之人이 貪着其事니라

1				
2				
3				
4			◎	
5	알	지	知	⎫ 1
6	볼	견	見	⎭
7	아닐	불	不	3
8	날	생	生	2
9	나눌	분	分	4
10				
11	차례	제	第	
12	석	삼	三	
13	열	십	十	
14	한	일	一	
15				
16				
17				
18				
19				
20				
21				
22				
23				
24				

1 제31분, 지견(知見)을 내지 말라.

《개요》
　사물에 대한 일체의 분별은 관념 위에서 나타나는 것이다. 이런 관념을 이 경(經)에서는 아견·인견·중생견·수자견 내지 법상(法相) 등으로 분류하여 설명하였다. 그러나 이것은 어디까지나 세속제(世俗諦)의 입장에서 본 것이며, 승의제(勝義諦)의 입장에서 본다면 그 실체는 공(空)인 것이다.
　그럼에도 부처님께서 이를 굳이 말씀하신 것은 이 언견언(以言遣言)이다.

★소명태자(昭明太子)의 '32분(分)'
1.法會因由分　2.善現起請分　3.大乘正宗分　4.妙行無住分　5.如理實見分　6.正信希有分　7.無得無說分　8.依法出生分　9.一相無相分　10.莊嚴淨土分　11.無爲福勝分　12.尊重正敎分　13.如法受持分　14.離相寂滅分　15.持經功德分　16.能淨業障分　17.究竟無我分　18.一體同觀分　19.法界通化分　20.離色離相分　21.非說所說分　22.無法可得分　23.淨心行善分　24.福智無比分　25.化無所化分　26.法身非相分　27.無斷無滅分　28.不受不貪分　29.威儀寂靜分　30.一合理相分　31.知見不生分　32.應化非眞分

[知見不生分 第三十一] No. 333 ⇨ 원문 p.39 ℓ.4

<후> 提야 於意云何오 是人이 解我所說義不아 不也니이다 世尊하 是

㉮	1	모름지기	수	須
	2	보살	보	菩
	3	끝 '제' 들 '제'	리	提
	4			야
㉯	5	만약	약	若
	6	사람	인	人
	7			이
	8		언	言
	9			하대
㉰	10		불	佛
	11		설	說
	12		아	我
	13		견	見
	14		인	人
	15		견	見
	16		중	衆
	17		생	生
	18		견	見
	19		수	壽
	20		자	者
	21		견	見
	22			이라 하면
㉱	23		수	須
	24		보	菩

◆ 六祖口訣

① 335-11 / 何以故 世尊 說我見人見衆生見壽者見 卽非我見人見衆生見壽者見 是名我見人見衆生見壽者見

①如來說此經 令一切衆生 自悟般若智 自修行菩提果 凡夫之人 不解佛意 便謂如來 說我人等見 不知如來說 甚深無相無爲般若波羅蜜法 ②如來所說我人等見 不同 凡夫我人等見 如來說一切衆生 皆有佛性 是眞我見 說 一切衆生 無漏智性 本自具足 是人見 說一切衆生 本 無煩惱 是衆生見 說一切衆生 性本自不生不滅 是壽者 見也

①여래께서 이 경을 말씀하사 일체중생으로 하여금 스스로 반야지를 깨달아 스스로 보리의 과를 닦아서 증득하게 하셨다. 범부들이 부처님의 뜻을 알지 못하고 문득 여래께서 아상·인상 등의 소견을 말씀하셨다고 이르니, 여래께서 말씀하신 깊고 깊은 무상무위(無相無爲)의 반야바라밀법을 모름이다. ②여래께서 말씀하신 바 아상·인상 등의 소견은 범부들의 아상·인상 등의 소견과 같지 않으니, 여래께서 일체중생이 다 불성이 있다고 말씀하시니 이것이 참된 아견이고, 일체중생이 무루지(無漏智)인 불성을 본래 스스로 다 구족하고 있음을 말씀하시니 이것이 인견이며, 일체중생이 본래 번뇌가 없음을 말씀하시니 이것이 중생견이며, 일체중생의 성품에 본래 생멸이 없음을 말씀하시니 이것이 수자견이다.

② 338-24 / 須菩提 所言法相者 如來說卽非法相 是名法相

發菩提心者 應見一切衆生 皆有佛性 應見一切衆生 無 漏種智 本自具足 應信一切衆生自性 本無生滅 雖行一 切智慧方便 接物利生 不作能所之心 口說無相法 而心 有能所 卽非法相 口說無相法 心行無相行 而心無能所 是名法相也

보리심을 일으킨 사람은, 마땅히 일체 중생이 다 불성이 있음을 보고, 일체 중생이 다 번뇌 없는 청정한 지혜를 본래 구족하고 있음을 보고, 일체 중생의 자성에 본래 생멸이 없음을 믿어, 비록 일체 지혜의 방편을 행하여 중생을 이롭게 하지만 능소심(能所心)을 짓지 않는다. 입으로 상(相)없는 법을 설하지만 마음에 능소가 있으면 곧 법상이 아니고, 입으로 무상법을 설하면서 마음에 무상을 행하여 마음에 능소가 없으면 이것이 법상이다.

㉮「수보리야, ㉯어떤 사람이 말하기를 ㉰"부처님께서 아견·인견·중생견·수자견을 말씀하셨다"고 한다면 ㉱수보리야 /

No. 334 ⇨ 원문 p.39 ℓ.5 [知見不生分 第三十一]

<전> 須菩提야 若人이 言하대 佛說我見人見衆生見壽者見이라하면 須菩

	1		리	提	
	2			야	
㉮	3	어조사 / ~에, ~에서[처소격]	어	於	2
	4	뜻	의	意	1
	5	이를	운	云	3
	6	어찌	하	何	
	7			오	
㉯	8	이	시	是	1
	9	사람	인	人	
	10			이	
	11	알	해	解	5
	12	나	아	我	2
	13	바	소	所	3
	14	말씀	설	說	
	15	뜻	의	義	4
	16	아닐	부	不	6
	17			아	
㉰	18	아닐	불	不	1
	19	이끼 어조사	야	也	
	20			니이다	
	21	대(代) 세상	세	世	2
	22	높을	존	尊	
	23			아	
㉱	24	이	시	是	1

※이언견언(以言遣言) ; 이열치열(以熱治熱)과 같은 이치로 말을 없애기 위해 말을 하는 것을 말한다. 부처님의 일대시교가 모두 진여를 나타내기 위함일진 대 팔만대법문이 모두 그렇다.

㉮어떻게 생각하느냐? ㉯이 사람이 내가 말하는 뜻을 안다하겠느냐?」
㉰「아니옵니다. 세존이시여, ㉱그 사람은

[知見不生分 第三十一] № 335 ⇨ 원문 p.39 ℓ.6

<후> 壽者見은 卽非我見人見衆生見壽者見일새 是名我見人見衆

㉮	1 사람	인	人	
	2		은	
	3 아닐	불	不	5
	4 알	해	解	4
	5 같을	여	如	⎫ 1
	6 올	래	來	⎭
	7 바	소	所	⎫ 2
	8 말씀	설	說	⎭
	9 뜻	의	義	
	10		니	3
① ㉯	11 어찌	하	何	
	12 써	이	以	
	13 연고	고	故	
	14		오	
㉰	15 대(代) 세상	세	世	1
	16 높을	존	尊	
	17		이	
	18 말씀	설	說	2
	19 나	아	我	
	20 볼	견	見	
	21 사람	인	人	
	22 볼	견	見	3
	23 무리	중	衆	
	24 날	생	生	
	25 볼	견	見	

※ 성선설(性善說), 성악설(性惡說), 성공설(性空說)

사람의 마음은 본래 선(善)할까 악(惡)할까. 잠이 든 천진난만한 아기 모습을 보면 성선설이 맞는 것 같고, 그 아이가 깨어 울고 보채며 또 무엇이든 제 입으로만 가져가는 걸 보면 성악설이 맞는 것도 같다. 그뿐이랴 방금 전까지 웃고 지낼 때는 법(法) 없이도 살 것 같았던 사람이, 어느 순간 돌변한 그 모습은 세상에서 가장 무서운 모습이 되는 경우도 있다. 사랑으로 맺어져 백년해로를 약속하고 살던 그 사람인데 모르는 사이에 원수(怨讐)라 부르기 시작한 것도 그 중에 하나일 터다.

인성설(人性說)의 두 전형은 맹자(孟子)의 성선설과 순자(荀子)의 성악설로 집약된다. 그러면 다음과 같은 두 가지 예를 들어보고 다시 생각하기로 하자.

첫 번째 이야기는, 이탈리아 밀라노 산타 마리아델 레그라치에 성당(聖堂) 식당에 레오나르도 다빈치가 그린 벽화 '최후의 만찬(晩餐)에 얽힌 이야기다.

'최후에 만찬'은 예수 그리스도가 십자가에 못 박혀 죽음을 당하기 전날 밤 12제자들과 함께 가진 만찬으로, 《신약성서》 <마태복음(26:20~30)> <마가복음(14:17~25)> <누가복음(22:14~23)> 등에 그 기록이 전한다. 이때 그리스도는 자신을 배신하려는 제자가 있음을 지적하였고, 빵과 포도주를 축복한 뒤 성찬의식을 행하였다.

다빈치는 이 벽화를 부탁 받고 고민했다. 예수님을 위시해 모두 13사람을 그리기 위해서는 13사람의 모델이 필요했기 때문이다. 주인공마다 성격이 다르고 그와 같은 인물을 고르는 것은 쉬운 일이 아니었을 것이다. 특히 예수님의 모델이 문제였다. 예수님처럼 지고지선(至高至善)한 인물을 찾아야 했기 때문이다. 그러던 어느 날 길을 가다 우연히 예수님의 모델로 적격인 한 청년을 만났다. 다빈치는 전후사정을 이야기하며 부탁했고 그 청년도 흔쾌히 승낙했나.

그 청년을 모델로 예수님의 그림을 완성하고 한 숨을 돌리려는데 먼저보다 더 큰 고민이 생겼다. 예수님을 배반한 제자 '유다'의 모델 때문이었다. 예수님과는 상대적인 사람을 골라야 했는데 그렇게 악해 보이는 사람을 찾을 수 없었다. 그래서 그림을 완성하지 못하고 4년 째 허송하던 어느 날, 친구가 조언을 했다. 감옥에는 억울한 사람도 있겠지만 대체로 나쁜 사람을 가두는 곳이니 그 곳에 가면 당신이 찾는 사람을 비교적 쉽게 만날 수 있지 않겠느냐는 것이었다.

그 말을 옳게 여겨 마침 잘 아는 사람 가운데 옥사

㉮여래께서 말씀하신 뜻을 알지 못하나이다. ㉯왜냐 하오면 ㉰세존께서 말씀하신 아견·인견·중생견·수자견은 /

No. 336 ⇨ 원문 p.39 ℓ.7 [知見不生分 第三十一]

<전> 人은 不解如來所說義니 何以故오 世尊이 說我見人見衆生見

㉮	1	목숨	수	壽	
	2	놈	자	者	
	3	볼	견	見	
	4			은	
	5	곧	즉	即	1
	6	아닐	비	非	3
	7	나	아	我	
	8	볼	견	見	
	9	사람	인	人	
	10	볼	견	見	
	11	무리	중	衆	2
	12	날	생	生	
	13	볼	견	見	
	14	목숨	수	壽	
	15	놈	자	者	
	16	볼	견	見	
	17			일새	
㉯	18	이	시	是	1
	19	이름	명	名	3
	20	나	아	我	
	21	볼	견	見	
	22	사람	인	人	2
	23	볼	견	見	
	24	무리	중	衆	

장(獄舍長)이 있어 부탁했다. 드디어 감옥을 둘러 볼 수 있게 되었다. 그러나 다빈치는 실망했다. 자신이 찾는 사람이 없었기 때문이었다. 막 포기하려는 참인데 감방 한 쪽 구석에서 적임자를 발견하였다. 너무 반가워서 그에게 유다의 모델이 되어줄 것을 부탁했다.

그러자 그 사람은 대답 대신 아주 서럽게 울기 시작했다. 다빈치는 반성했다. 그림을 완성하려는 욕심 때문에 상대의 마음에 너무 큰 상처를 주었음을 깨달았기 때문이었다. 그래서 곧 사과하고 부탁을 거두려 했다.

그런데 그 사람은 울음을 멈추더니 자신을 잘 보라는 것이었다. 해서 그 사람의 모습을 찬찬히 살피던 다빈치는 깜짝 놀라지 않을 수 없었다. 그 사람은 다름 아닌 4년 전 예수님의 모델이 돼주었던 훌륭한 미모의 청년이었기 때문이었다.

어쨌거나 다빈치는 그 청년을 모델로 예수님에 이어 유다의 모습까지 완성할 수 있었다. 1494년에 시작해서 1498까지 장장 5년에 걸쳐 완성한 다빈치의 이 그림은 명화임에 틀림없지만 이면에 얽힌 이 이야기로 더욱 유명하다.

두 번째 이야기는, 앞서 '무득무설분 제칠(無得無說分 第七)'에서도 언급한 육조단경(六祖壇經)』 행유(行由)에 보이는 말씀이다.

혜능스님께서 아직 방아찧던 노행자(盧行者)로 계실 때다. 오조(五祖) 홍인(弘忍)스님으로부터 인가(印可)를 얻고 그 증표로 부처님의 가사와 발우를 얻게 되었다. 그러나 연륜이 미천한 노행자가 법맥을 얻은 것이 시기의 대상이 됨을 우려하신 홍인스님께서는 노행자에게 거처를 옮길 것을 명하셨다. 홍인스님과 노행자는 밤을 도와 강에 이르렀다. 노행자와 같은 제자를 얻게 된 다행스러운 생각에 홍인스님께서 직접 노를 저어 강을 건네 주시며 남쪽으로 피신할 것을 일러 주셨다.

뒤늦게 이런 사실을 안 대중은 홍인스님의 염려대로 대중공사 후, 노행자를 쫓기 시작하였다. 일찍이 사품장군을 지낸 바 있는 진(陣)씨 성에 혜명(惠明)이란 스님을 중심으로 한 수 백인의 추격대가 뒤를 쫓았다. 석존의 의발(衣鉢)을 되찾기 위해서였다. 노행자는 두 달 반만에 대유령(大庾嶺)에 도착하였으나 혜명 상좌에게 잡히게 되었다.

어쩔 수 없이 노행자는 바위 위에 의발(衣鉢)을 올려놓고,

「이 의발은 믿음의 표시인데 감히 힘으로 다투겠

㉮곧, 아견·인견·중생견·수자견이 아니므로 ㉯아견·인견·중생견·수자견이라 이름하나이다.」 /

[知見不生分 第三十一] No. 337 ⇨ 원문 p.39 ℓ.8

<후> 一切法에 應如是知하며 如是見하며 如是信解하야 不生法相이니라 須

1	날	생	生
2	볼	견	見
3	목숨	수	壽
4	놈	자	者
5	볼	견	見
6			이니이다
㉮ 7	모름지기	수	須
8	보살	보	菩
9	끝 '제' 들 '제'	리	提
10			야
㉯ 11	필	발	發
12	언덕	아	阿
13	김맬 '누'	녹	耨
14	많을	다	多
15	새그물	라	羅
16	석	삼	三
17	아득할 '막'	막	藐
18	석	삼	三
19	보리	보	菩
20	끝 '제'	리	提
21	마음	심	心
22	놈	자	者
23			는
㉰ 24	어조사	어	於

단 말인가?」하고는 덤불 속으로 몸을 숨겼다. 혜명이 와서 집어들려고 하였으나 꿈적도 하지 않았다. 깜짝 놀란 그는,

「행자여, 행자여, 나는 법(法)을 위해 온 것이지 옷을 욕심내어 온 것이 아니옵니다.」 하였다. 노행자가 그제야 나와서 반석 위에 앉으니 혜명이 절을 하며,

「원컨대 행자는 나를 위해서 법을 설하여 주소서.」 하였다. 이에 노행자가 말하기를,

「네가 이미 법을 위해 왔다면 모든 인연을 쉬고 한 생각도 내지 말라. 내가 그대를 위하여 말하리라.」 하고 다시 조금 있다가 혜명에게 말하였다.

「선(善)도 생각하지 말고 악(惡)도 생각하지 말라. 바로 이러할 때에 어떤 것이 명상좌의 본래면목인가?(不思善하고 不思惡하라 正與麼時에 那箇是明上座의 本來面目고)」하였다.

이야기는 더 이어지지만 주제에 관한 대목은 여기까지다.

2 그렇다. 사람의 마음이 본래 악한 것이라면 어찌 선해 질 수 있으며, 반대로 본래 선한 것이라면 어찌 악해 질 수 있을 것인가. 주변의 환경이나 교육을 말하기도 하지만, 금을 흙으로, 흙을 금으로 만드는 일이 불가능 한 것과 같이 있을 수 없는 일이다. 사람의 성품은 본래 악도 선도 아니기에 때에 따라 악하게도 되고 선하게도 되는 것이다. 해서 필자는 '성공설(性空說)'이라는 말로 사람의 성품을 나타내 보기로 했다.

마침 초등하교 5학년 때 배우는 동요(童謠) '파란마음 하얀마음'이 들려오는 것 같다. 잠시 가사에 귀 기울여보면,

1 <1절> 우리들 마음에 빛이 있다면 / 여름엔 여름엔 파랄 거에요 / 산도 들도 나무도 파란 잎으로 / 파랗게 파랗게 덮인 속에서 / 파아란 하늘보고 자라니까요.

<2절> 우리들 마음에 빛이 있다면 / 겨울엔 겨울엔 하얄 거에요 / 산도 들도 지붕도 하얀 눈으로 / 하얗게 하얗게 덮인 속에서 / 깨끗한 마음으로 자라니까요.

3 계절 따라 주위의 풍경 따라 그 빛이 변할 수 있는 것은 본래 파랗지도 하얗지도 않기 때문이 아니겠는가?!

-주(註)-

2 (1)맹자(孟子) ; 372?-289?B.C. 중국 전국 시대의 철

㉮「수보리야, ㉯야뇩다라삼먁삼보리의 마음을 낸 이는 ㉰온갖 법에 대하여 /

- 337 -

No. 338 ⇨ 원문 p.39 ℓ.9 [知見不生分 第三十一]

<전> 生見壽者見이니이다 須菩提야 發阿耨多羅三藐三菩提心者는 於

㉮	1	한	일	一	1
	2	온통	체	切	
	3	법	법	法	
	4			에	
	5	응할	응	應	1
	6	같은	여	如	2
	7	이	시	是	
	8	알	지	知	3
	9			하며	
㉯	10	같을	여	如	1
	11	이	시	是	
	12	볼	견	見	2
	13			하며	
㉰	14	같을	여	如	1
	15	이	시	是	
	16	믿을	신	信	2
	17	알	해	解	
	18			하야	
㉱	19	아닐	불	不	3
	20	날	생	生	2
	21	법	법	法	1
	22	서로, 모양 생각	상	相	
	23			이니라	
②㉲	24	모름지기	수	須	

㉮마땅히 이렇게 알며 ㉯이렇게 보며 ㉰이렇게 믿고 해석하여 ㉱법상(法相)을 내지 않느니라. ㉲수보리야 /

⑴인(哲人). 이름은 가(軻), 자는 자여(子興) 또는 자거라고도 하는데 확실치 않다. 공자의 도를 이어 제국을 순환하며 왕도(王道↔覇道) 정치와 인의(仁義)를 주장하였음. 서명(書名)『맹자(孟子)』는 맹자의 제자들이 그의 언행을 모아 기록한 책이다. 성선설을 주장.

⑵순자(荀子);340?-245?B.C. 중국 전국 시대 조(趙)나라의 유학자. 이름은 황(況) 또는 순경(盾卿)이라고 함. 맹자의 성선설에 대하여 성악설을 주장하여 그 사상을 책『순자(荀子)』를 발간함. 오늘날 전하여지는 것으로는 12권 32편을 당(唐)나라 양경(楊倞)이 20권으로 만들어 다시 그것에 주역(註譯)을 붙인 것임.

⑶본래면목(本來面目);본래의 얼굴. 본래 자기의 모습. 인간의 진실된 모습. 있는 그대로의 모습.『無門關』㈜48-295하. / 깨달은 경지에서 나타나는 자연 그대로의 조금도 인위(人爲)를 더하지 않은, 모든 사람들이 갖추고 있는 심성(心性)을 말한다. 선종의 용어로 제6조 혜능이 처음으로 한 말이다. 또, 본지풍광(本地風光) 혹은 본분사(本分事)·본분전지(本分田地)·본지풍광(本地風光)이라고도 함.

<후> 應化非眞分 第三十二

	1	보살	보	菩	
	2	끌 '제' 들 '제'	리	提	
	3			야	
㉮	4	바	소	所	⎫ 1
	5	말씀	언	言	⎭
	6	법	법	法	⎫ 2
	7	서로, 모양 생각	상	相	⎭
	8	~것	자	者	3
	9			는	
㉯	10	같을	여	如	⎫ 1
	11	올	래	來	⎭
	12	말씀	설	說	4
	13	곧	즉	卽	2
	14	아닐	비	非	⎫
	15	법	법	法	3
	16	서로, 모양 생각	상	相	⎭
	17			일새	
㉰	18	이	시	是	1
	19	이름	명	名	3
	20	법	법	法	⎫ 2
	21	서로, 모양 생각	상	相	⎭
	22			이니라	
	23				
	24				

㉮법상이라 하는 것은 ㉯여래가 말하기를 법상이 아니므로 ㉰이를 법상이라 이름하느니라.」 /

No. 340 ⇨ 원문 p.40 ℓ.1 [應化非眞分 第三十二]

<전> 菩提야 所言法相者는 如來說卽非法相일새 是名法相이니라

1			
2			
3			
4		◎	
5	응할	응	應
6	될, 화할	화	化
7	아닐	비	非
8	참	진	眞
9	나눌	분	分
10			
11	차례	제	第
12	석	삼	三
13	열	십	十
14	두	이	二
15			
16			
17			
18			
19			
20			
21			
22			
23			
24			

제32분, 응신(應身)과 화신(化身)은
            '참'이 아니다.

≪개요≫
 재물이란 아무리 많아도 유위(有爲)며, 참된 진리를 가리키는 말씀은 한 마디일지라도 무위(無爲)로 연결된다. 무위의 진리를 가리키는 것이 경(經)이며, 그 핵심을 시의 형태로 정리한 것이 사구게(四句偈)다. 그리고 설하신 분은 응신(應身)과 화신(化身)이시다. 그러나 손가락은 어디까지나 손가락이고, 달은 달이다. 응신과 화신 그리고 사구게를 포함한 팔만대법문은 모두 손가락일 뿐 달이 아님을 보이신 부분이다.

★소명태자(昭明太子)의 '32분(分)'
1.法會因由分 2.善現起請分 3.大乘正宗分 4.妙行無住分 5.如理實見分 6.正信希有分 7.無得無說分 8.依法出生分 9.一相無相分 10.莊嚴淨土分 11.無爲福勝分 12.尊重正敎分 13.如法受持分 14.離相寂滅分 15.持經功德分 16.能淨業障分 17.究竟無我分 18.一體同觀分 19.法界通化分 20.離色離相分 21.非說所說分 22.無法可得分 23.淨心行善分 24.福智無比分 25.化無所化分 26.法身非相分 27.無斷無滅分 28.不受不貪分 29.威儀寂滅分 30.一合理相分 31.知見不生分 32.應化非眞分

[應化非眞分 第三十二] No. 341 ⇨ 원문 p.40 ℓ.2

<후> 하야도 若有善男子善女人이 發菩提心者ㅣ持於此經하되 乃至四

㉮	1	모름지기	수	須	
	2	보살	보	菩	
	3	끝 '제' 들 '제'	리	提	
	4			야	
㉯	5	만약	약	若	1
	6	있을 어떤	유	有	2
	7	사람	인	人	
	8			이	
㉰	9	써	이	以	5
	10	찰	만	滿	3
	11	없을	무	無	
	12	헤아릴	량	量	
	13	언덕	아	阿	
	14	중	승	僧	2
	15	토지신	기	祇	
	16	인간	세	世	
	17	경계	계	界	
	18	일곱	칠	七	4
	19	보배	보	寶	
	20			로	
㉱	21	가질	지	持	1
	22	쓸	용	用	3
	23	베, 펼 '포' 보시	보	布	2
	24	베풀	시	施	

◆ 六祖口訣

① 344-4 / 不取於相 如如不動
①七寶之福雖多 不如有人發菩薩心 受持此經四句偈等 爲人演說 其福勝彼 百千萬倍 不可譬喩 ②說法善巧方便 觀根應量 種種隨宜 是名爲人演說 所聽法人 有種種相貌不等 不得作分別心 ③但了空寂一如之心 無所得心 無勝負心 無希望心 無生滅心 是名如如不動

①칠보의 복이 비록 많기는 하지만, 어떤 사람이 보리심을 일으켜 이 경의 사구게를 받아 지니고 남을 위하여 연설하는 것만 못하니, [사구게를 설한] 그 복이 [칠보로 보시한 복보다] 백천만배나 더하여 가히 비유할 수도 없다. ②설법은, 교묘한 방편으로 근기를 살피고 정도에 따라 가지가지로 맞추어 대하는 것이니, 남을 위해 연설한다고 한다. 법문을 듣는 사람이 가지가지로 모양이 같지 않지만 분별심을 짓지 말아야 한다. ③다만 공적하고 여여한 마음자리를 요달하여, 얻었다는 마음이 없으며, 뛰어나고 못하다고 하는 마음이 없으며, 바라는 마음이 없으며, 생멸하는 마음도 없어야 이를 여여하여 움직임이 없다고 하는 것이다.

② 344-14 / 何以故 一切有爲法 如夢幻泡影 如露亦如電 應作如是觀
夢者 是妄身 幻者 是妄念 泡者 是煩惱 影者 是業障 夢幻泡影業 是名有爲法 眞實離名相 悟者無諸業

'꿈(夢)'이란 망령된 몸이고, '환(幻)'이란 망령된 생각이며, '물거품(泡)'은 곧 번뇌이고 '그림자(影)'는 업장이다. 꿈과 환과 물거품과 그림자의 업(業) 이것을 이름하여 유위법이라 한다. 진실한 것은 이름과 상을 떠나는 것이니 깨달은 사람에게 모든 업은 없다.

※如理實見分 第五
須菩提야 於意云何오 可以身相으로 見如來不아 不也니이다 世尊하 不可以身相으로 得見如來니 何以故오 如來所說身相이 卽非身相일새니이다 佛告須菩提하사대 凡所有相이 皆是虛妄이니 若見諸相非相이면 卽見如來니라

㉮「수보리야, ㉯만일 어떤 사람이 ㉰한량없는 아승지 세계에 가득한 칠보로 ㉱보시하더라도 /

No. 342 ⇨ 원문 p.40 ℓ.3 [應化非眞分 第三十二]

<전> 須菩提야 若有人이 以滿無量阿僧祇世界七寶로 持用布施

㉮	1			하야도	
	2	같을	약	若	
	3	있을 어떤	유	有	
	4	착할	선	善	
	5	사내	남	男	
	6	아들	자	子	3
	7	착한	선	善	
	8	계집 '여'	여	女	
	9	사람	인	人	
	10			이	
㉯	11	필	발	發	2
	12	보살	보	菩	
	13	끝'제' 들'제'	리	提	1
	14	마음	심	心	
	15	놈	자	者	3
	16			ㅣ	
	17	가질	지	持	9
	18	어조사	어	於	8
	19	이	차	此	4
	20	글	경	經	
	21			하되	
	22	이에	내	乃	5
	23	이를	지	至	
	24	넉	사	四	6

※ '결―' -부자가 되는 방법, 예수재-

1 　청운(青雲)의 꿈은 누구나 있게 마련이다. 예전에 약관(弱冠)의 청년이 있었는데 기댈만한 곳이 없었다. 그래도 잘 살고 싶은 꿈은 오히려 커져만 갔다.
2 마음만 가지고는 안 되는 일, 그래서 좀더 구체적으로 생각했다. 그러다 근방에 자기와 비슷한 처지에서 성공한 사업가가 있음을 알아냈다. 어떻게 성공했는지 그 비법을 배우고 싶었다. 천신만고 끝에 그를 만날 수 있는 기회를 얻게 됐다.

「자네가 나를 보자고 했는가?」
3 「거두절미하고 어르신께서 무일푼으로 성공하신 비결을 듣고자 감히 청을 드렸습니다.」
「자네 말대로 내 성공은 무일푼에서 시작한 것일세. 물론 비결도 있네. 하지만 그 비결을 아무 대가 없이 가르쳐 줄 수는 없지 않겠는가.」
　과연 사업가다운 말씀이다. 그래서 청년은 어떻게 하면 되겠는지를 물었고, 돌아온 답은 자신 밑에서 보수 없이 3년 간 열심히 일을 하라는 것이었다. 청년도 그만한 가치가 있는 일이라고 여겨 두 사람 사이에 계약이 성립되었다. 두 사람의 인연은 이제 고용주와 고용인의 관계가 되었고 청년은 견마지로(犬馬之勞)를 다했다.
　세월이 흘러 어느덧 3년이 지났다. 그래도 야박하게 3년이 되었음을 말하지 못하였다. 그러던 어느 날 크게 마음을 먹고 계약기간이 끝났음을 고했다. 주인은 눈을 감고 잠시 무엇인가를 생각하더니,
「그렇구나 그새 3년이라! 허면, 내일 아침 동트기 전에 내 방 앞으로 와있거라.」
　청년은 벅찬 마음을 진정하지 못해 뜬눈으로 밤을 지새우고 이틀날 주인의 방 앞으로 갔다. 주인은 이미 마당 가운데 나와서 청년을 기다리고 있었다. 청년을 보더니,
「자, 나를 따라 오너라.」
　하고는 앞장서서 집 뒤에 있는 산으로 올라갔다. 한참을 올라 정상에 이르렀다. 두 사람 모두 숨이 턱에 차 있었다. 잠시 숨을 고른 주인이 한 쪽을 가리켰다. 산 정상에 오르니 그 반대편은 천야만야(千耶萬耶)한 낭떠러지였다. ─보현도량으로 이름난 중국 아미산에 오르면 낭떠러지가 있는데 이름이 '절망(絕望)'이다. 떨어지면 살 수 있는 확률이 전혀 없기 때문이란다─ 그 한 쪽 끝에 큰 나무가 한 그루 서있었는데 그 나무를 가리키는 것이었다. 그리고 하는 말이,
「저 나무에 오르려무나.」
「저 위험한 곳에 왜 오르라 하십니까?」

㉮만일 선남자 선여인으로서 ㉯보살의 마음을 낸 이가 이 경을 지니거나 [그것이 어려우면] 내지 사구게만이라도 받아 지니고 /

[應化非眞分 第三十二] No. 343 ⇨ 원문 p.40 ℓ.4

<후> 演說고 不取於相하여 如如不動이니라 何以故오 一切有爲法이 如

	1	글귀	구	句	⎫
	2	쉴 송(頌)	게	偈	⎬ 7
	3	무리	등	等	⎭
	4			하야	
㉮	5	받을	수	受	⎫ 1
	6	가질	지	持	⎭
	7	읽을	독	讀	⎫ 2
	8	외울	송	誦	⎭
	9			하고	
㉯	10	위할	위	爲	⎫ 1
	11	사람	인	人	⎭
	12	펼	연	演	⎫ 2
	13	말씀	설	說	⎭
	14			하면	
㉰	15	그	기	其	⎫ 1
	16	복	복	福	⎭
	17			이	
	18	이길	승	勝	⎫ 3
	19	저	피	彼	⎭ 2
	20			니라	
㉱	21	이를	운	云	⎫ 1
	22	어찌	하	何	⎭
	23	위할	위	爲	⎫ 2
	24	사람	인	人	⎭

　청년은 주인 밑에 3년 간 있으면서 한 번도 질문한 적이 없었다. 주인의 심중을 미리 헤아리는 영민 함과 스스로 좋아서 하는 일이었기 때문이다. 그런 그가 질문을 한 것이었다. 그러자 주인은,
　「돈 버는 비결을 묻지 않았느냐. 지금 그것을 일러 주려 함이니 잠자코 올라가거라.」
　하는 수 없이 청년은 나무 위로 올라갔다. 저승 문턱에 서있는 심정이 어떤 것인지 알 것 같았다. 그러자 주인이 다시 말했다.
　「벼랑 쪽으로 뻗은 가지가 보이느냐? 그 가지에 매달리도록 해라.」
　청천벽력이 따로 없다. 3년 동안 드린 공(功)만 아니었더라면 포기했을지 모른다. 마지못해 두 손으로 나뭇가지에 매달렸다. 그러자 주인의 음성이 또 들려왔다.
　「나뭇가지를 잡고 있는 두 손 가운데 한 손을 놓도록 해라.」
　기가 막힐 노릇이었지만 어쩔 수 없었다. 비결에 대한 미련 때문에 한 쪽 손을 놓았다. 그러자 또 주인의 음성이 다시 들려왔다.
　「나머지 손도 마저 놓아라.」
　그 순간 정신이 버쩍 들었다. 그리고 생각했다. 이 손을 마저 놓는다면… 결과는 뻔했다.
　'아! 저 영감이 이런 식으로 돈을 벌었구나. 부려먹을 만큼 부려먹고 없애버리는…'
　생각이 여기에 이르자 젖 먹던 힘을 다해 겨우 나무 위로 올라가 간신히 땅으로 내려설 수 있었다. 그리고 영감에게 달려들었다. 멱살을 잡아 땅에 동댕이치더니 발로 걷어차고 주먹으로 때렸다. 정말이지 원수도 이런 원수는 없었다. 부려먹을 만큼 부려먹고 급기야 죽이려 들다니 말이다. 그러나 때리는 사람도 지치는 법, 얼마 후에는 청년도 지쳐서 한 쪽에 털썩 주저앉았다.
　청년은 힘만 빠진 것이 아니라 정신도 혼미했다. 그런 그의 귀에 모기소리처럼 작은 소리가 들려왔다.
　「여보게, 한 손을 마저 놓으랬더니 왜 놓지를 않았는가?」
　하는 소리다. 분명 영감의 소리였고, 그 소리는 청년의 부아를 다시 돋구었다. 미친개한테 물린 셈치고 그냥 내려가려 했는데, 그래서 벌떡 일어나 영감에게 달려들어 다시 발길질을 하려했다. 그러다 순간 멈췄다. 선객(禪客) 같으면 한 소식 했다고 할 일이 청년에게 생겼다. 방금 전 자신이 한 불손한 행동을 크게

㉮읽고 외우고 ㉯남을 위해 일러주면, ㉰그 복이 저 보시한 복보다 더 나으니라. ㉱어떻게 하는 것이 남을 위해 일러주는 것인가. /

- 343 -

No. 344 ⇨ 원문 p.40 ℓ.5 [應化非眞分 第三十二]

<전> 句偈等하야 受持讀誦하고 爲人演說하면 其福이 勝彼니라 云何爲人

			한글	한자	
	1	펼	연	演	3
	2	말씀	설	說	
	3			고	
①㉮	4	아닐	불	不	3
	5	취할	취	取	
	6	어조사	어	於	
	7	서로 모양, 생각	상	相	1
	8			하여	
㉯	9	같을	여	如	1
	10	같을	여	如	
	11	아닐	부	不	2
	12	움직일	동	動	
	13			이니라	
②㉰	14	어찌	하	何	
	15	써	이	以	
	16	연고	고	故	
	17			오	
㉱	18	한	일	一	1
	19	온통	체	切	
	20	있을	유	有	
	21	하	위	爲	2
	22	법	법	法	
	23			이	
㉲	24	같을	여	如	2

㉮[현상과 생각 등 모든] 대상에 집착하지 않고. ㉯여여(如如)하여 움직이지 않아야 하느니라. ㉰왜냐하면, ㉱인연에 의해 이루어진 모든 것은 ㉲꿈·환상·물거품·그림자와 같고 /

뉘우치며 주인을 다시 공손히 일으켜 앉혀드리고 옷을 털어드리며 백배 사죄했다. 주인은,
「내가 네게 무엇을 일러주려 했는지 알겠느냐?」
「네, 무지한 소인이 어르신의 큰 뜻을 미처 짐작하지 못하고…」
「그렇다. 비결이 달리 없느니라.」
영감이 젊은이에게 일러주려는 것은 절약이었다. 한 푼이 생기면 한푼 두 푼이 생기면 두 푼을 꼭 쥐고 절대 놓으면 안 된다는 것. 아까 나뭇가지를 쥐고 있던 손을 놓았다면 생명을 부지 할 수 없는 것처럼, 돈이 그렇다는 것을 일러주려는 것이었다. 그리고 영감은 계속 말을 이어나갔다.
「쉽게 말로하면 실천에 옮겨지겠느냐. 너는 죽을 고비를 넘기면서 얻은 교훈이니 아마도 쉽게 잊혀지지는 않을 것이다.」
그러면서 자신이 소싯적에 어떻게 돈을 모았는지 경험담을 들려주었다.
「나도 젊어서는 자네와 똑 같았네. 달리 돈을 벌 수 있는 방법이 없어 나무를 해다 팔면서 돈을 벌었다네. 전날 하루종일 해 놓은 나무를 이튿날 지게에 지고 장에 내다 팔았지. 그런데 그 돈으로 밥 한끼 사먹으면 없어지는게야. 해서 도시락을 가지고 다니기로 했네. 그런데 장터에 가기도 전에 배가 고프지 뭔가 한참 먹을 때였거든. 그래도 참았네. 나무를 다 팔고 점심을 먹으려다 그만 두지. 왜냐하면 아침을 먹고 출발했어도 중간에 배가 고파 듯이 중간쯤 가면 또 배가 고프지 싶어서 참고 집을 향해 갔다네.」
영감은 옛 생각이 나는지 눈시울을 붉히며 말을 이었다.
「도시락이라 해봐야 쪽박에다 감자 섞인 보리밥이 전부고, 반찬이래야 한쪽 귀퉁이에 찌르듯 박아놓은 된장 한 덩이가 전부였지. 뚜껑도 없어. 쪽 마루에 내놓으면 금새 얼어서 뚜껑이 필요 없었거든. 어떻게 먹느냐고?! 먹는데도 나름 기술이 필요하다네. 나무꾼이 꼭 가지고 다니는 것으로 낫이 있지 않은가. 수저로는 도저히 먹을 수가 없으니 낫으로 쪼아서 조각이 떨어지면 그걸 먹었지.
집으로 돌아오는 중간쯤 영마루가 있는데 경치가 좋지. 그래 거기 앉아서 막 도시락을 먹으려다 또 생각을 한다네. 집이 코앞이니 집에 가서 먹자고, 그리고 집에 와서는 손발을 씻고 지쳐서 그냥 잠을 잤네. 사실은 절약하려는 의도였었지.」
청년의 입장에서는 본 수업 외에 과외수업까지 받은 셈이다. 거듭 주인에게 사죄와 감사의 말씀을 번

[應化非眞分 第三十二] No. 345 ⇨ 원문 p.40 ℓ.6

<후> 老須菩提와 及諸比丘比丘尼와 優婆塞優婆夷와 一切世間

㉮	1	꿈	몽	夢	1
	2	허깨비	환	幻	
	3	거품	포	泡	
	4	그림자	영	影	
	5		하며		
	6	같을	여	如	2
	7	이슬	로	露	1
	8	또	역	亦	3
	9	같을	여	如	5
	10	번개	전	電	4
	11		이니		
㉯	12	응당	응	應	1
	13	지을	작	作	3
	14	같을	여	如	
	15	이	시	是	2
	16	볼	관	觀	
	17		이니라		
㉰	18	부처	불	佛	1
	19	말씀	설	說	3
	20	이	시	是	2
	21	글	경	經	
	22	이미 마칠	이	已	4
	23		하시니		
㉱	24	길	장	長	1

갈아 드리며 댁으로 모셔다 드리고 몇 일 더 그 집에 묵으며 주인을 간호했다. 그리고 주인의 슬하를 떠났다.

검도(劍道)에 '수파리(守破離)'라는 것이 있다. 스승으로부터 가르침을 받아 지키는 것이 수(守)고, 자신의 것으로 소화하는 것이 파(破)며, 스승의 슬하를 떠나 자립하는 것이 리(離)다.

청년은 배운 대로 돈을 모으기 시작했다. 운이 따랐던지 재산이 늘기 시작했다. 얼마 안가 주인 버금가는 부자가 되었다. 그러던 어느 날 청지기가 말했다.

「주인님, 부고(訃告)가 왔습니다.」

「이 사람아 자네는 아직도 나를 모르는가. 내가 부고 받고 부조(扶助)하는 것 봤나.」

「이 부고는 다른 부고입니다.」

「딱한 사람 보게. 부고가 사람 죽었다는 기별이지 다를 게 뭔가?」

「주인님께서 스승으로 모시는 어른께서 돌아가셨다는 전갈입니다.」

실업가인 청년은 깜짝 놀랐다. 그동안 돈버는 재미에 제대로 찾아뵙지도 못했는데 돌아가시다니 기가 막혔다. 그래서 지금까지 한 번도 해보지 않은 부조를 마음먹고 하기로 했다. 적지 않은 돈을 장만하여 스승님 댁으로 갔다.

그런데 너무도 조용했다. 우리는 시끄러운 일이 있으면 '호떡집에 불났다'고 하고, 중국사람들은 '조선집에 초상났다'고 한다는데 말이다. 그래서 짐짓 큰 기침을 했더니 안채 건너 방문이 열리며 주인의 아들이 버선발로 뛰어나왔다. 청년이 연유를 물었다.

「형님 말씀은 천천히 드릴 터이니 우선 안으로 드시지요.」

주인에게 하나밖에 없는 아들이었고, 청년하고는 호형호제하며 지내는 사이였다. 빈소에 들어가 분향을 하고 상주와 마주 앉았다. 상주가 말하기를,

「형님, 가만히 들어보십시오. 병풍 뒤쪽에서 무슨 소리가 들릴겁니다.」

청년은 깜짝 놀랐다. 잔뜩 긴장하고 있는데 정말 무슨 소리가 들려왔다.

'껄―'

그래서 도대체 이게 무슨 소리냐고 물었더니 상주도 모르겠다고 했다. 이처럼 이상한 소리가 끊임없이 들려와 어머니며 누이들이 겁을 먹고 모두 다른 곳으로 피신한 상태라는 것이었다. 빈소가 왜 이렇게 조용한지 그 이유를 비로소 알게 되었다.

㉮이슬과 같고 또한 번개와도 같나니 ㉯마땅히 이와 같이 생각할지어다.」 ㉰부처님께서 이 경을 설해 마치시니 ㉱장로인 수보리와 /

- 345 -

No. 346 ⇨ 원문 *p.40 ℓ.7* [應化非眞分 第三十二]

<전> 夢幻泡影하며 如露亦如電이니 應作如是觀이니라 佛說是經已하시니 長

	1	늙을	로	老	
	2	모름지기	수	須	2
	3	보살	보	菩	
	4	끝 '제' 들 '제'	리	提	
	5			와	
㉮	6	미칠	급	及	1
	7	모두	제	諸	2
	8	견줄	비	比	3
	9	언덕	구	丘	
	10	견줄	비	比	4
	11	언덕	구	丘	
	12	중 여승	니	尼	
	13			와	
㉯	14	넉넉할	우	優	1
	15	할미	바	婆	
	16	변방	새	塞	
	17	넉넉할	우	優	2
	18	할미	바	婆	
	19	오랑캐	이	夷	
	20			와	
㉰	21	한	일	一	1
	22	온통	체	切	
	23	인간	세	世	2
	24	사이	간	間	

청년과 상주, 두 사람이 벌벌 떨면서 빈소를 지키고 있었다. 드디어 출상일(出喪日)이 되었다. 그런데 관(棺)을 들어 내모실 사람이 없었다. 나가서 사람을 구하려 했으나 평소 인심을 잃은 데다 괴이한 소문마저 돌았던 터라 누구도 오려하지 않았다. 품삯을 몇 배로 쳐준다고 했더니, 그제서야 사람들이 하나 둘 모였다.

모든 준비를 마치고 관을 들려는데 정말 큰일이 생겼다. 관이 방바닥 붙어 떨어지지 않고 '껄―'하는 소리만 계속 들려왔다. 주변이 웅성거리기 시작했다. 그렇다고 달리 방법도 없었다. 이때 문밖에서 목탁소리가 들려왔다. 근방에 있는 절에서 오신 스님은 아니다. 이 집에 와서 시주를 얻어간 스님은 일찍이 없었기 때문이었다.

그런데 순간 청년이 '스님들은 부처님을 모시는 분이니 혹시 이 사태를 해결한 묘책을 알고 있을지도 모르겠다.'고 생각했다. 그래서, 스님을 안으로 모시고 자초지종을 말했다. 이야기를 다 들은 스님은 사람들을 모두 진정시켜놓고, 자신은 고인의 관(棺)과 마주 앉았다. 누구도 말하는 사람이 없었다. 그리고 꽤 긴 침묵이 흘렀다. 스님께서 조용히 입을 떼시는데 염불을 하시는 듯 했다. 염불을 마치고 약간의 시간이 흘렀다. 스님은 조용하지만 힘있게 말씀했다.

「장정들은 이쪽으로 와서 관을 내 모시도록 하시오.」

누구도 스님 말을 믿으려하지 않았다. 그래도 시키는 대로 할 수밖에 없는지라 관의 바를 잡고 신호에 따라 힘을 주어 들어올렸다. 관은 생각 밖으로 가볍게 들렸다. 방바닥에서 떼어내려 힘을 잔뜩 주었기에 더욱 그랬다. 이상하기는 했지만 머뭇거릴 수도 없었다. 관 안에 주인공의 마음이 바뀌면 다시 방바닥에 붙을 테니 말이다. 서둘러 내모셔 장례를 다 치렀다. 평토제(平土祭)까지 보아준 스님이 가겠다고 한다. 그러나 위기를 모면케 해 준 스님을 그대로 가시게 할 수는 없다. 해서 반 강제로 집으로 모시고 왔다. 감사한 말씀을 무수히 드리고, 이어 궁금한 점을 여쭸다.

관속에서 들려온 '껄―'하는 소리는 무엇이며, 관이 왜 방바닥에 붙어있었는지, 또 스님께서는 어떻게 관이 떨어질 수 있게 하셨는지 등에 관한 것이었다. 스님의 말씀인즉,

영가는 돈을 벌기 위해 한푼도 헛되이 쓴 적이 없었는데, 세상을 하직하고 나서야 한푼도 가져갈 수 없음을 깨달았다는 것이다. 후회했지만 소용없었고, 그래서 생각하기를,

㉮모든 비구·비구니와 ㉯우바새·우바이와 ㉰모든 세간의 천인과 아수라들이 /

[應化非眞分 第三十二] № 347 ⇨ 원문 p.40 ℓ.8

	1	하늘	천	天	3
	2	사람	인	人	
	3	언덕	아	阿	4
	4	닦을	수	修	
	5	벌일	라	羅	
	6			ㅣ	
㉮	7	들을	문	聞	3
	8	부처	불	佛	1
	9	바	소	所	2
	10	말씀	설	說	
	11			하고	
㉯	12	다	개	皆	1
	13	큰	대	大	2
	14	기뻐할	환	歡	3
	15	기쁠	희	喜	
	16			하야	
㉰	17	믿을	신	信	1
	18	받을	수	受	2
	19	받들	봉	奉	3
	20	행할	행	行	4
	21			하나니라	
	22				
	23				
	24				

'이렇게 한푼도 못 가져 갈 줄 알았으면, 그 더운 여름 장터에서 시원하게 말아 팔던 콩국수라도 한 그릇 사먹어 볼 껄—, 아내가 해산한다고 미역 살 돈 좀 꿔달라던 이웃집 사람에게 돈을 꿔줄 껄—, 대웅전을 보수하고 부처님 개금(改金)불사를 한다고 시주하러 온 스님에게 시주라도 해볼 껄—' 하고 후회를 하는 것이었다는 것이다.

또, 관이 방바닥에 붙어 떨어지지 않는 것은 본인이 모아놓은 재산에 대한 애착이 너무 커서 그랬다는 것이다.

스님이 주위의 사람을 진정시키고 관과 마주 앉았던 것은 정(定)에 들어 관의 주인공인 영감의 이런 마음을 헤아리기 위해서였다는 것이다.

병이 있으면 약도 있는 법. 스님께서는 『금강경』 가운데 응화비진분 제삼십이(應化非眞分 第三十二)의 사구게(四句偈)가 그것임을 아시고 베푸셨던 것이다. 그 내용은 다음과 같다.

一切有爲法 인연에 의해 이루어진 모든 것은,
일체유위법

如夢幻泡影 꿈·환상·물거품·그림자와 같고
여몽환포영

如露亦如電 이슬과 같고 또한 번개와도 같나니,
여로역여전

應作如是觀 마땅히 이와 같이 생각할지어다.
응작여시관

영가도 부처님 법과 인연이 있었던지 그 말씀을 듣고 애착을 놓아버린 것이라는 밀씀이다.

비슷한 이야기로 우리나라에도 '축산훈(蓄産訓)'이라는 것이 있다.

이 이야기는 예수재(豫修齋)와도 관계가 있다. 예수재란 장차 '껄—'하고 후회할 일을 줄이고 내지는 없애자는 법회(法會)요 의식(儀式)이기 때문이다.

※축산훈(蓄産訓) ; 광해군 때 '고비(高斐)'라는 대대로 재산이 늘어나는 이례적인 부자가 있었다. 그 가문에 성인식(成人式)이랄 특이한 관례(冠禮)가 있었다. 성인식 당사자를 동구 밖 정자나무에 오르게 하고 나뭇가지에 매달리게 한다. 바지춤이 내려와 못 보일 것이 드러나도 손을 쓸 수 없으니 창피 막심이다. 마지막에는 가지를 쥐고 있는 한쪽 손을 놓으라고 시킨다. 이렇게 곤욕을 치르게 하고 마치면 내려오게 해서 타이른다. '한 손을 마저 놓으면 죽고 붙들면 살 듯, 한푼 붙드는데 어떤 창피나 수모도 감당해야 하느니라'고.

㉮부처님께서 말씀하신 바를 듣잡고 ㉯모두 크게 환희하며 ㉰믿고 받아들여 받들어 행하였다.」/

부　록

1. 교리약술(敎理略述)
    (1) 유위(有爲)와 무위(無爲)
    (2) 유루(有漏)와 무루(無漏)

2. 『금강경』과 인연 깊으신 어른
    (1) 무착보살(無着菩薩. Asaṅga. 4~5c경)
    (2) 세친보살(世親菩薩. 天親菩薩. Vasubandhu. 4~5c경)
    (3) 소명태자(昭明太子. 499~529)
    (4) 구마라집(鳩摩羅什 Kumārajīva. 343~413)

3. 『금강경』과 미륵·무착·세친 세분 보살의 인연
    (1) 무착보살의 미륵보살 친견
    (2) 소승(小乘)에 귀의한 세친보살
    (3) 『구사론(俱舍論)』의 탄생
    (4) 대승(大乘)에 귀의한 세친보살(世親菩薩)
    (5) 『금강경』으로 맺어진 미륵·무착·세친 등 세분 보살과 소명태자의 인연

4. 금강반야바라밀경찬(金剛般若波羅蜜經纂)

1. 교리약술(敎理略述)

(1) 유위(有爲)와 무위(無爲)

유위와 무위의 개념은 『구사론(俱舍論)』, 『금강경』, 『유마경』, 『왕생요집(往生要集)』 등 대소승의 경론(經論)에서 볼 수 있는 제법(諸法) 분류의 한 방법이다. 특히 『구사론』에서는 제법을 색법(色法), 심법(心法), 심소법(心所法), 심불상응행법(心不相應行法), 무위법(無爲法) 등 5종으로 나누고, 이를 다시 세분해서 75종으로 하여 이른바 '5위 75법(五位七十五法)'을 세웠다. 이 가운데 제5위만이 무위법이며, 이를 제외한 전사위(前四位)는 유위법에 속한다. 즉 색심이법(色心二法)은 모두 유위법의 범주에 속하고 있다.

1) 무위(無爲)

범어 asaṁskṛta의 번역으로 유위에 상대되는 개념이다. 그러나, 유(有)나 무(無)와 같은 상대적인 개념은 아니니, 유·무를 넘어선, 다시 말해 유·무와는 다른 차원의 세계를 말한다. 즉 생멸(生滅) 등의 변화가 없어 상주(常住)인 것이며, 결코 현상적 세계에서는 찾아볼 수 없는 것이다. 한 마디로 '인연에 의해 만들어 진 것이 아니다' 라는 의미에서 '무위'라고 부르는 것이다.

무위에는 택멸(擇滅), 비택멸(非擇滅) 그리고 허공(虛空) 등 3종이 있다. 우선 택멸의 의미를 보면, '택멸'은 열반(涅槃)의 다른 이름으로 지혜의 힘에 의해 얻어진 멸(滅)이란 뜻이고, 다음 '비택멸'이란 연결불생(緣缺不生)의 뜻이니, 곧 인연화합에 의해 하나의 법이 생기는 것이 이치인데 이들 인연 가운데 어느 하나의 법이 부족하게 되면 이 법은 영원히 현재화하지 못하게 되고 만다. 즉 택멸에 의한 멸(滅)이 아니라는 뜻이다. 끝으로 '허공'은 그 자체가 온갖 곳에 두루 하면서도 다른 것을 장애(障碍)하거나 다른 것으로부터 장애 받지 않으므로 무위라 한 것이다.

무위에는 이 외에도 유식종(唯識宗)에서 세운 6무위와, 대중부(大衆部)에서 주장하는 9무위가 있으나 뜻에 있어서는 대동소이하다.

2) 유위(有爲)

범어 saṁskṛta의 번역으로 위작(僞作)·조작(造作)의 뜻이다.
『구사론』의 이론에 의하면 5위 75법 중 색심이법(色心二法)에 속하는 전 4위 72법(前四位七十二法)이 모두 여기에 속한다. 즉 인연화합에 의해 생긴 것은, 물질적인 것이든 정신적인 것이든, 시간 위에서 볼 때는 무상하고[諸法無常] 공간 위에서 볼 때는 실아(實我)가 없으므로[諸法無我] 이들을 통괄하여 유위 혹은 유위법이라 한다.

(2) 유루(有漏)와 무루(無漏)

법의 분류에 있어서 유위와 무위의 개념보다 앞서 사용된 것이 유루와 무루의 개념이다. 여기서 루(漏)라 함은 번뇌(煩惱)를 가리키는 말이다. 즉 유루라 함은 번뇌를 동반하고 있는 마음의 상태를 의미하는 것으로 육체적·정신적으로 이미 느끼고 있는 괴로움과 이러한 괴로움을 초래하는 모든 것을 의미한다.

이에 비해 무루는 번뇌가 없는 마음의 상태를 의미하는 것으로 깨달음을 향한 준비나 노력, 그리고 깨달음이나 열반 그 자체를 가리킨다.

이러한 이치를 사제(四諦)에 적용하여 유루와 무루로 나누어 보면, 고집이제(苦集二諦)는 유루에, 그리고 멸도이제(滅道二諦)는 무루에 속한다.

여기서 주의하여야 할 것은, 물질(物質)이 유루와 무루 가운데 어느 편에 속하느냐 인데, 물질이 번뇌를 부르는 원인으로 작용할 때는 유루로 보아야 하고, 열반의 도구로 쓰일 때는 무루로 보아야 한다. 즉 물질 그 자체는 유·무루 어느 쪽에도 속하지 않는다고 하겠다.

이상으로 살펴본 유·무루에 의한 법의 분류와, 앞서 유·무위에 의한 법의 분류를 사제법(四諦法) 위에서 비교하여 보면 다음과 같다.

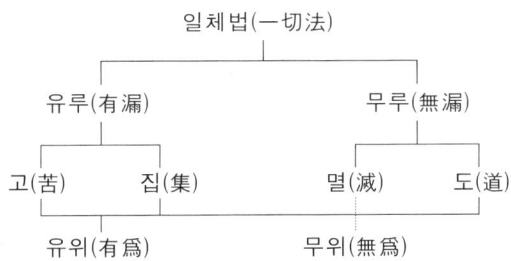

(3) 승의제(勝義諦)와 세속제(世俗諦)

불교의 진리관(眞理觀)중 대승불교의 특징을 지닌 것은 여러 가지 있으나, 그 가운데 하나가 '승의제'와 '세속제'다.

이러한 용어는 진리표현에 2단계가 있음을 보여 주는 것인데, 이른바 '법(法)은 스스로 깨달아야만 하는 것'이라 하여, 진리란 체험에 의하여 스스로 아는 것이지 언어 등의 세속적 방법에 의해서는 전달되지 않는 것[言詮不及 言語道斷]이라 함이 승의제의 입장이다.

이에 비해 일반적으로 말하는 법은 자내증(自內證)인 체험의 세계를 언어 등에 의해 표현한 것으로 진리 그 자체일 수는 없으며, 이미 제이의적(第二義的) 방편(方便)에 지나지 않는다는 것이다. 이를 전자(前者: 勝義諦)의 상반되는 개념으로 보아 '세속제'라 한다.

즉 깨달음 그 자체를 최고의 진리로 보아 붙여진 이름이 '제일의제', '진제(眞諦)', '승의제'이며, 교법(敎法)은 세속적인 전달 방법을 동원하고 있다하여 '언설제(言說諦)' 혹은 '세속제'라 하는 것이다.

한편 교법만을 놓고, 이 교법이 진실을 그대로 설하고 있는 것인가 아니면 중생의 근기에 맞추기 위하여 방편으로서 설해진 것인가를 같은 용어를 사용하여 분류하기도 한다. 이러한 경우에는 전자를 승의제 그리고 후자를 세속제라 칭한다.

또 승의제란 용어는 진여(眞如) 혹은 법계(法界)와 같은 의미로 쓰여지기도 한다.

2. 『금강경』과 인연 깊으신 어른

(1) 무착보살(無着菩薩. Asaṅga. 4~5c경)
북인도 건다라국 보노하보랍성健馱邏國 普魯夏普拉(梵 Puruṣa-pura, 布路沙布邏)의 바라문 출신 승려. 아버지는 교시가(Kauśika)로 '국사바라문(國師婆羅門)'으로 삼형제를 두었으며 모두 이름이 '바수반두(婆藪槃豆. Vasubandhu)'였다. 처음에는 소승 살바다부(薩婆多部=說一切有部)로 출가하였으나 공(空)의 이치에서 막힘에 자살까지 생각했다. 다행히 빈두라(賓頭羅. Piṇḍola)를 만나 소승공관(小乘空觀)을 배워 깨달은바 있었다. 그러나 역시 마음에 부족함이 있었다. 그러다 신통력으로 도솔천(兜率天)에 올라 미륵보살(彌勒菩薩)로부터 대승공관(大乘空觀)을 들었다. 돌아와 열심히 생각했고 드디어 대승공관에 통달하게 되었다. 그 뒤에도 수 차례 도솔천에 올라 『유가사지론(瑜伽師地論)』 등 대승의 깊은 뜻을 듣고, 대중을 모아 설하였다. 이로 인해 대승유가의 법이 사방에 전하여졌다. 또, 논(論)과 소(疏)를 짓고, 대승경전을 번역하였다. 아우인 세친(世親)이 소승에 있음을 안타깝게 여기고 대승을 권하여 전향하게 하였다. 저서에 『금강반야론(金剛般若論)』・『순중론(順中論)』・『섭대승론(攝大乘論)』・『대승아비달마잡집론(大乘阿毘達磨雜集論)』・『현양성교론송(顯揚聖敎論頌)』・『육문교수습정론송(六門敎授習定論頌)』 등이 있다.

(2) 세친보살(世親菩薩. 天親菩薩. Vasubandhu. 4~5c경)
산스크리트 명 바수반두(婆藪槃豆)를 진제는 천친(天親)이라 번역했고, 훗날 현장은 세친(世親)이라 번역했다. 무착보살의 친아우. 형과 함께 소승의 설일체유부(說一切有部)로 출가하였으나 형은 대승으로 진로를 달리하였다. 세친은 경량부(輕量部)로 들어가 교의(敎義)를 크게 개선하였다. 특히 가습미라(迦濕彌羅)국에 들어가 『대비바사론(大毘婆沙論)』을 연구하고 강의하였으며, 『아비달마구사론』을 지어 처음에는 대승을 비방하였다. 형인 무착보살의 권유로 대승의 이치를 깨닫고 대승의 요의(要義)를 널리 선양하기에 이른다. 소승과 대승에서 저술한 논서가 각각 500부에 이르기로 천부론사(天部論師)라 일컫는다. 중요 저술로, 『구사론(俱舍論)』 삼십권・『섭대승론석(攝大乘論釋)』 십오권・『십지경론(十地經論)』 십이권・『금강반약파라밀경론(金剛般若波羅蜜經論)』・『광백론(廣百論)』・『보리심론(菩提心論)』・『삼십유식론송(三十唯識論頌)』・『대승백법명문론(大乘百法明門論)』 등이 있다.

(3) 소명태자(昭明太子. 499~529)
남조(南朝) 양무제(梁武帝 464~549) 소연의 장자며, 이름은 '통(統)'이고, 자는 덕시(德施)다. 나면서부터 총명하여, 3세에 효경(孝經)과 논어(論語)를 배웠고, 5세에 오경(五經)을 두루 읽었다. 천감(天監) 원년(502)에 황태자가 되었다. 무제가 크게 불교를 일으킴에 태자 역시 깊이 신봉하여 보살계를 받아 받들어 지녔으며 많은 경전을 두루 보고 교지(敎旨)를 깊이 연구하였다. 궁 안에 별도로 '혜의전(慧義殿)'을 세우고 고승을 초청하여 강론하였다. 보통(普通) 원년(520) 4월, 혜의전에 감로가 내렸다. 일찍이 '이제의(二諦義)'를 짓고 해석하여 진속(眞俗)과 미오(迷悟)의 경계를 논하였다. 태자의 사람됨은 매우 효성스러웠다. 단죄의 법으로 다스림을 다소 혹은 전부를 용서하니 천하가 모두 어질다 칭송하였다. 20여 년을 [세간의 노래를 부르는] 성기(聲伎)를 두지 않았다. 자주 문학하는 선비들을 불러 전적에 대해 토론하였다. 동궁에 장서가 삼만권, 실로 진송(晉宋)이래로 장한 일이었다. 대통(大通) 3년 3월에 병을 얻더니, 4월에 향년 31세로 죽었다. 조정과 민간 모두가 한탄하고 아까워했다. 시호는 '소명(昭明)'. 저서로 문집이 20권 있고, 또 고금전고문언(古今典誥文言)인 정서(正序) 10권과 영화집(英華集) 20권, 문선(文選) 30권 등이 있다.

(4) 구마라집(鳩摩羅什 Kumārajīva. 343~413)

구마라염(鳩摩羅炎, Kumārāyaṇa)을 아버지로, 구자국(龜玆國) 왕의 누이동생 기바(耆婆, Jīvā)를 어머니로 구자국에서 태어났다. 부모의 이름을 합하여 그 이름으로 하였다. 7세 때 출가, 어머니를 따라 여러 곳에 돌아다님. 인도 북쪽의 계빈(罽賓)에서 반두달다(槃頭達多)에게 소승교를 배우고, 소륵국(疏勒國)에서는 수리야소마(須梨耶蘇摩)에게 대승교를 배우고, 구자에 돌아와서는 비마라차(卑摩羅叉)에게 율(律)을 배웠다. 이때부터 구자에 있으면서 주로 대승교를 선포하였다. 383년(건원 19) 진왕(秦王) 부견(符堅)이 여광(呂光)을 시켜 구자국을 치게 되자, 여광은 구마라집을 데리고 양주(涼州)로 왔으나 부견이 패하였다는 말을 듣고 하서(河西)[9]에서 자기가 임금이 되었다. 그 뒤 후진(後秦)의 요흥(姚興)은 양(涼)을 쳐서, 401년(융안 5) 구마라집을 데리고 장안(長安)에 돌아와서 국빈으로 대우, 서명각(西明閣)과 소요원(逍遙園)에서 여러 경전을 번역케 하였다. 구마라집은 그 후 『성실론(成實論)』·『십송률(十誦律)』·『대품반야경(大品般若經)』·『묘법연화경(妙法蓮華經)』·『아미타경(阿彌陀經)』·『중론(中論)』·『십주비바사론(十住毘婆沙論)』 등 경률론 74부 380여 권을 번역하였다. 다방면에 힘썼으나 그 중에도 힘을 기울인 것은 삼론(三論) 중관(中觀)의 불교를 선전하였으므로, 그를 삼론종(三論宗)의 조사(祖師)로 한다. 그 제자 3천명 가운데 도생(道生)·승조(僧肇)·도융(道融)·승예(僧叡)를 집문(什門)의 4철(哲)이라 함. 413년(후진 홍시 15) 8월 장안(長安) 대사(大寺)에서 나이 74세에 입적하였다.

3. 『금강경』과 미륵·무착·세친 세분 보살의 인연

(1) 무착보살의 미륵보살 친견

무착보살은 소승 설일체유부(說一切有部)의 교리에 만족을 느끼지 못한 나머지 도솔천에 올라가 미륵보살(彌勒菩薩)을 뵙고 대승의 가르침을 배우려 작정을 했다. 가지가지 방법을 동원했으나 그 뜻이 이루어지지 않았다.

그러던 어느 날, 길을 가던 무착보살의 눈에 다 죽어 가는 개의 모습이 들어왔다. 가까이 다가가 보니 개는 상처를 입고 있었으며 그 상처에는 벌레들이 우글거리고 있는, 정말이지 목불인견(目不忍見)이었다. 모습도 모습이려니와 코를 찌르는 악취까지 진동하여 구

---

9) 중국 황허강(黃河江) 서쪽을 통틀어 이르는 말.

토(嘔吐)가 일어날 지경이었다. 순간 무착보살은 자비심이 발동하여 어떻게든 개를 살려 보기로 했다. 벌레들을 떼어놓는 것이 급선무였다. 그래서 벌레들을 제거하려는 찰라 아차 하며 행동을 멈추었다. 한갓 미물에 불과하지만 그들도 분명 생명이었다. 생명의 무게가 다를 리 없음을 생각하고, 벌레들의 생명도 구해주기로 작정했다. 지나가는 행인에게 자신의 옷을 벗어주고 칼을 구했다. 눈을 질끈 감고 자신의 넓적다리에서 살을 떼어 낸 후 개에 달라붙은 벌레들을 혓바닥으로 핥아 안전하게 그곳으로 옮겼다. 순간 그 먹고 먹히던 처참한 현장이 사라지고 거기서 찬란한 광명이 빛나더니 미륵보살께서 현신하셨다.

「나야 항상 그대 곁에 있었건만 그대 마음이 욕심으로 가득 차 나를 보지 못하더니 이제야 나를 보는 구나. 자, 내 옷자락을 잡아라.」

그렇게 해서 무착보살은 미륵보살을 따라 도솔천에 올라가 그곳에서 대승을 가르침을 들었으며 그 가르침대로 사유하고 수행한 결과 깨달음을 얻고 공의 도리를 체득하게 된다. 그리고 더 이상 아무런 것에도 집착함이 없었으므로 '무착(無着. Asaṅga)'으로 이름을 바꾸어 부르게 되었다 한다.

(2) 소승(小乘)에 귀의한 세친보살[10]

세친논사(4~5c경)는 무착보살의 친동생이고 '비린지발바'라는 동생이 있었다. 이들 삼형제는 처음에는 이름을 다함께 바수반두(婆藪槃豆)라고 이름하였다. 그것은 부친인 교시가(憍尸迦)와 모친인 비린지가 바수반두라는 천신을 신봉하고 기도 드려 출생하였다고 해서 신의 이름을 딴 것이다.

다시 말하면 바수반두신을 신앙하였기 때문에 삼형제를 출생하게 되었다고 믿고 신의이름을 따서 삼형제의 이름을 똑같이 부르게 되었다.

그 뒤에 큰아들은 대승불교에 귀의하여 무착(無着. 阿僧伽)이라고 개명하였고, 셋째 아들은 어머니의 이름과 아들 이름을 합쳐서 비린지발바(比鄰持跋婆)라고 개명하였다. 둘째 아들인 세친논사만 바수반두라는 신의 이름을 일생 동안 갖고 살았다.

바수반두신은 세상 사람들이 친근하게 모셨다는 뜻으로 세친(世親)이라고 칭하였다. 혹은 세상사람들이 친히 모시는 천신(天神)이라는 뜻으로 천친(天親)이라고 칭하기도 한다. 이와 같이 세친논사는 천친논사(天親論師)라고도 칭한다. 세친논사는 처음에 설일체유부(說一切有部)에 출가하여 유부의 학설은 불론 당시에 유행한 경량부(輕量部) 등 모든 부파의 교학을 깊이 연구하였다.

(3) 『구사론(俱舍論)』의 탄생

세친논사는 가습미라국에 가서 오입(悟入)논사를 사사(師事)하고 『대비바사론』[11]을 4년 간 연구하였다. 그 후 본국인 간다라로 돌아와서 『비바사론』을 강의하였다. 그 때 일일간 강의한 것을 요약하여 일게송(一偈頌)을 작성하였다. 이와 같이 육백일 강의한 것을 모아 600송(頌)을 작성하였다. 그 후 이 게송에 주석을 붙인 것이 『아비달마구사론』

---

10) 『대정장』 권50 p. 188 「婆藪槃豆法師傳」 참고.
11) 제4결집 즉, 2세기 중엽 인도에서 카니슈카 왕(王)의 보호 아래 500아라한(阿羅漢)이 편찬한 책. 모두 200권이며 갖추어 말하면 『아비달마대비바사론(阿毘達磨大毘婆沙論)』이다. 현장(玄奘)의 한역본만이 현존한다. 가다연니자의 『발지론(發智論)』에 대한 주석서로서, 『발지론』같이 8장으로 이루어져 있다. 특히 『발지론』이후 설일체유부(說一切有部)의 사상과 그 발전상을 상세히 서술하고 있어, 소승불교 연구에 매우 중요한 책이다. 이의 강요서로 『아비담심론(阿毘曇心論)』이 있다.

이다. 『구사론』은 소승불교의 논전 가운데서 가장 명저로 알려질 만큼 사상이 원만하고 논리성이 뛰어났다. 세친논사는 소승불교를 널리 포교하면서 대승불교는 비불설(非佛說)이라 말하며 대승불교 타파에 앞장섰다.

(4) 대승(大乘)에 귀의한 세친보살(世親菩薩)

한편 친형인 무착보살은 세친논사를 대승불교에 귀의시키기 위하여 제자를 세친의 처소로 보내 '내가 아프다고 전하고 속히 내 처소로 와 달라고 전하라.'고 지시하였다. 그 제자는 세친논사의 처소에 가서 그대로 전했다. 세친논사는 곧바로 무착보살의 처소에 달려와 형님의 병 문안을 하며 어디가 편찮은지 물었다. 무착보살은 대답하기를,

「몸이 아픈 것이 아니라 마음이 아프다. 아우님이 대승불교를 비판하는 망어죄(妄語罪)를 짓고 다니기 때문이다.」라고 하였다.

그리고 그 날 저녁에 제자를 시켜서 세친의 숙실 옆방에서 『십지경(十地經)』을 독송하도록 하였다. 세친논사는 소승불교에는 없는 『십지경』의 말씀을 듣고 깨달은 바가 많았다. 그리고 다음날 무착보살로부터 유식학(唯識學)에 관한 설법을 많이 들었다. 그 결과 세친논사는 형님인 무착보살 앞에 무릎을 꿇고 눈물을 흘리면서 칼을 꺼내들었다. 참회의 표시로 혀를 자르고자 하였던 것이다.

무착보살은 세친논사에게,

「혀를 자르는 것만이 진실한 참회가 아니다. 마음으로 참회하는 것이 진실한 참회인 것이다. 이제부터 그 혀로 대승불교를 포교한다면 지금까지 지은 죄가 자연히 없어지지 않겠는가.」라 하며 만류하였다. 무착보살의 이 같은 말씀은 곧 유식사상적인 설법이며 모든 것은 마음에 의하여 조성된다는 사상이다.

(5) 『금강경』으로 맺어진 미륵·무착·세친 등 3보살과 소명태자의 인연

지금까지의 이야기를 『금강경』을 중심으로 정리하면 다음과 같다.

불멸 후 9백년 경 무착보살(無着菩薩)이 『금강경』을 해석하려하였으나 너무 어려운 부분이 많았다. 일광정(日光定)에 들어 도솔천(兜率天)에 올라가 미륵보살(彌勒菩薩)께 여쭈니 미륵보살께서 게송을 지어 『금강경』의 대의를 일러주셨다. 무착보살은 이에 의하여 『무착론(無着論)』2권을 지으면서 전문을 18개 부분으로 문과(分科)하였고, 그 아우인 세친보살(世親菩薩=天親菩薩)은 『천친론(天親論)』3권을 지으면서 27개 부분으로 분과하였다. 그 후, 양무제(梁武帝)의 장자인 소명태자(昭明太子)는 이를 32개 부분으로 분과하였다.

4. 금강반야바라밀경찬(金剛般若波羅蜜經纂)

㈀ 如是我聞　善男子善女人　受持讀誦此經纂　一卷　如輾金剛經三十萬遍　又得　神明
　　여시아문　선남자선녀인　수지독송차경찬　일권　여전김강경삼십만편　우득　신명

加護　衆聖提携
가호　중성제휴

나는 이와같이 들었다. 선남자 선여인이 이 '금강경찬' 한 권을 수지독송하면, 금

강경 삼십만 번을 독송한 것과 같다. 또, 신명(神明)12)이 가호하시고 성중(聖衆)께서 도와주신다.13)

㈢ 國建大歷七年 昆山縣令劉氏女子 年一十九歲 身亡至七日 得見閻羅大王 問曰
　　국건대력칠년 비산현령유씨녀자 연일십구세 신망지칠일 득견염라대왕 문왈
一生已來 作何因緣 女子 答曰 一生已來 偏持得金剛經 又問曰 何不念金剛經纂 女
일생이래 작하인연 여자 답왈 일생이래 편지득금강경 우문왈 하불념금강경찬 여
子 答曰 緣世上無本 王曰 放汝還活 分明記取經文
자 답왈 연세상무본 왕왈 방여환활 분명기취경문

당나라 대력 칠년(772년)에 비산현 현령 유씨의 딸이 열 아홉 살에 죽어 칠일 째 되던 날 염라대왕을 만났다.
[염라대왕이] 묻기를,
「일생동안 어떤 인연을 지었는가?」
여자가 대답하기를,
「일생동안 오직 '금강경'을 수지독송했나이다.」
다시 [염라대왕이] 묻기를,
「어찌하여 '금강경찬'은 염송(念誦)치 않았는가?」
여자가 대답하기를,
「세상에는 그런 책(本)이 없나이다.」
왕이 말하기를,
「너를 다시 살려 내보낼 것이니 이 경문을 분명히 기억해 두어라.」

㈢ 從如是我聞 至信受奉行 都計五千一百四十九字 六十九佛 五十一世尊 八十五如
　　종여시아문 지신수봉행 도계오천일백사십구자 육십구불 오십일세존 팔십오여
來 三十七菩薩 一百三十八須菩提 二十六善男子善女人 三十八何以故 三十六衆生
래 삼십칠보살 일백삼십팔수보리 이십륙선남자선여인 삼십팔하이고 삼십륙중생
三十一於意云何 三十如是 二十九阿耨多羅三藐三菩提 二十一布施 十八福德 一十
삼십일어의운하 삼십여시 이십구아뇩다라삼먁삼보리 이십일보시 십팔복덕 일십
三恒河沙 十二微塵 七箇三千大天世界 七箇三十二相 八功德 八莊嚴 五波羅蜜
삼항하사 십이미진 칠개삼천대천세계 칠개삼십이상 팔공덕 팔장엄 오바라밀

['금강경'에는] '여시아문'부터 '신수봉행'까지 모두 5,149자이고, '불'이 69번, '세존'이 51번, '여래'가 85번, '보살'이 37번, '수보리'가 138번, '선남자선여인'이 26번, '하이고'가 38번, '중생'이 36번, '어의운하'가 30번, '여시'가 29번, '아뇩다라삼먁삼보리'가 29번, '보시'가 21번, '복덕'이 18번, '항하사'가 13번, '미진'이 12번, '삼천대천세계'가 7번, '삼십이상'이 7번, '공덕'이 8번, '장엄'이 8번, '바라밀'이 5번,

㈣ 四須陀洹 四斯陀含 四阿那含 四阿羅漢 此是四果 仙人 如我昔爲 歌利王 割截
　　사수다원 사사다함 사아나함 사아라한 차시사과 선인 여아석위 가리왕 할절

---
12) 신명(神明) ; 천지의 신령(神靈).
13) 제휴(提攜) ; 행동을 함께 하기 위하여 서로 붙들어 도와줌.

身體 如我往昔 節節支解時 若有我相人相衆生相壽者相 一一 無我見 人見 衆生見
신체 여아왕석 절절지해시 약유아상인상중생상수자상 일일 무아견 인견 중생견

壽者見 三比丘尼 數內 七四句偈 摩訶般若波羅蜜
수자견 삼비구니 수내 칠사구게 마하반야바라밀

'수다원'이 4번, '사다함'이 4번, '아나함'이 4번, '아라한'이 4번 나오니 이는 [소승] 사과(四果)며, '내가 옛날 가리왕에게 몸을 찢길 때, 내가 먼 옛날 온몸을 마디마디 잘릴 때 만일 아상 인상 중생상 수자상이 있었다면, [그러나] 한 생각 한 생각도 아견 인견 중생견 수자견이 없었다'고 한 '선인(仙人)'과 '비구니 3번', '사구게 7번'이 나온다.

마하반야바라밀

색인(索引)

< 가 >

가리왕(歌利王) 171,
가영(歌詠) 273,
가지조욕(加持澡浴) 112,
간당론(看堂論) 252,
개종차경출(皆從此經出) 97,
거량(擧揚) 273,
건추(犍椎) 131,
건탑(建塔)의 조건과 장소 194,
걸식(乞食) 32,
게놈(Genome)과 사상(四相) 168,
견도혹(見道惑) 103,
견월망지(見月忘指) 84,
경(經) 22,
경(京) 129,
경전이 길이 14,
경흥(憬興) 25,
계(戒) 74,
계경(契經) 22,
계합(契合) 22,
고려 고종(高宗) 19,
고행림(苦行林) 113,
공(空)저울 149,
공덕(功德) 157,
공사상(空思想) 21,
공양물로서 꽃의 의미 203,
공양물로서 향(香)의 의미 203,
공지(空智) 20,
과판(科判) 23,
관(觀) 22,
관선섭지(貫線攝持) 22,
관욕(灌浴) 112,
관주(官廚) 22,
관행(觀行) 22,
광대심(廣大心) 48,
광명안(光明眼) 248,
광찬반야경(光讚般若經) 14,
광찬반야바라밀경(光讚般若波羅蜜經) 15,
구마라집(鳩摩羅什) 352,

구사론(俱舍論) 353,
구행보살(久行菩薩) 16,
근경상대 식생기중(根境相對 識生其中) 58,
근기(根機) 39,
금강(金剛) 144,
금강경 21,
금강경사기(金剛經私記) 25,
금강경삼가해(金剛經三家解) 24,
금강경설의(金剛經說誼) 25,
금강경소(金剛經疏) 21,
금강경소찬요조현록(金剛經疏纂要助顯錄) 25,
금강경육조언해(金剛經六祖諺解) 24,
금강경팔강요기(金剛經八綱要記) 25,
금강경팔해경(金剛經八解鏡) 25,
금강반야경(金剛般若經) 14,
금강반야경고적기(金剛般若經古迹記) 25,
금강반야경료간(金剛般若經料簡) 25,
금강반야경소 24, 25,
금강반야경주(金剛般若經注) 25,
금강반야바라밀경(金剛般若波羅蜜經) 21,
금강반야바라밀경언해(金剛般若波羅密經諺解) 24,
금강반야바라밀경론 24,
금강반야바라밀경의소 25,
금강반야바라밀경찬(金剛般若波羅蜜經纂) 354,
금강반야바라밀경파취착불괴가명론(金剛般若波羅密經破取着不壞假名論) 24,
금강반야참문(金剛般若懺文) 25,
금강석(金剛石) 22,
금선(金仙) 225,
긍선(亘璇) 25,
기수급고독원(祇樹給孤獨園) 30,
기원정사(祇園精舍) 17,
길상주약신(吉祥主藥神) 187,
길장(吉藏) 22,
껄— 342,

- 358 -

< 나 >
나비효과(butterfly effect) 326,
나유타(那由他) 209,
난생(卵生) 49,
남종선(南宗禪) 23,
내지일념(乃至一念) 77,
노사신(盧思愼) 24,
뇌물과 박구라(薄拘羅) 존자 64,
능가경 24,
능단금강반야바라밀경론석 24,
능단금강반야바라밀다경(能斷金剛般若波羅蜜多經) 22,
능작시념(能作是念) 100,
니련선하(泥蓮禪河) 113,

< 다 >
다윈(Darwin, Charles Robert) 331,
단좌(檀座) 35,
달마급다 24,
달마대사(達磨大師) 236,
당래(當來) 186,
대당서역기(大唐西域記) 17,
대명도경(大明度經) 16,
대반야경(大般若經) 14,
대반야경(大般若經) 15, 16, 17,
대반야바라밀다경(大般若波羅蜜多經) 13, 17,
대비구(大比丘) 30,
대비구중천이백오십인(大比丘衆千二百五十人) 31,
대비바사론(大毘婆沙論) 353,
대소품대비요초(大小品對比要抄) 17,
대승(大乘) 47, 195,
대승시교(大乘始敎) 22,
대지도론(大智度論) 15,
대품(大品) 14,
대품경유의(大品經遊意) 15,
대품경의소(大品經義疏) 15,
대품계(大品系) 14,
대품반야경(大品般若經) 14,
덕산(德山) 스님의 금강경소(金剛經疏) 256,

데바디 120,
도솔천(兜率天) 22,
도안(道安) 17, 23,
도피안(到彼岸) 22,
도할양무심(塗割兩無心) 175,
도행계(道行系) 13,
도행반야경(道行般若經) 13,
도행반야바라밀경(道行般若波羅蜜經) 16,
도행집이주(道行集異注) 17,
동전 두 닢의 보시공덕 263,
둔근(鈍根) 22,
뒤바뀐 몸 228,
득(得) 69, 73,
등조왕(燈照王) 120,

< 라 >
래(來) 299,

< 마 >
마하바스투(大事) 16,
마하반야바라밀경(摩訶般若波羅蜜經) 14,
마하살(摩訶薩) 48,
말법(末法) 74,
말세(末世) 210,
맹구우목(盲龜遇木) 76,
맹자(孟子) 337,
멸도(滅度) 51,
멸진정(滅盡定) 50,
명관 24,

< 마 >
무량대수(無量大數) 129,
무분별혜(無分別慧) 22,
무상(無想) 50,
무상천(無想天) 50,
무색(無色) 49,
무색계(無色界) 93,
무소유를 증득한 아육왕(阿育王) 318,
무애안(無礙眼) 248,
무여열반(無餘涅槃) 50,
무여의열반(無餘依涅槃) 51,
무위(無爲) 349,

무위법(無爲法) 90,
무쟁삼매인(無諍三昧人) 111,
무주(無住) 56,
무주상보시(無住相布施) 175,
무주처열반(無住處涅槃) 51,
무진안(無盡眼) 249,
무차라(無叉羅) 15,
무착(無着. Asanga) 21,
무착론(無着論) 23,
무착보살(無着菩薩) 41, 42, 351,
문수보살을 후려친 무착선사 269,
미륵보살(彌勒菩薩) 22,

< 바 >

바라밀(波羅蜜) 22, 144,
바로 잡아야 할 인상(人相) 167,
바수반두(婆藪槃豆) 353,
반두달다(盤頭達多) 167,
반야(般若) 144,
반야바라밀(般若波羅蜜) 19, 20, 144,
반야심경(般若心經) 14,
반야심경의 파워(power) 291,
반주삼매(般舟三昧) 20,
발심(發心) 40,
발아뇩다라삼먁삼보리심(發阿耨多羅三藐三菩提心) 40,
방광계(放光系) 14,
방광반야경(放光般若經) 14,
방광반야바라밀경(放光般若波羅蜜經) 15,
백복장엄(百福莊嚴) 331,
백팔삼매(百八三昧) 20,
번데기와 나비 14,
범소유상(凡所有相) 71,
법(法) 57,
법공(法空) 22,
법상(法相) 82,
법신게(法身偈) 327,
법안(法眼) 248,
법회(法會) 29,
보광여래(普光如來) 120,
보리유지 24,
보살(菩薩) 48,

보시(布施) 57,
보신(報身) 아미타불 243,
복덕(福德) 60, 93,
복덕성(福德性) 94,
복장경(腹藏經) 251,
본래면목(本來面目) 338,
본래자성청정열반(本來自性淸淨涅槃) 51,
본생경(本生經) 20,
본생담(本生譚) 16,
부(不) 61,
부구(浮漚) 63,
부자가 되는 방법 342,
부전도심(不顚倒心) 48,
부좌이좌(敷座而坐) 33,
부차(復次) 57, 137,
부처님 귀와 다윈의 진화론 330,
부촉(付囑) 39,
부파불교(部派佛敎) 20,
분(分) 29,
분과(分科) 23,
분별(分別) 22,
불(佛) 30,
불가사의(不可思議) 195,
불가칭량(不可稱量) 195,
불계라후라게(佛誡羅睺羅偈) 167,
불광어자(不誑語者) 182,
불교연구삼십년(佛敎硏究三十年) 14,
불모(佛母) 19,
불모출생삼법장반야바라밀다경(佛母出生三法藏般若波羅蜜多經) 16,
불신론 20,
불신론(佛身論) 약설 242,
불심천자(佛心天子) 양무제의 전생 239,
불안(佛眼) 248,
불이어자(不異語者) 182,
불전문학(佛典文學) 20,
불탑신앙(佛塔信仰) 20,
불토(佛土) 122,
불퇴전보살(不退轉菩薩) 16,
비구(比丘) 31,
비린지발바(比鄰持跋婆) 353,
비무색(非無色) 49,

비법(非法) 89,
비비법(非非法) 89,
비유상비무상(非有想非無想) 50,
비유색(非有色) 49,

< 사 >
사거가(四車家) 53,
사공정(四空定) 179,
사교(四敎) 21,
사구게(四句偈) 23, 94,
사금 채취순서와 성문사과 115,
사다함(斯陀含) 103, 105,
사랑할 원수조차 없다 175,
사량(思量) 60,
사무량(四無量) 179,
사상(四相) 52,
사선사(四禪事) 179,
사심(四心) 48,
사위국(舍衛國) 30,
사유(四維) 61,
사종열반(四種涅槃) 51,
사회의 목탁 131,
삭발(削髮) 321,
산은 산이요 물은 물이로다 298,
삼거가(三車家) 53,
삼계이십팔천(三界二十八天) 93,
삼매(三昧) 111,
삼백송반야(三百頌般若) 22,
삼승(三乘) 53,
삼승(三乘)과 삼거(三車) 195,
삼십이상(三十二相) 150,
삼제(三諦) 71,
삼천대천세계(三千大千世界) 92,
상(尙) 131,
상(相) 59,
상법(像法) 74,
상심(常心) 48,
상호(相好) 331,
색계(色界) 93,
색성향미촉법(色聲香味觸法) 58,
색신(色身) 266,
서가보살(釋迦菩薩) 20,

서분(序分) 23,
석존께 대결을 신청한 손오공 200,
선남자선여인(善男子善女人) 39,
선부촉제보살(善付囑諸菩薩) 39,
선암사(仙巖寺) 225,
선재(善哉) 41,
선타객(禪陀客) 38,
선현(善現) 36,
선혜보살(善慧菩薩) 120,
선호념제보살(善護念諸菩薩) 39,
설법(說法) 272,
성선설, 성악설, 성공설 335,
세속제(世俗諦) 98, 350,
세족이(洗足已) 33,
세존(世尊) 31,
세친보살(世親菩薩) 21, 41, 351,
소명태자(昭明太子) 23, 41, 351,
소의경전(所衣經典) 21,
소이(所以) 90,
소품(小品) 14,
소품경 16,
소품계(小品系) 13,
소품반야 16,
소품반야경(小品般若經) 13, 14, 16,
수(隨) 137,
수능엄삼매(首楞嚴三昧) 20,
수다원(須陀洹) 100,
수도혹(修道惑) 105,
수미산(須彌山) 125,
수보리(須菩提) 23,
수의발(收衣鉢) 33,
수자상(壽者相) 52,
수지내지사구게등(受持乃至四句偈等) 96,
수트라(sūtra) 22,
순자(荀子) 338,
숭신선사(崇信禪師) 257,
습생(濕生) 49,
승만경 24,
승사(承事) 209,
승선교(昇仙橋)와 강선루(降仙樓) 224,
승의제(勝義諦) 98, 350,
승조(僧肇) 21, 22, 25,

- 361 -

시빌레(Sibyl) 130,
식시(食時) 31,
신광(神光) 237, 299,
신라본기 24,
신발의보살(新發意菩薩) 16,
신상(身相) 68,
신수대장경(新修大藏經) 19,
실상(實相) 22, 157,
실신(實信) 74,
실지시인 실견시인(悉知是人 悉見是人) 197,
십대제자(十大弟子) 44,
십만송반야경(十萬頌般若經) 14,
십사번뇌(十四煩惱) 103,
십안(十眼) 248,
십이두타행(十二頭陀行) 32,
십지(十地) 20,

＜아＞

아나함(阿那含) 105,
아라한(阿羅漢) 108,
아란나(阿蘭那) 115,
아사리(阿闍梨) 108,
아상(我相) 52,
아수라(阿修羅) 138,
아승기겁(阿僧祇劫) 208,
아폴론(Apollōn) 130,
안첩(眼睫) 63,
안홍법사 24,
애인(愛人) 61,
약(若) 92,
양무제(梁武帝) 23, 44,
양비론(兩非論) 150,
양사언(楊士彦) 125,
어(於) 32, 68,
언설(言說) 73,
언설장구(言說章句) 73,
여래(如來) 320,
여래십호(如來十號) 39,
여벌유자(如筏喩者) 84,
여시아문(如是我聞) 30,
여어자(如語者) 182,

여여게(如如偈) 270,
연(緣) 22,
연담(蓮潭) 25,
연등불(燃燈佛) 119,
열반(涅槃. nirvāṇa) 282,
열반적정(涅槃寂靜) 234,
염라대왕의 질문 112,
영(寧) 93,
영명지각수선사(永明智覺壽禪師) 272,
오둔사(五鈍使) 104,
오리사(五利使) 104,
오시교판(五時敎判) 13,
오인(五忍) 315,
오입(悟入)논사 353,
오자엄신관(五字嚴身觀) 252,
오종불번(五種不飜) 32,
올구리와 개챙이 106,
올챙이와 개구리 14,
요소법자(樂小法者) 199,
욕계(欲界) 93,
용담원(龍潭院) 257,
용담지촉(龍潭之燭) 258,
용상방(龍象榜) 223,
용수(龍樹. Nāgārjuna) 21,
우상(偶像) 311,
우상(偶像)과 성상(聖像) 309,
우슬착지(右膝着地) 37,
운하(云何) 40,
운하항복기심(云何降伏其心) 40,
원숭이 잡는 법 81,
원시대승(原始大乘) 21,
원효(元曉) 21, 25,
위요(圍繞) 202,
위의(威儀) 319,
유루(有漏)와 무루(無漏) 349,
유사(劉思) 24,
유상(有想) 50,
유색(有色) 49,
유여의열반(有餘依涅槃) 51,
유연(唯然) 44,
유위(有爲) 349,
유위(有爲)와 무위(無爲) 98,

유토피아(Utopia) 234,
유통분(流通分) 23,
육도만행(六度萬行) 22,
육바라밀(六波羅蜜) 19, 61,
육성취(六成就) 30,
육안(肉眼) 248,
응(應) 57,
응운하주(應云何住) 40,
의정(義淨) 24, 292,
의취(義趣) 157,
이(以) 92, 260,
이광수(李光洙) 61,
이근(利根) 22,
이만오천송반야경(二萬五千頌般若經) 14,
이시(爾時) 31,
이언견언(以言遣言) 334,
이완용(李完用) 297,
이유차별(而有差別) 90,
이취반야경(理趣般若經) 14,
인(人) 138,
인로왕보살(引路王菩薩) 37,
인상(人相) 52,
인악(仁嶽) 25,
인유(因由) 29,
인행시(因行時) 20,
일광정(日光定) 22,
일대시교(一代時敎) 13,
일시(一時) 30,
일체지(一切智) 19,
일체지안(一切智眼) 248,
일합상(一合相) 329,
임헌(臨軒) 63,
입실게(入室偈) 112,
입차문래막존지해(入此門來莫存知解) 298,

< 자 >
자각각타(自覺覺他) 20,
자비무적(慈悲無敵) 175,
장구(章句) 73,
장군죽비(將軍竹篦) 211,
장노(長老) 37,
장엄(莊嚴) 122,

장엄불토(莊嚴佛土) 122,
장자(莊子) 69,
장자(莊子)와 거북 69,
적정(寂靜) 319,
전회중(前會衆) 22,
점안의식(點眼儀式) 250,
정광여래(錠光如來) 123,
정도전(鄭道傳) 297,
정법(正法) 74,
정신(正信) 72,
정종(正宗) 47,
정종분(正宗分) 23, 47,
제법무수삼매(諸法無受三昧) 20,
제법무아(諸法無我) 228,
제상(諸相) 268,
제일바라밀(第一波羅蜜) 169,
제일심(第一心) 48,
제재초복(除災招福) 19,
제행무상(諸行無常) 222,
조과선사(鳥窠禪師)와 백낙천(白樂天) 287,
종제선근(種諸善根) 77,
주련(柱聯) 299,
주리반특(周利槃特) 211,
죽림정사(竹林精舍) 17,
중도(中道) 24, 312,
중생(衆生) 49,
중생공(衆生空) 22,
중생상(衆生相) 52,
중설중설(重說重說) 22,
즉종좌기(卽從座起) 37,
지(智) 22,
지도림(支道林) 17,
지바하(地婆訶) 24,
지안(智眼) 248,
지옥과 극락 288,
지의(智顗) 22,
지혜제일 사리불(舍利弗) 존자 326,
진공(眞空)과 묘유(妙有) 149,
진공무아(眞空無我) 22,
진어자(眞語者) 181,
진호국가(鎭護國家) 19,

< 차 >

차제걸이(次第乞已) 32,
착의지발(着衣持鉢) 31,
찬불게(讚佛偈) 293,
참사랑 296,
천(天) 138,
천안(千眼) 248,
천안(天眼) 248,
천이통(天耳通) 331,
천친(天親) 353,
천친론(天親論) 23,
천태지의(天台智顗) 13,
체루(涕淚) 157,
체읍(涕泣) 157,
초명(蟭螟) 62,
최상승자(最上乘者) 196,
축법호(竺法護) 15,
축산훈(蓄産訓) 346,
출가는 은혜를 저버린 행위? 132,
출삼장기집(出三藏記集) 17,
취봉산(鷲峰山) 17,
칠가식(七家食) 32,
칠경화(七莖華) 120,
칠보(七寶) 92,
칠불통계게(七佛通戒偈) 287,
칠성유치(七星由致) 187,

< 카 >

카오스 이론(Chaos Theory) 328,

< 타 >

타화자재천(他化自在天) 17,
탑묘(塔廟) 138,
태생(胎生) 49,
태현(太賢) 25,
티벳역본 15,

< 파 >

파 … 부(頗 … 不) 275,
파(頗) 73,
판탑(版塔)과 지탑(紙塔) 193,
팔십종호(八十種好) 268,

팔일성해탈문(八溢聖解脫門) 272,
팔종보시(八種布施) 59,
팔천송반야(八千頌般若) 14, 16,
패엽(貝葉) 22,
펄프(pulp) 327,
편단(偏袒) 37,
편단우견(偏袒右肩) 37,
포스트잇과 총명지(聰明紙) 222,
표(表) 292,

< 하 >

하경상(下敬上)과 상경하(上敬下) 167,
하늘만큼과 땅만큼의 차이 62,
하담(荷擔) 198,
하심(下心) 165,
하판(下版) 223,
한계희(韓繼禧) 24,
함허(涵虛) 25,
합장(合掌) 38,
항복(降伏) 40,
항하사(恒河沙) 129,
해공제일(解空第一) 23,
헌함(軒檻) 63,
현관장엄송(現觀莊嚴頌) 15,
현성(賢聖) 90,
현장(玄奘) 15,
혜(慧) 22,
혜능(慧能) 23,
혜능(慧能)의 출가 인연 124,
혜명(慧命) 275,
혜안(慧眼) 157, 248,
혜정(慧定) 25,
호랑이 눈썹 304,
호명보살(護明菩薩) 123,
호미(虎眉) 304,
홍인(弘忍) 21, 124,
화상(和尙) 덩어리 107,
화상(和尙. 和上) 108,
화생(化生) 49,
활짝개인 하늘 83,
회발게(回鉢偈) 194,
후오백세(後五百歲) 74,

- 364 -

후회중(後會衆) 22,
휘유(徽猷) 299,
희유(希有) 38, 72,

18주위(住位) 23,
27단의(段疑) 23,
27단의(段疑) 41, 42,
32분절(分節) 23, 41, 42,
4처 16회 17,
Aṣṭasāhasrikā-prajñāpāramitā 14,
Aṣṭasāhasrikā-prajñāpāramitā 16,
Edward Conze 14,
Mahāprajñāpāramitā-stūra 17,
Max Walleser 16,
Pañcaviṁśatisāhasrikā-prajñāpāramitā 14,
Prajñāpāramitā 16,
Rājendralāla Mitra 16,
Vajracchedikā-Prajñāpāramitā-Sūtra 21,

金剛般若波羅蜜經纂
금강반야바라밀경찬

如是我聞　善男子善女人　受持讀誦此經纂一卷　如轉金剛經三十
여시아문　선남자선여인　수지독송차경찬일권　여전금강경삼십

萬遍　又得神明加護衆聖提携　國建大歷七年　毘山縣令劉氏女子
만편　우득신명가호중성제휴　국건대력칠년　비산현령유씨여자

年一十九歲　身亡至七日　得見閻羅大王　問曰　一生已來作何因緣
연일십구세　신망지칠일　득견염라대왕　문왈　일생이래작하인연

女子答曰　一生已來　偏持得金剛經　又問曰　何不念金剛經纂　女
여자답왈　일생이래　편지득금강경　우문왈　하불념금강경찬　여

子答曰　緣世上無本　王曰　放汝還活　分明記取經文　從如是我聞
자답왈　연세상무본　왕왈　방여환활　분명기취경문　종여시아문

至信受奉行　都計五千一百四十九字　六十九佛　五十一世尊　八十
지신수봉행　도계오천일백사십구자　육십구불　오십일세존　팔십

五如來　三十七菩薩　一百三十八須菩提　二十六善男子善女人　三
오여래　삼십칠보살　일백삼십팔수보리　이십륙선남자선여인　삼

十八何以故　三十六衆生　三十一於意云何　三十如是　二十九阿耨
십팔하이고　삼십륙중생　삼십일어의운하　삼십여시　이십구아뇩

多羅三藐三菩提　二十一布施　十八福德　一十三恒河沙　十二微塵
다라삼먁삼보리　이십일보시　십팔복덕　일십삼항하사　십이미진

七箇三千大天世界　七箇三十二相　八功德　八莊嚴　五波羅蜜　四
칠개삼천대천세계　칠개삼십이상　팔공덕　팔장엄　오바라밀　사

須陀洹　四斯陀含　四阿那含　四阿羅漢　此是四果　仙人　如我昔爲
수다원　사사다함　사아나함　사아라한　차시사과　선인　여아석위

歌利王　割截身體　如我往昔　節節支解時　若有我相人相衆生相壽
가리왕　할절신체　여아왕석　절절지해시　약유아상인상중생상수

者相　一一　無我見人見衆生見壽者見　三比丘尼　數內　七四句偈
자상　일일　무아견인견중생견수자견　삼비구니　수내　칠사구게

摩訶般若波羅蜜
마하반야바라밀

◎ 應化非眞分 第三十二

須菩提야 若有人이 以滿無量阿僧祗世界七寶로 持用布施하야 若有善男子善女人이 發菩提心者ㅣ 持於此經하되 乃至四句偈等하야 受持讀誦하고 爲人演說하면 其福이 勝彼니라 云何爲人演說고 不取於相하야 如如不動이니라 何以故오 一切有爲法이 如夢幻泡影하며 如露亦如電이니 應作如是觀이니라 佛說是經已하시 長老須菩提와 及諸比丘比丘尼와 優婆塞優婆夷와 一切世間 天人阿修羅ㅣ 聞佛所說하고 皆大歡喜하야 信受奉行하니라

但凡夫之人이 貪着其事니라

◎ 知見不生分 第三十一

須菩提야 若人이 言하대 佛說我見人見衆生見壽者見이라하면 須菩提야 於意云何오 是人이 解我所說義不아 不也니이다 世尊이시여 是人이 不解如來所說義니 何以故오 世尊이 說我見人見衆生見壽者見은 卽非我見人見衆生見壽者見이라 是名我見人見衆生見壽者見이니이다 須菩提야 發阿耨多羅三藐三菩提心者는 於一切法에 應如是知하며 如是見하며 如是信解하야 不生法相이니라 須菩提야 所言法相者는 如來說卽非法相이라 是名法相이니라

去거故고名명如여來래니라

◎一合理相分 第三十
일합이상분 제삼십

須보提리야 若약善선男남子자善선女녀人인이 以이三삼千천大대千천世세界계로 碎쇄爲위微미塵진하면 於어意의云운何오 是시微미塵진衆중이 寧영爲위多다不부아 甚심多다니이다 世세尊존하 何하以이故고오 若약是시微미塵진衆중이 實실有유者자인댄 佛불이 卽즉不불說설是시微미塵진衆중이니 所소以이者자何오 佛불說설微미塵진衆중이 卽즉非비微미塵진衆중일새 是시名명微미塵진衆중이니이다 世세尊존하 如여來래所소說설三삼千천大대千천世세界계ㅣ 卽즉非비世세界계일새 是시名명世세界계니이다 何하以이故고오 若약世세界계ㅣ 實실有유者자인댄 卽즉是시一일合합相상이어니와 如여來래說설一일合합相상은 卽즉非비一일合합相상일새 是시名명一일合합相상이이다 須수菩보提리야 一일合합相상者자는 卽즉是시不불可가說설

◎ 不受不貪分 第二十八

須菩提야 若菩薩이 以滿恒河沙等世界七寶로 持用布施하야도 若復有人이 知一切法無我하야 得成於忍하면 此菩薩이 勝前菩薩의 所得功德이니 須菩提야 以諸菩薩이 不受福德故니라 須菩提ㅣ 白佛言하되 世尊하 云何菩薩이 不受福德이니잇고 須菩提야 菩薩의 所作福德에 不應貪着일새 是故로 說不受福德이라

◎ 威儀寂靜分 第二十九

須菩提야 若有人이 言하되 如來ㅣ 若來若去若坐若臥라하면 是人은 不解我所說義니 何以故오 如來者는 無所從來며 亦無所

觀如來다니 爾時에 世尊이 而說偈言하사 若以色見我커나 以音
聲求我인댄 是人行邪道니 不能見如來니라

◎無斷無滅分 第二十七

須菩提야 汝若作是念하대 如來ㅣ 不以具足相故로 得阿耨多
羅三藐三菩提아 須菩提야 莫作是念하대 如來ㅣ 不以具足相
故로 得阿耨多羅三藐三菩提라하라 須菩提야 汝若作是念하대 發
阿耨多羅三藐三菩提心者는 說諸法斷滅가 莫作是念이니 何
以故오 發阿耨多羅三藐三菩提心者는 於法에 不說斷滅相
이니라

| 10 | 9 | 8 | 7 | 6 | 5 | 4 | 3 | 2 | 1 |

1. 衆生_{하이라} 須菩提_야 莫作是念_{이니} 何以故_오 實無衆生_을 如來度

2. 者_{니라하 若有衆生}을 如來度者_{인댄} 如來即有我人衆生壽者_{니라} 須

3. 菩提_야 如來說有我者_는 即非有我_{언마}而凡夫之人_이 以爲有

4. 我_{니라하} 須菩提_야 凡夫者_는 如來說即非凡夫_{일새}是名凡夫_{니라}

5.

6. ◎法身非相分 第二十六

7. 須菩提_야 於意云何_오 可以三十二相_{으로} 觀如來不_아 須菩提

8. 言_{하대} 如是如是_{니다} 以三十二相_{으로} 觀如來_{다니이} 佛言_{하사} 須菩提_야

9. 若以三十二相_{으로} 觀如來者_{인댄} 轉輪聖王_이 即是如來_{니라} 須菩

10. 提_ㅣ 白佛言_{하대} 世尊_하 如我解佛所說義_{컨대} 不應以三十二相

- 35 -

即非善法 일새 是名善法이라니

◎ 福智無比分 第二十四

須菩提야 若三千大千世界中에 所有諸須彌山王 如是等

七寶聚로 有人이 持用布施하여 若人이 以此般若波羅蜜經과

乃至四句偈等을 受持讀誦하고 爲他人說하면 於前福德은 百分

不及一이며 百千萬億分과 乃至算數譬喩로는 所不能及이라니

◎ 化無所化分 第二十五

須菩提야 於意云何오 汝等은 勿謂如來ㅣ 作是念호대 我當度

◎ 無法可得分 第二十二
무법가득분 제이십이

須菩提―白佛言하대 世尊하 佛이 得阿耨多羅三藐三菩提는
수보리 백불언 세존 불 득아뇩다라삼먁삼보리

爲無所得也이니까 佛言하사대 如是如是니라 須菩提야 我於阿耨多羅
위무소득야 불언 여시여시 수보리 아어아뇩다라

三藐三菩提에 乃至無有少法可得 일새 是名阿耨多羅三藐三
삼먁삼보리 내지무유소법가득 시명아뇩다라삼먁삼

菩提니라
보리

◎ 淨心行善分 第二十三
정심행선분 제이십삼

復次須菩提야 是法이 平等하야 無有高下 일새 是名阿耨多羅三
부차수보리 시법 평등 무유고하 시명아뇩다라삼

藐三菩提니 以無我無人無衆生無壽者로 修一切善法하면 卽
먁삼보리 이무아무인무중생무수자 수일체선법 즉

得阿耨多羅三藐三菩提니라 須菩提야 所言善法者는 如來說
득아뇩다라삼먁삼보리 수보리 소언선법자 여래설

即非具足일새 是名諸相具足이다

◎ 非說所說分 第二十一

須菩提야 汝勿謂如來作是念하되 我當有所說法하라 莫作是念이니 何以故오 若人이 言如來有說法이라하면 即爲謗佛이니 不能解我 所說故니라 須菩提야 說法者는 無法可說일새 是名說法이니라 爾時에 慧命須菩提ㅣ 白佛言하대 世尊하 頗有衆生이 於未來世에 聞說是法하고 生信心不잇가 佛言 須菩提야 彼非衆生이며 非不 衆生이니 何以故오 須菩提야 衆生衆生者는 如來說非衆生일새 是名衆生이라이니

用보시施하면是시人이 以이시因인緣연으로 得득福복多다不부아 如여是시니이 世세尊존하 此차

人이 以이시因인緣연으로 得득福복이 甚심多다니이 須수菩보리提야 若약福복德덕이 有유實실 인댄

如여來래不불說설得득福복德덕多와어니 以이福복德덕이 無무故고로 如여來래ㅣ 說설福복德덕多니라

須수菩보리提야 於어意의云운何하오 佛불을 可가以이具구足족色색身신 見견이 不부아 不불也야니이다

世세尊존하 如여來래를 不불應응以이具구足족色색身신으로 見견이니 何하以이故고오 如여來래ㅣ 說설

具구足족色색身신은 卽즉非비具구足족色색신身이니 是시名명具구足족色색신身이다

須수菩보리提야 於어

意의云운何하오 如여來래를 可가以이具구足족諸제相상으로 見견이 不부아 不불也야니이다 世세尊존하 如여

來래를 不불應응以이具구足족諸제相상으로 見견이니 何하以이故고오 如여來래ㅣ 說설諸제相상具구족足

◎ 離이色색離이相상分분 第제二이十십

於意云何오 如恒河中所有沙를 佛說是沙不아 如是니이다 世尊하 如來說是沙시니이다 須菩提야 於意云何오 如一恒河中所有沙하야 有如是沙等恒河하고 是諸恒河所有沙數佛世界 如是면 寧爲多不아 甚多니이다 世尊하 佛告須菩提하사대 爾所國土中所有 衆生의 若干種心을 如來 ㅣ 悉知하나니 何以故오 如來說諸心이 皆爲非心일새 是名爲心이라 所以者何오 須菩提야 過去心不可得이요 現在心不可得이요 未來心不可得이니라

◎ 法界通化分 第十九

須菩提야 於意云何오 若有人이 滿三千大千世界七寶로 以

1. 莊嚴일새是名莊嚴이니라 須菩提야 若菩薩이 通達無我法者는 如

2. 來說名眞是菩薩이니라

◎ 一體同觀分 第十八

3.

4. 須菩提야 於意云何오 如來有肉眼不아 如是니이다 世尊하 如來

5. 有肉眼이니이다 須菩提야 於意云何오 如來有天眼不아 如是니이다 世

6. 尊하 如來有天眼이니이다 須菩提야 於意云何오 如來有

7. 慧眼不아 如是니이다 世尊하 如來有慧眼이니이다 須菩提야 於意云何오 如來有

8. 法眼不아 如是니이다 世尊하 如來有法眼이니이다 須菩提야 於意云何오 如來有

9. 如是니이다 世尊하 如來有佛眼이니이다 須菩提야

10. 如來有佛眼不아 如是니이다 世尊하

1. 羅三藐三菩提 니라하 須菩提야 實無有法 佛得阿耨多羅三

2. 菩提 니라하 須菩提야 如來所得阿耨多羅三藐三菩提는 於是中

3. 에 無實無虛 니라하 是故로 如來說一切法이 皆是佛法 이라하노라 須菩提

4. 야 所言一切法者는 即非一切法 일새 是故로 名一切法 이라하노라 須菩

5. 提야 譬如人身長大 니라하 須菩提言하대 世尊하 如來說人身長大

6. 는 即爲非大身 이이다니 是名大身 이이다니 須菩提야 菩薩도 亦如是하야 若

7. 作是言하대 我當滅度無量衆生 하이라면 即不名菩薩 이니라 何以故오 須

8. 菩提야 實無有法 名爲菩薩 이라하니 是故로 佛說一切法이 無我無

9. 人無衆生無壽者 노라하 須菩提야 若菩薩이 作是言하대 我當莊嚴

10. 佛土 면라하 是不名菩薩 이니 何以故오 如來說莊嚴佛土者는 即非

實無有法 發阿耨多羅三藐三菩提心者니라 於意云何오 如來ㅣ 於燃燈佛所에 有法得阿耨多羅三藐三菩提不아 不也세존아 如我解佛所說義컨대 佛이 於燃燈佛所에 無有法得阿耨多羅三藐三菩提니이다 佛言하사대 如是如是니라 須菩提야 實無有法 如來得阿耨多羅三藐三菩提니라 須菩提야 若有法如來得阿耨多羅三藐三菩提者인댄 燃燈佛이 即不與我授記하사 汝於來世에 當得作佛 號를 釋迦牟尼하리라하시련마는 以實無有法得阿耨多羅三藐三菩提일새 是故로 燃燈佛이 與我授記하사 作是言하사대 汝於來世에 當得作佛 號를 釋迦牟尼하시나라 何以故오 如來者는 即諸法如義니라 若有人言 如來ㅣ得阿耨多

狂亂하야 狐疑不信하리니 須菩提야 當知是經은 義도 不可思議며 果報도 亦不可思議니라

◎ 究竟無我分 第十七

爾時에 須菩提ㅣ 白佛言하대 世尊하 善男子善女人이 發阿耨多羅三藐三菩提心하니는 云何應住며 云何降伏其心이하까리 佛告須菩提하사대 若善男子善女人이 發阿耨多羅三藐三菩提心者는 當生如是心하대 我應滅度一切衆生하리라 滅度一切衆生已하야 而無有一衆生이 實滅度者니 何以故오 須菩提야 若菩薩이 有我相人相衆生相壽者相이면 即非菩薩라이니 所以者何오 須菩提

◎ 能淨業障分 第十六
능정업장분 제십륙

復次須菩提야 善男子善女人이 受持讀誦此經호대 若爲人輕
부차수보리 선남자선여인 수지독송차경 약위인경

賤하면 是人은 先世罪業으로 應墮惡道언마는 以今世人이 輕賤故로
천 시인 선세죄업 응타악도 이금세인 경천고

先世罪業이 卽爲消滅하고 當得阿耨多羅三藐三菩提니라 須菩
선세죄업 즉위소멸 당득아뇩다라삼먁삼보리 수보

提야 我念過去無量阿僧祗劫하니 於燃燈佛前에 得値八百四
리 아념과거무량아승지겁 어연등불전 득치팔백사

千萬億那由他諸佛하야 悉皆供養承事호대 無空過者니라 若復有
천만억나유타제불 실개공양승사 무공과자 약부유

人이 於後末世에 能受持讀誦此經하여 所得功德은 於我所供
인 어후말세 능수지독송차경 소득공덕 어아소공

養諸佛功德으론 百分不及一이며 千萬億分乃至算數譬喩로 所
양제불공덕 백분불급일 천만억분내지산수비유 소

不能及이라니 須菩提야 若善男子善女人이 於後末世에 有受持
불능급 수보리 약선남자선여인 어후말세 유수지

讀誦此經하여 所得功德을 我若具說者인댄 或有人이 聞하면 心卽
독송차경 소득공덕 아약구설자 혹유인 문 심즉

不可思議不可稱量無邊功德하니 如來ㅣ 爲發大乘者說이며 爲

發最上乘者說이니 若有人이 能受持讀誦하야 廣爲人說하면 如來

ㅣ 悉知是人하며 悉見是人하나니 皆得成就不可量不可稱無有邊

不可思議功德니하리 如是人等은 卽爲荷擔如來阿耨多羅三藐

三菩提니하리 何以故오 須菩提야 若樂小法者는 着我見人見衆

生見壽者見일새 卽於此經에 不能聽受讀誦하야 爲人解說라하리 須

菩提야 在在處處에 若有此經하면 一切世間天人阿修羅의 所

應供養이니 當知此處는 卽爲是塔이라 皆應恭敬하야 作禮圍繞하야

以諸華香으로 而散其處라하리

持經功德分 第十五
지경공덕분 제십오

當來之世에 若有善男子善女人이 能於此經에 受持讀誦하면
당래지세에 약유선남자선여인이 능어차경에 수지독송

卽爲如來ㅣ 以佛智慧로 悉知是人하며 悉見是人하나니 皆得成就
즉위여래 이불지혜로 실지시인하며 실견시인하나니 개득성취

無量無邊功德하나니라
무량무변공덕

須菩提야 若有善男子善女人이 初日分에 以恒河沙等身으로
수보리야 약유선남자선여인이 초일분에 이항하사등신으로

布施하고 中日分에 復以恒河沙等身으로 布施하야 如是無量百千萬億劫에 以身布施하야도
보시하고 중일분에 부이항하사등신으로 보시하야 여시무량백천만억겁에 이신보시하야도

後日分에 亦以恒河沙等身으로 布施하야
후일분에 역이항하사등신으로 보시하야

若復有人이 聞此經典하고 信心不逆하면 其福이 勝彼어늘 何況書
약부유인이 문차경전하고 신심불역하면 기복이 승피어늘 하황서

寫受持讀誦하야 廣爲人說이따녀 須菩提야 以要言之컨대 是經은 有
사수지독송하야 광위인설이따녀 수보리야 이요언지컨대 시경은 유

1. 壽者相이니 是故로 須菩提야 菩薩은 應離一切相하고 發阿耨多

2. 羅三藐三菩提心이니 不應住色生心이며 不應住聲香味觸法生

3. 心이요 應生無所住心이니 若心有住면 即爲非住니라 是故로 佛說

4. 菩薩은 心不應住色布施니라 須菩提야 菩薩은 爲利益一切衆

5. 生하여 應如是布施니 如來說一切諸相이 即是非相이며 又說一

6. 切衆生이 即非衆生이라하노라 須菩提야 如來는 是眞語者며 實語者며

7. 如語者며 不誑語者며 不異語者니라 須菩提야 如來所得法

8. 此法이 無實無虛라하니 須菩提야 若菩薩이 心住於法하여 而行

9. 布施하면 如人이 入闇하야 即無所見이요 若菩薩이 心不住法하여 而

10. 行布施하면 如人이 有目에 日光明照하야 見種種色이니 須菩提야

衆生相壽者相도 即是非相이라 何以故오 離一切諸相이 即名

諸佛이니다 佛告須菩提하사대 如是如是니라 若復有人이 得聞是經하고

不驚不怖不畏하면 當知是人은 甚爲希有니 何以故오 須菩提야

如來說第一波羅蜜이 即非第一波羅蜜일새 是名第一波羅

蜜이니라 須菩提야 忍辱波羅蜜을 如來說非忍辱波羅蜜일새 是名

忍辱波羅蜜이니 何以故오 須菩提야 如我昔爲歌利王에 割截

身體할새 我於爾時에 無我相이며 無人相이며 無衆生相이며 無壽者

相이니 何以故오 我於往昔節節支解時에 若有我相人相衆生

相壽者相이면 應生瞋恨이라리니 須菩提야 又念過去於五百世에 作

忍辱仙人하여 於爾所世에 無我相이며 無人相이며 無衆生相이며 無

◎ 離相寂滅分 第十四

爾時에 須菩提ㅣ 聞說是經하고 深解義趣하야 涕淚悲泣하야 而白佛言하되 希有世尊하 佛說如是甚深經典은 我從昔來所得慧眼으로 未曾得聞如是之經이니다 世尊하 若復有人이 得聞是經하고 信心淸淨하면 卽生實相하리니 當知是人은 成就第一希有功德이니다 世尊하 是實相者는 卽是非相이니 是故로 如來說名實相이니다 世尊하 我今得聞如是經典하고 信解受持는 不足爲難이어니와 若當來世後五百歲에 其有衆生이 得聞是經하고 信解受持하면 是人은 卽爲第一希有니 何以故오 此人은 無我相이며 無人相이며 無衆生相이며 無壽者相이니 所以者何오 我相이 卽是非相이며 人相

1. 云何오 如來ㅣ 有所說法不아 須菩提ㅣ 白佛言하대 世尊하 如
2. 來ㅣ 無所說이니이다 須菩提야 於意云何오 三千大千世界所有微
3. 塵이 是爲多不아 須菩提言하대 甚多다니이다 世尊하 須菩提야 諸微
4. 塵을 如來說非微塵일새 是名微塵이며 如來說世界가 非世界일새
5. 是名世界니라 須菩提야 於意云何오 可以三十二相으로 見如來
6. 不아 不也니이다 世尊하 不可以三十二相으로 得見如來니 何以故
7. 오 如來說三十二相이 卽是非相일새 是名三十二相이니이다 須菩提
8. 야 若有善男子善女人이 以恒河沙等身命으로 布施하고 若復有
9. 人이 於此經中에 乃至受持四句偈等하야 爲他人說하면 其福이
10. 甚多니라

復次須菩提야 隨說是經하대 乃至四句偈等하면 當知此處는 一切世間天人阿修羅ㅣ 皆應供養하되 如佛塔廟어늘 何況有人이 盡能受持讀誦이리오 須菩提야 當知是人은 成就最上第一希有之法이니 若是經典所在之處는 即爲有佛과 若尊重弟子니라

◎ 如法受持分 第十三

爾時에 須菩提ㅣ 白佛言하대 世尊하 當何名此經이며 我等이 云何奉持리까 佛告須菩提하대 是經은 名爲金剛般若波羅蜜이니 以是名字로 汝當奉持하라 所以者何오 須菩提야 佛說般若波羅蜜이 即非般若波羅蜜이니 是名般若波羅蜜이니라 須菩提야 於意

◎ 無爲福勝分 第十一

須菩提야 如恒河中所有沙數ㅣ 如是沙等恒河ㅣ 於意云何오 是諸恒河沙ㅣ 寧爲多不아 須菩提言하대 甚多니이다 世尊하 但諸恒河도 尚多無數은 何況其沙ㅣ잇가 須菩提야 我今에 實言으로 告汝하노니 若有善男子善女人이 以七寶로 滿爾所恒河沙數三千大千世界하야 以用布施하면 得福이 多不아 須菩提言하대 甚多니이다 世尊하 佛告須菩提하사대 若善男子善女人이 於此經中에 乃至受持四句偈等하야 爲他人說하면 而此福德이 勝前福德하리라

◎ 尊重正教分 第十二

莊嚴淨土分 第十

◎ 佛告須菩提 於意云何 如來ㅣ昔在燃燈佛所 於法 有所得不아 不也니이다 世尊하 如來ㅣ在燃燈佛所 於法 實無所得이니이다 須菩提야 於意云何오 菩薩이 莊嚴佛土不아 不也니이다 世尊하 何以故오 莊嚴佛土者는 卽非莊嚴일새 是名莊嚴이니이다 是故로 須菩提야 諸菩薩摩訶薩이 應如是生淸淨心이니 不應住色生心하며 不應住聲香味觸法生心이요 應無所住하야 而生其心이니라 須菩提야 譬如有人이 身如須彌山王하면 於意云何오 是身이 爲大不아 須菩提言하대 甚大니이다 世尊하 何以故오 佛說非身이 是名大身이니이다

1. 能作是念호되 我得阿那含果不아 須菩提言호되 不也니다 世尊하
2. 何以故오 阿那含은 名爲不來로되 而實無不來일새 是故로 名
3. 阿那含이니다 須菩提야 於意云何오 阿羅漢이 能作是念호되 我得
4. 阿羅漢道不아 須菩提言호되 不也니다 世尊하 何以故오 實無有
5. 法이 名阿羅漢이니다 世尊하 若阿羅漢이 作是念호되 我得阿羅漢
6. 道면 卽爲着我人衆生壽者니다 世尊하 佛說我得無諍三昧人
7. 中에 最爲第一이시니라 是第一離欲阿羅漢이라하시나 我不作是念
8. 호되 我是離欲阿羅漢이라하노니 世尊하 我若作是念호되 我得阿羅漢道
9. 면 世尊이 卽不說須菩提ㅣ 是樂阿蘭那行者라하시려니와 以須菩提ㅣ
10. 實無所行일새 而名須菩提ㅣ 是樂阿蘭那行이라하시나이다

佛의 阿耨多羅三藐三菩提法이 皆從此經出이라 須菩提야 所
謂佛法者는 卽非佛法이라

◎ 一相無相分 第九

須菩提야 於意云何오 須陀洹이 能作是念호되 我得須陀洹果
不아 須菩提言호되 不也니이다 世尊하 何以故오 須陀洹은 名爲入
流로되 而無所入이니 不入色聲香味觸法일새 是名須陀洹이니이다
須菩提야 於意云何오 斯陀含이 能作是念호되 我得斯陀含果不아
須菩提言호되 不也니이다 世尊하 何以故오 斯陀含은 名一往來로되
而實無往來일새 是名斯陀含이니이다 須菩提야 於意云何오 阿那含

名阿耨多羅三藐三菩提며 亦無有定法如來可說이니 何以故오
如來所說法은 皆不可取며 不可說이며 非法이며 非非法이니 所
以者何오 一切賢聖이 皆以無爲法으로 而有差別이니라

◎依法出生分 第八

須菩提야 於意云何오 若人이 滿三千大千世界七寶로 以用
布施하면 是人의 所得福德이 寧爲多不아 須菩提言호되 甚多니이다
世尊하 何以故오 是福德이 卽非福德性일새 是故로 如來說福
德多니이다 若復有人이 於此經中에 受持乃至四句偈等하야 爲他
人說하면 其福이 勝彼니하리 何以故오 須菩提야 一切諸佛과 及諸

福德라이니 何以故오 是諸衆生이 無復我相人相衆生相壽者相이며

無法相이며 亦無非法相이니 何以故오 是諸衆生이 若心取相이면

即爲着我人衆生壽者니라 何以故오 若取法相이라도 即着我人

衆生壽者며 若取非法相이라도 即着我人衆生壽者니라 是故로 不

應取法이며 不應取非法이니 以是義故로 如來常說호되 汝等比丘

知我說法을 如筏喩者라하나니 法尚應捨온 何況非法따녀

◎ 無得無說分 第七

須菩提야 於意云何오 如來得阿耨多羅三藐三菩提耶아 如

來有所說法耶아 須菩提言호되 如我解佛所說義로는 無有定法

非身相이다 佛告須菩提대하사 凡所有相이 皆是虛妄이니 若見諸相
非相이면 卽見如來니라

◎ 正信希有分 第六

須菩提 | 白佛言하사대 世尊하 頗有衆生이 得聞如是言說章句
하고 生實信不잇가 佛告須菩提대하사 莫作是說하라 如來滅後後五百
歲에 有持戒修福者 | 於此章句에 能生信心하야 以此為實
이니라 當知是人은 不於一佛二佛三四五佛에 而種善根이라 已於無
量千萬佛所에 種諸善根하야 聞是章句하고 乃至一念이나 生淨信
者니라 須菩提야 如來 | 悉知悉見하나니 是諸衆生이 得如是無量

如是布施하야 不住於相이니 何以故오 若菩薩이 不住相布施하면

其福德이 不可思量이라 須菩提야 於意云何오 東方虛空을 可

思量不아 不也이니다 世尊하 須菩提야 南西北方四維上下虛空

을 可思量不아 不也다니이 世尊하 須菩提야 菩薩의 無住相布施

福德도 亦復如是하야 不可思量이라 須菩提야 菩薩은 但應如所

教住니라

◎ 如理實見分 第五

須菩提야 於意云何오 可以身相으로 見如來不아 不也다니이 世尊

하 不可以身相으로 得見如來니 何以故오 如來所說身相이 即

佛告須菩提 諸菩薩摩訶薩은 應如是降伏其心이니 所有一切衆生之類ㅣ 若卵生若胎生若濕生若化生 若有色若無色 若有想若無想 若非有想非無想을 我皆令入無餘涅槃하야 而滅度之호리라 如是滅度無量無數無邊衆生호대 實無衆生 得滅度者라하라 何以故오 須菩提야 若菩薩이 有我相人相衆生相壽者相이면 卽非菩薩이라

◎ 妙行無住分 第四

復次須菩提야 菩薩은 於法에 應無所住하야 行於布施니 所謂 不住色布施며 不住聲香味觸法布施니라 須菩提야 菩薩은 應

1. 時에 長老須菩提ㅣ在大衆中이라가 卽從座起하야 偏袒右肩하고 右
2. 膝着地하고 合掌恭敬하야 而白佛言하되 希有世尊하 如來ㅣ善護
3. 念諸菩薩하시며 善付囑諸菩薩하시나니 世尊하 善男子善女人이 發阿
4. 耨多羅三藐三菩提心하야는 應云何住하며 云何降伏其心잇고 佛言
5. 善哉善哉라 須菩提야 如汝所說하야 如來ㅣ善護念諸菩薩
6. 하며 善付囑諸菩薩하나니 汝今諦聽하라 當爲汝說호리라 善男子善女人
7. 發阿耨多羅三藐三菩提心하야는 應如是住하며 如是降伏其心
8. 이니라 唯然世尊하 願樂欲聞이하다나

◎ 大乘正宗分 第三
대승정종분 제삼

金剛般若波羅蜜經
금강반야바라밀경

秦三藏法師 鳩摩羅什 譯
진삼장법사 구마라집 역

◎ 法會因由分 第一
법회인유분 제일

如是我聞 오하니 一時에 佛이 在舍衛國祇樹給孤獨園하사 與大比丘衆千二百五十人으로 俱러시니 爾時에 世尊이 食時에 着衣持鉢하시고 入舍衛大城하사 乞食하실새 於其城中에 次第乞已하시고 還至本處하사 飯食訖하시고 收衣鉢하시며 洗足已하시고 敷座而坐다하시다

◎ 善現起請分 第二
선현기청분 제이

誦經儀式(송경의식)

<淨口業眞言(정구업진언)>

　修里修里 摩訶修里 修修里 娑婆訶　　[三說]
　수리수리 마하수리 수수리 사바하　　[삼설]

<五方內外安慰諸神眞言(오방내외안위제신진언)>

　南無 三滿多 沒馱喃 唵 度魯度魯 地尾 莎訶　　[三說]
　나무 사만다 못다남 옴 도로도로 지미 사바하　　[삼설]

<奉請八金剛(봉청팔금강)>

　奉請靑除災金剛　奉請碧毒金剛　奉請黃隨求金剛　奉請白淨水金剛
　봉청청제재금강　봉청벽독금강　봉청황수구금강　봉청백정수금강

　奉請赤聲火金剛　奉請定除災金剛　奉請紫賢神金剛　奉請大神力金剛
　봉청적성화금강　봉청정제재금강　봉청자현신금강　봉청대신력금강

<奉請四菩薩(봉청사보살)>

　奉請金剛拳菩薩　奉請金剛索菩薩　奉請金剛愛菩薩　奉請金剛語菩薩
　봉청금강권보살　봉청금강색보살　봉청금강애보살　봉청금강어보살

<發願文(발원문)>

　稽首三界尊　歸命十方佛　我今發弘願　持此金剛經　上報四重恩
　계수삼계존　귀명시방불　아금발홍원　시차금강경　상보사중은

　下濟三途苦　若有見聞者　悉發菩提心　盡此一報身　同生極樂國
　하제삼도고　약유견문자　실발보리심　진차일보신　동생극락국

<開經偈(개경게)>

　無上甚深微妙法　百千萬劫難遭遇　我今聞見得受持　願解如來眞實意
　무상심심미묘법　백천만겁난조우　아금문견득수지　원해여래진실의

<開法藏眞言(개법장진언)>

　唵 阿羅南 阿羅馱　[三說]
　옴 아라남 아라다　[삼설]

동진보살

금강경 탑다라니 金剛經 塔陀羅尼

수보리존자 구법상-금강경변상도 變相圖

일 러 두 기

1. 주석(註釋)을 수반한 본문과 구별하여 이 부분을 원문(原文)이라 부르기로 함.
2. 원문 상단의 일련번호는 행(行)의 번호이며, 하단의 번호는 쪽수 번호이다.
3. 원문의 내용을 본문 중에서 찾고자 할 때에는 본문 상단에 표시된 원문의 쪽수와 행을 찾아가면 된다.

　　예) 원문 제3쪽 8행 ⇒ 원문 p.3 l.8
　　　　　　　　　　　　　↳ 본문 상단의 표시

講院 所依經典 大旨 一覽表

諸經大旨			
順序	書　名		大　旨
1	初發心自警文		擊發菩提心 勤修戒定慧(격발보리심 근수계정혜)
2	緇　門		遏浮情 誡邪業(알부정 계사업)
3	四集	書　狀	斥邪見 顯正解(척사견 현정해)
4		禪　要	奮大旨 透玄關(분대지 투현관)
5		都　序	會三宗 歸一宗(회삼종 귀일종)
6		節　要	揀頓漸 顯靈知(간돈점 현영지)
7	四教	起信論	依一心 開二門(의일심 개이문)
8		楞嚴經	棄濁染 發妙明(기탁염 발묘명)
9		金剛經 ★	破二執 顯三空(파이집 현삼공)
10		圓覺經	斷無明 顯佛性(단무명 현불성)
11	大教	華嚴經	統萬法 明一心(통만법 명일심)
12		法華經	會三乘 歸一乘(회삼승 귀일승)
13		拈頌旨	擧格外 行祖令(거격외 행조령)
14		傳燈錄	遍正脈 顯五宗(변정맥 현오종)

1) 秋淡井幸 編 『僧家日用食時默言作法』 85장 참고

懸吐 金剛般若波羅蜜経

현토주해 금강반야바라밀경
金剛般若波羅密經

佛紀 2555(2011)年 11月 25日 初版 1쇄 發行

지은이 만춘滿春 스님(沈祥鉉)

펴낸이 문 선 우

발행처 불교서원

광주광역시 동구 동명동 230-1번지
대표전화 : (062)226-3056 전송 : 5056
출판등록번호 : 제 105-01-0160호

값 24,000원